dtv

D1855137

Eine Frau erblindet von einem Moment auf den anderen während einer Busfahrt durch die 14th Street, eine andere begegnet im Supermarkt dem Teufel. Die einen kommen frisch verheiratet nach Washington mit der Hoffnung auf einen Neuanfang, andere verlassen die Metropole enttäuscht.
Edward P. Jones erzählt in vierzehn aufwühlenden Geschichten von der inneren Zerrissenheit der schwarzen Bevölkerung in Washington D. C., von Menschen, deren Leben vom erdrückenden Erbe der Sklaverei und den trügerischen Freiheiten der Gegenwart geprägt ist. Der Pulitzer-Preisträger »beschwört eine ferne Vergangenheit und eine unangenehme Gegenwart mit einer Menschlichkeit, die jede Erzählung leuchten lässt«. *The New York Times*

Edward P. Jones, geboren 1951 in Washington D. C., arbeitete nach dem Studium als Lektor und Korrektor für das Wirtschaftsmagazin ›Tax-Notes‹. Für seinen Erstling, den Erzählband ›Im Labyrinth der Stadt‹, erhielt er den Hemingway Award des PEN. Sein Roman-Debüt ›Die bekannte Welt‹, an dem er zehn Jahre lang gearbeitet hatte, wurde mit dem Pulitzer-Preis ausgezeichnet und verhalf ihm zum internationalen Durchbruch.

Edward P. Jones

Hagars Kinder

Erzählungen

Aus dem Amerikanischen
von Hans-Christian Oeser

Deutscher Taschenbuch Verlag

Von Edward P. Jones
sind im Deutschen Taschenbuch Verlag erschienen:
Die bekannte Welt (13536)
Im Labyrinth der Stadt (13684)

September 2009
Deutscher Taschenbuch Verlag GmbH & Co. KG,
München
www.dtv.de
© 2006 by Edward P. Jones
Titel der Originalausgabe:
›All Aunt Hagars's Children‹ (Amistad / HarperCollins, New York)
Für die deutschsprachige Ausgabe:
© 2008 by Hoffmann und Campe Verlag GmbH, Hamburg
Umschlagkonzept: Balk & Brumshagen
Umschlagfoto: Corbis/Bettmann
Satz: Dörlemann Satz, Lemförde
Druck und Bindung: Druckerei C. H. Beck, Nördlingen
Gedruckt auf säurefreiem, chlorfrei gebleichtem Papier
Printed in Germany · ISBN 978-3-423-13801-7

Meiner Schwester
Eunice Ann Mary Jones-Washington

und
den vielen Menschen, die aus dem Süden kamen,
um etwas anderes, etwas Besseres zu finden,

sowie abermals
dem Andenken meiner Mutter
Jeanette S. M. Jones,
die ebenfalls kam und weit weniger fand
als das bisschen, auf das sie zu hoffen gewagt hatte.

Inhalt

Ein Wimpernschlag Gottes

In jenem Winter des Jahres 1901, als die Frau und ihr Mann noch neu in Washington waren, erreichte die Frau wie ein vom Wind getragener Duft die Nachricht, dass nach Sonnenuntergang Wölfe die Straßen der Stadt durchstreiften. Die Frau, Ruth Patterson, wusste, was Wölfe anrichten können. Hatte sie doch einen Onkel gehabt, der 1895 nach Alaska gegangen war, um dem Gold nachzujagen, einen Onkel, der nicht lange nach seiner ersten Nacht unter dem Alaska-Mond von Wölfen verschlungen wurde. Doch selbst im gottverlassenen Washington erklang des Nachts mitunter jenes alte Lied, das Ruth aus ihrem Bett reißen konnte, wie damals, als sie noch ein Mädchen war, in Virginia jenseits des Potomac, wo alles Geborgenheit war und alles Familie. Ihr Mann, Aubrey, schlief stets den Schlaf eines Mannes, der dem Knabenalter noch nicht lange entwachsen war, und erwachte nie. Wenn sie das Lied hörte, das sie aus ihrem neuen Bett in Washington lockte, nahm Ruth, stets die Wölfe im Sinn, Messer und Pistole zur Hand, küsste Aubreys noch immer bartloses Gesicht und ging hinunter auf die Veranda. Sie war längst siebzehn, und er ging auf die Achtzehn zu, ein Ehepaar, das noch nicht einmal volle sieben Monate verheiratet war. Im Haus – und in der anderen Doppelhaushälfte nebenan – war es wie immer still, denn jene Stadthäuser wurden meist von ehemaligen Landbewohnern bevölkert, die es gewohnt waren, mit den Hühnern zu Bett zu gehen. Auf der Veranda, nur wenige Schritte von der Kreuzung 3rd Street / L Street, N. W., entfernt, starrte sie auf die Gaslaterne an der Ecke, sog den Rauch irgendeines erlöschenden Kaminfeuers ein, lauschte dem

Lied und rief sich die Welt um Arlington, Virginia, ins Gedächtnis zurück.

In jener Nacht Ende Januar beobachtete sie auf der anderen Straßenseite eine betrunkene Frau, die die 3rd Street zur K Street hinunterwankte, wo sie lautlos zu Boden fiel. Als ihr Körper zur Ruhe gekommen war, sank auch ihr Kleid in sich zusammen und deckte sie zu. Die Betrunkene war auch wieder so etwas, was man Washington ankreiden musste. Die Frau mochte dieselbe sein, die schon vor zwei Wochen gestürzt war, dieselbe, die schon vor fünf Wochen gestürzt war. Lange lag sie so da, und Ruth zog sich den Morgenmantel straffer um den Hals und überlegte, ob sie sich in die Kälte dieses Niemandslandes hinauswagen sollte, um ihr zu helfen. Da raffte sich die Frau langsam auf allen vieren auf und taumelte schließlich die K Street hinunter zur 4th Street. Sie wird doch wohl Bescheid wissen, dachte Ruth, sie weiß bestimmt Bescheid über die Wölfe. Ruth richtete den Blick wieder auf die Gaslaterne, und da bemerkte sie zum ersten Mal das Bündel, das von dem Baum im Garten herabhing, von dem Apfelbaum, der seit über zehn Jahren keine Früchte mehr trug.

Ruth wich einen Schritt zurück, als sei sie geschlagen worden. Sie hob die Pistole in ihrer Rechten, doch ihre Hand weigerte sich, still zu halten, und so ließ sie das Messer fallen und hielt die Pistole mit beiden Händen fest. Sie wartete darauf, dass etwas Schreckliches, etwas Wölfisches aus dem Bündel hervorbrach. Eine unsichtbare Hand legte sich auf ihren Mund und erstickte den Schrei, den sie in die Welt aussenden wollte. Ein Wind kam auf, spielte mit ihrem Morgenmantel, ihrem Nachthemd und strich über ihre Fußknöchel und Hände, dann bewegte er sich hinüber und stupste das Bündel an, bis es ein paar Zentimeter nach links, ein paar Zentimeter nach rechts pendelte. Das Seil, vom Alter spröde geworden, knarrte. Und dann kehrte der Wind zurück und schenkte ihr den Atem wieder.

Aus dem Bündel stieg das schwache Wimmern eines Kätzchens, eine Unschuldsbeteuerung, der zu glauben sie sich zunächst weigerte. Sie zwinkerte die Tränen aus ihren Augen, bückte sich und hob mit der Linken das Messer auf. Beide Waffen hielt sie vor sich.

Sie wartete. Was für eine Freundin die Betrunkene ihr jetzt hätte sein können! Sie blickte zur Gaslaterne, und der gelbe Geist, der in dem verschmutzten Glasbehälter tanzte, führte sie die beiden Stufen hinunter in den Garten, bis sie nur noch einen Meter von dem Bündel entfernt war. Sie stocherte zweimal mit dem Messer, und zur Antwort, wie als Belohnung, brachte das Bündel ein kurzes Winseln hervor, ein Winseln, das zu erkennen sie ein, zwei Augenblicke benötigte.

Das also war Washington, dachte sie, als sie sich auf die Zehenspitzen stellte, die beiden Seilstücke durchtrennte, an denen das Bündel vom Ast herabhing, und erst eine Decke, dann eine zweite auswickelte. Das also war das Washington, in das ihr Aubrey sie über den Potomac gebracht hatte – eine Stadt, wo man Babys in Nachtbäume hängte.

Als Aubrey Patterson drei Jahre alt war, nahm sein Vater die Familie mit nach Kansas, wo einige seiner Angehörigen es zu Wohlstand gebracht hatten. Hier reicht der Himmel bis hoch droben, wo Gott auf seinem Thron ein Schläfchen hält, hatte der Bruder des Vaters aus Kansas geschrieben, und bevor er erwacht, kannst du allerhand verdienen. Von Verwandten und Freunden lieh sich der Vater Geld für Bahnfahrkarten und ein paar neue Kleidungsstücke, denn er glaubte, ja er wusste, dass er vor Ablauf eines Jahres in der Lage sein würde, es mit Kansas-Geld zurückzuzahlen. »Zahl ihnen alles zurück, mein Sohn«, hatte Aubreys Vater in den Augenblicken vor seinem Tod gesagt, rund zwölf Jahre nachdem die Familie in Kansas den Zug bestiegen hatte und nach Virginia zurückgekehrt war, ohne mehr als Groll ihr Eigen zu nennen. Und mit dem klaren Verstand eines Menschen, der dem Tod ins Auge sieht, haspelte Miles, sein Vater, die Namen all derjenigen herunter, denen er Geld schuldig war, beginnend mit dem Mann, dem er am meisten schuldete.

Nicht lange nach der Rückkehr der Familie nach Virginia heirateten die beiden älteren Schwestern Aubreys und zogen mit ihren Ehemännern auf andere Bauernhöfe in Arlington County. Die

Übrigen – Miles, die Mutter Essie und Aubrey – lebten meist von der Hand in den Mund, mussten aber keinen Hunger leiden. Aubreys Schwestern und ihre Männer waren großzügig, und in ihrem kleinen Haus auf ihrem kleinen Grundstück mit Garten, Hühnern und zwei Kühen waren die drei von ebenso großzügigen Landbewohnern umgeben, die die Familie schon gekannt hatten, als sie noch unter einer lichteren Sonne lebte.

Kurz bevor Aubrey dreizehn wurde, geschah es, dass seine Mutter begann, an den meisten Abenden die Landstraße hinunterzulaufen. »Ich setz mich ein bisschen zu Miss Sally«, sagte sie und meinte die alte Frau, die etwa einen Kilometer entfernt wohnte. Doch dann erfuhr ihr Sohn, dass weit vor Miss Sallys Häuschen ein Mann in einer Hütte mit einer zerbrochenen Tür wohnte und dass sie dort oft anhielt. Falls auch sein schwindsüchtiger Vater davon wusste, ließ er sich jedenfalls nichts anmerken. Zu Beginn, bevor er sein Herz vor ihr verschloss, stand Aubrey immer auf der Veranda und sah ihr nach. Eine der beiden gelben Hündinnen folgte ihr, bis sie sich umdrehte und mit einem Stein nach ihr warf. Das andere Tier bewegte sich nur selten unter der Veranda hervor. Aubrey behielt die Landstraße auch dann noch im Auge, wenn seine Mutter längst verschwunden war. »Was tust du da, mein Sohn?«, fragte sein Vater dann von drinnen. »Komm und lies mir ein paar Verse vor, vielleicht auch einige Kapitel.« Als Aubrey vier war, hatte seine Mutter ihm in Kansas das Lesen beigebracht. Ihre Angehörigen waren allesamt Büchernarren.

Sie kamen einander näher, der Vater und der Sohn, was ihnen in Kansas, wo jeden Tag eine neue Katastrophe über sie hereinbrach, verwehrt geblieben war. Sein Vater ermunterte ihn, zur Kirche zu gehen. »Es ist doch nur ein Quäntchen deines Lebens, mein Sohn«, sagte Miles und erinnerte sich an die Zeit in Kansas und daran, wie zornig Gott gewesen sein musste, wenn er nach seinem Schläfchen erwachte. »Und Gott hat ein langes Gedächtnis.« Damals ging sein Sohn auf die vierzehn zu. So machte sich der Junge jeden Sonntagmorgen allein auf den Weg, in die entgegengesetzte Richtung von Miss Sally, und bei sich trug er die Bibel, die er von seinem Großvater mütterlicherseits geerbt hatte, dasselbe Buch, aus dem er seinem Vater vorlas über Not und Bedrängnis der Juden, Tausende von Jahren, bevor der erste schwarze Sklave amerikanischen Boden betrat.

Ruth Hawkins, die Aubrey eines Tages ehelichen sollte, hatte vier Brüder, die vor ihr, und vier Brüder, die nach ihr geboren waren, sodass Männer kein Rätsel für sie darstellten, aber auch keine Götter. Als klitzekleine Hosenmätze hatten sie und Aubrey miteinander gespielt, auch wenn sie sich daran nicht mehr erinnern konnten. Die alten Frauen in und um Arlington konnten sich jedoch daran erinnern, und als Aubrey aus Kansas zurückkehrte, beteten sie gern die kurze Geschichte der beiden her. Nach dem Gottesdienst standen die alten Frauen immer beisammen, nur wenige Schritte vom Friedhof der Praying Rock Baptist Church entfernt, und stützten sich auf Gehstöcke und auf Enkelkinder, die, ungeduldig wie junge Füllen, darauf warteten, endlich davonspringen zu können. »Kommt mal ein bisschen näher«, sagten sie dann zu Ruth und Aubrey, da sie merkten, dass den beiden auf lange Sicht eine gemeinsame Zukunft bevorstand. »Wisst ihr noch damals …«, und dann erzählten sie eine Geschichte über zwei spielende Kleinkinder, die schier kein Ende nehmen wollte.

Wenn sich das Gespräch der alten Frauen nach dem Gottesdienst einem anderen Gegenstand zuwandte und es den beiden freistand zu gehen, hatten Ruth und Aubrey einander anfangs nichts zu sagen. Er wollte unbedingt immer gleich zurück zu seinem Vater, und sie hatte eine ganze Welt voller Menschen und Dinge, die jede Minute ihrer Tage in Anspruch nahmen. Selbst ihre Träume seien völlig ausgefüllt, vertraute sie einer Freundin an. Dann, Ende August 1899, befand Mrs Halley Stafford, die, wie die Leute sagten, dem Kometen seinen Namen verliehen hatte, sie habe genug, und starb in demselben Bett, in dem sie empfangen und geboren worden war. Ruth, die bei der Beerdigung ihre eigene Familie repräsentierte, trat mit einer Handvoll Erde und Staub ans offene Grab und streute sie auf Mrs Staffords Sarg, der in seine letzte Ruhestätte hinabgesenkt wurde. Der neue Prediger, der weniger als hundert Rasuren hinter sich hatte, wiederholte immer wieder: »Staub zu Staub … Asche zu Asche …« Die Erde rieselte ganz langsam aus Ruths Hand, und in den langsam verrinnenden Sekunden hatte sie die Empfindung, als könnte sie jede Krume zählen, die ihr da aus der Hand glitt. Sie wandte sich vom Grab ab und betrachtete ihre Mutter, ihren Vater, ihre Brüder, alle, die um sie versammelt waren, und währenddessen rieselten Staub und Erde immer weiter. Nach dem Begräbnis kam sie auf Aubrey zu, der den Pfad entlangging, der zu der Straße führte, die ihn nach Hause bringen würde. Er blieb stehen, sie beschrieb einen Halbkreis um ihn herum, und er nahm seinen Hut ab und hielt ihn sich auf halber Höhe vor die Brust in der Hoffnung, ihn bald wieder aufsetzen zu können. Über ihre Schultern hinweg sah er die abfahrenden Leute, die Einspänner und Fuhrwerke und Pferde und Maultiere, die Staubwolken aufwirbelten. Die Sonne hinter ihr strahlte ein weiches Gelb durch die Fäden ihrer Sommermütze. »Wann fragst du meinen Daddy, wann ihr, du und dein Daddy, mit uns zu Abend essen könnt?«, fragte sie. Er blinzelte. »Ich denke … ich denke, nächste Woche«, antwortete er und schleuderte ihr irgendwelche Worte entgegen, von denen er glaubte, dass sie sie zufriedenstellen würden. Bis zu diesem Zeitpunkt war dies ihr längstes Gespräch gewesen. »Wenn ihr zu lange damit wartet, müssen wir schon das Kaminfeuer anzünden, kommt doch nächste Woche«, sagte Ruth. Er musste an seinen Vater denken, der ihn als Vierjährigen auf den Schultern getragen hatte, die flachen Landstraßen von Kansas entlang. Als er abends im Bett lag, ging ihm auf, dass sie den Halbkreis nur deshalb beschrieben hatte, damit die Sonne nicht ihr, sondern ihm voll ins Gesicht schien.

Wann immer sie danach zusammen waren, wurden sie von ihrem jüngsten Bruder, dem achtjährigen Harold, begleitet. Die Spielsachen, die früher seinen Brüdern gehört hatten, gingen nun nach und nach in seinen Besitz über, sodass er meist ein glücklicher Junge war. Armeen hölzerner Männer, nach all den Jahren, die sie durch spielende Hände gegangen waren, noch immer lebensprühend, unterstanden jetzt seinem Kommando, so wie er es sich immer erträumt hatte. Wenn er im Oktober und Anfang November, ehe die Kälte über sie hereinbrach, mehrere Schritte hinter Ruth und Aubrey einherlief, die, in züchtigem Abstand und die Hände bei sich behaltend, zum Bach hinunterschlenderten, trug er in einem kleinen Jutesack einen ganzen Zug Soldaten bei sich. Dann trampelte Harold das Gras flach und stellte die Soldaten auf dem Boden auf, während das Pärchen kichernd Steine über das stille Wasser hüpfen ließ oder auf einer Art Böschung saß und zusah, wer mit bloßen Füßen die größten Spritzer erzeugen konnte. Der Junge legte sich auf den Rücken, hielt seine Soldaten gegen die Sonne, schlug ihre Köpfe gegeneinander und legte ihnen kriegerische Worte in den Mund. Ende Februar, als die Kälte sich frühzeitig verabschiedet hatte, sagte ihm sein Vater, es sei in Ordnung, wenn das Pärchen Hand in Hand ginge, und von sich aus vergrößerte der Junge den Abstand zwischen sich und den beiden um drei weitere Schritte und hörte auf, das Lied zu singen, das er immer sang, wenn er fand, dass die beiden einander zu nahe kamen. Im März, im April, lange nach der Pflanzperiode, bettete er einen Trupp Männer in seinen Schoß, während er im Wohnzimmer, das Aubreys Vater inzwischen auch als Schlafzimmer diente, mit diesem Dame spielte. Und wenn er nicht das Gemurmel des Pärchens auf der Veranda hörte, entschuldigte sich der Junge bei Miles und ging, in beiden Händen Soldaten, zur Tür. Sobald er sich davon überzeugt hatte, dass alles seine Ordnung hatte, widmete er sich wieder dem Brettspiel. In den ersten Tagen, als seine Schwester noch umworben wurde, hatte er bereits allen seinen Männern Namen gegeben, doch in der Zeitspanne, die Ruth und Aubrey benötigten, um sich in der Gesellschaft des andern wohlzufühlen und sich schließlich ineinander zu verlieben, hatte Harold mehr als genug Gelegenheit, sie umzubenennen, genug Gelegenheit, einen Feldwebel zum Oberst zu befördern, weil er ein mutterloses Kätzchen vor dem Ertrinken gerettet hatte, oder einen einarmigen Hauptmann nach Hause zu seiner Familie zu schicken, weil er ihm frech gekommen war.

Aubrey Patterson sollte nur zwei Mal zu der Hütte gehen, die seine Mutter mit dem Mann teilte, mit dem sie sich eingelassen hatte. In den Augen der Welt war sie eine Verstoßene, mehr noch als der Mann. Nicht einmal der Postbote ging dorthin.

An dem Morgen, an dem er seinen Vater tot auffand, rief Aubrey erst seinen Namen und wartete. Als er endlich begriffen hatte, küsste er seinen Vater auf die Lippen und die Hände. Dann wusch er seinem Vater das Gesicht, wie er es fast jeden Morgen getan hatte, kämmte ihm das Haar und rasierte ihn mit der Rasierklinge mit Perlmuttgriff, die Miles' Großvater einer Hure in Annapolis abgekauft hatte. Er zog seinem Vater die Nachtkleidung aus und streifte ihm die besten Kleider über, die der Mann besessen hatte, so wie er es getan hatte, wenn sie Gäste erwarteten. Schließlich setzte er sich in einen Sessel neben dem Bett des Mannes und las ein Kapitel aus der Schöpfungsgeschichte und zwei Kapitel aus dem Psalter. Danach ging er die Straße hinunter zu der Hütte. »Falls du's wissen willst, falls dir was dran liegt …«, setzte er an, nachdem er vom Garten aus nach seiner Mutter gerufen hatte. Auf dem Hinweg dachte er die ganze Zeit an seinen Vater, und auf dem Rückweg dachte er die ganze Zeit an Ruth.

Das zweite Mal begab er sich zu der Hütte, um seiner Mutter mitzuteilen, er werde heiraten. Er und Ruth saßen auf dem Fuhrwagen, den sein Vater ihm hinterlassen hatte. Ruth blieb sitzen, als Aubrey abstieg und nach seiner Mutter rief, wie er es an dem Tag, als sein Vater starb, getan hatte. Nach wenigen Minuten waren sie fort, denn diesmal war seine Mutter nicht zur Tür gekommen. Essie Patterson, die in Sünde lebte, verschwand aus seinem Leben. Als sie starb, ließ seine älteste Schwester ihm die Nachricht zukommen. »Wir müssen zu ihr«, sagte Ruth zwei Wochen, nachdem sie ihr Leben in Washington begonnen hatten, zu ihm. »Wir müssen zu ihr. Sie ist die einzige Mutter, die du je hattest«, etwas Derartiges würde sie von dem Baby im Nachtbaum nicht sagen können.

Die ersten Wochen ihrer Ehe verbrachten sie in seinem Haus. Wenn sie sich nicht gerade liebten, erzählten sie einander Dinge, die sie aus den verschiedensten Gründen nicht hatten aussprechen können, als sie einander umworben hatten. Die dritte Nacht endete mit seinem Bekenntnis, einmal ein Huhn gestohlen zu haben. Er habe es nicht vorgehabt, gestand er ihr, aber als er bei Mr Johnson vorbeigekommen sei, sei ihm das Huhn auf der Straße gefolgt, und was er auch tat, das Huhn wollte einfach nicht nach Hause gehen. Da habe Gott begonnen, ihm einzuflüstern, und diese Einflüsterungen, zusammen mit seinem siechen Vater daheim, hätten ihn überzeugt, dass Mr Johnson den Verlust eines Huhnes verschmerzen könne – wie sich beim Essen herausstellte, ein zähes Tier. Sie fand es liebenswert, dass ihm der Unterschied zwischen einem Ratschlag Gottes und dem »Warum nicht?« des Teufels nicht bewusst war.

Als Ruth in ihrer achten Nacht gegen zwei Uhr morgens das alte Nachtlied hörte, setzte sie sich auf die Bettkante und griff im Dunkeln nach den Pantoffeln, die er ihr geschenkt hatte. Sie lagen nicht dort, wo sie glaubte, sie hingelegt zu haben, und sie entschied sich für seine Stiefel. Draußen in der Wärme ließ sie sich von dem Lied durch die Landschaft geleiten, erhellt von einem Mond, der einen völlig wolkenlosen Himmel beherrschte. Sie lief überall herum, selbst in die Nähe des düsteren Nachtwaldes, denn abschreckende Geschichten über Wölfe, die durch Virginia streiften, gab es nicht. Eine Eule heulte und flog auf, die Flügel so weit gespannt wie die Arme einer Vogelscheuche. Sie entschwand in den Wald, und Ruth machte kehrt, um nach Hause zurückzugehen. Sie würde das kleine Gehöft vermissen; Aubreys Tante Joan Hardesty hatte ihr jedoch versichert, Washington sei ein guter Ort zum Wohnen. Kurz nach der Beisetzung seines Vaters hatte Joan ihren Neffen beiseite genommen und ihm gesagt, sie habe stets Platz für ihn, falls er der Meinung sei, Virginia könne ihm keine gute Zukunft bescheren. In seiner Kindheit hatte er sie als heikles Ding erlebt, bekannt dafür, dass sie die verschiedenen Speisen auf ihrem Teller mit Zahnstochern voneinander trennte. Als Ruth sich dem Haus näherte, blieb sie stehen, um den Mond zu bewundern, der staubig orangefarben am Horizont erschienen und, je höher er stieg, desto weißer geworden war. Paul Hardesty hatte Joan nicht einmal zwei Monate nach ihrer ersten Begegnung geheiratet, sie waren über den Potomac nach Washington gezogen, und in der Stadt hatte sie Fleisch angesetzt. Am Tag, als Aubreys Vater bestattet wurde, war Joan seit mehr als einem Jahr Witwe gewesen. Paul war von einem der ersten Automobile überrollt worden, die Washingtons Straßen befuhren. »Tod durch Autounfall« war eine so neuartige Nachricht, dass die Weißen in ihren Zeitungen darüber berichteten. Freilich erwähnten die Zeitungen der Weißen nicht, dass Paul vor dem Automobil nicht davonrennen konnte, weil eines seiner Beine fast nicht zu gebrauchen war. Es war verdreht worden, als die Hebamme ihn aus dem Mutterleib gezogen hatte.

»Du wirst dich dran gewöhnen«, hatte Joan, wie Ruth sich erinnerte, bei der Beerdigung über Washington gesagt, so wie eine Frau von einem Liebhaber spricht, mit dessen Unzulänglichkeiten sie würde leben lernen müssen. »Gewöhn dich einfach dran.« In Washington hatte Joan einen Spezialteller mit Unterteilungen aufgetrieben, und so brauchte sie nie wieder Zahnstocher zu benutzen, um ihr Essen zu trennen.

Jetzt kam Ruth ums Haus gelaufen, blieb am Brunnen stehen, zog den Eimer aus der Tiefe und nahm einen großen Schluck. Eine verheiratete Frau konnte einen Trinkbecher entbehren. Aubreys Vater war tot, und seine Mutter stand noch unter einer Hure, und so hielt ihn in Virginia nicht mehr viel. Er lächelte, wenn er Ruths Namen aussprach, und er lächelte, wenn er den Leuten erzählte, er werde in Washington D.C. leben. Ruth empfand nichts für diese Stadt. Generationen ihrer Familie hatten in Virginia gelebt, aber sie war eine verheiratete Frau und hatte gelobt, ihrem Mann anzuhangen. Und Gott machte, dass das Baby im Baum und die Geschichte von den Wölfen in den Straßen auf sie warteten.

»Ruth, Liebling?« Aubrey stand in der Tür. »Schatz, tut dir was weh?« Sie hatte den Eimer wieder hinabgesenkt und den Mond betrachtet. »Alles in Ordnung, Liebling?« Nach deinen Eltern, hatte Miles seinen Sohn gewarnt, steht nur noch deine eigene treue Frau zwischen dir und dem Unglück und dem Tod.

Sie wandte sich von dem Pfad ab, der zur Straße führte. »Mir fehlt nichts«, sagte sie. »Manchmal überkommt's mich einfach. Besonders, wenn ich glücklich bin.« Er kam zu ihr, und sie kam zu ihm.

»Dachte schon, du schlafwandelst. Kannte mal 'ne nette Frau in Kansas, die das getan hat, ist immer rausgegangen und hat versucht, ihre Kühe zu melken, bis eine von denen sie getreten hat.«

»Ich nicht. Bin hellwach. Schau, meine Augen.« Er lachte und legte seine Arme um sie. Seine Arme zitterten nicht, wie sie es bei den allerersten Malen getan hatten. Lange standen die beiden so da, lange genug, dass der Mond auf der anderen Straßenseite von einem Baum zum andern hüpfen konnte. Silbern leuchtete er durch das Laubwerk, was die Frau zuerst allein bemerkte, dann aber deutete sie auf Stellen auf dem Boden, die ihr Mann betrachten sollte – ein schimmerndes Silber, das umso kostbarer war, als man es genießen, seiner aber nicht habhaft werden konnte. Dort, wo es hinfiel, zeigte sich der Mond sehr freigebig mit seinem Silber, und selbst die Flecken, wo er nicht hinschien, wiesen ein angenehmes und nahezu erwartungsvolles Grau auf, als wollte der Mond sagen: Zu euch komme ich auch noch, sobald ich kann. »Ich werde Virginia vermissen«, sagte Ruth und gähnte. Aubrey erwiderte: »Ich werd's an dir wiedergutmachen. Außerdem sind wir doch gleich auf der anderen Seite vom Fluss. An so vielen Stellen können wir am Fluss stehen und Virginia sehen.« Inzwischen floh ihn der Schlaf, bei ihr dagegen gewann er die Oberhand, und schließlich musste Aubrey sie hochheben und ins Bett tragen. Sie waren Kinder ehemaliger Sklaven, hineingeboren in eine Art Freiheit, hatten sich jedoch schon im Mutterschoß mit dem Wissen bewegt, mit dem ihre gesamte Gattung zur Welt kam – mit dem Wissen, dass Gott die nächste Woche allen verheißen hatte, nur nicht ihnen.

Das Gefühl, die Mutter des Kindes könnte nie wiederkommen, beschlich Ruth drei Tage, nachdem sie den Säugling vom Baum geschnitten hatte. Sie allein war Zeugin, als seine Nabelschnur abfiel. Sie hielt das schwarz gewordene Ding in der Handfläche, ein Ding, das sich bereits in Staub aufzulösen begann, und ihr ging auf, dass ihre Mutter das Gleiche getan haben musste, und zwar mehrfach: bei den Kindern, die überlebten, und bei denen, die noch vor Ablauf ihres ersten Lebensjahres starben. Vierzehn Tage, nachdem sie das Kleinkind losgeschnitten hatte, nannte sie ihn Miles, nach Aubreys Vater, der sie wie eine Erwachsene behandelt hatte, die stets zwischen Recht und Unrecht zu unterscheiden wusste. Sie beriet sich mit Aubrey nicht darüber, dass sie das Kind nach seinem Vater benennen wollte – an jenem Morgen wachte sie einfach auf und dachte, es sei ein Unglück für ein Kind, in der Welt zu weilen und unter keinem anderen Namen bekannt zu sein als »er« an einem guten Tag und »es« an einem schlechten. Als Aubrey hörte, dass sie das Baby Miles nannte, sagte er kein Wort. Beide wussten schon immer: So hatten sie ihren erstgeborenen Sohn nennen wollen. Um die Wahrheit zu sagen, dauerte es sehr lange, bis Aubrey den Gedanken aufgab, die Mutter des Babys werde zurückkehren, und monatelang suchte er ganz Washington ab, ja er fuhr sogar bis nach Virginia, um nachzufragen, wer einen kleinen Jungen verloren haben mochte. Er kam aus einer Gegend, wo Menschen eine Vergangenheit hatten, die ebenso mit Händen zu greifen war wie die Erde, wo selbst Kinder ohne Eltern oder Großeltern jemanden hatten, in dessen Schoß sie sich ausweinen konnten. Das wusste zwar auch seine Frau, doch ebenso wusste sie, dass ein Körper nur an einem seidenen Faden in dieser Welt hing: Als sie eines Tages mit dreien ihrer jüngsten Brüder spielte, sah sie ein braunes Bündel vom Himmel fallen und mit einem Plumps im August-Getreide aufschlagen. Die Kinder warteten in der schrecklichen Stille nach dem Fall, und nach langen Sekunden schob ein brauner Welpe seinen zitternden Oberkörper aus dem Maisfeld und spähte erst nach links, dann nach rechts, wie ein wohlerzogenes Kind, das eine gefahrvolle Straße kreuzen will. Der Welpe, beide Hüften mit den blutigen Malen von Habichtskrallen tätowiert, schwankte sichtlich zwischen Leben und Tod. Nachdem er sich vergewissert hatte, dass keine Gefahr mehr drohte, kam er auf Harold zugewackelt.

Ruth und Aubrey hatten sich zweieinhalb Monate in Washington aufgehalten, als das Baby auftauchte. Sie waren als Aushilfen in den verschiedenen Geschäften tätig, die Joan Hardesty in den zweistöckigen Häusern Nr. 1011 und 1013 3rd Street, N. W., betrieb. In der Nr. 1011 führte sie ein kleines Hotel für Farbige, denen die für Weiße bestimmten Hotels der Stadt verwehrt waren. Hinten hinaus wusch sie Wäsche, und im Haus Nr. 1013 konnte man fünf Tage in der Woche ein Abendessen bestellen, sich an den großen Tisch setzen und seine Mahlzeit genießen. Die Hühner im Hinterhof versorgten sie mit Eiern, deren Preis gerade auf drei Cent das Dutzend angestiegen war, als die Jungvermählten eintrafen. Die Leute konnten auch frisch geschlachtete Hühner kaufen, obwohl die meisten ihrer Kunden es vorzogen, die Vögel lebend mit nach Hause zu nehmen und ihnen eigenhändig den Hals umzudrehen. Im Hinterhof war eine kleine Hufschmiede untergebracht, mit der es jedoch seit dem Unfalltod ihres Mannes bergab ging.

Ruth Pattersons erster Freund in Washington war der siebenundvierzigjährige Seemann Willie, der sich im Haus Nr. 1013, in dem Joan selbst wohnte und dessen großes Vorderzimmer im Obergeschoss sie Ruth und Aubrey zur Verfügung stellte, einen Raum gemietet hatte. Nach Pauls Tod war Joan aus dem geräumigen Zimmer, in dem sie den größten Teil ihrer Ehejahre verbracht hatte, in das kleinere Hinterzimmer im selben Stockwerk umgezogen. Seemann Willie, Pauls Cousin zweiten Grades, bewohnte das mittlere Zimmer, das weder groß noch klein war und auf das Haus Nr. 1011 hinausging. Der Ausblick war einem Mann, der die ganze Welt bereist hatte, gleichgültig gewesen, und noch gleichgültiger zu der Zeit, als Ruth und Aubrey eintrafen, da seine Sehkraft nachzulassen begann. Allmählich hieß er nur noch »der blinde Willie«. Seinen Lebensunterhalt hatte er sich zunächst als Handelsmatrose, später als Walfänger verdient, und da er so viele Jahre unter Männern verbracht hatte, die nach verfaulendem Walfleisch stanken, war ihm daran gelegen, den ganzen Tag süß zu duften. Bevor er zum letzten Mal von der See nach Hause kam, hatte er in London zahlreiche Fläschchen männliches »Abendwasser« gekauft, und sobald er morgens aus dem Bett stieg, betupfte er sich damit das Gesicht. Er hatte Frauen in ganz Washington gehabt, sowohl vor als auch nach seinem Rückzug von der Seefahrt in den Ruhestand, und nun, da sein Augenlicht nachließ, sahen diese Frauen die Gelegenheit gekommen, einem Mann das Herz zu brechen, der so oft das ihre gebrochen hatte, und wandten sich von ihm ab. »Seemann Willie«, spöttelten sie, »braucht 'ne Pflegerin, jetzt, wo er zum blinden Willie wird. Jetzt ist er süß wie Zucker, aber in meinen Kaffee will ich davon nichts.« In den Tagen vor Ruths Ankunft war er in der Stadt umhergelaufen, um einige der Frauen aufzusuchen, und denen, die ihm öffneten, hatte er gesagt, er wolle ihnen nur »seinen Respekt erweisen«. Eigentlich wollte er Reue bekunden, aber dafür hatte die See ihm nicht die richtigen Worte gegeben, und die wenigen Begegnungen, zu denen es kam, gingen ungünstig aus. Zwei Frauen, die er besonders dringend sprechen wollte, hatten ihn gemieden. Eine von ihnen, Vi Sanchez, war tot, aber das wusste er nicht, und die andere, Melinda Barclay, hatte versucht, sich an das bisschen Leben zu klammern, das ihr geblieben war, nachdem Seemann Willie sie zum zweiten und letzten Mal hatte sitzen lassen.

In den Tagen, bevor sie das Baby vom Baum schnitt, war Ruths und Aubreys Zeit in der 3rd Street angenehm strapaziös verlaufen. Joan war keine Sklaventreiberin, wollte aber bei jedem, der für sie arbeitete, auf ihre Kosten kommen. Wann immer das Pärchen sich zufällig in einem stillen Winkel in einem der Häuser oder hinten in der Scheune begegnete, schmiegten sie sich aneinander und küssten sich, bis sie ein Geräusch vernahmen. Nachts in ihrem großen Vorderzimmer kitzelten sie einander kichernd und warteten, bis sie aus dem mittleren Zimmer Willies knatterndes Schnarchen hörten. Dann liebten sie sich, und wenn sie fertig waren, leckte er ihr den Schweiß vom Gesicht, von der Brust. Er wollte unbedingt ein Kind haben, einen Sohn, den er nach seinem Vater benennen konnte, der stets in seinen Gedanken weilte.

Niemand kam, um Anspruch auf das Baby zu erheben, und schon bald schlug Aubrey, der, seit das Baby nachts weinte, nicht länger mit dem Schlaf des Gerechten gesegnet war, die entgegengesetzte Richtung ein, wenn er hörte, dass Ruth sich den stillen Winkeln näherte. Er widmete der Aufgabe, herauszubekommen, wer einen kleinen Jungen »verloren« haben mochte, noch mehr Zeit. Im Februar klopfte er sogar an den Hintertüren von Weißen an, um herauszufinden, ob sie von einer Frau gehört hätten, die in anderen Umständen gewesen sei und es nun nicht mehr sei, ohne ein Kind vorweisen zu können. Im Februar begann er es Ruth übel zu nehmen, dass sie in ihrem großen Vorderzimmer so mir nichts, dir nichts eine Bleibe für das Kind eingerichtet hatte. Gleich nach der ersten Nacht hatte sie den Säugling in das hölzerne Kinderbettchen gelegt, das einer ihrer älteren Brüder angefertigt hatte, ein kleines Wunderding, an dessen Seitenwänden Cherubim eingeschnitzt waren, Cherubim, die alles taten: mit Bällen warfen, Seil hüpften oder auf Bäumen hockten. Am Kopfende saß ein Cherub mit geschlossenen Augen, erhobenen Armen und ausgebreiteten Flügeln, der seine dicken Fußknöchel kreuzte. Das Kinderbettchen war für ihr erstes eigenes Kind vorgesehen gewesen, jetzt aber sah Aubrey Tag für Tag das Findelkind darin schlafen, die Ärmchen völlig sorgenfrei von sich gestreckt, das Bäuchlein aufgedunsen von der Milch, die Aubrey eigenhändig von der buckligen Kuh genommen hatte, die Joan mietete, um die Butter herzustellen, die sie verkaufte.

Ende April begann er zu denken, dass Ruth nur deshalb nicht schwanger wurde, weil ihr Herz zu sehr an dem Findelkind hing. (»Nenn ihn nicht Miles«, hatte er ihr im März schließlich befohlen. »Gib ihm gar keinen Namen. Wer immer ihn holen kommt, wird ihm seinen richtigen Namen zurückgeben wollen, und der Junge wird sich dran gewöhnen müssen, dass er anders heißt.« Ruth hatte geseufzt, wie in den alten Tagen kurz vor dem Einschlafen.) Und im April begann er, sie während der Arbeit aufzuspüren, um sie zu nehmen, wo immer er sie fand. Kraft und Häufigkeit seines Samens überwältigten die Zärtlichkeit, die sie für das Baumkind empfand.

Ein Gast ertappte sie in einem der Zimmer im Obergeschoss der Nr. 1011 und beschwerte sich bei Joan. »Was bildet ihr euch eigentlich ein, was für ein gottverdammtes Hotel ich hier betreibe?«, wollte sie von Ruth und Aubrey wissen. »Die Schweinereien könnt ihr mit nach Virginia nehmen.« Während sie sprach, schien sie dauernd in Tränen ausbrechen zu wollen, so als stelle die Tatsache, dass sie es am helllichten Tag miteinander trieben, nur einen winzigen Bruchteil ihrer Sorgen dar.

Wenn Aubrey sie nachts in ihrem Bett nahm, übte er sich nicht länger in Geduld, bis sie den blinden Willie schnarchen hörten. Anfang Mai schrie Ruth zum ersten Mal auf, weil er so brutal war. »Wenn du mir weiter wehtust, lasse ich mich nicht mehr von dir anrühren«, sagte sie eines Morgens, als sie das Findelkind fütterte. Die Augen des Babys blinzelten schläfrig, und es hob eine Hand, um ihren Mund zu betasten. »Von jetzt an mach ich's dir recht«, antwortete Aubrey leise, doch sein Versprechen hielt nicht länger als drei Tage vor. Als Ruth Ende Mai die Nachricht erhielt, dass ihre Mutter erkrankt sei, hatte sie ihn mehr als eine Woche lang nicht an sich herangelassen. Die ganze Woche über hatten sie gestritten, meistens nachts, und obwohl Aubrey versuchte, sein Gebrüll zu dämpfen, konnte der blinde Willie sie hören. Dann klopfte er an die Wand. »Seid nett zueinander da drinnen, hört ihr? Es gibt keinen Anlass, nicht nett zueinander zu sein.«

Als Ruth losfuhr, um ihre Mutter zu besuchen, nahm sie das Findelkind mit. Sie überhörte Aubreys Frage, was er denn anstellen solle, wenn die Mutter des Babys käme, um ihr Kind zu holen. In Virginia fand sie wieder Frieden, fand, dass sie die nervöse Unruhe, die sie in Washington beschlichen hatte, abschütteln konnte, eine Unruhe, die bereits lange, bevor sie das Baby losschnitt, eingesetzt hatte. Sie half ihrem Vater und ihren Brüder bei der Feldarbeit. Als ihre Mutter wieder genesen war, fuhren die beiden das Findelkind im Kinderwagen aus, spazierten in ganz Arlington umher und besuchten Leute, die Ruth seit vielen Monaten nicht mehr gesehen hatte. In Virginia versicherte ihr alle Welt, Ehe und Washington hätten ihr gutgetan. Ja, ja, das hatten sie, sagte Ruth. Sie lernte, den

Leuten ohne Umschweife zu gestehen, dass Miles nicht ihr Kind war, dass sie ihn in einem Baum gefunden hatte. Dann schnalzten die Leute, dieselben Leute, die beteuert hatten, Washington habe ihr gutgetan, mit der Zunge und meinten, was sei von einer Stadt, deren Präsident so schäbig zu Farbigen sei, auch anderes zu erwarten. Mit dem Findelkind schlief sie in demselben Bett, in dem sie vor ihrer Ehe geschlafen hatte. Das Baby schlummerte, indem es sich an ihrem Nachthemd festhielt. Der Mai ging in den Juni über, und ehe sie sich's versah, war es Juli.

Aubrey schickte ihr einen Brief:

Meine liebe Frau,
ich schreibe in der Hoffnung, dass es Deiner lieben Mutter wieder besser geht. Ich habe für sie gebetet. Ich habe auch für Dich gebetet, und ich habe für das Leben gebetet, das wir uns hier in der Stadt eingerichtet haben.

Ich kann nicht schlafen, weil Du nicht neben mir liegst. Ich arbeite, aber froh bin ich nicht, denn ich weiß, dass ich Dich nicht so schnell finden kann wie vor Deinem Aufbruch zu Deiner kranken Mutter in Virginia. Mehr als das Leben selbst will ich morgen zu Dir kommen, um Dich vor dem zweiten Tag des Monats August 1902 abzuholen. Bitte wisse, dass ich diese Worte mit meinem Herzen schreibe und jedes Wort wahr ist. Ich werde Dich holen kommen.

Meiner liebenden Frau Mrs Ruth Patterson
von Deinem treuen und einzi4gen Ehemann
Mr Aubrey Patterson

An dem Tag, als sie den Brief erhielt, las sie ihn ein Dutzend Mal durch. In der Nacht, als es im Haus still war und das Kind fest schlief, ging sie ins Freie, nicht so sehr wegen des Liedes – obwohl dieses noch immer zu hören war –, sondern weil Aubrey vielleicht noch vor dem zweiten August kommen würde, wenn sie im Garten stand.

Er kam und blieb drei Tage bei ihr und ihrer Familie. Aus irgendeinem Grund schien er überrascht, das Baby zu sehen, als habe er erwartet, dass es sich im Lauf der Zeit in Nichts aufgelöst hätte. Das Kind erschien ihm zweimal so groß wie vor seinem Aufbruch aus Washington. Dieselbe Körpergröße war alles, was er sich je erhoffen durfte, aber dass es gediehen war und auf die doppelte Körpergröße angewachsen zu sein schien, versetzte seinem Herzen einen Stich. Doch er sagte nichts.

Während Ruth fort war, hatte Joan Aubreys Lohn auf 2,50 Dollar die Woche erhöht. Hätte man ihn an dem Tag, als er die neue Lohntüte in den Händen hielt, danach gefragt, er hätte geantwortet, dass er jetzt ein Washingtoner sei. Virginia lag weit draußen, irgendwo in der Vergangenheit. Um nichts in der Welt wäre er nach Virginia zurückgekehrt, es sei denn, zur Auferstehung seines Vaters. Das Einzige, was sein Leben vervollkommnet hätte, war Ruths Rückkehr. Ein Teil von ihm, ein schrecklicher Teil, verübelte es ihr, dass sie so lange abwesend war, obwohl er den Grund verstand: ihre Mutter. Eine Frau in der I Street schuldete Joan Geld, und Aubrey wurde losgeschickt, um es einzutreiben. Die Frau öffnete die Tür, um ihn einzulassen, und er spürte, dass sie ihm mehr als nur das Geld bot. Er zögerte und blickte die I Street auf und nieder, wo niemand ihn oder sein Anliegen kannte. Sein Vater hatte einmal gesagt, selbst wenn er fünfzehntausend Kilometer von jedem Menschenwesen entfernt sei, müsse er sich dennoch zu Tisch setzen, mit Messer und Gabel essen und die Tischmanieren beherzigen, die man ihm beigebracht hatte. So sagte er der Frau, er werde es seiner Tante ausrichten, wenn sie das Geld an diesem Tag nicht beisammen habe. Und seinen Lohn zahlte er bei einer Bank ein, jeden einzelnen Cent bis auf die, mit denen er sich Süßigkeiten kaufte, ohne die er nicht leben konnte.

Während Ruths Abwesenheit stellte Joan außerdem Earl Austin ein, einen Mann, der erst vier Monate zuvor aus Georgia gekommen war. Da er in Georgia unter Kopfweh gelitten hatte, war Earl zu einer Wurzelheilerin gegangen, die Frau hatte ihn auf einen schwarz angemalten Teller spucken lassen und danach die Diagnose gestellt: »Ihre Frau ist nicht mehr Ihre Frau.« Als er seine Frau mit einem

Mann, der noch Hut und Socken trug, in ihrer beider Ehebett ertappte, verprügelte er den Mann fast eine Stunde lang, ließ den vermeintlich Toten im Gemüsegarten seiner Frau liegen und entfloh aus dem Staat, befreit von Kopfschmerzen, aber mit zerschnittenem Herzen. Er verstehe sich aufs Hufschmiedehandwerk, hatte er Joan versichert, als er eine Stelle suchte, und er könne sogar nähen und häkeln, falls er seinem Bauch damit zu Nahrung verhalf. Er sagte nicht, dass er sie eines Tages die K Street hatte entlanggehen sehen und ihr bis zur 3rd Street gefolgt war. Er sagte nicht, dass er einen guten Pförtnerposten im Ebbitt House aufgegeben hatte, nur um in ihrer Nähe zu sein, dass er an jenem Tag in der K Street von einem Gefühl erfasst worden war, das ihn überwältigte und verwirrte. Er sagte nicht, dass er auch umsonst gearbeitet hätte oder dass er wusste: Selbst in tausend Jahren konnte er sich keine Hoffnung machen, das Herz einer Frau wie sie zu erobern, einer Frau mit Geld und Besitz.

Ruth und Miles kehrten zurück.

Wenn er seiner Frau das Leben in Washington so leicht wie möglich machte, dachte Aubrey, würde sich ihr Körper nicht länger verweigern, und sie würde endlich schwanger werden. Da es inzwischen Earl gab und der Kleine, der seine Welt mehr und mehr zu erforschen begann, beaufsichtigt werden musste, hatte Ruth etwa ein Drittel weniger Arbeit als vor ihrer Heimfahrt nach Virginia. Und so nahm sie Aubrey nachts zu sich ins Bett, begierig und froh, wieder da zu sein, und er kehrte zurück in ihren Leib, ein Mann voller Liebe, Scheu und Furcht. Washington überlebte die Gluthitze des Augusts. Der September war warm, für diejenigen von Joans Gästen, die nicht aus dem Süden stammten, recht annehmbar, der Oktober über weite Strecken grimmig kalt, der November hingegen wieder wie September.

Für den blinden Willie verdunkelte sich die Welt, als würde gegen die Helle des Tages ein dicker Rollvorhang heruntergelassen. Als Ruth zurückkehrte, akzeptierte er seinen neuen Spitznamen bereits, scherzte allerdings, es sei ungerecht, ihn blind zu nennen, ehe er vollständig erblindet sei. »Ich finde, ich sollte der halb blinde Willie heißen«, sagte er eines Abends zu Ruth, als alle über einem

Abendessen mit Schweinekoteletts saßen. »Fehlt nur noch, dass sie mich in die Grube senken, wenn ich halb tot bin.«

Im November fuhren er, Ruth und Miles nachmittags in einem Karren durch die Stadt, gezogen von einem Maultier, das sich für kurze Stadtfahrten eignete, jedoch verendet wäre oder schlichtweg gebockt hätte, wenn man es zu längeren Ausflügen gezwungen hätte. Willie, der in Washington geboren und aufgewachsen war, erzählte Ruth, er wolle ihr die Stätten seiner Kindheit zeigen, bevor seine Augen sie ganz verschluckten. In Wahrheit brauchte er eine Begleiterin, wenn er umherzog und versuchte, den Frauen, die er gekannt hatte, »seinen Respekt zu erweisen«. Seine Blindheit fasste er als eine Art Tod auf. Im November hatte er erfahren, dass Vi Sanchez gestorben war, aber Melinda Barclay gelang es immer noch, ihm aus dem Weg zu gehen. Ihre Nachbarinnen erteilten ihm jedesmal dieselbe Auskunft: Sie habe eine Weltreise angetreten. Ruth war gern mit ihm zusammen. Sie glaubte fest daran, dass Miles in Washington aufwachsen werde; insofern konnte er die Stadt nicht früh genug erkunden. Und Willie besaß unerschöpfliche Vorräte an Geschichten über das Meer, über Walfische, fremde Länder, die Liebe in Afrika und Brasilien. Dass ihn ganz Washington zu kennen schien, erinnerte sie daran, wie bekannt sie in Virginia war. Die alten Leute in Washington nannten ihn William, denn dies, so sagten sie, sei der Name, den seine Mutter ihm gegeben habe, und der sei auch für alle anderen gut genug. An einigen Tagen – das Maultier durfte unterwegs oft rasten – fuhren Willie und Ruth bis nach Georgetown, machten ein Picknick und angelten vom Flussufer aus.

Schließlich, nach Monaten und Abermonaten, zwei Tage vor Ablauf des Novembers, öffnete Melinda die Tür zu ihrem Haus Nr. 8 Pierce Street, N. W. Sie verzog keine Miene, als sie Willie erblickte. Stattdessen schaute sie über seine Schultern und an ihm vorbei, als habe sie jemanden erwartet, der ihr noch nie Kummer bereitet hatte. Sie seufzte vor Enttäuschung. Willie war überrascht, wie glücklich er war, sie endlich gefunden zu haben, und musste sogleich an den Brief – erst der dritte seines Lebens – denken, den er ihr beim letzten Mal, zwei Jahre zuvor, geschrieben hatte, einen

Brief, über dem er wenige Tage, bevor er beschloss, sich von der Seefahrt zurückzuziehen, gebrütet hatte. In diesem Brief hatte er geschrieben, dass er ihre Kochkünste vermisse und dass es die schwerste Sache in der Welt sei, sich wieder an Schiffsnahrung zu gewöhnen. Er hatte den Brief mitten auf dem Atlantischen Ozean begonnen und ihn beendet, ehe England in Sicht kam, aber abgeschickt hatte er ihn nicht. In dem Brief schrieb er, dass er in Paris eine Damenschneiderin kenne, die er beauftragen werde, Melinda ein Kleid zu nähen, das nicht von dieser Welt sei.

»Ach, Melinda«, sagte Willie jetzt an der Tür, »du weißt ja nicht, wie froh ich bin, dich zu Hause anzutreffen.«

»Willie.«

»Ich hab dich gesucht, Melinda.«

»Ich war weg, Willie. Weit weg. Haben dir die Leute nichts davon gesagt?« Inzwischen war sie einen Schritt zurückgetreten. Die Haare hatte sie hübsch zurechtgemacht, als wollte sie auf eine Party gehen. »Ich hab gehört, was mit dir passiert ist, es ist ein Jammer. Blind zu sein.«

Willie sah sich nach Ruth und Miles auf dem Karren um.

»Du solltest wieder zu ihnen gehen«, sagte Melinda und machte Anstalten, die Tür zu schließen. Er sah die dunklen Umrisse der Tür und hob die Hand, um zu verhindern, dass sie sich schloss. »Bitte, Melinda. Bitte, Liebling.« Sie hielt inne und seufzte ein weiteres Mal. »Das ist Ruth, und das ist der kleine Miles. Sie ist die Nichte meiner Hauswirtin. Ihre … ihre Schwiegernichte.« Er drehte sich um und sah Ruth an, wie um sich zu vergewissern, dass er ihr Verwandtschaftsverhältnis zu Joan richtig bestimmt hatte. In Brasilien hatte es eine Frau gegeben, die nur sehr wenig Englisch verstand und zu allem, was er von sich gab, immer nur nickte, selbst wenn er ihr versprach, mit einem Ring zurückzukehren, dessen Gewicht ihre Hand niederdrücken würde.

»Ich muss gehen, Willie«, sagte Melinda. »Vielleicht solltest du ein andermal wiederkommen.«

Die Worte der beiden konnte Ruth vom Karren aus nicht hören, aber sie konnte Willies Kummer an der Art ablesen, wie er den

Kopf hängen ließ. Miles saß auf ihrem Schoß und spielte mit den Zügeln.

»Bitte, Melinda, wart noch ein bisschen«, sagte Willie. Sein Kopf war leicht zur Seite geneigt, denn in den Augenwinkeln war die letzte ihm verbleibende Sehkraft konzentriert. Ein Fremder, der vorbeiging, hätte gemeint, er rede mit der Seitenmauer von Melindas Haus.

Sie tat ihn mit einem Zischen durch die Zähne ab. »Du hast mir einen Brief versprochen, Willie. Einen einfachen Brief, den ein Kind zustande gebracht hätte. Einfach nur einen schlichten Brief.«

»Das weiß ich, Melinda.«

»Und weißt du noch was?«, sagte sie und machte die Tür ein paar Zentimeter weiter auf. »Die verdammte Halskette ist zerfallen, weißt du das? Dass etwas zerfällt, versteh ich ja. Alles zerfällt. Aber es wäre schön gewesen, zu wissen, dass es dazu kommen würde. Es wäre schön gewesen, zu wissen, dass sie nicht vom König von Haiti stammt. Dass sie zerfallen ist, stört mich nicht. Nur die Lügerei.«

»Ich weiß«, sagte Willie, der sich an die Halskette nicht einmal mehr erinnern konnte. »Ich hätt's nicht sagen sollen. In Haiti gibt es schon seit Jahren keinen König mehr.«

»Es geht nicht um die Halskette. Ich hab alle Halsketten, die ich brauche.«

»Ich besorg dir was andres, und das mein ich ernst«, sagte Willie.

Eine Zeit lang blieben sie stumm, bis Miles einen Zügel fallen ließ und zu plärren begann.

»Kannst ruhig reinkommen«, sagte Melinda. »Kannst du wirklich. So wie du dastehst, lässt du mein Haus ärmlich erscheinen.«

Am Morgen der dritten Nacht, die Willie mit Melinda verbrachte, spürte er, wie ihm jemand behutsam auf die linke Schläfe klopfte. Er erwachte und fand es sonderbar, denn Melinda schlief rechts von ihm. Im Halbdunkel des Zimmers setzte er sich auf die Bettkante und wartete, bis seine Augen sich an das Dämmerlicht gewöhnt hatten. Schließlich hielt er sich eine Hand vors Gesicht und bewegte sie hin und her. Melinda schlief ruhig wie ein kleines Mädchen, so wie sie es immer getan hatte. Er legte die Hand in den Schoß. »Mist«, sagte er schließlich. »Jetzt bin ich ganz blind.« Er sagte es mit nicht mehr Gefühlsbewegung, als ein Mann sagen mochte, dass er zu spät zu einer nicht sonderlich wichtigen Verabredung kommt, wenn er sieht, dass seine Uhr stehen geblieben ist. Er hatte sich noch einige Monate erhofft.

So geräuschlos wie möglich kleidete er sich an und ging hinunter und zu ihrer Tür hinaus. Er schloss die Tür hinter sich und blieb im Licht seines ersten Morgens als Blinder stehen. Das Geräusch der zufallenden Tür hallte in seinem Kopf. Er durchschritt das Tor und achtete darauf, dass es hinter ihm ins Schloss fiel. Der übel riechende Hund einer Nachbarin drang gern in Melindas Vorgarten ein und legte sich unter der Veranda schlafen. Willie tat drei vorsichtige Schritte weg von ihrem Haus. Ein Hahn krähte, und Willie fühlte sich ermutigt. Er streckte die rechte Hand vor sich aus, und die Linke hielt er zur Seite, dort wo die Häuser standen. Ihm fiel ein, dass er einmal an einem ebenso frischen Morgen aus dem Haus einer Frau im Nordosten der Stadt getreten und drei Häuserblocks in die verkehrte Richtung gegangen war, ehe er merkte, mit welcher Frau er zusammen gewesen war. Er gelangte zum Ende der Pierce Street und bog in die 1st Street. Das leichte Gefälle überraschte ihn; in all den Jahren, da er Augen im Kopf gehabt hatte, war es jedenfalls nicht da gewesen. Er machte sich auf den Heimweg zur 3rd Street, und mit jedem seiner Schritte buchstabierte er ihren Namen. Schon als Schüler war William in Orthografie nicht sonderlich beschlagen gewesen, und Seemann Willie war noch schlimmer dran, und so ertastete sich der blinde Willie seinen Weg zu Joan, indem er wiederholte: M-E-L-I-N-D-A.

Am nächsten Abend erhielt Ruth die Nachricht, dass ihre Mutter erneut erkrankt sei. Aubrey schmollte den ganzen restlichen Abend, schlief in der Nacht dicht am Rand ihres Ehebettes und warf sich so geräuschvoll herum, wie er konnte. Tags darauf schmollte er immer noch, bis Ruth mit Miles aufbrach. Sie blieb fast zwei Wochen weg, bis wenige Tage vor Weihnachten. Erst lange nach Weihnachten rührte er sie wieder an. Wenn er in ihr war, hielt er inne und drückte mit seinem ganzen Körpergewicht gegen sie, und wenn sie sich beschwerte, wälzte er sich von ihr.

Einmal Anfang Januar sah er, wie sie sich in der Küche des Hauses Nr. 1013 mit Earl unterhielt und argwöhnte etwas. Wie, fragte er sich, als er zwischen die beiden trat, um zur Kaffeekanne zu greifen, wie konnte er darauf vertrauen, dass ein Kind aus ihrem Schoß seins war? Er schenkte sich seinen Kaffee ein, und bevor er den ersten Schluck nahm, wies er Earl an, den Hühnerstall auszumisten.

»Das hättest du ihm auch anders sagen können«, sagte Ruth zu ihrem Mann, nachdem Earl gegangen war.

»Wie anders?«, fragte ihr Mann, die Tasse in beiden Händen.

»Nicht so gemein. Er ist ein guter Mann. Earl stört niemanden, solange ihn niemand stört.« Im Winter hielten sich weniger Gäste im Haus Nr. 1011 auf, und Joan hatte Earl gestattet, im Hinterzimmer des Obergeschosses zu übernachten. »Du hast keine Veranlassung, so gemein zu sein, Aubrey.« Eines Morgens hatte Earl den Rollvorhang angehoben und sah auf der anderen Seite, in der Nr. 1013, Joan; sie wandte ihm den Rücken zu und frisierte sich vor dem Spiegel die Haare. Er glaubte schon, sein Herz wolle ihm aus dem Leib hüpfen.

»Warum ergreifst du Partei für jemanden gegen deinen eigenen rechtmäßigen Ehemann?« Kaum hatte er die Worte ausgesprochen, wusste Aubrey, dass sie keinen Sinn ergaben, doch als sie erst einmal in die Küche entlassen waren, wo zwei Töpfe mit Abendessen auf dem Feuer standen, konnte er sie nur noch bekräftigen. »Du hast keine Veranlassung, das zu tun, will ich damit sagen.« An jenem Morgen hatte sich Joan vom Spiegel abgewandt und gesehen, dass Earl sie beobachtete.

»Du könntest zu allen netter sein, Aubrey, mehr will ich damit nicht sagen. Zu Earl, zu Willie könntest du netter sein.« Als Earl Joan zuschaute, sah er sich schon nach Georgia verbannt, doch statt sich wegzudrehen, war Joan ans Fenster getreten, hatte eine zweite

Hutnadel durch ihren Hut ins Haar gesteckt und ihn unverwandt angesehen. Earl senkte den Kopf, bis sein Blick auf seine Schuhe fiel. Er hob die Hand zu einem Morgengruß und zog sich vom Fenster zurück.

»Ich bin so nett, wie ich muss«, antwortete Aubrey und wollte seinen Kaffee nicht mehr. »Mir kommt's vor, das Verbrechen hier ist, dass du zu nett bist. Falls ich nicht nett bin, machst du's jedenfalls mehr als wett.«

Endlich begriff sie, was er da sagte, und es hämmerte in ihrem Herzen. »Es kostet nicht einen Cent, nett zu den Leuten zu sein, Aubrey. Es tut keiner Menschenseele weh.« Sie wollte weinen, aber oben schlief das Baby, und es wäre nicht gut gewesen, wenn es aufgewacht wäre und sie leiden gesehen hätte. Das Findelkind weinte beim geringsten Anlass. Ruth wandte sich ab, um nach oben zu gehen.

Bald gab es nichts mehr, worüber sie miteinander reden konnten. Oft zeigte er nur noch mit dem Finger, wenn er wollte, dass sie etwas tat. Am Esstisch mit Joan, Willie, Earl und den anderen Gästen saßen sie so weit auseinander, wie es eben ging. Willie war meist die Stimmungskanone und wusste zu jedem Gegenstand, den jemand benannte, Geschichten beizusteuern. Sagte jemand zum Beispiel »Sandkorn«, so unterhielt er sie mit einem Schwank über einen abessinischen Piraten, der in seiner Räuberhöhle am Meer ergriffen wurde und zappelnd an dem Strick starb, den der Henker ihm um den Hals gebunden hatte, zappelnd wegen der Schmerzen, die der Strick ihm zufügte, und wegen der Sandkörner, die herbeiwehten und seine Augen reizten. Der Pirat hatte die meiste Zeit seines Lebens auf See verbracht, doch Sand hatte er stets verabscheut. Ruth fand Gefallen an allem, was Willie erzählte, doch wenn sie über den Tisch blickte und einen Aubrey mit verschränkten Armen sah, der sie, ohne zu lächeln, anstarrte, verflüchtigte sich ihr Vergnügen.

Eines Tages hörte sie den Kleinen auf dem Strohlager wimmern, das sie ihm bereitet hatte, und ging ins Zimmer. Das Kinderbettchen, dem er längst entwachsen war, hatte sie in die Scheune gestellt. Aubrey kniete bei ihm und hielt ein Bein des Kindes in der Hand. »Was hat er?«, fragte sie. »Weiß nicht«, antwortete Aubrey. »Ich hab ihn nicht gefragt, und er hat's mir nicht verraten.«

Als sie sich zu dem Kind hinkniete, ließ er das Bein los, erhob sich und ging hinaus. Wie sich herausstellte, hatte das Kind genässt. Es lächelte. Als sie die Windeln wechselte, hörte sie immer wieder das Geräusch seines Gewimmers, ehe sie den Raum betreten hatte. Wäre der Kleine still gewesen oder hätte geschlummert, als sie Aubrey bei ihm fand, hätte sie sich nicht daran gestört. Aber sein Gewimmer verriet ihr so vieles. Als sie ihn auf den Arm nahm und aufstand, war es nicht einmal mehr ein Gewimmer, sondern ein lang gezogener Schmerzensschrei.

Danach ließ sie Miles nicht mehr aus den Augen. Sie trug ihn in ihren Armen. Wenn es Arbeiten zu erledigen galt, die beide Hände erforderten, band sie ihn sich auf den Rücken, in einer Schlinge, die sie aus einer Decke gefertigt hatte und in der er bequem sitzen konnte. Sie vergrößterte das Strohlager neben dem Bett und schlief darauf zusammen mit Miles. Das war Mitte Januar.

Eines Nachts gegen Ende Januar wachte Willie auf und erinnerte sich wieder einmal daran, dass er Melinda versprochen hatte, die Halskette des Königs von Haiti zu ersetzen. Seit dem Morgen, als er erblindet war und sie schlafend im Bett zurückgelassen hatte, war zwischen ihnen nichts mehr passiert. Er hatte das Gefühl, genug Geld von der Seefahrt gespart zu haben, um für den Rest seiner Tage bei Joan für Kost und Logis aufkommen zu können. Er brauchte niemanden darum anzugehen. Zuerst hatte er daran gedacht, gemeinsam mit Ruth in einem Geschäft in Washington, das farbige Kunden mit Ehrerbietung behandelte, ein Geschenk für Melinda auszusuchen. Das Geschmeide hätte er von Ruth oder jemand anderem überbringen lassen, denn er wollte nicht, dass Melinda glaubte, er wolle etwas von ihr, wenn er es ihr persönlich überreichte.

In jener Januarnacht stand er auf und öffnete den Seemannskoffer, der ihn um die ganze Welt begleitet hatte, einen Schrankkoffer, der groß genug war, um einem Mann als Sarg zu dienen. In einer Ecke lag eine in zwei Taschentücher eingeschlagene Brosche, eine Brosche, an die er lange nicht mehr gedacht hatte. Es war eine Kamee, welche eine Frau mit langem Hals zeigte, die nach links blickte. Er hatte sie in Marseille gekauft, von einem Mann, der statt Händen nur Stumpen hatte. Sie war als Geschenk für seine Mutter gedacht gewesen. Zwölf amerikanische Silberdollar. Als er jedoch nach Hause zurückkehrte, stellte sich heraus, dass seine Mutter seit etwas mehr als zwei Wochen tot war, und er hatte die Brosche weggesteckt und sich gelobt, nicht wieder daran zu denken. Aber er schuldete Melinda etwas Wundervolles.

Melinda sagte nichts, als Ruth ihr die Brosche überbrachte. Sie bat sie herein. Das Baby war in einem Holzgestell eingeschlafen, das Earl in einer Gasse gefunden und umgebaut hatte. Es war früher Nachmittag, ein Samstag. Ruth schlug die Einladung aus und sagte, sie müsse zurück, und Melinda begleitete sie bis zur Straßenecke, zur 1st Street. Ruth sagte: »Ich soll Ihnen ausrichten, dass Sie sich jedes Mal, wenn Sie sie tragen, vergnügen sollen. Er möchte, dass Sie Freude daran haben.« Am nächsten Morgen, als sich das Grüppchen aus der Nr. 1011 und der Nr. 1013 zum Kirchgang anschickte, stand Melinda vor ihrem Haus. Sie traten durch die Gartentore der beiden Häuser, und Melinda berührte den blinden Willie an der Schulter. Er spürte, dass es keiner von den Mitbewohnern war, mit denen er aus dem Haus gekommen war.

»Wer?«, fragte er.

»Ich«, antwortete sie. Sie löste die Finger seiner Hand und legte die Brosche, die inzwischen in eins ihrer eigenen Taschentücher gehüllt war, mitten auf seinen Handteller. Er wusste sofort, worum es sich handelte.

»Ich will, dass sie dir gehört«, sagte er. »Ehrlich.« Alle anderen gingen ein Stück weiter, in Richtung L Street.

»Warum behandelst du mich so? Was hab ich dir Schlimmes getan, Willie?«

»Nichts, das weißt du doch.«

»Wenn ich nichts getan hab, dann ist es ja gut. Dann sind wir ja quitt, wenn ich dir nie etwas Schlimmes getan hab. Ich will deine Sachen nicht. Nicht eine davon.« Er hörte, wie sie davonging.

»Melinda, bitte …« Er tat einen Schritt, und aus Angst hinzufallen, hielt er sich, so gut er konnte, mit der Hand, in die sie die Brosche gelegt hatte, am Zaun fest. »Melinda, bitte, bitte, Liebling. Bitte, Liebling.« Er streckte die Hand nach ihr aus, aber dann begann er zu weinen und musste mit der Hand seine Augen bedecken. Ruth, die Miles in seinem Gestell dabeihatte, überlegte, ob sie zu ihm gehen solle. Willie sagte: »Ich hab's nicht böse gemeint. Es ist nur meine Art Liebe, so wie sie nun einmal ist.« Melinda betrachtete Ruth und betrachtete Miles' Hände und Füße, die sich in dem Gestell hoben und senkten, dann wandte sie sich langsam um. Jeder in der Gruppe der Kirchgänger entfernte sich und blieb nicht wieder stehen. Für Januar war es nicht sehr kalt, aber seit Tagen war von Schnee die Rede.

An jenem Sonntag hielt der Prediger die erste Predigt seit seiner Rückkehr aus South Carolina, wo er seine Mutter beerdigt hatte, die zwei Tage vor ihrem neunundsiebzigsten Geburtstag gestorben war. Seinen Vater hatte er drei Jahre vorher zu Grabe getragen, erinnerte er die Gemeinde, und nun sei »die ganze Festung« zwischen ihm und dem Tod eingestürzt, weil er ihr ältestes Kind war.

»Auf der langen Zugfahrt hierher, zurück in die Stadt, die ich jetzt mein Zuhause nennen muss, weil Mama und Papa mir dort unten ein Zuhause waren und dieses Zuhause kein Zuhause mehr ist, die ganze Fahrt über musste ich immer wieder denken, wie sehr ich hätte Angst haben sollen. Aber ich hatte keine. Ich hatte nicht das leiseste Fitzelchen Angst«, sagte er, und die Gemeinde sagte: »Amen.«

»In der langen Linie des Todes, die mit unserm Papa Adam begann und mit Mama Eva, bin ich der Nächste. Ach, Mama Eva, wir vergeben dir, dass du die Frucht vom Baum gepflückt und hineingebissen hast, ohne Sorge für uns alle, die wir nach dir gekommen sind und dem Tod ins Auge sehen. Ja, wir vergeben dir. Wir vergeben, Mama Eva.« Und die Gemeinde sagte: »Ja, wir vergeben.« Ruth saß, Miles auf dem Schoß, an einem Ende der Kirchenbank, Joan am anderen. Aubrey saß neben Ruth, und neben ihm saß Earl. Zwischen Earl und Joan saßen zwei Gäste aus der Nr. 1011, ein Arzt und seine Frau aus North Carolina. Die Frau hatte nicht einmal die North Carolina Normal School for Colored Girls abgeschlossen, doch ihr Mann bestand darauf, sie »Doktor« zu nennen, manchmal auf sehr gewinnende Art, indem er die Silben mit einer Berührung ihres Handgelenks unterstrich. Bevor ihr Besuch in Washington zu Ende ging, redeten auch alle anderen sie mit »Doktor« an.

»Ich sage euch«, fuhr der Prediger fort, »ich will euch sagen, dass an dem Tag, als wir unten in South Carolina meine Mutter beerdigten, ein Wind wehte, und ich blickte über all die leeren Flächen rechts von dem Grab, in das man sie gelegt hatte, über all die leeren Flächen bis hin zu dem kleinen Eisenzaun, und ich fragte mich: ›Was für einen Sinn hat es, nach Washington zurückzufahren? Was nützt das schon? Warum nicht in das kleine Häuschen zurückkehren, in dem du aufgezogen worden bist, auf der Veranda sitzen und auf Papa Tod warten?‹«

»O mein Gott«, sagte die Gemeinde. »O mein Gott.«

»Ich sage euch, ich stand einfach da und sah zu, wie der Wind an dem kleinen Eisenzaun des Friedhofs rüttelte, und ich muss lange so dagestanden haben, denn mein Töchterchen zog mich am Arm und fragte: ›Daddy? Daddy?‹ Ihr kleiner Junge hatte sie am Kleid gefasst, und der Wind ließ nach, und sie begannen, das Grab zuzuschütten, in das sie meine Mama gelegt hatten. Da zwinkerte ich mit den Augen. Ich zwinkerte und sah den Tag vor mir, als ich ihren kleinen Jungen zum ersten Mal in den Armen gehalten hatte, und wie er sich gewunden hatte, als würde ich ihn nicht richtig halten, und all die Haare auf seinem Kopf, wie wenn er ein ausgewachsner Junge wär, und ich sah wieder, wie ich auf seine Haare blies, bis er aufhörte, sich zu winden, und merkte, dass ich ihm nicht das geringste Härchen krümmen wollte. Ich sage euch, ich zwinkerte nur, und Gott hat mich gefragt, wovor ich Angst habe.« Die Gemeinde sagte: »Ich weiß.« »Und der Wind kam wieder auf, und Gott stellte mir dieselbe Frage, und ich wusste keine Antwort. Denn wenn ihr zum Kern des Kerns vordringt, gibt's keine Antwort nicht, und das wusste Er, als Er mich fragte. So macht Gott es mit uns, wisst ihr?« »Das tut Er«, sagte die Gemeinde. »Ich zwinkerte noch einmal und sah, wie ich mit dem Zug nach Hause fuhr, nach Washington, und wie ihr alle mir sagt, dass ich zu Hause bin. Und ich hatte keine Angst davor, den Friedhof zu verlassen, wo jeder Grabstein einen Namen trägt, über den ich euch hundert Geschichten erzählen könnte, und ich hatte keine Angst davor, zu dem kleinen Häuschen zurückzugehen und die Leute sagen zu hören, was für eine gute, zuverlässige Frau meine Mama gewesen ist, bei jedem Wetter und Unwetter war sie ein guter Mensch, meine Mama, und dass der Himmel von Glück reden kann, sie aufnehmen zu dürfen, und ich hatte keine Angst, nach Hause zu kommen, zu euch allen nach Hause zu kommen, nach Washington. Ich sage euch, ich zwinkerte nur, und mir wurde alles offenbart.«

Miles war auf Ruths Schoß eingeschlafen. Sie musste weinen, als sie dem Prediger zuhörte. Aubrey hatte dem Kleinen eine Hand aufs Bein gelegt. Ruth hob Miles auf und schmiegte seinen Kopf an ihre Schulter, und die Hand ihres Mannes sank herab. Es war weit weniger gefühllos, es auf diese Weise zu tun, als Aubreys Hand wegzustoßen.

»Deshalb vergeben wir dir, Mama Eva. Gott hat dir vergeben, wie sollen wir es nicht tun? Ich stehe als Nächster in der langen Linie des Todes, unter dem ewigen Blick eines gerechten und unbestechlichen Gottes, der nur einen Wimpernschlag tat, einige wenige Wimpernschläge, ich sag's euch, und für die Dauer dieser wenigen Wimpernschläge lebte meine Mama ihre neunundsiebzig guten Jahre. Nur ein Wimpernschlag Gottes. Aber ach, was für ein wunderbarer Wimpernschlag!«

Ruth überlegte schon, ob sie ihrem Mann sagen solle, dass ihre Mutter neuerlich erkrankt sei, doch sie war alt genug, um zu wissen, dass Gott an einer solchen Lüge kein Gefallen hätte und sie durchaus strafen mochte, indem er ihrer Mutter und anderen, die sie liebte, ein Leid zufügte. So sagte sie ihrem Mann einfach nur, sie wolle nach Hause. Aubrey fasste es so auf, dass es einen weiteren Krankheitsfall in ihrer Familie gab, und sagte nichts.

Earl brachte sie zurück nach Virginia. Das Wetter war kalt, das Baby in drei Decken gewickelt. In der Vorwoche hatte Earl den Mann gesehen, den er in Georgia verprügelt hatte, wie er völlig sorglos die New Jersey Avenue zur New York Avenue hinaufspazierte. Er hatte den Mann aus den Augen verloren und sich gedacht, es handele sich um einen Geist. Gegen Mittag erreichten er, Ruth und Miles Georgetown. Kurz bevor sie die Aqueduct Bridge nach Arlington überquerten, fragte er Ruth: »Glaubst du, wenn ein Mann eine schwere Sünde begangen hat, hat er danach noch Anrecht auf Glück?«

Sie war seit einer Woche zu Hause, als Aubrey beschloss, nach Virginia zu fahren. Eines Morgens war er aufgewacht und hatte in ihrem gemeinsamen Schlafzimmer nur das Geräusch eines einsamen Herzschlags gehört. Von einem Freund, der einen großen Pferdestall in der I Street besaß, lieh er sich eine Rotfuchsstute. Zwei Stunden nach dem Frühstück brach er auf, und gegen elf war er knapp zwei Kilometer von der Stelle entfernt, wo er und Ruth die ersten Tage ihrer Ehe verbracht hatten. Ein leichter Schneefall setzte ein, und er entschuldigte sich bei dem Pferd. Er wusste nicht, weshalb, aber weniger als einen Kilometer vor dem Haus seines Vaters, in dem sie, wie man ihm zwei Tage zuvor berichtet hatte, untergekommen war, stieg er vom Pferd. Er band das Pferd an einen Magnolienbaum und ging den Rest des Weges zu Fuß. Kurz vor dem Pfad, der zum Haus seines Vaters führte, stand eine Handvoll Bäume, und am Rand dieser Baumgruppe blieb er stehen und blickte auf Ruth hinab. Hätte sie aufgeschaut, sie hätte ihn sehen können, aber etwas in seinem Innern verriet ihm, dass sie nicht aufschauen würde. Weiter unten an der Straße, dort wo der Geliebte seiner Mutter gewohnt hatte, gehörten alle Ländereien inzwischen Ruths Brüdern.

Sie hatte Miles auf den Rücken geschnallt, und er fuchtelte mit den Armen, denn er spielte mit Cherubim, die nur er sehen konnte. Aubrey blickte auf seine Stiefel hinunter, die der Wind mit Schneeflocken bestäubte. Er konnte sich nicht daran erinnern, wie viel Schnee es im vergangenen Winter gegeben hatte, und dies mochte sehr wohl der erste Schnee im Leben des Kindes sein. Er rief sich die Grübchen auf dem Handrücken des Babys ins Gedächtnis, wenn es die Hand auf der grünen Decke ausgestreckt hatte. Die Grübchen, die Ruth so gerne küsste.

Ruth hackte Holz. Sie spaltete die Holzstücke und warf sie hinter sich auf einen Haufen. Zwei riesige Hunde, groß wie Wölfe, strichen um sie herum, Abkömmlinge der braunen Hündin, die aus dem Himmel ins August-Getreide gefallen war. Einen der Hunde hatte Ruth darauf abgerichtet, das Holz auf die Veranda zu apportieren, wo er es auf einen unordentlichen Stapel warf, ehe er zurückkehrte, um das nächste Stück zu holen. Der andere Hund trug die Holzscheite von dem Stapel auf der Veranda ins Haus. Nach einigen Minuten hielt der erste Hund inne und sah zu Aubrey auf. Er wartete darauf, dass Aubrey irgendeine Geste machte, um seine Absicht zu bekunden. Ein-, zweimal drehte er sich um, wie um sich zu vergewissern, dass auch der andere Hund Ruths Ehemann sah. Schließlich begab er sich wieder an die Arbeit. An dem Tag, als Earl sie hierher gebracht hatte, hatte Ruth seine Frage so beantwortet: »Jeder Einzelne von uns ist ein Sünder, Earl, aber wir alle haben ein Anrecht auf Frieden und Glück bis zur Stunde unseres Todes.«

Es hatte aufgehört zu schneien. Aus dem Schornstein sah Aubrey kräftigen grauen Rauch aufsteigen, und am Ende war es der Rauch, voller Energie und Verheißung, voller Hoffnung und Überschwang, der ihn bewog, wieder zu seinem Pferd zurückzugehen.

Im Geiste zuckte Ruths Ehemann die Achseln. Er lernte, die Ereignisse seines jungen Lebens auf einer Liste danach anzuordnen, in welcher Beziehung sie zum Tod seines Vaters standen, der ganz oben verzeichnet war. Zuerst hatte er den Tod seiner Mutter an die zehnte Stelle gesetzt, obwohl die Positionen fünf bis neun leer blieben. Doch im Lauf der Monate, als er sich an ihre Berührung erinnerte, an ihre mütterlichen Worte, hielt er ihr Sterben an zweiter Stelle fest. Er wusste nicht, wo er das Ende seiner Beziehung zu seiner Frau eintragen sollte.

Es begann wieder zu schneien, und Aubrey bog auf die Landstraße ein, die durch ganz Arlington zur Brücke führen würde. Ruths Ehemann tätschelte der Stute den Hals, um ihr nochmals zu versichern, dass sie zu der Schneereise imstande und der Schnee nicht von Bedeutung sei. Die Mähne des Pferdes war verfilzt, und als er durch den frisch gefallenen Schnee ritt, war er damit beschäftigt, sie zu entwirren. Aber es war eine hoffnungslose Aufgabe, und wieder klopfte er der Stute den Hals und versprach ihr, sie mit einer weichen Bürste zu striegeln, bevor er sie ihrem Eigentümer zurückgeben würde. Der muffige Geruch des Pferdes stieg auf und blieb vor seinem Gesicht stehen wie eine zögerliche Wolke. Ruths Ehemann lächelte und sagte dem Pferd, dass er ihm verzeihe.

Nach einem Kilometer wirbelte heftiger Schnee auf, und er überlegte, ob er die Nacht bei den Landrys verbringen sollte. Doch als das Haus in Sicht kam, verringerte sich der Schneefall zu einem sachten Rieseln, und er ritt an den Landrys und ihrem Kamin und dessen Verheißungen vorbei und setzte seine Reise fort. Er und das Pferd waren ganz allein auf der Straße, und es kam ihm in den Sinn, dass alle Welt etwas über das bevorstehende Wetter wisse, das auch er wissen sollte, etwas, das er, nicht länger ein Junge vom Lande, vielleicht einmal gelernt und wieder vergessen hatte. Nach ein, zwei Kilometern wurde der Schnee wieder heftiger. Ruths Ehemann machte halt, band sich sein Halstuch um den Kopf und zog den Hut fest darüber. Er ritt weiter. Sie kamen durch ein kleines Wäldchen, das fast ganz frei von Schnee war, und er zog seinen Mantel enger um sich, und als sie aus dem Wald herauskamen, tauchte Washington vor ihnen auf, ein lang gestrecktes Grau, das jenseits der Aqueduct Bridge, jenseits des stillen Potomac zwischen den Schneeflocken schimmerte.

Am Brückenkopf hielt er an, das Land von Washington D. C. lag bis in weite Ferne ausgebreitet vor ihm. Mit der Hand strich er über seinen dünnen Schnurrbart und erste Bartstoppeln. Er wischte sich den Schnee ab und dachte, wie vergeblich die Geste war, da ihm mehr Schnee bevorstand. Die Stute hob den Kopf, erst hoch, dann noch höher, vielleicht wusste sie etwas, das der Mann nicht wusste. Ruths Ehemann konnte Stimmen hören, und es schauderte ihn. Er drehte sich im Sattel um und betrachtete die Straße aus dem Süden, die so viele Menschen begehen würden, um das Land jenseits des Flusses zu erreichen. Er sah nichts als die Hufspuren des Pferdes im Schnee, die sich mit jeder Sekunde stärker verwischten, je mehr der Schnee sie zudeckte. Die Stimmen verstummten. Seine Stiefel berührten ganz sanft die Flanken des Pferdes. Die Stute betrat die Brücke nach Washington und schnaubte weißen Atem, der eins wurde mit dem Weiß des Schnees. Ruths Ehemann tätschelte ihr den Hals. Der oberste Knopf seines Mantels ging wieder auf, und dankbar, dass seine Hand noch nicht steif geworden war, knöpfte er ihn wieder zu. Sein Herz war starr vor Schmerz, ein Schmerz, der hinreichte, eine ganze Stadt von Männern zu erdrücken.

Spanisch am Morgen

In den Tagen, bevor ich mit der Vorschule begann, kamen die Männer in meinem Leben von überall herbei, um mir Geschenke und noch mehr Geschenke zu bringen, gerade so, als ginge ich fort, um, wie meine Mutter sich ausdrücken sollte, nie mehr zurückzukehren. Mitte August kam der kleine Bruder meiner Mutter aus Philadelphia und ging mit seiner gerade aktuellen Freundin, der, die ihm das Herz brechen würde, einkaufen: »Qualitätsware« bei Garfinckel's, einem Kaufhaus, wo man Neger, die dort einzukaufen versuchten, festnehmen ließ. Bei Weißen mochte die Freundin als Weiße durchgehen, Schwarze jedoch erkannten ihresgleichen. Mein Onkel, in seinem dunkelsten Sommeranzug, auf dem Chemikerkopf eine akkurat sitzende, selbst gebastelte Chauffeursmütze, schlenderte zwei oder drei Schritte hinter ihr durch die Gänge von Garfinckel's und trug zwei kleine, in Papier eingewickelte, aber leere Schachteln. Die beiden waren voller Jugend und liebten derartige Spielchen. Einmal musste mein Onkel vor lauter Aufregung kichern, und um ihr eigenes Kichern zu unterdrücken, drehte seine Freundin sich zu ihm um und fragte mit einer strengen, am Spelman College kultivierten Stimme: »Gibt es etwas, woran du uns teilhaben lassen möchtest, Rufus?« Dabei gestikulierte sie, so theatralisch sie konnte, mit den Armen, und all die Weißen in der Nähe wandten sich um und sahen zu, wie eine der Ihren die Sache in die Hand nahm. Meine Großeltern hatten ihm nicht den Namen Rufus gegeben. Mein Onkel kaufte mir neun exquisite Kleider, und bevor er und seine Freundin nach Philadelphia zurückkehrten, musste ich sie ihnen alle vorführen.

Mein erster Vorschultag rückte immer näher, und die Besuche der Männer in meinem Leben rissen nicht ab. Mein Onkel Cyphax, dem es nicht zu gelingen schien, dem Gefängnis fernzubleiben, kam nachts, als wir alle schliefen, und hinterließ drei Paar Schuhe vor unserer Haustür, und in jedem der Schuhkartons lag ein Kassenbon von Hahn's. »Ich muss schleunigst weiter«, schrieb er mir auf einen Zettel, »aber vor Ablauf der ersten Unterrichtsstunde werde ich dich sehen.« Mein erwachsener Cousin Sam und seine Familie kamen mit einer Tüte, die verschiedene kleine Sachen enthielt, darunter ein Lineal, das je nach Lichteinfall die Farbe wechselte, und ein Aufsatzheft mit rund hundert Seiten. Auf mehreren Seiten hatte Sam einige der Männer in meinem Leben gezeichnet. »Auf den Übrigen kannst du deine Schularbeiten machen«, sagte er mit einem Augenzwinkern. Bei seiner Trauung hatte ich, drei Monate alt, in der zweiten Reihe der zugigen Kirche in der Minnesota Avenue bei meiner Mutter auf dem Schoß gesessen.

Fünf Tage vor Schulbeginn kam der Vater meiner Mutter, der seit sieben Monaten Witwer war, trank drei Bier und musste die Nacht auf unserer Couch verbringen. »Ich war gestern ein bisschen neben der Spur«, gestand er mir anderntags, bevor er fünf Dollarnoten abzählte und mir überreichte. Ich streckte die Hände aus, um das Geld entgegenzunehmen, und mir kam die früheste Erinnerung meines Lebens – als ich vier Wochen alt war, hatte mein Großvater mit meinen Zehen »Fünf Schweinchen kommen gelaufen« gespielt. Als ich acht Monate alt war, hatte ich wieder bei meiner Mutter auf dem Schoß gesessen, diesmal bei der Beerdigung ihrer Mutter. Und als mein Großvater seine zweite Frau heiratete, die binnen eines Jahres sterben sollte, hatte ich, ein Jahr und zwei Monate alt, wieder in einer anderen Kirche gesessen.

Am Abend vor Schulbeginn schließlich, drei Stunden vor Sonnenuntergang, kam der Vater meines Vaters und klopfte wie immer zweimal an unsere Tür. Meine Eltern hatten ihm schon vor langer Zeit einen Schlüssel angeboten, da er weniger als einen Häuserblock entfernt wohnte, aber er sagte immer, er wolle den

Schlüssel zu keinem anderen Haus als seinem eigenen. Der Vater meines Vaters schenkte mir einen hölzernen Griffelkasten, in den ein Mann für fünfzig Cent meinen Namen eingeschnitzt hatte. Und er schenkte mir ein Transistorradio aus rotem Plastik. Mein siebenjähriger Cousin, der mit drei Jahren lesen gelernt hatte, sollte das Radio später als Trödel abtun, weil es in Japan hergestellt war. Aber das war mir gleich. »Nimm's nicht mit in die Schule, Schatz«, sagte mein Großvater an diesem Abend. »Die Batterien hab ich schon reingetan, aber in die Schule darfst du's nicht mitnehmen.« Ich zog die silberne Antenne raus und sah zu ihm auf. Lange Monate hatte ich die Idee, zur Schule zu gehen, nicht ernst genommen. Jetzt trat die Idee auf einmal leibhaftig vor mich hin, und einen Augenblick lang schien sie alles andere in meinem Kopf auszulöschen: den gesamten Sommer, all die Spiele, mein unbeschwertes Leben. *Ich würde in die Schule kommen.* Ich schaltete das Radio ein. Die Musik brach hervor und hallte durchs Zimmer. Das Radio sollte lange Zeit gut funktionieren, doch gegen Ende musste ich mich fast auf den Kopf stellen, um den Sender WOOK klar hereinzubekommen.

Ich war die erste der drei Töchter meiner Eltern. Von meiner Mutter hatte ich die breite Nase geerbt, eine weit geöffnete Blüte in meinem Gesicht, und die Vorstellung, dass das Universum mit einem Lasso eingefangen und gezähmt werden könne. Sie entstammte einer Linie von Washingtonern, die Bildung als ein Recht auffassten, das ihnen von Gott verliehen worden war, gleich nachdem er Moses die Zehn Gebote übergeben hatte.

Von meinem Vater hatte ich die Neigung geerbt, auf der Seite zu schlafen, einen angewinkelten Arm unterm Kopf, die andere Hand zwischen meine Schenkel geschmiegt. Von ihm hatte ich den Glauben geerbt, dass der Boden in D. C. ein Wunderding war, dass man dort alles anpflanzen konnte, selbst einen Kautschukbaum oder Orangen. Genau das war ihm gelungen. Aber die Orangen waren nicht größer als Kirschen, und sie hatten

Härchen, und meine Mutter duldete nicht, dass ihre Töchter sie anrührten.

Aber hier spreche ich vom Vater meines Vaters. Und von mir. Und von ihnen allen.

Mein Großvater hatte es nur bis zur zweiten Klasse gebracht. »Eineinhalb«, sagte er immer, streckte zwei Finger in die Höhe und zog einen davon wieder ein. Für seinen Sohn war er in dessen ersten Lebensjahren meist nur ein Schatten gewesen. Als mein Vater sechs, sieben, acht Jahre alt war, bog er immer wieder um eine staubige Ecke auf irgendeine Landstraße und stieß auf eine Gruppe lärmender Männer, die acht Kilometer hinter Columbia, South Carolina, auf die Felder hinausstapften, Männer, die laut lachten, als mein Vater sie fragte, ob sie seinen Vater gesehen hätten. Mein Vater wachte oft zur finstersten Nachtstunde auf und hörte irgendwo in der Hütte seinen Vater schnarchen, und am Morgen war dieser wieder verschwunden. Manchmal stand mein Vater noch vor dem Morgengrauen auf und stellte sich, hungrig nach dem Mann, vor das Bett, das mein Großvater sich mit meiner Großmutter teilte, und dann erwachte sie und hielt ihren Sohn zunächst für den Geist ihres Vaters. Und es gab Nächte, in denen mein Vater zusah, wie mein Großvater in betrunkenem Schlaf gleich hinter der geöffneten Haustür auf dem Fußboden lag, an der Stelle, wo er zuletzt in sich zusammengefallen war, nachdem er sich noch nach Hause geschleppt hatte. Wenn mein Vater ihn dort im Eingang berührte, stöhnte mein Großvater – eine Antwort auf das Leben in seinen Träumen, vielleicht eine Faust, die auf ihn zukam, oder das Kerzenlicht, das sich in einem dritten Krug mit schwarz gebranntem Alkohol spiegelte, oder der schimmernde Schenkel einer Frau, die nicht seine Ehefrau war, wenn sie etwas telegrafierte und dabei die Beine übereinanderschlug.

Im achten Lebensjahr meines Vater kehrte meine Großmutter dem Leben, das ihr vertraut war, den Rücken und nahm meinen Vater und seine beiden Schwestern mit nach Washington, wo, wie sich die alten Leute in South Carolina erzählten, die Menschen nach jeder Mahlzeit das Geschirr wegwarfen, weil es billiger war, neues zu kaufen. Drei Monate nach ihrem Aufbruch wachte mein Großvater vom Tau durchnässt wenige Schritte von den Bahngleisen entfernt auf. Er hatte die Nacht mit zwei Litern eines trüben Gebräus verbracht, das er einem Fremden abgekauft hatte, der behauptete, aus Tenneesee zu stammen, »wo guter Alk zur Welt gekommen ist«. Vor dem Aufwachen hatte mein Großvater geträumt, ein Kind habe ihm mit einer besonders langen Haarnadel ins rechte Bein gestochen, als er gerade bei mörderischem Regen ein Stück seines Blattkohlbeetes jätete. Als er sich neben den Bahngleisen wiederfand, versuchte er, das rechte Bein zu bewegen, aber es war furchtbar verdreht, so verdreht, dass, wie er später erfuhr, nur Gottes Hände es richten konnten. Er ließ den Kopf wieder sinken. Er hörte einen Zug, aber sein Hirn konnte nicht entscheiden, ob der Zug sich näherte oder entfernte. Mein Großvater hob, so gut er konnte, den Kopf und vermochte ihn nach rechts zu drehen, dorthin, wo die Sonne herkam. Er erblickte einen Jungen, nicht älter als fünf Jahre, der Holzäpfel aß. Der Junge hob die Hand zum Gruß. Die Sonne verriet meinem Großvater, dass es nicht einmal sieben Uhr morgens war.

Er wusste, dass ein alkoholisches Getränk ihm auf fünf Minuten genau verraten würde, wie viel Uhr es war. Der Junge blickte ihn unverwandt an. Er verzehrte die Äpfel ganz, mitsamt Gehäuse. Kurz bevor er den Jungen bat, Hilfe herbeizuholen, fragte mein Großvater ihn, weshalb er ihn nicht geweckt habe, und der Junge antwortete, ihm sei beigebracht worden, niemals einen schlafenden Mann zu wecken. Mit jeder Silbe, die der Junge sprach, nahm der Schmerz in Großvaters Bein zu.

Als ich, die erste Tochter meiner Eltern, an der Reihe war, durch das Tor, das die Welt in Schach hielt, hinauszutreten und mit der Vorschule zu beginnen, wählten sie dafür die Holy Redeemer, eine katholische Schule, zu der man von der L Street aus, wo wir wohnten, die 1st Street hinauf und dann die ganze Pierce Street entlanglaufen musste, bis man zur New Jersey Avenue kam. Mein Vater hatte gewollt, dass ich auf die Walker-Jones Elementary School ging. Der Ausdruck »nur einen Steinwurf entfernt« war nie passender als hier – die Schule lag weniger als dreißig Meter hinter der Kreuzung der L Street und der 1st Street, nahe genug, dass er einen Arm weit, weit ausstrecken, über den Autoverkehr hinaus ins Klassenzimmer greifen und mich an den Zöpfen ziehen oder in die Nase zwicken konnte, wenn die Lehrerin mir gerade den Rücken zuwandte. Wäre ich dorthin gegangen, hätte das irgendwie so gewirkt, als wäre ich über die kleine Welt meines Vorgartens nie hinausgelangt.

Aber meine Mutter wollte, dass ihre Kinder von Nonnen und Priestern, alle in Schwarz gekleidet, erzogen würden. Seit Generationen war das in ihrer Familie so üblich. Ihre Kinder sollten von Menschen unterrichtet werden, die genau begriffen, wie groß und wie schrecklich die Welt sein konnte. Mein Vater meinte, sie halte sich zu viel darauf zugute, dass die Nonnen ihr damals Spanisch beigebracht hätten, und meine Mutter musste ihn daran erinnern, dass die ersten Worte, die sie an ihn gerichtet hatte, auf Spanisch gewesen waren. Vormittags sprach meine Mutter mit meinem Vater, meinen Schwestern und mir fast nur Spanisch. Kein vornehmes Getue, kein affektiertes Gehabe, lediglich Spanisch am Morgen. Niemand in ihrem Leben sprach Spanisch, aber sie redete munter drauflos, unterhielt sich stundenlang mit irgendeiner imaginären Person auf Spanisch oder konjugierte Verben und rüstete sich für den Tag, da eine Frau aus Mexiko, die sich verirrt hatte und kein Wort Englisch sprach, an ihre Tür klopfen und um Hilfe bitten würde.

An jenem ersten Schultag ließ sich mein Vater von seinem Posten als Briefträger beurlauben, und er und meine Mutter begleiteten mich zur Holy Redeemer Catholic School. Die Anmeldung ging recht schnell vonstatten, und schon bald beugten sie sich zu mir herab und sagten mir, sie würden mich in Kürze wiedersehen. Dann waren sie verschwunden, aber ich bildete mir ein, dass sie lediglich draußen vor der Schule standen, in der New Jersey Avenue oder in der Pierce Street, und darauf warteten, dass der Schultag zu Ende ging oder dass ich ihnen sagte, ich hätte genug und wolle nach Hause.

Ich fand mich im Zimmer für die Vorschüler wieder, zusammen mit achtzehn anderen Kindern und einer Lehrerin, die keine Nonne war und deren Augenbrauen sich zu einem hypnotischen V zusammenzogen. Wir alle, einschließlich unserer Lehrerin, waren Farbige. Die Tür hatte sich kaum geschlossen, als ein Junge an unserem kleinen Vierertisch zu weinen begann. Die Lehrerin vermochte nicht, ihn zu trösten, aber in dieser ersten Stunde gelang es ihr immerhin, sein Weinen zu einem Wimmern abzudämpfen. Wie ich so neben ihm saß, war mir seltsam behaglich zumute, als hätte ich nichts weiter getan, als in meinem Haus von einem Zimmer ins andere umzuziehen. Auch ich versuchte, ihn zu trösten, indem ich ihm die Hand auf die Schulter legte. Aber er starrte mich an, als sei ich Teil des Unglücks, dessentwegen er weinen musste. Am Ende heulte er so laut, dass eine Nonne, eine ganz und gar in ihre Tracht eingeschlossene Weiße, erschien und ihn fortführte. Ich sah den Jungen nicht wieder, aber immer, wenn ich an ihn dachte, stellte ich mir vor, dass er an einer anderen Schule, wo man ihm wunderbare Dinge bot, die ihn nicht zum Weinen brachten, ein herrliches Leben führte.

An jenem ersten Tag warteten meine Eltern am Mittag auf mich. Der Vater meines Vaters war zu Hause bei meinen beiden Schwestern und Sadie Cross, der besten Freundin meiner Mutter, die auf der anderen Seite der L Street wohnte. Sadie war mit dem einäugigen Jack verheiratet, dessen linkes Auge ihm jenseits der D.-C.-Maryland-Linie von einem Polizisten des Prince George's County, Maryland, ausgeschossen worden war, als Mr Jack ganz unschuldig einen platten Reifen wechselte. Ich war damals sechs Monate alt. Später an dem Abend, an dem er angeschossen worden war, versammelten sich mehrere seiner Freunde in der Küche meines Vaters und verwünschten die Weißen. Mein Vater hatte mich über seine Schulter gelegt und sagte mir immer wieder, es wäre nett, wenn ich endlich einschlafen würde, wie es sich für ein braves Kindchen gehöre. Zwei Wochen, nachdem Mr Jack angeschossen worden war, schickten der Anwalt des Polizisten aus Laurel, Maryland, und die Behörden des Prince George's County Mr Jack jeweils ein Schreiben, das dazu gedacht war, alle gerichtlichen Schritte, die Mr Jack ins Auge fassen mochte, von vornherein zu verhindern. Das Schreiben des Anwalts bestand aus zwei Seiten mit doppeltem Zeilenabstand, in die erste davon war in goldenen Lettern der Name der Kanzlei eingeprägt. Darin wurde ausgeführt, dass Mr Jack, der beim Reifenwechsel in Mitchelville auf dem Erdboden gekniet hatte, das Leben des Polizisten bedroht habe. Mr Jack habe nicht nur das Leben des Polizisten bedroht, hieß es in dem Schreiben, sondern auch das Leben von dessen Frau, die zu Hause in Rockville in ihrem Bett geschlafen habe. Denn hätte Mr Jack den Polizisten umgebracht, so das Schreiben weiter, wäre das Leben, wie die Frau es gekannt habe, abrupt beendet worden. Zwar habe der Polizist keine Kinder, doch auch diese hätte Mr Jack gefährdet sowie die gesamte Nachkommenschaft des Polizisten über Hunderte von Jahren hinweg, da keiner von diesen je zur Welt gekommen wäre, wenn Mr Jack den Polizisten ermordet hätte. Als wir zu Hause waren, feierten wir im Garten meinen ersten Schultag mit einem Festessen, das mein Großvater und Miss Sadie zubereitet hatten. Es gab auch Obst und Gemüse aus dem Anbau meines Vaters, das zu essen meine Mutter ihren Töchtern erlaubte.

Als die Mahlzeit zu Ende war, stellte mein Großvater mich vor sich auf, setzte sich hin und nahm meine Hände in seine. »Haben sie dich gut behandelt da oben?«, fragte er. Jeder Ort, den er erwähnte, war »da oben«.

Ich nickte. Er begann, die fünf Finger an meinen beiden Händen abzuzählen, fünf Schweinchen an einer Hand, fünf Schweinchen an der anderen. Am Morgen, ehe ich aus dem Haus ging, hatte ich, toi, toi, toi, dreimal an sein Holzbein klopfen müssen. »Ich schätze mal, deine Zehen wirst du wohl noch alle haben«, sagte er jetzt und lächelte. »Finger und Zehen von kleinen Mädchen können die Nonnen für gutes Geld da oben auf dem Markt in der K Street verkaufen.« Er hob mich in die Höhe und setzte mich auf sein linkes, sein gutes Bein.

»*Mein* Lehrer«, sagte er, »war ein böser alter Farbiger, der den Teufel im Leib hatte.« Ich trug noch immer eins der Kleider, die mir mein Onkel aus Philadelphia gekauft hatte, obwohl es inzwischen mit einem Lätzchen bedeckt war, das man mir um den Hals gebunden hatte. Meine jüngste Schwester schlief bei meinem Vater auf dem Schoß, und ihr mittleres Kind hatte meine Mutter zu einem Schläfchen im Haus hingelegt. Miss Sadie saß neben meinem Vater. Ihr Sohn war neun, ein Junge mit dicken Brillengläsern, der nur für Bücher lebte. Er war ein braver Sohn, nach seinem Vater Jack benannt, und alle Welt sprach in den höchsten Tönen von ihm.

Ich erzählte meinem Großvater von meiner neuen Lehrerin.

»Mit meinem Lehrer ist sie jedenfalls nicht verwandt, das kann ich dir sagen«, meinte mein Großvater. »Oh, mein Lehrer hatte den Teufel im Leib. Und weißt du was? Wenn man ihm eine falsche Antwort gab, nahm er seine Mistgabel und stach damit ins Schreibpult, sofern man einen Stuhl mit Pult hatte. Bohrte Löcher in das Ding, sodass es schwer war, mitzuschreiben.« Das rechte Bein meines Großvaters war aus demselben Holz, das in seiner Gegend von South Carolina für Särge verwendet wurde. »Klitzekleine Löcher ins Pult. Vielleicht wolltest du gerade schreiben: ›Das Gras ist grün‹, und wenn du zum grünen Teil gekommen bist, ist dein Griffel in einem der Mistgabellöcher versunken.« Mein Vater streckte sein Holzbein aus. Wir saßen größtenteils im Nachmittagsschatten, aber ein paar Sonnenstrahlen schienen auf seinen gewienerten Schuh mit dem Holzfuß.

Während der drei Wochen, die ich in der Vorschule der Holy Redeemer Catholic School war, holte meine Mutter mich mittags immer ab, da die Vorschüler nur einen halben Schultag hatten. Gewöhnlich ließ sie meine beiden jüngeren Schwestern mit Miss Sadie zu Hause. Sadies Sohn Jack ging auf die Walker-Jones und kam zum Mittagessen zu uns. Manchmal, an den schönsten Tagen, steckte meine Mutter ihre Jüngste, Eva, in den Kinderwagen und ließ die Mittlere, Delores, nebenher marschieren. Delores, die drei war, lernte von meiner Mutter das eine oder andere Wort Spanisch, und die beiden plapperten miteinander auf eine Art, die einem des Spanischen Unkundigen wie ein richtiges Gespräch vorkommen musste.

An einem besonders schönen Tag Ende September wartete ich auf dem Pausenhof auf meine Mutter. Ich stand an der Tür zur Vorschule und beobachtete mit geringem Interesse die Kinder der höheren Klassen, die umhertollten und tobten. Meine eigenen Klassenkameraden und die Lehrerin waren bereits gegangen. Meine Mutter war noch nie zu spät gekommen, und dank der Welt, die meine Eltern mir bereitet hatten, fürchtete ich mich nicht.

Gegen ein Uhr ließen die Nonnen jede Klasse antreten. Sämtliche Kinder waren in Uniform, die Mädchen in blauen Pullovern und weißen Blusen, die Jungen in blauen Hosen und weißen Hemden. Das Schulgebäude hatte die Form eines auf dem Kopf stehenden L, die Tür zur Vorschule befand sich an einem Ende und die Tür zu allen anderen Klassen am anderen. Im Handumdrehen waren alle durch die andere Tür verschwunden, und ich blieb allein auf dem Pausenhof zurück.

Noch immer nicht beunruhigt, setzte ich mich auf die Bank unter den Fenstern der Vorschule. Irgendwo in unserer Welt war meine Mutter unterwegs zu mir, mit oder ohne ihre beiden anderen Kinder. Und als ein Uhr vorbei war, als ich allmählich besorgter wurde, gesellte sich in meiner Vorstellung erst mein Vater zu ihr, sodann meine beiden Großväter, sämtliche Angehörige meiner Mutter und meines Vaters, die alle kommen würden, um mich abzuholen. So summte ich denn vor mich hin, danach erdachte ich ein Lied über die Dame aus Mexiko, die Spanisch am Morgen sprach, so wie meine Mutter. Die Dame aus Mexiko stand auf der Straße, beschirmte ihre Augen und sah zu, wie ihre Kinder auf sie zugehopst kamen.

Kurz nach halb zwei kam ein Priester vom anderen Ende des Pausenhofs und eilte auf die Tür zu, die zu den Klassen führte. Auf halbem Wege blickte er zufällig in meine Richtung. Er blieb stehen, zweifellos überrascht, ein Kind mutterseelenallein auf dem Schulhof zu sehen. Vorschüler trugen keine Uniform. Der Priester hob die Hand zum Gruß. Auch ich hob die Hand zum Gruß, und gleich darauf ging der Priester weiter.

Allmählich bekam ich es mit der Angst zu tun. Das Singen wurde mir langweilig, und ich fing an, die Vögel zu zählen, die über mich hinwegflogen. Die Vögel, die ich in den Bäumen landen sah, steckte ich in die eine Kategorie, die Kategorie der hübschen Prinzessinnen; die Vögel, die nie landeten, steckte ich in eine andere Kategorie, die Kategorie der bösen Hexen. Ich sah meinen Vater, meine Mutter und Dutzende und Aberdutzende Menschen in meinem Leben an einer Fußgängerampel warten, noch immer unterwegs zu mir. Die Ampel wollte nicht umspringen, und so schauten sie nach links und nach rechts und taten etwas, wovor sie mich immer gewarnt hatten – sie gingen bei Rot über die Straße. Die Vögel hörten auf zu fliegen, und ich begann, den Saum meines Kleides zu untersuchen.

Es dauerte mehr als zwanzig Minuten, bevor der Priester aus der Tür trat und den Schulhof zu überqueren begann. Wieder blieb er auf halbem Wege stehen und sah zu mir herüber. Er machte kehrt, ging wieder durch die Tür und kam bald darauf mit einer Nonne zurück. Die Nonne winkte mich zu sich, und in der Zeit, die ein Vogel brauchte, um über uns hinwegzufliegen, beschlossen die beiden, dass ich in der ersten Klasse der Nonne auf meine Sippe warten sollte.

Die Nonne war eine Weiße, und bis auf die Holzperlen, die an ihrer Seite klackten, bewegte sie sich lautlos durch die Eingangshalle. Im Vorübergehen hörte ich in den Klassenzimmern singende und schwatzende Kinder. Als wir uns ihrer Klasse näherten, hörte ich keinen Mucks, und als wir eintraten, drehten sich alle Gesichter zu uns um. Meine Unruhe wuchs, denn inzwischen hatte ich mich weit von der Stelle entfernt, an der meine Mutter mir zu warten befohlen hatte. Aber ich sagte nichts. Die Klasse bestand aus etwa zweiundzwanzig Schülern, die in vier Reihen saßen, und alle waren Farbige. Nur ich hatte keine Uniform an, sondern trug ein gelbes Kleid von Garfinckel's. Ich bekam den vorletzten Platz in einer der mittleren Reihen. Die Schwester setzte den Unterricht an der Stelle fort, wo sie aufgehört hatte, und ich, die ich eigentlich anderswo zu sein hatte, behielt die Uhr an der vorderen Wand im Auge, denn das war leichter, als Köpfe, ein Zimmer und eine Nonne anzustarren, die ich nicht wiedersehen würde.

Bevor sie von South Carolina nach Washington zogen – mein Vater war acht Jahre alt –, ermahnte meine Großmutter ihn und seine Schwestern immer wieder, bloß keine Zeit zu vergeuden. »Schon wieder Zeit vergeudet«, sagte sie etwa, wenn sie in den Tagen vor dem Umzug beim Packen trödelten. Mehr als eine Woche war vergangen, seit sie meinen Großvater zuletzt gesehen hatten. Sie hörten Gerüchte, dass er sich in der Nähe herumtrieb, doch während mein Vater aus dem Haus ging, um nach ihm zu suchen, machte sich meine Großmutter daran, ihr altes Leben aufzugeben, als wäre ihr Mann schon nicht mehr in der Welt. Ihre Entscheidung, South Carolina zu verlassen, war drei Wochen vor dem Umzug gefallen, als meine Großmutter allein in ihrem Bett aufwachte, die Decken zurückschlug und sah, dass die Stelle, an der ihr Mann hätte schlafen sollen, völlig unberührt war. Etwas an der völligen Unberührtheit seiner Doppelbetthälfte zeigte ihr an, dass sie meinen Großvater nicht mehr liebte. An demselben Morgen schlief mein Großvater auf einigen abgefallenen Magnolienblättern in einem Wäldchen unweit ihrer Hütte, wo er auf seinem nächtlichen Heimweg zusammengebrochen war. In derselben Sekunde, als meine Großmutter die Bettdecken zurückschlug, hob ihr Mann den Kopf, schwer wie John Henrys Amboss, und versuchte einige Male, die Nachwirkungen seiner Trunkenheit abzuschütteln, da seine Welt erschüttert und er im Schlaf gestört worden war und nicht wusste, warum.

»Schon wieder Zeit vergeudet. Schon wieder Zeit vergeudet.« Die Möbel, die sie nicht verkaufen konnte, verschenkte sie, und allmählich war die Hütte bis auf die wenigen Kleidungsstücke meines Großvaters völlig leer.

Mein Vater brachte es nicht übers Herz, das alles aufzugeben: ihr altes Daheim und seinen Schatten von einem Vater. Er ließ den Kopf hängen, weigerte sich, die schweren Pappkoffer zu packen, die meine Mutter angesammelt hatte. Er gebrauchte schlimme Wörter und scherte sich nicht darum, ob seine Mutter ihn hörte.

Am Abend vor dem Umzug saß meine Großmutter auf dem letzten Stuhl, der in ihrem Besitz war, und zählte das Geld nach, das ihr ein Mann für ihre Schrankkommode gegeben hatte. Zum siebten Mal an diesem Abend schlurfte mein Vater an ihr vorbei und fluchte leise vor sich hin. Seine Mutter packte ihn am Arm, sodass er erschrak. »Was hab ich dir gesagt?«, kreischte sie. »Was hab ich dir gesagt?« Seine Schwestern kamen von draußen herein, blieben stehen und betrachteten die Szene.

»Ich geh nicht nach D. C.«, sagte mein Vater. Es gab gute Gründe, weshalb meine Großmutter, wenn sie im Dunkeln manchmal sein Gesicht sah, ihn für den Geist ihres Vaters hielt.

Meine Großmutter ergriff mit beiden Händen sein Hemd und hob ihn hoch, dass er auf den Zehenspitzen stand, so wie ein starker Mann mit einem Schwächeren verfährt.

»Ich renne weg aus D. C. und komm wieder hierher, zurück zu Daddy.« Mein Vater begann zu weinen.

Meine Großmutter maß sein Gesicht, seinen Körper mit Blicken. »Ich fang dich wieder ein«, sagte sie schließlich und hielt ihr Gesicht so dicht vor seines, dass ihm keine andere Wahl blieb, als die Luft einzuatmen, die sie ausstieß. »Egal wie, ich fang dich ein.« Mit einer Hand hob sie ihn höher, und mit der anderen verpasste sie ihm eine Ohrfeige. Sie wartete, bis sein ganzer Körper registriert hatte, was sie getan hatte, dann gab sie ihm noch zwei Ohrfeigen. »Ich fang dich ein und fessle dich ans Bett, bis du ein erwachsener Mann bist. Und verabreiche dir jeden Tag Prügel. Prügle dir das Schwarze aus dem Leib, mein Junge. Prügle dich jeden Tag deines nichtsnutzigen Lebens.« Dann ließ sie meinen Vater los, und er sank zu Boden. Meine Tanten hatten sich nicht von der Tür gerührt. Meine Großmutter stand auf. Sie nahm das Geld vom Tisch, das sie gezählt hatte, stopfte es in ihren Ausschnitt und stieg über meinen Vater hinweg.

Als ich zweieinhalb Jahre alt war, nahm mich mein Vater auf den Schoß, und wir verbrachten den halben Nachmittag damit, seine Ausgaben des *Life*-Magazins durchzublättern. In einem davon stand ein Artikel über proletarische Kunst in der Sowjetunion. In meiner Vorstellung sollten meine Großmutter, mein Vater und meine Tanten wie die Statue auf einem Foto in diesem Artikel aussehen. Es gab da eine Landstraße, die die Leute aus den Südstaaten nahmen, um nach Washington zu gelangen, und alle vier befanden sich auf dieser Straße. Meine Großmutter wies mit einer Hand nach vorn. Sie trug eine Haube und das lange Kleid der amerikanischen Pionierinnen. Meine beiden Tanten, jede ein Bündel in der Hand, sahen in die Richtung, in die sie zeigte, und beschirmten ihre Augen wie die Dame aus Mexiko, die auf ihre Kinder wartete. Mein Vater hatte eine Hand in der Hand meiner Großmutter, damit er nicht wegrennen konnte, und die andere Hand wies nach hinten – ein Junge, festgebannt auf einer grauen Fotografie.

Ich sollte nie wieder in die Vorschule zurückkehren. Als ich an jenem ersten Tag in Schwester Mary Frances Moriartys erster Klasse auf meine Mutter wartete, nahm ich langsam den Blick von der Wanduhr, da die Schwerfälligkeit des Minutenzeigers mein Herz zu kränken begann. Ohne den Kopf zu bewegen, sah ich mich um. Die Schwester schrieb den Buchstaben P an die Tafel. Dann nahm sie den Zeigestock von der Tafelleiste, drehte sich um und zeigte auf den ersten Buchstaben der Reihe. Die Schüler begannen, das Alphabet aufzusagen. Bei D stimmte ich mit ein. Ich hatte nichts Besseres zu tun. Mein Vater hatte mir das Alphabet beigebracht, als ich zwei war. Auf einer Tafel mit einer Millionen Wörtern hätte ich meinen Namen entziffern können.

Bei H sah Schwester Mary Frances mich, eine Vorschülerin in der dritten Woche, an. Bei J hieß sie die Klasse verstummen. Mit dem Zeigestock deutete sie auf mich. »Nur du«, sagte sie und zeigte auf den Buchstaben A. Sie zeigte auf die Buchstaben, und ich sagte das Alphabet auf. Als sie zu P, dem zuletzt angeschriebenen Buchstaben, kam, hielten wir inne. Oben auf der Tafel waren Kärtchen mit dem gesamten Alphabet angebracht, und ich hob die Hand, um den Buchstaben Q zu lesen, der sich etwa dreißig Zentimeter rechts von der Wanduhr befand. Ich deutete auf jeden der Buchstaben bis hin zum Z. Ich war versucht fortzufahren, auf jeden beliebigen Buchstaben zu zeigen und sie außer der Reihenfolge zu benennen, so wie mein Vater es mich gelehrt hatte. Für meinen Vater wohnte zum Beispiel dem Buchstaben M kein eigenes Leben inne, solange er nur zwischen L und N existierte.

Die Schwester legte den Zeigestock wieder auf die Tafelleiste. Was immer sie dachte, ihr Gesicht verriet nichts. Die Hände hinter dem Rücken, mit sacht schwingenden Perlen, kam sie durch die Bankreihen auf mich zu. Da ging die Tür auf, und ich sah Miss Sadie mit der Mutter Oberin, der Schulleiterin. Die Schwester ging zu ihnen. Miss Sadies Augen entdeckten mich, und sie hob die Hand zum Gruß. Auch ich hob die Hand zum Gruß. Die Nonnen machten eine Bemerkung zu Miss Sadie, aber sie ließ mich nicht aus den Augen. Die Frau des einäugigen Jack hatte für Weiße keine Zeit.

»Haben sie dich gut behandelt?«, fragte sie auf dem Heimweg. Sie erzählte mir, meine Schwester Delores sei von der Couch gefallen, und auf ihrer Stirn habe sich ein großer Knoten gebildet, sodass meine Mutter mit ihr und Eva, beide im Kinderwagen, zum Sibley Hospital in der Pierce Street gerannt sei. Knoten am Körper versetzten meine Mutter in Angst und Schrecken, und sie hatte vorübergehend vergessen, dass ich in der Schule auf sie wartete. »Haben sie dich gut behandelt?«, fragte Miss Sadie erneut, als wir aus der 1st Street in die L Street gebogen waren.

Schwester Mary Frances hatte etwas bemerkt, und darum war die Vorschule, wie sie meiner Mutter am nächsten Morgen mitteilte, nicht das Richtige für mich. Vielleicht war auch die erste, ja selbst die zweite Klasse nicht das Richtige für mich. Meine Mutter freute sich, aber meinem Vater gefiel der Gedanke nicht, dass ich, nur drei Wochen nach Schulbeginn, eine Klasse überspringen sollte. »Nimm dich in Acht, wenn Weiße was für dich tun wollen, da kommt nichts Hübsches bei raus«, sagte er, als sie sich, während meine Schwestern und ich schliefen, im Bett besprachen. Meine Mutter setzte sich durch.

Sie gaben mir zwei Wochen Zeit, um eine Uniform zu besorgen, und so musste ich all den schönen Kleidern meines Onkels aus Philadelphia Lebewohl sagen. Mir wurde derselbe Sitzplatz zugewiesen wie an jenem ersten Nachmittag. Ich erfuhr, dass mein Platz früher einem Jungen gehört hatte, der nicht mehr in der Schule war. Ich hatte den Sitzplatz vor einem Jungen namens Lawrence Wilson. Ich saß links von Sylvia Carstairs, die mich gern ansah und mit den Augenlidern klimperte, als wolle sie mir eine verschlüsselte Botschaft zukommen lassen. »Willst du meine beste Freundin sein?«, flüsterte Sylvia mir am dritten Tag in der ersten Klasse zu. Zu diesem Zeitpunkt hatte ich keine besondere Mission im Leben, und so nickte ich. »Freundinnen fürs Leben, ja?«, flüsterte sie und flatterte mit den Wimpern. Ich hatte den Sitzplatz rechts von Herman Franks, der den ganzen Tag leise vor sich hinsummte. Ich saß hinter Regina Bristol, die die dunkelste und makelloseste Haut besaß, die ich je gesehen hatte. Solche Haut hatten die Engel in meinen Träumen.

»Weißt du was?«, fragte Sylvia, nicht lange nachdem wir Freundinnen fürs Leben geworden waren. In der Pause spielten wir gerade mit drei anderen Mädchen Seilspringen, und Sylvia stand neben mir, als ich das Seil schlug und darauf wartete, dass eines der Mädchen sich verhedderte, damit Sylvia an die Reihe kam. Sie flüsterte, so wie sie es in der Klasse tat. »Regina hat einen Freund.« Ich sah Sylvia direkt ins Gesicht und musste die Nachricht erst einmal verdauen. Mein Vater bezeichnete sich gern als Freund meiner

Mutter, aber dass auch ein Junge, nicht etwa ein Mann, ein Freund sein konnte, war mir ziemlich neu. »Bin ich noch dein Freund?«, fragte mein Vater des Öfteren meine Mutter, wenn sie am Herd stand, und drückte seine Lippen auf ihren Nacken. Sylvia deutete auf einen Jungen, der Fangen spielte. Im Klassenzimmer saß er zwei Reihen links hinter mir. Wie die meisten Kinder der Klasse war er für mich in diesen ersten Tagen nur eine Uniform. Jetzt, da Sylvia flüsterte, wurde ihm eine vollwertige, eigene Existenz verliehen. Er war magerer als der Sohn des einäugigen Jack und sah nicht halb so gut aus wie Regina. In meiner Einbildung nahmen Regina und ihr Fangen spielender Freund ihre Plätze auf einem purpurnen Regalbrett ein und standen aufrecht mit ineinandergefalteten Händen da, wie zwei Figuren, die man von einer Hochzeitstorte gepflückt hatte. »Ich glaube, die werden noch mal heiraten«, sagte Sylvia. Das seilspringende Mädchen hielt nun schon seit etwas mehr als zwei Minuten durch. »Mein Freund für immer«, sagte meine Mutter dann am Herd, drehte sich um und küsste meinen Vater. Auf der Bank am anderen Ende des Pausenhofs konnte ich Regina sehen, wie sie, die Beine übereinandergeschlagen, die Arme verschränkt, sich mit einem anderen Mädchen unterhielt. Dann, wie um zu beweisen, was Sylvia von ihnen behauptete, unterbrach der Freund sein Fangenspiel und winkte Regina wie aus weiter, weiter Ferne heftig und verzweifelt zu. Schließlich hob diese die Hand, um seinen Gruß zu erwidern, ließ sie fallen und wandte sich wieder der Unterhaltung zu. »Siehst du«, sagte Sylvia. »Die werden noch mal in einer großen Kirche heiraten«, und sie breitete die Arme aus, um die Größe der Kirche anzuzeigen.

Als das seilspringende Mädchen die dritte Minute erreichte, sang ich zusammen mit den anderen Mädchen:

I'm happy, you're happy

Schließlich stolperte sie, und Sylvia ging hin, um ihren Platz einzunehmen. Das Mädchen nahm mir das Seil aus der Hand, und ich wartete, bis die Reihe an mir war. Sylvia sprang hoch, höher als wir alle. An dem Tag hatten wir schönen Sonnenschein. Regina stellte die Beine nebeneinander, dann kreuzte sie sie wieder, wobei sie die Knie dicht zusammenpresste, wie es eine Dame von Welt tat, ohne je darüber nachzudenken. Das Mädchen, mit dem sie sich unterhielt, schien ihr etwas Wichtiges mitzuteilen und stach mit dem Zeigefinger in die Luft, um sicherzugehen, dass Regina sie auch wirklich verstand.

I'm happy, you're happy
Go tell Mama, go tell Pappy

Mal bei mehr, mal bei weniger Sonnenschein ging es den September hinab und den Oktober hinauf. Der Mais meines Vaters war in diesem Herbst nicht so, wie er ihn gern gehabt hätte, aber die Pfirsiche an dem Bäumchen in der Nordostecke des Gartens nahmen sich in seinen Augen recht ordentlich aus. Meine Mutter schnitt einige auf, goss Sahne darüber und erlaubte mir und Delores, davon zu essen. Es blieb genug übrig, um Pfirsichpastete für den Vater meines Vaters zu backen.

Abgesehen von meinen Tagen in der Schule verlief mein Leben kaum anders als zuvor. Meine Schwester Delores allerdings war, seit ich zur Schule ging, frecher geworden und schien der Auffassung zu sein, dass all mein Spielzeug jetzt ihr gehörte. Wenn ich von der Schule nach Hause kam, fanden sich die meisten meiner Sachen in ihrer Spielzeugkiste wieder. Die einzige Waffe, die mir zur Verfügung stand, war die herablassende Bemerkung, dass ich zur Schule ging und sie nicht. Wenn ich das erwähnte, war sie den Tränen nahe und rannte aus dem Zimmer, sodass ich meine Sachen wieder an mich nehmen konnte.

Drei Jahre nach Ankunft meiner Großmutter, meines Vaters und meiner Tanten in Washington – im selben Jahr, in dem sie ihre erste Pension erwarb, um darin schwarze Reisende unterzubringen, die nicht in Hotels für Weiße absteigen durften – heiratete meine Großmutter einen Mann, der noch nie in seinem Leben einen Tropfen Alkohol angerührt hatte. Er besaß drei Tankstellen, eine im Nordosten und zwei im Nordwesten der Stadt, und er besaß ein großes Haus in Anacostia, das dem Wind standhielt. Dieser Mann wünschte sich von ganzem Herzen, dass mein Vater ihn als seinen Vater ansah und ihn liebte, aber davon wollte mein Vater nichts wissen. Dann, mit siebzehn, begann mein Vater sich zu verändern. Er hatte gesehen, wie der Mann meine Großmutter in dem Jahr, als sie schrecklich krank wurde, gebadet, gefüttert und gepflegt hatte; aber es war zu spät, denn der Mann, Grandpa Peter, hatte jahraus, jahrein darunter gelitten, dass mein Vater ihn stets schief ansah, und sich schließlich dadurch zu retten versucht, dass er sein Herz gegen meinen Vater verschloss.

Eines Tages im April, als meine Großmutter noch neuvermählt war, hatte der Vater meines Vaters seinen Weg nach Washington gefunden. Mein Großvater traf mit seinem neuen Holzbein ein; in jenen ersten Tagen in Washington war sein ganzes Wesen noch wackelig, denn er hatte seit fünf Monaten nicht mehr getrunken. Er verdiente sich seinen Lebensunterhalt mit Schuhputzen und ließ seine Kinder wissen, wo er sich aufhielt. Mein Vater, elf Jahre alt, lief die Kilometer bis zu dem Hotelfoyer, wo mein Großvater arbeitete, zu Fuß, meine Tanten dagegen besuchten ihren Vater lange nicht, und als sie es endlich taten, fuhr Grandpa Peter, ihr Stiefvater, sie hin.

An jenem zweiten Montag im Oktober waren die Zeiger der Wanduhr eben auf elf Uhr gerückt, als die Mutter Oberin, die Schulleiterin, die Tür öffnete und Schwester Mary Frances ansah. Die Schwester zeigte auf Regina Bristol, dann auf den Jungen, der der ganzen Klasse als ihr Freund bekannt war. Der Junge stand zuerst auf, danach – langsam – Regina. Sie legte die beiden Blätter auf ihrem Schreibpult übereinander und schob sie in die Ecke gegenüber der Vertiefung, wo das Tintenfass hätte stehen sollen, obwohl die Schwester sie nicht dazu aufgefordert hatte. Zu viert verließen sie den Raum, die Nonnen und die Kinder. Die Schwester schloss die Tür hinter sich, nicht ohne uns einen strengen Blick zugeworfen zu haben. Wir hörten sie durch die nahe Tür gehen, die zur Treppe führte. Im Treppenhaus mussten sie stehen geblieben sein, denn wir hörten sie nicht die Treppe hinaufsteigen. Nach einer langen, langen Pause hörten wir eine Ohrfeige, dann herrschte Stille. Eine weitere Ohrfeige, dicht gefolgt von Reginas Wimmern. Kurz darauf kehrten sie zurück, der Junge still, Regina verweint, und die Schwester setzte den Unterricht an der Stelle fort, wo wir abgebrochen hatten, als die Mutter Oberin die Tür öffnete.

Meinen Eltern erzählte ich nichts davon, aber während meiner gesamten Schulzeit war ich von Angst erfüllt, obwohl mich Schwester Mary Frances auch weiterhin mit An-dir-habe-ich-Wohlgefallen-Blicken bedachte. In meiner Einbildung befanden sich Regina und der Junge noch immer zusammen auf dem purpurnen Regalbrett, jetzt allerdings saßen sie, die Hände nachlässig im Schoß, saßen da, als wären sie des Wartens überdrüssig. Zu Hause in meinem Bett träumte ich von der Schule. In meinen Träumen ging ich zur Schule, aber die Tür war stets verschlossen.

Am Donnerstag nach dem bewussten Montag mit den Ohrfeigen, Minuten nach unserem Pausenbrot, erhob ich mich, um eine Frage zu beantworten, die mir einen goldenen Stern eintragen würde. Ich setzte mich, und während ich den Antworten der anderen zuhörte, starrte ich auf Reginas Rücken und auf den Rücken des Jungen, der nie wieder ihr Freund sein würde. Ihre Köpfe ruckten nach links oder nach rechts, je nachdem, welcher unserer Mitschüler gerade sprach. Ich dachte, wie leicht es für ihn gewesen wäre, sich zu ihr umzudrehen und ein Gesicht zu schneiden, wie er es früher immer getan hatte. Ich betrachtete Reginas Hinterkopf und sah, wie sich die dunkle, makellose Haut ihres Nackens von ihrem mit gelben Bändern geschmückten Haar bis weit nach unten erstreckte, bis weit unter den Kragen. Es war ein so verwundbarer Nacken. Obwohl die Schwester mich nicht angesprochen hatte, erhob ich mich, als sei mir eine Frage gestellt worden. Ich sah mich um, als ich so dastand, und hielt mich an meinem Pult fest, denn in meinem Kopf hatte sich alles zu drehen begonnen. Ich wollte mich schon wieder setzen, aber dann hielt ich inne, weil ich nicht wusste, wohin mit mir, nach unten oder nach oben. Ich betrachtete Reginas Nacken und spürte, wie mich eine mächtige Flut überspülte.

Es war, als wenn mein Herz auf seinem Lebensweg in der Straße auf eine Pfütze gestoßen wäre und gestockt, gezaudert hätte, als müsse es sich entscheiden, ob es über die Lache hinweg- oder um sie herumschreiten oder gar umkehren solle.

An jenem Donnerstag wachte ich in meinem Bett auf, draußen war es dunkel. Dr. Jackson, einer der Cousins meiner Mutter, war von der Myrtle Street herübergekommen. Er saß auf meiner Bettkante, hielt meine Hand und blickte auf mich nieder, als könnte ich ihm, nun da ich wach war, das Warum und Weshalb erklären.

»Wie fühlst du dich, mein Herz?«, fragte er. Er war mit einer Frau verheiratet, die größer war als er, und sie wohnten mit ihren fünf Kindern in einem lebkuchenbraunen Haus.

»Gut«, antwortete ich. Er half mir, mich aufzusetzen. Ich hatte meinen Schlafanzug an. Hinter Dr. Jackson stand mein Vater in seiner Postbotenuniform. Er hielt meine Schwester Eva. Meine Mutter stand am Fußende des Bettes. Meine Schwester Delores stand ebenfalls am Fußende des Bettes, und ich konnte gerade eben noch ihren Scheitel und ihre Augen sehen. Wie ich sie alle so dastehen sah, dachte ich: »Mein Zimmer kann all diese Leute nicht aufnehmen. Es wird platzen.«

Dr. Jackson legte seine Hand an meine Seite. Seine Instrumente lagen neben ihm auf dem Bett. Er nahm das Stethoskop zur Hand, und nachdem er mein Herz abgehorcht hatte, verstaute er seine Instrumente in seiner Tasche auf dem Tisch neben meinem Bett. Er stand auf und verordnete mir Schlaf. Als alle das Zimmer verlassen hatten, hörte ich ihn sagen, dass mir nichts fehlte, aber vielleicht träumte ich diese Worte auch erst später in der Nacht, so wie ich träumte, ich hätte an die Schultür geklopft:

Ich trat von der verschlossenen Schultür zurück und ging allein zurück zur L Street, doch statt heimzugehen, klopfte ich beim Nachbarhaus an. Dort wohnten Mr und Mrs Lewis. Er war sein ganzes Leben lang in der Handelsmarine gewesen und hatte für den Ruhestand viel Geld zusammengespart, damit er mit Mrs Lewis auf Weltreisen gehen konnte, sooft er wollte. Nicht lange, nachdem er sich von der Seefahrt für immer verabschiedet hatte, erlitt er jedoch einen schweren Schlaganfall, und jetzt verbrachte er seine Tage in einem Rollstuhl, dessen Quietschen sein Sohn und mein Vater nicht abstellen konnten. In meinem Traum kam Mr Lewis zur Tür, er redete und stand auf beiden Beinen vor mir, wie mir noch von damals erinnerlich war, als ich ein Kleinkind war, kaum mehr als zwei Monate alt. Er führte mich in den hinteren Garten, den er meinem Vater abgetreten hatte, damit mein Vater mehr Anbaufläche hätte. Mr Lewis setzte mir einen Obstsalat aus Hunderten von Früchten vor, die mein Vater gezüchtet hatte. Dann gesellten sich der Vater meines Vaters, Grandpa Peter, mein Onkel aus Philadelphia, der einäugige Jack und hundert andere zu uns. Auch mein Onkel Cyphax war da, wieder einmal aus dem Gefängnis entlassen, zwinkerte mir zu und hob den Finger an die Lippen, damit ich sein Geheimnis nicht preisgäbe. Der Garten war zum Bersten voll, und ich konnte gar nicht all die anderen Männer in meinem Leben sehen. Ich sagte wiederholt zu Mr Lewis, ich müsse wieder an die Schultür klopfen. »Warte«, sagte er. »Warte noch. Warte, bis die Schulglocke bimmelt.«

An diesem Donnerstag wachte ich spätnachts auf, und als sich meine Augen an die Dunkelheit gewöhnt hatten, sah ich meinen Vater in einem Schaukelstuhl gegenüber vom Bett sitzen. Im Schlaf führte er ein Streitgespräch mit jemandem.

Als ich am nächsten Morgen erwachte, sah ich meinen Vater noch immer in dem Stuhl. Als ich mich jedoch aufsetzte und mir den Schlaf aus den Augen rieb, merkte ich, dass es nicht mein Vater, sondern der Vater meines Vaters war. Er starrte mich an, als hätte er in seinem Leben nichts anderes zu tun. Noch nie zuvor hatte ich meinen Großvater oberhalb des Erdgeschosses gesehen. Ich hätte nicht gedacht, dass sein Holzbein ihm erlaubte, die Treppe zu ersteigen.

»Die haben dich nicht gut behandelt da oben, was?«, sagte er. Er trug Anzug und Krawatte und hatte seinen Hut über sein hölzernes Knie gestülpt.

Ich schüttelte verneinend den Kopf. Worte wollten mir noch nicht gelingen, weil ich einfach nicht glauben konnte, dass er die Treppe bewältigt hatte.

»Na ja, halb so wild«, sagte er. »Vielleicht hast du doch nicht so viel Glück, wie du gebrauchen könntest.« Er lehnte sich in seinem Schaukelstuhl vor. »Hier –« Er zeigte auf sein Holzbein, bevor er den Hut wegnahm. »Toi, toi, toi.« Ich beugte mich vor und klopfte dreimal an das hölzerne Knie. »Lieber noch mal, um sicherzugehen.« Ich klopfte erneut. »Butzemänner gibt es überall.«

Er lehnte sich zurück. »Deine Mama und dein Daddy sagen, dass du nie wieder in diese Schule zurückmusst. Du brauchst nur über die Kreuzung gehen« – und mit dem Daumen wies er über seine Schulter in Richtung der dreißig Meter entfernten Walker-Jones Elementary School. »Du brauchst nur über die Straße zu gehen und bist so sicher und geborgen wie in euerm Vorgarten.« Und diese Idee ergriff einfach Besitz von mir. Dorthin ging Miss Sadies Sohn, dorthin gingen die meisten meiner Freunde aus unserer Gegend. Sie war nur ein paar Schritte entfernt, wohingegen die Holy Redeemer Catholic School weit weg in der Welt dort draußen lag.

Mein Großvater erhob sich. »Deine Mama kommt gleich mit was zu essen.« Ich nickte. »Ich geh jetzt lieber. Will dir nicht deine ganze Luft wegatmen. Aber morgen komm ich wieder zu dir.« Als er wieder auf den Füßen stand, sah er mich einen Augenblick an. Dann strich er mit der Hand an der Hutkrempe entlang und setzte sich den Hut auf den Kopf.

Am nächsten Morgen wurde ich von einem Poltern auf einer der unteren Treppenstufen aus dem Schlaf geschreckt. Mein Vater polierte die Stufen, bis sie wie Kristall blitzten. Wieder tat es einen Schlag. Ich richtete mich auf, und allmählich dämmerte mir, was das für ein Geräusch war. Ich wartete und wackelte unter den Bettdecken mit den Zehen. »Fünf Schweinchen kommen gelaufen, der Massa will sie verkaufen: das Schnüffelnäschen, das Wackelöhrchen, das Kugelränzchen, das Ringelschwänzchen.« Als ich mit dem einen Fuß fertig war, fing ich mit dem anderen an. Dann wieder ein Schlag. »Da ruft das kleine Wackelbein …« Ich kam ans Ende dieses Fußes und führte die linke Hand zur Stirn. Ein Heftpflaster bedeckte die Wunde, die ich mir zugezogen hatte, als ich auf mein Pult gefallen war. Wieder ein dumpfer Schlag. Ich dachte an die Narbe, die sich bilden würde, und fragte mich, ob ich eine ebenso große Narbe davontragen würde wie ein Junge, den ich kannte, der von einem scharfen Stein an der Stirn getroffen worden war. Die Kinder riefen ihn Steinkopp, weil er überlebt hatte. Würden die Leute mich jetzt Miss Steinkopp nennen, oder würde sie sich einen anderen Namen ausdenken müssen? Wieder ein Schlag. »Da ruft das kleine Wackelbein: ›Kommt schnell, wir gehen alle heim!‹« Schließlich verstummte das Poltern, aber mein Großvater erschien nicht. Erst viel später erfuhr ich, dass er nach dem Treppensteigen auf dem Gang stehen geblieben war, seine Krawatte gerade gerückt und sich den Schweiß vom Gesicht gewischt hatte, um sich auf sein Eintreten vorzubereiten.

Schwester Mary Frances hatte die Sitzordnung geändert, und ich fand mich in der letzten Reihe wieder, an einem Fenster. In dem sonderbaren Alphabet unseres Lebens kam ich hinter Herman Franks zu sitzen. Er fuhr damit fort, leise vor sich hinzusummen. Er brauchte nur eine hektografierte Seite zu riechen, und schon begann er zu summen. Er summte, wenn er sich am Kopf kratzte. Er summte, wenn er das Lied eines Vogels hörte, das zum Fenster hereinwehte. Der Junge, der Freund, war verschwunden, als ich zurückkehrte, und ich habe ihn nie wiedergesehen. Das sonderbare Alphabet unseres Lebens sorgte dafür, dass Sylvia Carstairs, meine beste Freundin fürs Leben, immer noch neben mir saß. »Willkommen zurück«, sagte Schwester Mary Frances an jenem ersten Vormittag zu mir. »Willkommen zurück.« Mir war noch nicht beigebracht worden, was man in derartigen Situationen sagte, und so sagte ich gar nichts. In dem sonderbaren Alphabet unseres Lebens saß Regina Bristol in der zweiten Reihe, aber noch immer in der Mitte. Manchmal, in den ersten Tagen nach meiner Rückkehr, verlor ich mich in Träumereien und sah den orangefarbenen Blättern und den roten Blättern und den goldenen Blättern zu, die auf die Pierce Street herabschneiten. Dann, gegen Ende Oktober, heilte meine Wunde, so gut sie konnte, und in unserer Klasse waren nur noch neun Jungen.

Methusalem wird zum Leben erweckt

Als Sergeant Percival Channing eben sein Geschäft mit der Prostituierten im Half Moon Hotel auf dem General Douglas MacArthur Boulevard in Okinawa beendete, gelang es seiner Tochter – Tausende und Abertausende von Kilometern entfernt im Nordosten von Washington D. C. –, endlich Ruhe zu finden. Es war schon die zweite Nacht, in der sie nur ab und zu hatte schlafen können, eine Minute hier und eine Minute dort. Ihr Fieber, das von einer Halsentzündung herrührte, war im Abklingen begriffen, und obwohl der Kinderarzt gesagt hatte, es bestehe kein Anlass zur Sorge, »lediglich ein weiterer Schritt auf dem Weg ins Erwachsensein«, wusste die Mutter des Mädchens, die drei Monate vor Antritt der Krankenpflegeschule mit ihrer Tochter schwanger geworden war, dass Kinder in aller Welt starben, noch bevor sie diesen Schritt bewältigt hatten. So ließ ihre Furcht auch dann nicht nach, als das Mädchen die Augen schloss und Frieden fand, und die Mutter blieb weiter auf der Kante des schlichten Holzstuhls sitzen, der lange vor jener Nacht von einem ehemaligen Sklaven angefertigt worden war und 142 Jahre halten sollte. Der Stuhl, auf dem jetzt die ein Jahr alten Kissen von Hecht's lagen, war ihr und Sergeant Channing als Hochzeitsgeschenk überreicht worden. Immerhin, als die Mutter ihr Kind in den Schlaf sinken sah, gestattete sie sich, ihre Gedanken wandern zu lassen, und sie versuchte sich darauf zu besinnen, wie viel Uhr es in Okinawa war, ob der Zeitunterschied zwischen den beiden Städten zehn, elf oder zwölf Stunden betrug.

Was der Sergeant, ihr Mann, mit der Prostituierten tat, hatte er mit der Mutter seines Kindes seit nunmehr fast sechs Monaten nicht mehr getan und würde es auch im Leben niemals wieder tun. Das wussten freilich weder der Sergeant noch seine Frau, deren einziges Kind sich jetzt im Zustand der Erschöpfung auf die rechte Seite wälzte und in einen Traum eintrat, in dem Methusalem auf sie wartete, nicht etwa Jahrhunderte alt, nicht einmal ein Mann, sondern in Gestalt eines kleinen Mädchens, das nichts als spielen wollte.

Die Prostituierte – Sara Lee, obwohl sie eigentlich als Keiko Hamasaki das Licht der Welt erblickt hatte und allen, auf die es ankam, unter diesem Namen bekannt war – nannte Sergeant Channing »Capitaine Passion«, als er sich mit einem Grunzen aufstützte und von ihrem Körper abließ. Dann schliefen die beiden, betrunken und drogenbetäubt, lange Zeit Seite an Seite, während der Mond und die Sonne kamen und gingen. Als sich Sara Lee endlich auf den Ellbogen aufrichtete und den Kopf ausschüttelte, verspürte sie das Bedürfnis nach einer Zigarette und nach etwas zu essen. Sie wusste nicht, wie spät es war, denn die ein Jahr alte Wanduhr, die die Leitung des Half Moon Hotel bereitstellte, hatte lediglich im ersten Monat ihres Lebens funktioniert, und eine Armbanduhr hatte Sara noch nie besessen. Die amerikanischen Soldaten in Okinawa hatten ihr den Spitznamen »Meine Zeit ist deine Zeit« gegeben, da sie diesen Satz oft schon wenige Minuten nach der ersten Begegnung an sie richtete. Sergeant Channing, der weltverloren neben ihr schlief, hatte seine Armbanduhr vergessen, und in seinem Zimmer am Standort war sie stehen geblieben.

Sara Lee langte über den Sergeant hinweg nach seiner Zigarettenschachtel und dem Dreidollarfeuerzeug auf dem kleinen Nachttisch und musste sich dabei mit einer Hand auf die Brust des schlafenden Mannes stützen. Sara Lee war federleicht. Dennoch riss der Sergeant im Hinterzimmer der dritten Etage die Augen weit auf und schrie so laut vor Schmerz, dass ihn der Empfangschef unten an der Rezeption des Half Moon Hotel hören konnte. Der ließ sich jedoch nichts anmerken, sondern setzte sein Gespräch mit einem Corporal und seiner »Betty Crocker« fort, die ein billigeres Zimmer von ihm erbettelten.

»Was zum Teufel tust du da?«, schrie Percival Channing Sara Lee an.

»Kein nichts, Capitaine Passion. Kein nichts. Nur ein bisschen Zigarette. Ein bisschen Zigarette.« Sie sprach makelloses Englisch, hatte jedoch gleich bei ihren ersten beiden Amerikanern gelernt, dass sie bei Frauen, mit denen sie hurten, keine Makellosigkeit wollten.

Percival setzte sich auf. Er hatte das Gefühl, sich übergeben zu müssen. Mit einer Hand griff er sich an die Brust, noch fühlte er die Schwellung nicht, und mit der anderen hieb er wieder und wieder durch die Luft, als könne etwas da draußen ihm Erleichterung verschaffen, und sei es nur ein wenig. Noch immer fuchtelnd, beugte er sich vor, und schließlich rappelte er sich vom Bett auf und humpelte ans offene Fenster, wo er sich hinauslehnte, die miserable Luft Okinawas einsog und dann schrie: »Himmelherrgott! Was zum Teufel soll das?«

Sara ging zu ihm und rieb seinen Rücken, dabei wiederholte sie den Fluch, den Percival soeben ausgestoßen hatte. Als er sich wieder aufrichtete, fühlte er sich besser, besser, je gerader er dastand. Aber er weinte, so stark waren die Schmerzen gewesen. Er drehte sich zu Sara um, die seine Schulter umfasste. »Warum zum Teufel hast du mir das angetan, Betty? Hast du mir ein Messer in die Brust gebohrt oder was?«

»Nicht Messer, Capitaine Passion. Nur ein bisschen Zigarette.« Zuerst hatte sie an einen Herzanfall gedacht, aber die Amerikaner waren Alleswisser, und sie hielt es für das Beste, Sergeant Channing selbst eine Diagnose stellen zu lassen. Während sein Atem allmählich regelmäßiger wurde, berührte Sara weiterhin seine Schulter. Nachdem er sich die Tränen aus den Augen gewischt hatte, legte er die Rechte auf seine Brust. Inzwischen rechnete er kaum noch damit, eine Wunde und austretendes Blut zu finden, aber dort, unterhalb der rechten Brustwarze, genau da, wo sein Herz hätte sitzen sollen, falls das Herz eines Menschen rechts saß, spürte er die Schwellung. Erst machte er Sara dafür verantwortlich, ein kleines asiatisches Voodooritual vielleicht, doch als er ihr in die Augen sah und dort nichts als Weiblichkeit erblickte, die zu keiner Bosheit imstande war, glaubte ein großer Teil von ihm, irgendein beschissenes Unheil sei über ihn hereingebrochen, weil er in der Armee diente, weil er sich in einem fremden Land befand, unter Menschen, die sich nach Nahrungsmitteln benannten. Und ein winziger Teil von ihm glaubte, sein Körper, lange Zeit ein Wunderding, das in Hunderten und Aberhunderten von Wettläufen auf Rennbahnen amerikanischer High Schools und Colleges herausgemeißelt worden war, habe ihn irgendwie im Stich gelassen.

»Lass mich ins Bett«, sagte Percival, und Sara pflichtete ihm bei – nach einer kleinen Mahlzeit und einem Nickerchen sah alles in der Welt besser aus.

Die Frau des Sergeant, Anita Hughes Channing, hatte schon vor der Krankheit ihrer Tochter daran zu zweifeln begonnen, ob die Schule, auf die ihre Tochter ging, wirklich die beste für sie sei. Sie wusste, dass viele Lehrer und Verwalter der New Day Arising Christian School ihr Herz am rechten Fleck hatten, doch Anita, eine vom Glauben abgefallene Katholikin, machte sich Sorgen wegen des neuen Lehrers ihrer Tochter, eines Siebenundvierzigjährigen mit sieben Kindern, eines rechtschaffenen und leidenschaftlichen Mannes, der im Alter von vierzig Jahren zur Religion gefunden hatte. Vielleicht war so viel Rechtschaffenheit und Leidenschaft zu viel für die neunjährige Bethany. Die New Day Arising hatte Anita deshalb ausgewählt, weil sie nur wenige Häuserblocks von ihrer Arbeit in einer fast vergessenen Außenstelle der Stadtverwaltung in der Minnesota Avenue im Nordosten entfernt lag und weil Anita der Meinung war, ihre Tochter benötige zumindest etwas Religion in ihrem Leben, da sie nicht regelmäßig zur Kirche gingen. Das bisschen Religion, das Bethany vor dem Besuch der New Day Arising zuteil geworden war, stammte von der Sonntagsmesse in St. Augustine's in der 15th Street, wenn sie Anitas Eltern besuchte, die in einem Apartment in der 16th Street wohnten, einen Häuserblock vom Scott Circle entfernt. In der Messe, sicher verwahrt zwischen ihrer Großmutter und ihrem Großvater, hatte das Kind den Priester fast gar nicht beachtet und sich stattdessen Sonntag für Sonntag auf die Stationen des Kreuzwegs konzentriert.

Bethanys Lehrer in der zweiten und dritten Klasse waren sehr gut gewesen, genau das, was ihre Mutter sich gewünscht hatte. Wie ihre vierseitige Broschüre kundtat, stand die Schule in dem Ruf, als Hauptgericht Erziehung aufzutragen, mit Religion als Appetithäppchen, Getränk und Dessert. Die drei Letzteren wurden in der Tat serviert und hatten eine gewisse Bedeutung, machten aber nicht den Hauptgang, nicht den ganzen Daseinszweck der Schule aus. Als Bethanys Lehrer in der vierten Klasse, Methuselah Harrington, eingestellt worden war, hatte er sich damit abgefunden; hatte sogar ein vages dahin gehendes Versprechen abgelegt, kaum dass er, zwei Wochen vor Schulbeginn, im Sekretariat seine Steuerformulare ausgefüllt hatte. Doch Methuselah, »ein reformierter Lüstling und Halunke«, wusste, was Religion bei ihm und seinen eigenen Kindern bewirkt hatte, und so war er entschlossen, auch jedem anderen schwarzen Kind, auf das er Einfluss ausübte, zu seinem Seelenheil zu verhelfen. Er würde nie etwas so Empörendes tun wie sein Versprechen brechen und Religion in den Mittelpunkt der Mahlzeit rücken, doch wenn ein Kind eine Rechenaufgabe löste oder einen Text weltlichen Inhalts vorlas, fragte er den Jungen oder das Mädchen mittendrin: »Wer wird dich von den Qualen der ewigen Verdammnis erlösen?« oder »Wer wird dir das ewige Leben schenken?«

Eine Antwort auf diese Fragen trug dem Kind einen goldenen Stern ein. Die richtige Lösung einer Rechenaufgabe dagegen oder der noch so glänzende Vortrag einer Aufsatzpassage über den Sommerausflug einer Familie mit Großmutter und Großvater ans Meer wurden nicht belohnt. Anfang Oktober, eine Woche, bevor Bethany erkrankte, brachte Methuselah ein Poster mit, das er unter die Uhr an der Wand gegenüber den Fenstern klebte. Es war kein großes Poster, jedenfalls kleiner als die Karte der Vereinigten Staaten links davon und mehr oder weniger genauso groß wie die Fotos von Malcom X, Sojourner Truth und Martin Luther King Jr. rechts davon. Aber das Poster, ein lang gestrecktes Ding, das Bethany und ihre Freundin Jessica an eine Schriftrolle erinnerte, fesselte die Aufmerksamkeit der Kinder, denn darüber standen die Worte »Das Leben des Methusalem«. Am ersten Schultag war den Kinder gesagt worden, sie könnten ihren neuen Lehrer mit »Mr Harrington« oder mit »Mr Methuselah« anreden; wie Kinder so sind, wollten sie es anders halten als die anderen Kinder mit ihren Lehrern, und Bethany und ihre Klassenkameraden redeten ihn mit Vornamen an. Und wie Kinder so sind, fiel es ihnen schwer, den Mann auf dem Poster, der Methusalem hieß, nicht mit ihrem Lehrer Mr Methuselah gleichzusetzen, der allmorgendlich das Vaterunser anstimmte und ihnen erzählte, dass die Menschen in Lappland tagein, tagaus mit Schnee und Rentieren und beinahe ganzjähriger Dunkelheit ihr Dasein fristen mussten.

Das Poster zeigte Methusalem – stets in braunen Sandalen und einem braunen biblischen Gewand ähnlich dem, das die Kinder von Jesus kannten – zunächst als krabbelnden Säugling, sodann als Jungen, als Teenager, als Mann und so weiter, bis er neunzig Jahre alt war, ein ziemlich munter aussehender, lebenskräftiger Bursche, die Beine gespreizt, die Hände in den Hüften, als sei er für jeden Dämon gewappnet, den der Teufel ihm in den Weg stellen mochte. Doch mit einundneunzig Jahren schien Methusalem zu schwächeln: gesenkter Kopf, schwerfällig herabbaumelnde Arme, das Gewand nicht mehr so gepflegt wie auf früheren Bildern. Mit einundneunzig Jahren stand Jesus hinter ihm und berührte den Scheitel des Mannes. Von da an, mit hundert, zweihundert bis hin zu neunhundert Jahren, war Methusalem wieder putzmunter. Im Alter von neunhundertundeins wuchsen ihm Flügel und ein Heiligenschein, aber abgesehen davon sah er nicht anders aus als die ganzen Jahrhunderte hindurch. Die Kinder in Bethanys Klasse kannten noch nicht den Unterschied zwischen dem Alten und dem Neuen Testament, und die Lehrer und Verwalter, die in Methuselahs Klasse ein und aus gingen, schenkten dem Poster keine sonderliche Beachtung. Nur die Hausmeisterin sah, dass Jesus Christus aus dem

Neuen Testament ins Alte hinübergewandert war, aber die New Day Arising bezahlte sie schließlich nicht dafür, jemandem Bericht über ein Ding der Unmöglichkeit zu erstatten.

Kurz nach ein Uhr nachmittags erwachte Bethany Channing. Fieber und Halsweh waren verschwunden, und sie hatte großen Hunger. Sie rief nach ihrer Mutter, dann nach ihrem Vater und vergaß für einen Augenblick, dass der Sergeant – nach Maßgabe des Globus neben Mr Methuselahs Lehrerpult – fast zwei Handbreit von dem kleinen Stern entfernt war, der Washington D. C. bezeichnete. Sie rief erneut nach ihrer Mutter, und als das Kind sich zur Bettkante schob und hinabschaute, sah sie, dass Anita, in eine Decke gehüllt, auf dem Fußboden schlief. Nichts in letzter Zeit hatte sie froher gestimmt, als Anita in diesem Zustand zu sehen. Schon wollte sie sich hinabbeugen und ihre Mutter küssen, doch der Hunger zog das Kind auf die andere Seite, und Bethany stand auf und ging in die Küche, um sich ein Frühstück aus Getreideflocken und einem mit Orangenmarmelade beklatschten Croissant zu machen.

Anita fand das Kind am Tisch, wie es, das Schälchen an den Lippen, den letzten Rest der kalten Milch trank. Als etwa Elfjährige war die Mutter selbst erkrankt – Knochenschmerzen, Kopfschmerzen, die ihr Gemüt von Grund auf erschütterten. Viele Jahre litt sie darunter, manchmal ging es ihr zwischendurch besser, manchmal war sie zu krank, um auch nur aufzustehen. Kein Arzt fand heraus, was ihr fehlte, und die meisten von ihnen gaben Anitas Eltern die Auskunft, man könne ihre Beschwerden höchstens lindern. Die Eltern, die nicht wussten, wo das Übel herrührte, untersagten ihr vieles, von Stofftieren über Süßigkeiten bis zu Freundinnen, die Erkältungen hatten und kleine Schnittwunden an Gesicht und Händen. Sie hatten den Eindruck, dass die Ärzte ihnen etwas verschwiegen: dass man es Anita so angenehm wie möglich machen müsse, weil es mit ihr zu Ende ging. Als Anita elf Jahre alt war, hörte ihre Mutter auf zu arbeiten, denn wie sie ihrem Mann erklärte, wenn ihr Kind schon sterben musste, dann wollte sie es nicht allein lassen. Anitas Mutter hatte drei Jahre lang das College besucht, und das wenige, was sie gelernt hatte, gab sie, wenn das Mädchen aufnahmefähig war, an ihre Tochter weiter. Ihr Vater übernahm eine zweite Arbeit am Abend, und die Familie, zu der auch ein jüngerer Bruder gehörte, vermochte sich am unteren Ende der Mittelschicht zu halten, einige wenige Gehaltsschecks von der Unterschicht entfernt, in der die Eltern aufgewachsen waren und mit der neuerlich Bekanntschaft zu machen sie nicht für möglich gehalten hatten.

Anita wartete, bis Bethany die Milch ausgetrunken hatte, und als das Mädchen seine Mutter sah, vollführte es im Sitzen einen kleinen Freudentanz: Sie steppte mit den Füßen, wackelte mit den Schultern und fuchtelte mit den Armen. Mit der Krankheit, die kein Arzt zu diagnostizieren vermochte, war die Kindheit der Mutter mehr oder weniger zu Ende gegangen. Während des ersten Jahres waren gelegentlich noch ihre Freundinnen zu Besuch gekommen, doch als sie nicht genesen wollte, wandten sich die meisten von ihnen wieder ihrer eigenen Kindheit zu und vergaßen das Mädchen, dessen Mutter ein ständiges Lager neben ihrem Bett errichtet hatte.

»Du warst eine Weile fort«, sagte Anita zu Bethany und küsste sie auf die Stirn, denn die Wangen des Mädchens waren mit Marmelade verschmiert.

»Mm mm.« Das Kind hatte keine rechten Erinnerungen an die vergangenen beiden Tage, der letzte Traum vor dem Erwachen aber war ihr gegenwärtig, und darin spielte sie noch immer mit dem Mädchen, das im Traum Methusalem hieß. »Methusalem und ich haben schön miteinander gespielt.« Anita maß der Erzählung ihrer Tochter nicht allzu viel Gewicht bei; Wochen später allerdings, zwischen Veteranentag und Thanksgiving, sollte sie ihr wieder einfallen.

»Wie wär's mit einem Gang zum Spielplatz, danach ins Kino und anschließend ein Besuch bei Granddad und Grandma? Wie hört sich das an?«

Bethany rieb sich die Hände und wiederholte ihren Tanz. In ihrem neunzehnten Lebensjahr war Anitas Krankheit verschwunden, und seitdem hatte sie nie wieder etwas gehabt, nicht einmal einen halben Tag Schnupfen. Auf der Grundlage des mütterlichen Unterrichts versuchte sie, ein Diplom zu erwerben, doch die Leute von der städtischen Schulverwaltung schüttelten den Kopf und sagten ihr, entweder müsse sie die Abendschule oder die reguläre High School besuchen. Obwohl sie die Klasse während ihrer Krankheit zweimal hatte wiederholen müssen und alle ihre Freundinnen versetzt worden waren, beschloss sie, wieder zur Schule zu gehen. Sie war zwei Jahre älter als die meisten ihrer Mitschüler in der obersten Klasse der Cardozo High School, aber sie war gesund und munter und voller Hoffnung für die Zukunft, und darauf kam es an. Und dann sah Percival, ein Star auf Bahn und Feld, sie eines Tages in der Schulbücherei, wo er sich mit Freunden unterhielt. Mit Ausnahme ihres Bruders oder ihrer Cousins hatte sie ihre Jugend ohne Umgang mit Jungen verbracht. Jetzt durchquerte einer von dieser Gattung, über die sie so wenig wusste, den Saal, klappte das Buch zu, das sie sich gerade ausleihen wollte, und erzählte ihr, gewiss schmerzten ihr die Füße, weil sie ihm den ganzen Tag durch den Kopf gegangen sei. Das hätte nicht einmal eine Zwölfjährige hingenommen, aber sie war nie so richtig zwölf, dreizehn oder vierzehn gewesen, höchstens auf eine Weise, die in der wirklichen Welt nichts galt. Wenn sie ihn später necken wollte, wurde er zum »Feld-, Wald- und Wiesen-Star«.

»Ich hatte solche Hoffnungen für dich«, sollte ihr Vater, ehe ihr Abschlussjahr um war, unter Tränen sagen. Vater und Tochter saßen allein im Wohnzimmer, auf der anderen Seite des Raumes eine Lampe mit einer flackernden Sechzig-Watt-Birne. »Ich hatte so große Hoffnungen für dich.« Bis zur Krankenschwester sollte sie es nie bringen, doch in der Personalakte, die die Leute von der Stadt in ihrer Zentrale aufbewahrten, stellte man ihr für ihre Arbeit als Verwaltungsleiterin in der fast vergessenen Außenstelle im Nordosten Jahr für Jahr ein überschwängliches Zeugnis aus. Ihr Vater sollte Anita niemals ganz verzeihen, und dies schuf die Lücke, durch die Percival Channing in ihr Leben eintreten konnte. Nach ihrer Heirat nannte sie sich Anita Hughes Channing, mit der Betonung auf »Channing«, dem Namensbestandteil, auf den sie besonders stolz war. Allerdings ließ sich ihr Vater ein wenig erweichen, denn Bethany wurde ihm wichtiger als alles andere, aber nie wieder war er der Alte, der seiner chronisch kranken Tochter vorgelesen hatte, bevor er dann, erfrischt, ein zweites Mal zur Arbeit ging.

Sergeant Channing stellte fest, dass er die Schwellung in seiner Brust ignorieren konnte, da sie ihn meist nicht belästigte, doch eines Morgens, anderthalb Wochen nach der Episode mit Sara Lee, vermochte er sich kaum aus dem Bett zu bewegen.

Einer der Ärzte an seinem Standort, Captain Jerome Henderson, bei dem Percival auf dem Untersuchungstisch saß, berührte die Schwellung, und als der Sergeant zusammenzuckte und schauderte, weiteten sich die Augen des Doktors, und er sagte ganz leise: »Hmm …« Der Arzt war Raucher, und während der gesamten Untersuchung musste Percival darüber nachdenken, welche Zigarettenmarke der Arzt wohl rauchte, jedenfalls nicht Marlboro. Nach zwei Röntgenaufnahmen und drei Blutentnahmen schickte Captain Henderson den Sergeant mit zwei Rezepten für Schmerzmittel und der Anweisung fort, in drei Tagen wiederzukommen. Der Arzt sah jeden Tag Dutzende und Aberdutzende Soldaten, die meisten davon nicht länger als fünf Minuten, sodass ihm nur wenige Gesichter im Gedächtnis haften blieben, doch den Sergeant erkannte er sogleich, denn Percival war erst der zweite Fall von männlichem Brustkrebs, den der Arzt, inzwischen fünfundfünfzig, in seinem Leben behandelt hatte. Was für ein Wunder ist doch der Mensch, hatte er am Vortag gedacht, als er Percivals Röntgenbilder betrachtete und zum dritten Mal die Blutwerte durchlas. Was für ein abscheuliches Wunder ist doch der Mensch …

Der Sergeant lächelte, als der Captain ihm den Befund mitteilte. Percival kannte die Qualität der Ärzte und der Instrumente, die der Armee zur Verfügung standen. Wieder saß er auf dem Untersuchungstisch, diesmal noch in Uniform. Leise glucksend deutete er auf seinen Schritt. »Doktor, mit Verlaub, Sir, aber haben Sie bemerkt, was wir da unten haben?«

»Ich habe kein übermäßiges, unprofessionelles Interesse an dem, was irgendjemand ›da unten‹ hat«, erwiderte der Captain. Er hätte längst Major sein müssen, aber er gab Leuten gegenüber oft Gemeinheiten von sich, die er hätte für sich behalten sollen.

»Aber Brustkrebs, Doktor, ich meine, Sie wissen schon, also wirklich, das ist doch was für Frauen.«

»Sergeant«, sagte der Captain mit verschränkten Armen, nur wenige Zentimeter von Percival entfernt, »es gibt etwas, das Sie mit Milliarden von Frauen auf dieser Erde gemeinsam haben – Sie alle haben Brüste. Fragen Sie irgendeinen alten Mann. Fragen Sie irgendeinen einfachen Soldaten, den Sie kennen.« Er drehte sich zu dem Tisch mit Abstrichwatte und Zungenspateln um, schlug die Akte auf, die die Krankengeschichte von Sergeant Channing in der Armee enthielt, und notierte sich zwei Zeilen. Drei Wörter in der ersten Zeile unterstrich er. Als er sich wieder umwandte, hatte er denselben ernsten Gesichtsausdruck. »Das ist kein Affront gegen Ihre Männlichkeit, Sergeant. Das verspreche ich Ihnen.«

»Aber Brustkrebs, Doktor. Ich meine, von allen möglichen Krankheiten ausgerechnet Brustkrebs.« Percival hatte den Tatbestand in Sekundenschnelle akzeptiert, und jetzt kam ihm der Gedanke, dass er noch kerngesund wäre, wenn er es nicht in irgendeiner fremden Stadt mit irgendeiner Schlampe getrieben hätte. Als er in Deutschland stationiert war, hatte ihn jemand ermahnt, sich vorzusehen, denn letzten Endes seien ausländische Fotzen von Grund auf anders als amerikanische Fotzen. Die ausländischen hätten gewisse »Eigenheiten«, hatte dieser vergessene Jemand gesagt. Der Arzt legte ihm eine Hand auf die Schulter. Was immer Brustkrebs war, dachte Percival, er gehörte nicht zu derselben Kategorie wie all die anderen Krebsarten. Es war kein Lungending, das hätte er in Anbetracht der Tausenden von Camels, die er geraucht hatte, noch verstehen können. Es war nicht einmal dieses Blutding. Als der Arzt fragte, ob Angehörige seiner Familie je an Brustkrebs erkrankt seien, verneinte er, denn das war ihm tatsächlich entfallen.

»Es bedeutet nicht das Ende der Welt«, sagte der Captain. »Wir leben in einer neuen Epoche, vor Zeiten hätte das noch ganz anders ausgesehen.« Der Sergeant stand auf, ohne dass er aufgefordert worden wäre. »Sie müssen in zwei Tagen wiederkommen, Sergeant. In zwei Tagen, und wenn Sie nicht erscheinen, werde ich Ihnen die Militärpolizei auf den Hals hetzen.«

Die Medikamente, die man ihm verabreichte, bewirkten nichts weiter, als dass sie den Krebs verrückt machten, wie er später im Walter Reed Army Medical Center denken sollte. Man gab ihm zahlreiche Broschüren über die betreffenden Medikamente mit, und als er eines Abends im Krankenhaus in Okinawa auf Anitas Ankunft aus Washington wartete und von der Lektüre einer der Broschüren aufblickte, dachte er nicht etwa an seine Frau oder an seine Tochter, sondern an einen Wettlauf, den er als Unterstufenschüler an der Cardozo High School bestritten hatte, bei dem es am Ende auf eine Entscheidung zwischen ihm und einer Niete von der Coolidge High School hinauslief. Er erreichte als Erster die Ziellinie und wollte den Zuschauern demonstrieren, wie großherzig er war, und so nahm er Coolidges ausgestreckte Hand in seine beiden Hände. Er hörte sich gar nicht erst an, was der Typ von Coolidge sagte, sondern brachte nur ein flüchtiges »Gutes Rennen« heraus, mit dem alles, was der Typ von Coolidge zu sagen hatte, erledigt sein sollte. Er senkte den Blick wieder auf die Broschüre. Verdammt noch mal, war Sportsgeist denn gar nichts wert? Die Broschüre enthielt nichts als Fotos von gesunden Frauen; offenbar hatte man noch nie etwas von Männern mit Brustkrebs gehört. War es denn gar nichts wert, einer Hure zehn Dollar extra zu geben? Merkte der große Wer-auch-immer nicht, dass alles aufs Gleiche hinauslief? Wieso waren zehn Eindollarnoten weniger wert als zwei Fünfdollarnoten? »Hab gehört, deiner Mutter geht's nicht gut«, hatte der Typ von Coolidge gesagt. »Wollte dir nur sagen, dass ich für sie bete.« »Gutes Rennen, Mann.«

Vier Wochen nach Bethanys Genesung versuchte Anita, sich an ein paar Verse über Methusalem aus *Porgy and Bess* zu erinnern. Mit dreizehn hatte sie das Musical zum ersten Mal zusammen mit ihrer Mutter gesehen, eines Sonntagabends im Fernsehen, als ihr Vater und ihr Bruder ins Kino gegangen waren. Anita saß mit ausgestreckten Beinen an einem Ende der Couch, ihre Mutter am anderen, Anitas zugedeckte Füße im Schoß. Jedes Mal, wenn Sidney Poitier auftrat, taten sie so, als würden sie in Ohnmacht fallen. Sie wusste, dass die Verse, an die sie sich erinnern wollte, mit *But who calls dat livin'* begannen, aber die Worte danach wollten ihr einfach nicht einfallen. *But who calls dat livin' … But who calls dat livin' …* Sie hatte das Tonband mit den Songs aus dem Musical nicht finden können. Vielleicht hatte sie es in Deutschland zurückgelassen. Vielleicht hatte sie das Tonband auf dem Weg nach Deutschland verloren, oder auf der Heimreise. *Spräächen Sie … But who calls dat livin' …*

Sie hatte große Angst, ihre Tochter könnte werden wie sie und die beste Zeit ihrer Jugend im Bett und auf der Couch verbringen. Dort draußen wartete eine ganze Welt auf sie, und sie wollte, dass Bethany jedes ihrer Moleküle kannte, aber Blut war Blut, und in ihrem eigenen Blut kreisten Moleküle, die nichts Gutes im Schilde führten. Die ganze Welt war der Grund gewesen, weshalb sie dem Umzug nach Deutschland zugestimmt hatte, als die Armee Percival dort stationieren wollte. Corporal Channing. Aber ohne ihn waren ihr die Tage und Nächte lang geworden, und mit ihm noch länger. *But who calls dat livin'* … Also wieder zurück nach Washington, aber etwas Gutes war immerhin dabei herausgesprungen: In ihren zwei Jahren dort hatte Bethany die deutsche Sprache aufgesogen und beherrschte sie so gut wie nur irgendein deutsches Kind, das in die Sprache hineingeboren worden war. *Spräächen Sie* … Auf der New Day Arising Christian School gab es niemanden, der Deutsch konnte, sodass Anita, um die Sprache in ihrem Kind lebendig zu halten, einen Fachstudenten der Catholic University of America anheuern musste, dabei hatte Bethany kaum noch Erinnerungen an das Leben in Deutschland. Eines freilich wusste sie: dass dieses

Land – wenn sie den Abstand auf Mr Methuselahs Globus maß – mindestens zwei Handbreit von dem kleinen Stern entfernt war, der Washington D.C. bezeichnete.

»Mama, woran ist Mama Channing gestorben?«

Sie saßen im Auto, auf der Rückfahrt vom National Arboretum. Es war Freitagnachmittag, die Tageszeit, die sie seit Neuestem ganz ihrer Tochter widmete. Ehe sie vorzeitig kündigte, hatte die Außenstelle im Nordosten noch ein letztes Arbeitszeugnis an die Zentrale der Stadtverwaltung geschickt.

»Wieso?«, fragte Anita. Im Rückspiegel warf sie einen Blick auf ihre Tochter, dann betrachtete sie die winzige Magnetstatue des heiligen Christophorus auf dem Armaturenbrett.

»Mr Methuselah möchte, dass wir aufschreiben, in welchem Alter unsere Großeltern gestorben sind oder, falls sie noch leben, wie alt sie sind.«

»Was soll denn das für eine Hausaufgabe sein, Schatz?« Der heilige Christophorus wackelte nie, ganz gleich, wie holprig die Straße war.

»Ich weiß nicht. Es ist Mr Methuselahs Hausaufgabe. Also, in welchem Alter ist Mama Channing gestorben?«

»Das muss ich erst herausfinden. Ich weiß es nicht aus dem Kopf.«

»Alle anderen leben also noch, alle meine anderen Großeltern?«

»Das weißt du doch.«

»Was ist mit den Urgroßeltern? In welchem Alter sind die gestorben? Denn tot sind sie ja alle.«

»Bethany!« Manchmal redete das Kind im Schlaf, und dann kamen ihre Worte auf Deutsch heraus. »Bethany!«

»Es ist nicht meinetwegen, Mama. Es ist wegen Mr Methuselah. Weißt du was? Er hat gesagt, wir alle könnten ewig leben, solange wir Jesus annehmen. Er hat gesagt, wir könnten zum Leben erwecken, was in Methusalem dringesteckt hat. Er hat gesagt, wir könnten es noch besser haben als Methusalem. Der ist nur neunhundert Jahre alt geworden, aber wir könnten so lange leben, wie wir wollten. Und Reggie hat gesagt, wir könnten hundert Jahre alt werden, denn sein Großvater ist gestorben, da war er erst neunundneunzig, und Mr Methuselah hat gesagt, wir könnten zehnmal hundert Jahre alt werden. Und Reggie hat gesagt, wir könnten fünftausend Jahre alt werden, und Mr Methuselah hat gesagt, ja, aber nur, wenn wir Jesus annehmen und alles, wofür Er steht.« Anita war dazu übergegangen, die Tage seit der Genesung des Kindes im Kalender einzukringeln. Heute Morgen hatte sie nicht daran gedacht, weil Fieber und Halsweh immer weiter zurücklagen. »Also, bis Montag brauche ich die ganzen Daten.« Eine Weile sagte Bethany nichts, und Anita warf ihr wieder einen Blick im Spiegel zu. »Ich glaube …« Nachdem sie die North Capitol Street entlanggefahren waren, befanden sie sich jetzt auf der New York Avenue. Die 16th Street, in der ihre Eltern wohnten, war noch weit entfernt.

»Du glaubst was?« Zweitausend verfluchte Dollar im Jahr, um ein Kind zu ängstigen …

»Ich glaube, Mama Channing hat Jesus nicht angenommen.«

»Deine Großmutter hat Ihn mehr als jeder andere angenommen, den ich kenne, Bethany. Lass dir bloß nichts einreden.«

»Aber sie ist nicht mehr hier. Sie ist nicht hundert geworden. Wahrscheinlich ist sie nicht mal neunundneunzig geworden. Mr Methuselah hat gesagt, wir können von Glück reden, weil Jesus nicht überall hinkommt. In Lappland war er nicht. Nach Lappland kommt er nie.«

»Er ist dort, wo die Menschen ihn brauchen, Bethany.«

»Vielleicht nicht in Lappland. In Lappland brauchen sie ihn nicht.«

In der 7th Street bog Anita nach rechts ab und bald darauf nach links, um die Massachusetts Avenue entlangzufahren. Ah, dachte sie, als sie das Fischsymbol auf dem Aufkleber am Wagen vor ihr anstarrte. Ah …

But who calls dat livin'
When no gal will give in
To no man what's nine hundred years.

An jenem Sonntagabend auf der Couch hatte sie nicht gewusst, was die Sängerin meinte, bis ihre Mutter gleich nach den Worten *give in* zu kichern begann, da erst wusste sie Bescheid.

»Ich hab diesen Krebsscheiß. Ich hab dieses Krebsding.« Er sagte nicht »Brust«, das würde er erst in Washington tun, im Walter Reed. »Die sagen alles mögliche Gute, aber ich weiß nicht …« In Anbetracht der Entfernung zwischen ihnen war die Telefonverbindung gar nicht so schlecht, jedenfalls besser als sonst. In Anbetracht der Tatsache, dass zehn oder zwölf Stunden zwischen ihnen lagen. Nach Deutschland war die Verbindung immer gut gewesen.

»Percy … Das tut mir leid. Das tut mir so leid.«

»Nun ja.« Er hörte sich schwach an, dachte sie, aber vielleicht lag das ja daran, dass die Leitung seiner Stimme mehr Klarheit verlieh, ihr dafür aber die Kraft nahm. »Ich hab mir überlegt, ob ihr mich vielleicht besuchen könntet. Du und Bethany. Die sagen, Familie ist wichtig bei so was.«

»Ich weiß, aber …«

»Versucht's doch, ja? Versucht's.«

»Na schön, wenn nicht Bethany, dann ich.« Erst als sie in Los Angeles landete und Honolulu noch vor sich hatte, würde ihr überhaupt in den Sinn kommen, ihn zu fragen, was für eine Art Krebs er denn eigentlich hatte. »Versuch's …«, sagte Percival. Sie merkte, dass das Gespräch versiegte, und versuchte sich darauf zu besinnen, was man in derartigen Situationen zu sagen hatte. Sie wusste, dass es etwas gab, was man in derartigen Situationen zu tun hatte, auch wenn sie sich nicht erinnern konnte, ob sie es in einem Buch gelesen oder in einem Film gesehen hatte oder ob ihre Eltern es ihr gesagt hatten. Und dann, wenige Sekunden, bevor das Gespräch zu Ende war, fiel es ihr wieder ein: »Percy, ich liebe dich.«

»Ja. Schön. Ich dich auch.«

Bei ihr war es Abend, ihr Kind schlief gesund und geborgen, und dort im Sessel, die Füße auf dem Sofa, schloss sie die Augen und begann, für Sergeant Percival Channing zu beten. Ihr erstes

Gebet seit langem. Es gab da eine Heiligengestalt, zu der die Katholiken in einem Krankheitsfall beteten, aber der Name war ihr entfallen, und sie wusste nicht, ob es ein Mann war oder eine Frau. Vielleicht der heilige Methusalem. Sie fuhr mit einem zweiten Vaterunser fort. Mittendrin merkte sie, dass sie vergessen hatte, wie der Vater ihres Kindes aussah. Sie glaubte, dass ein Foto von ihm neben dem Sessel hing, aber sie irrte sich. Es hing auf der anderen Seite des Zimmers, zu weit entfernt, um es richtig erkennen zu können, und sie saß gerade so bequem. Aber vielleicht war ein Ehemann mit Krebs eine Reise durchs Zimmer wert. Nur ein paar Schritte. Erhöre unser Gebet, heiliger Christophorus, da wir auf Reisen gehen. Am Morgen begann sie, die Reise nach Okinawa und Percivals Krankheit als Möglichkeit für einen Neubeginn anzusehen. »Ich werde dir alles sein, was du brauchst. Ich werde ein guter Vater sein«, hatte Percival gesagt, als sie im zweiten Monat schwanger war und wusste, dass ihr Vater sich von ihr abkehren würde. »Warte nur. Du wirst schon sehen.«

Anita trat aus dem Honolulu Hilton Hotel und wandte sich zur Sonne. Sie wusste noch nicht, ob sie schwimmen wollte, aber es würde nur einen Augenblick dauern, wieder zum Hotel zurückzulaufen und ein Badekostüm anzuziehen. Die Maschine nach Okinawa ging erst am nächsten Morgen. Auf dem Weg zum Strand gab es mehrere Straßenzüge mit Geschäften, und sie ließ sich Zeit und bummelte von Auslage zu Auslage. Sollte sie etwas besonders Schönes finden, hatte es keinen Sinn, mit einem Mitbringsel für ihr Kind bis Okinawa zu warten. Ja, für ein kleines Mädchen, das durchaus nicht verwöhnt und recht gut geraten war, sollten zwei, drei Geschenke kein Problem sein.

In der Mitte der ersten Häuserzeile gab es ein Pfandleihgeschäft, und sie blieb vor der Auslage mit feilgebotenen Artikeln stehen, Gegenstände, die verpfändet, aber nie ausgelöst worden waren. Zwar war alles, was sie sah, in gutem Zustand, aber nichts davon schien ihrer Zeit, dem Hier und Heute, anzugehören. Auf einem kleinen roten Strohsack auf einem Hocker nahe dem Schaufenster lagen zehn Morgan Silberdollar in Plastiktüten, deren Prägedaten von 1879 bis 1924 reichten. Ihr Vater und ihr Großvater hatten kleine Sammlungen derartiger Münzen besessen, doch obwohl sie damit aufgewachsen war und mit denen ihres Vaters sogar gespielt hatte, schien das Geld hinter dem Schaufenster von einem Ort zu stammen, der ihr völlig fremd vorkam. Vielleicht hätte ihr Vater gern eine davon gehabt, aber sie konnte sich nicht an die Prägedaten erinnern, die er besaß und die er nicht besaß, und so ging sie weiter.

Im dritten Häuserblock, wo sie schon deutlich das Rauschen des Meeres hören konnte, wie es ans Ufer brandete und sich wieder zurückzog, gab es einen Süßwarenladen. A SWEET OLD TIME besagten die bunten Lettern, die in einem Halbkreis auf der Fensterscheibe angebracht waren. Sie trat ein, voller Einnerungen an die Süßigkeiten ihrer Kindheit, Naschereien, die sie für eine Handvoll Pennys hatte erstehen können. Kits. Squirrel Nuts. Sugar Daddy. Sugar Mama. Und die kleinen Sugar Babies. Sie glaubte nicht, dass derlei heute noch hergestellt wurde, und das war schade, denn sie hatte schöne Erinnerungen an diese Genüsse, und es wäre hübsch gewesen, wenn ihre Tochter einen Teil dessen gekannt hätte, was ihre Kindheit ausgemacht hatte. Aber ihre Neugier war geweckt. *Willkommen*, sang eine auf Tonband aufgenommene Kinderstimme, als Anita die Tür aufdrückte. *Willkommen in der süßen alten Zeit.*

Der Laden war fast leer, bis auf einen Mann, der, die Hände auf dem Rücken, vor der Vitrine nahe der Tür stand. Er schien entscheiden zu wollen, was er kaufen sollte. Der Mann drehte sich um und begrüßte sie, und Anita nickte und erwiderte seinen Gruß. »Willkommen in meinem bescheidenen Geschäft«, sagte er. Der Mann, etwa in ihrem Alter, war hauptsächlich Asiate, aber wie sie es bereits bei vielen anderen Menschen in Hawaii wahrgenommen hatte, schien auch er eine Mischung aus vielerlei Bestandteilen zu sein; teilweise hätte er sogar Schwarzer sein können. »Lassen Sie es mich wissen, wenn ich Ihnen zu Diensten sein kann«, sagte er, als

Anita zur ersten Vitrine ging, in der sich nichts weiter befand als die verschiedensten Sorten Jelly Beans, doch hinter der Glasscheibe der zweiten Vitrine entdeckte sie eine wahre Fundgrube altmodischer Süßigkeiten, und sie strahlte den Mann an. Er strahlte zurück, als hätten sie sich vor langer Zeit einmal dieselben Süßigkeiten aus demselben Laden geteilt. »So schauen mich die Leute immer an«, sagte er. Sie beugte sich etwas vor und sah fast alles, woran sie sich erinnern konnte. Dasselbe Mädchen auf der Hülle der Mary Janes, jener kaum drei Zentimeter langen Süßigkeiten mit der überraschenden Erdnussmischung, die unter einer harten Schale verborgen war. Necco-Waffeln gab es. Mit diesen Waffeln hatten sie, ihr Buder und ihre Cousins, allesamt Katholiken, Priester und Gemeinde gespielt. »Nicht kauen. Das ist die Hostie, du Blödmann. Die darfst du nicht kauen. »Ich muss sie kauen. Soll ich mich übergeben oder was?«

Sie kaufte zwei Tüten mit verschiedenen Leckereien, eine große für Bethany und eine kleinere, die sie auf dem Flug nach Okinawa und auf der Rückreise genießen konnte.

»Ich dachte, das wäre eine aussterbende Kunst«, sagte sie zu dem Mann, als sie bezahlte. Für Pennys bekam man die Süßigkeiten nicht mehr.

»Das hatte ich auch geglaubt«, antwortete der Mann, »bis ich diese Firma in Wisconsin fand, die Leute wie uns bedenkt.« Er verschnürte jede der beiden Tüten mit einer roten Schleife. »Ich habe auch bunten Bindfaden«, sagte er, »aber der ist für die Männer, die hier hereinkommen und ebenfalls in Erinnerungen schwelgen.«

Als sie die Tür öffnete, sang das Kind erneut. *Willkommen in der süßen alten Zeit.* Als sie an den Strand kam, zog sie ihre Sandalen aus. Sie hatte noch nicht gefrühstückt, und obwohl sie wusste, dass es nicht richtig war, beschloss sie, dass ihr Frühstück aus Naschereien am Strand bestehen würde. Nur gut, dass Bethany nicht bei ihr war. Ein paar Meter vom Meer entfernt stellte sie die Sandalen und die größere der beiden Tüten auf dem Sand ab und wollte ihre eigene öffnen. Das Wasser lief ihr im Mund zusammen, aber sie konnte die Schleife nicht lösen. Sie bemühte sich, sie mit den Zähnen aufzuziehen, doch die schlichte Schleife ging einfach nicht auf. Da versuchte sie, das Band nach oben zu rollen, um es abzustreifen. Aber auch das misslang, und sie musste lächeln. »Geschieht dir ganz recht, du kleiner Trottel. Was für ein Vorbild willst du deinem Kind sein? Um halb elf morgens auf leeren Magen Süßigkeiten zu essen! Und dazu noch in Hawaii! Scham, Scham sei dein Nam'.«

Schließlich biss sie ein winziges Loch in die Tüte, steckte einen Finger durch die Öffnung und weitete sie. Sie zog eine Mary Jane heraus, staunte über die vertraute schwarz-rot-hellbraune Hülle und stopfte sie sich in den Mund. Zuerst schmeckte sie nichts als eine überwältigende Zuckrigkeit, und selbst als ein gewisses Aroma durch den Zucker drang, hielt es nicht lange vor und entsprach nicht ihren Erinnerungen. Auch von den anderen Süßigkeiten kostete sie, doch der Eindruck verstärkte sich: ein Haufen Zeug, das sie, soweit sie sich erinnerte, noch nie gegessen hatte.

Der Mann im Laden hob den Kopf und schien zunächst überrascht, sie wiederzusehen, doch die Überraschung verschwand aus seinem Gesicht, lange bevor die Tonbandaufnahme verstummte. Vor der zweiten Vitrine standen fünf Kinder, und jedes deutete auf dieses oder jenes Bonbon. Hinter ihnen standen ein Mann und eine Frau und unterhielten sich leise. Während er darauf wartete, dass die Kinder ihre Wahl trafen, sagte der Inhaber: »Sie können wohl nicht genug kriegen?«

»Nein«, antwortete Anita. »Die schmecken nicht richtig. Vielleicht sind sie alt oder schal oder so. Schmecken seltsam.« Die Kinder schienen sie nicht bemerkt zu haben, aber die beiden Erwachsenen hörten zu.

»Aber nein, die sind frisch. Habe gestern Abend erst eine brandneue Lieferung erhalten. Sehen Sie«, und er griff in die Vitrine, holte verschiedene Bonbons hervor und reichte sie den Kindern. »Sehen Sie.« Die Kinder wickelten sie aus und kauten, und dabei machten sie alle glückliche Gesichter und betrachteten einander verwundert. »Sehen Sie, frisch aus Wisconsin.«

Anita verließ den Laden. Am Ende des dritten Häuserblocks nahm sie die Süßigkeiten Stück für Stück aus ihrer Tüte, betrachtete die Hüllen, die ihr so vertraut waren, und warf eine Süßigkeit nach der anderen in einen Abfallkübel, auf dem in Lettern aus pinkfarbenen Blumenkränzen HALTET HONOLULU SAUBER geschrieben stand. Jemand hatte ihr gesagt, dass das Militärflugzeug nach Okinawa vier oder fünf Stunden unterwegs wäre. »Je nachdem«, hatte der Betreffende gesagt, aber nicht erklärt: je nach was? Sie überquerte die Straße zum nächsten Häuserblock. Für Bethany würden die anderen Süßigkeiten vollauf genügen. Ihre weggeworfene Tüte hatte 5,25 Dollar gekostet. Als sie ein Mädchen war, hätte eine solche Tüte nicht mehr als einen Vierteldollar gekostet. Und der Rückflug von Okinawa – noch einmal vier oder fünf Stunden. Je nachdem …

Als sie wieder beim ersten Häuserblock ankam, kurz vor dem Pfandleihgeschäft, merkte sie, dass selbst ein einstündiger komfortabler Flug nach Okinawa zu viel für sie wäre. Die Empfangsdame im Hotel sagte ihr, in sieben Stunden gehe eine Maschine nach Los Angeles, allerdings müsse Mrs Channing zuerst nach Chicago fliegen, statt direkt nach Washington. Anita erklärte sich einverstanden. Die Empfangsdame versprach, den Flug für sie zu buchen. Bevor Anita sich abwandte, erkundigte sie sich nach einer Möglichkeit, ein Telegramm aufzugeben, und die Empfangsdame sagte, sie werde jemanden zu ihr aufs Zimmer schicken, der sich darum kümmern werde.

Im Lift hatte Anita das Gefühl, irgendetwas verschlafen zu haben, und nun, da sie hellwach war, musste sie sich mit dem begnügen, was davon übrig war.

Die Armee ließ den Sergeant in einem Militärflugzeug von Okinawa nach Hawaii fliegen, wo er anderthalb Tage auf einen Anschlussflug zu einem Standort in Kalifornien warten musste. Der Arzt in Okinawa, jener Captain, wollte, dass er sich vor dem Weiterflug nach Washington so lange wie möglich ausruhte. Zwei Tage nach seiner Ankunft in Kalifornien flog das Militär den Sergeant und fünfzehn andere kranke Soldaten zu einem Standort außerhalb

Washingtons. Für jeden dieser sechzehn Soldaten gab es ein Krankenblatt, und auf die erste Seite dieses Krankenblattes hatte jemand, ob in Okinawa, Washington oder Deutschland, in Rot die Worte »Außer Dienst« gestempelt. Der Armeearzt hatte dem Sergeant erklärt, in Washington könne man all das für ihn tun, wofür Okinawa nicht ausgerüstet sei. »Warten Sie nur ab. Sie werden schon sehen«, hatte der Arzt gesagt. Kurz nach Sonnenuntergang verließ ein Konvoi von zwölf Sanitätsautos mit medizinischem Personal den Standort und transportierte die sechzehn Männer und Frauen zum Walter Reed Army Medical Center in der 16th Street. Und dort besuchten die Tochter und die Frau, die bereits auf dem besten Wege war, nicht mehr seine Frau zu sein, den Sergeant in seinem hellen Zimmer im dritten Stock. Sie kamen an einem Samstag, nicht einmal drei Wochen, nachdem die Militärärzte seinen Körper aufgeschnitten und fast ein Viertel seiner Brust entfernt hatten. Danach linderten Schmerzmittel den zermalmenden Druck seines Elends, aber nicht völlig, und in seinen Träumen verlor der Sergeant stets den Kampf gegen ein geschlechtsloses Ungeheuer, das ihn mit seinen Klauen zerriss. Lange, lange Zeit sollte er immer wieder nur diesen einen Traum haben.

Der Besuch währte nicht lange. Die meiste Zeit über stand Bethany zwischen den Beinen ihres Vaters, der auf einem Stuhl einen halben Meter neben seinem Bett saß. Anita stand am Fenster. Sie konnte sehen, dass der Sergeant hinfällig geworden war, konnte sehen, was für ein großes Stück von dem, was ihn ausgemacht hatte, verloren gegangen war. Das Zimmer war hell, obwohl das Fenster nur auf das Dach des zweiten Stockwerks blickte. Der Sergeant hatte den braunen Schlafanzug, den Bademantel und die Pantoffeln an, die sein Vater ihm mitgebracht hatte. In letzter Minute hatte Anita daran gedacht, ihm die gleichen Kleidungsstücke mitzubringen, allerdings in Blau, aber sie kam damit zu spät, und er sollte sie niemals tragen. Sie hatte vergessen, dass er Blau nicht mochte.

Mutter und Kind küssten ihn auf die Wange und ließen ihn auf seinem Stuhl zurück, wo er ein Poesiealbum bewunderte, das Bethany ihm mitgebracht hatte. Als sich die beiden dem Aufzug näherten, drehte Anita sich um und sah, dass er ihnen folgte. Er sagte, er werde sie nach draußen begleiten, er habe schon lange keine Sonne mehr gesehen. Den ganzen Weg über hielt seine Tochter seine Hand.

Draußen in der Sonne verlangsamte Percival seine Schritte und ging zur nächstgelegenen Bank. Frau und Kind blieben eine Weile bei ihm stehen, bis Anita fand, dass sie lange genug gewartet hatten. Wieder küssten sie ihn auf die Wange.

Als sie im Auto saßen, überlegte sie, ob sie um den Parkplatz herum und am Sergeant auf seiner Bank vorbeifahren sollte, damit er einen letzten Blick auf seine Tochter werfen konnte. Hinter ihr schien eine nicht enden wollende Schlange von Autos vorbeizufahren, und sie musste lange in ihrer Parklücke warten.

»Mama, Mr Methuselah will, dass wir bis Ende nächster Woche ein Projekt vorbereiten«, sagte Bethany.

»Ach ja?«, sagte Anita. »Was ist es denn diesmal? Noch mehr Großeltern?« Als das zehnte Auto an ihr vorbeigefahren war, fragte sie sich, weshalb alle auf einmal aufbrechen wollten.

»Nein, damit sind wir fertig.« Anita wandte den Blick von den vorbeifahrenden Autos ab und betrachtete im Rückspiegel das Gesicht ihrer Tochter. In der Nähe ihrer Eltern gab es eine staatliche Schule, eine gute Schule, wie sie von ihrer Schwägerin erfahren hatte. »Er will, dass wir einen Absatz darüber schreiben, was wir zu Leuten sagen würden, die Jesus nicht kennen und nicht einmal wissen, dass sie fünftausend Jahre alt werden können.« An manchen Tagen konnte sie in ihrem Kind das Gesicht von Percivals Mutter erkennen, an anderen das ihres Vaters. Er lag im Sterben, so wie es wohl auch Percival tat. »Was wir zu den armen Leuten in Lappland sagen würden, verstehst du? Was würdest du zu ihnen sagen, Mama? Gib mir einen Tipp.« Sie hatte Methuselah mehrere Male gesehen, und jedes Mal schien er nur wenige Schritte von seinem Grab entfernt.

Langsam manövrierte Anita den Wagen aus der Parklücke. Durch Versuch und Irrtum hatte sie viele Dinge über die Welt und über ihren Mann gelernt, und eines davon war, dass er warten würde, denn so machten es Männer, deren Leben einen schmerzlichen Einschnitt erfahren hatte. Als sie aus ihrer Parklücke herausfuhr, sah sie wieder das Gesicht ihrer Tochter im Rückspiegel, voller Lebensfreude, wie Eltern es sich nicht besser erhoffen konnten, und sie begann nach einer Ausfahrt zu suchen, die sie nicht zum Sergeant und seiner Parkbank zurückbringen würde. Als sie darauf wartete, sich in die 16th Street einfädeln zu können, wusste sie nicht, ob sie nach links oder nach rechts abbiegen wollte. Vielleicht wäre es gut, nach links abzubiegen, nach Maryland. Es gab da eine Straße, eine merkwürdige Seitenstraße in Bethesda, die sie einmal an einem geschäftigen, überfüllten Tag gesehen hatte, als sie die Wisconsin Avenue nach Maryland entlanggefahren war, und sie hatte sich vorgenommen, diese sehr einladend wirkende Straße eines Tages mit Bethany zu erkunden und sich nichts daraus zu machen, falls sie sich verirrten. Wann, wenn nicht heute? Wann, wenn nicht an diesem Tag, der womöglich der letzte von fünftausend Jahren war?

Alte Jungen, alte Mädchen

Er wurde gefasst, nachdem er den zweiten Mann umgebracht hatte. Mit dem ersten Mord würde die Polizei ihn nie in Verbindung bringen. Und so war dem Opfer – ein stämmiger Bursche, den Caesar Matthews in einer Gasse im Nordosten der Stadt, nur zwei Blocks von seinem Elternhaus entfernt, erschossen hatte, ein Mann, der wegen einer Frau ums Leben kam, die in Wahrheit in einen Dritten verliebt war – so war dem Opfer beschieden, im Grabe zu ruhen, ohne dass irgendjemand für das, was ihm widerfahren war, offiziell büßen musste. Fast war es so, als wäre Caesar ungeschoren davongekommen, jedenfalls tauchte er in den Polizeiakten nicht auf.

Sieben Monate nachdem er den zweiten Mann erstochen hatte – einen vorzeitig ergrauten Zweiundzwanzigjährigen, der sich erst zum sechsten Mal in seinem Leben aus dem Südosten der Stadt hervorgewagt hatte –, wurde Caesar wegen Mordes mit bedingtem Vorsatz vor Gericht gestellt. Während des Prozesses konnte er sich nur an den Namen des ersten Toten erinnern – Percy »Golden Boy« Weymouth –, nicht aber an den des zweiten, Antwoine Stoddard, auf den sich jeder während der Verhandlung bezog. Seit Caesar, vor nunmehr fast vierzehn Jahren, das Haus seines Vaters als Sechzehnjähriger für immer verlassen hatte, hatte die Welt ihm vieles angetan, noch mehr aber hatte er selbst sich angetan.

Mit der Last all dessen, was ihm angetan worden war, auf seinen Schultern und weil er sich monatelang in einem Scheißloch nach dem anderen hatte verstecken müssen, war er während des Prozesses nicht immer er selbst und wähnte sich deshalb vor Gericht, weil er

Golden Boy umgebracht hatte, den ersten Toten. Zwar war er nicht geisteskrank, aber drei Türen davon entfernt, wie eine alte Freundin, Yvonne Miller, hin und wieder scherzhaft bemerkte. Wer zum Teufel ist dieser Hund Antwoine?, dachte Caesar mitunter während der Gerichtsverhandlung. Und wo ist Percy? Erst als der Richter ihn zu sieben Jahren in Lorton, dem Gefängnis von D.C. in Virginia, verurteilte, wurde der Sachverhalt etwas klarer, und in den letzten Momenten, bevor man ihn abführte, sah er Antwoine, alle viere von sich gestreckt, vor dem Prime Property Nightclub auf dem Boden liegen, und das Blut sprudelte aus seiner Brust hervor wie Öl aus einer reichen Quelle. Caesar erinnerte sich wieder an alles: wie er, das Hirn von Alkohol umnebelt, auf dem Gehsteig gesessen hatte, wie seine Freunde ihn angefleht hatten, davonzurennen, und wie die Musik aus der offenen Nachtclubtür geflutet und – *bum, bum, bum* – gegen seinen Kopf geprallt war. Er saß ein, zwei Meter von Antwoine entfernt, und für eine Zigarette hätte er glatt noch einen Mord begangen. »Das ist typisch für dich, Schatz, so dicht am Wahnsinn, dass er dich anfassen kann«, sagte Yvonne, die an Unglück glaubte und Glück für die größte List hielt, die Gott ersonnen hatte. Yvonne Miller würde auf ihn warten, wenn alles vorüber war.

Nach Lorton kam er mit einem soliden Ruf, denn Multrey Wilson und Tony Cathedral – die beide wegen vorsätzlichen Mordes einsaßen und denen bestimmt war, im Gefängnis zu sterben – kannten ihn von seiner Zeit im Nordwesten und Nordosten der Stadt. Sie waren so mächtig, wie man zu der Zeit in Lorton nur sein konnte (die Wärter nannten Lorton das »Haus von Multrey und Cathedral«), und ließen jedermann wissen, dass Caesar ein anständiger Kerl war, ein »geschützter Körper«, der keine Gefahr zu laufen brauchte, dass jemand seinen Schwanz oder seinen Arsch anrührte.

Kaum eine Woche nach Caesars Ankunft fragte ihn Cathedral, wie ihm sein Zellengenosse gefiel. Caesar war noch nie in einer Vollzugsanstalt gewesen, hatte allerdings fünf Tage im Untersuchungsgefängnis von Washington verbracht, nicht gerechnet die

Zeit vor und während der Gerichtsverhandlung. Beim Mittagessen saßen sie nebeneinander, und keiner von beiden blickte den anderen an. Multrey saß ihnen gegenüber. Cathedral war schon nach drei Minuten mit dem Essen fertig, Caesar dagegen ließ sich immer reichlich Zeit. Seine Mutter hatte ihm beigebracht, seine Nahrung gründlich zu kauen. »Oder willst du als alter Mann etwa Hafergrütze essen?« »Aber ich mag Hafergrütze, Mama.« »Das kannst du mir erzählen, wenn du bis zum Ende deiner Tage welche essen musst.«

»Ich denke, der ist in Ordnung«, sagte Caesar über seinen Zellengenossen, mit dem er weniger als tausend Worte gewechselt hatte. Caesars Mutter war gestorben, bevor sie miterleben musste, was aus ihrem Sohn wurde.

»Hast du die Koje, die du willst, das richtige Bett?«, fragte Multrey. Er saß neben einer seiner beiden »Frauen«, derjenigen, die er erst kürzlich angekobert hatte. »Sie« stocherte in ihrem Essen herum, etwas, wovor Multrey sie bereits gewarnt hatte. Die Frau hatte eine Familie – eine Ehefrau und drei Kinder –, die ihr jedoch keine Besuche abstattete. Auch Caesar würde nie Besuch bekommen.

»Geht schon.« Caesar hatte die obere Koje genommen, da sein Zellengenosse sich bereits in der unteren eingerichtet hatte. An einer Schnur, die von einem der metallenen Bettpfosten hing, baumelte ein Pandabär aus Plastik von seinem jüngsten Kind. »Unten, oben, es bleibt dasselbe Schiff.«

Cathedral beugte sich zu ihm und kratzte sich mit einem scharf zugespitzten, drei Zentimeter langen Fingernagel Hühnerfleischreste aus den Zähnen. »Hör mal zu, Mann, selbst wenn du die obere Koje vorziehst, schmeißt du ihn aus der unteren raus, damit er weiß, wer der Herr im Haus ist. Sag ihm, dass du ihm sein gottverdammtes Herz durchstechen wirst, dann drehst du dich um und isst dein Abendessen, einschließlich Nachtisch.« Cathedral richtete sich auf. »Caes, du bist noch ’n paar Tage länger hier, also lass nicht zu, dass hier jemand Spielchen mit deiner Menschlichkeit treibt.«

Caesar kehrte in seine Zelle zurück und sagte Pancho Morrison, er wolle die untere Koje, in der oberen könne er nicht gut schlafen.

»Zu schade«, antwortete Pancho. Er lag auf seinem Bett und las ein Buch der Zeugen Jehovas. Er selbst war kein Zeuge, aber er war neugierig.

Caesar entriss ihm das Buch und warf es gegen die Gitterstäbe. Es schlitterte zwischen die Stäbe und fiel zu Boden. Dann trat er Pancho in die Seite, doch bevor er ausholen konnte, um Pancho einen zweiten Tritt zu versetzen, packte dieser mit beiden Händen seinen Fuß, verdrehte ihn und schleuderte Caesar gegen die Wand. Dann sprang Pancho auf, und sie kämpften fast eine Stunde lang, bis zwei Wärter hereinkamen, die die ganze Zeit zugesehen hatten und beide auf den Kopf schlugen. »Die Vorstellung ist aus! Die Vorstellung ist aus!«, rief einer der beiden immer wieder.

Schweigend leckten sie in der Zelle ihre Wunden, und schweigend stürzten sie sich anderntags nach dem Mittagessen erneut aufeinander. Sie waren annähernd gleich groß, und obwohl Caesar mehr Muskeln ins Gefecht werfen konnte, besaß Pancho mehr Mut. Cathedral hatte Caesar am Morgen gesagt, in den drei Jahren vor Lorton habe Pancho sich fast nur von Heroin ernährt, und das bisschen Kampfgeist, das noch in ihm schlummere, könne ihm in null Komma nichts aus dem Leib geprügelt werden. Es dauerte drei Tage. Pancho war Vater von fünf Kindern, und jedes Mal, wenn er zu einem Schwinger ausholte, musste er an alle fünf denken und daran, wie er ihnen in den drei Jahren seiner Sucht mitgespielt hatte. Er wollte zu ihnen zurück und den Schaden wiedergutmachen, und am Morgen des dritten Tages erkannte er, dass er, falls Caesar ihn umbrachte, dazu nicht imstande wäre. So sank er denn, als Caesar ihm vierzehn Minuten nach Beginn des Faustkampfs einen Schlag in die Magengrube verpasste, zu Boden. Und obwohl er sich hätte aufraffen können, blieb er stumm und reglos liegen. Die beiden Wärter lachten. Die Tochter, die Pancho den Panda geschenkt hatte, war neun Jahre alt und von ihrer Mutter im katholischen Glauben erzogen worden.

Am Abend, bevor die Lichter gelöscht wurden, lag Ceasar in der unteren Koje und betrachtete die Fotos von Panchos Kindern, die Pancho an der Wand gegenüber angeklebt hatte. Er wusste, dass er sich entscheiden musste, ob Pancho die Fotos nur woanders anbringen oder ganz entfernen sollte. Die Kinder entblößten beim Lächeln die Zähne. Die beiden Jüngsten, auf getrennten Fotos, standen in ihren Erstkommunionskleidern im Freien. Caesar war selbst zwei Jahre lang Vater gewesen. Ein Mädchen, das er in einem Club in der F Street im Nordwesten kennengelernt hatte, hatte ihm weisgemacht, er sei der Vater ihres Sohnes, und eine Zeit lang hatte er ihr geglaubt. Dann aber waren dem Jungen Segelohren gewachsen, wie Caesars Meinung nach niemand in seiner Familie sie hatte, und nachdem er dem Mädchen eine Woche vor dem zweiten Geburtstag des Kindes ein paar Ohrfeigen gegeben hatte, gestand sie ihm, dass das Kind von »meiner ersten Liebe« stammte. »Die erste Liebe bleibt dir immer im Herzen«, hatte sie gesagt und sich wie eine Fernsehsüchtige angehört, die noch nie ein Buch gelesen hatte. Als Caesar sich zum Gehen anschickte, fragte sie ihn: »Willst du alle Spielsachen und Geschenke wiederhaben, die du ihm gegeben hast?« Als sei es ihre Streitereien gewohnt, hatte das Kind den letzten Wortwechsel auf der Couch verschlafen, Teil einer Wohnzimmergarnitur, die sie auf Raten abzahlten. Caesar sagte nichts mehr und dachte erst dann an sein Feuerzeug aus achtzehnkarätigem Gold, als er schon acht Häuserblocks entfernt war. Das Mädchen verpfändete das Ding und bekam genügend Geld dafür, um die Möbelrechnung zu tilgen.

Caesar und Pancho arbeiteten in der Wäscherei. Wenn Caesar durch den lärmenden Raum blickte, in dem die Fusseln umherwirbelten, konnte er Pancho sehen, der Schmutzwäsche in Behälter sortierte. Die Behälter mit Uniformen schob er nach links und alles andere nach rechts. Das tat er nun schon seit drei Jahren. Nach seiner Entlassung aus Lorton sollte er eine Stelle als Laufbursche auf dem Bau bekommen. In der Außenwelt wollte keine Wäscherei ihn haben. Wenn Caesar ihm im Lauf der nächsten beiden Wochen bei der Arbeit zusah – Pancho wandte ihm stets den Rücken zu –, überlegte er sein weiteres Vorgehen. Männer ficken lag ihm nicht, das kam also nicht infrage. Er hatte noch nicht entschieden, was mit den Fotos an der Zellenwand geschehen sollte. Gegen Ende der beiden Wochen sah Caesar eines Tages, dass die Leuchte über Panchos Kopf flackerte. Pancho hob den Kopf und betrachtete sie lange, als sei er der Meinung, die Lösung aller seiner Probleme liege in der Reparatur dieser einen Leuchte. Da entschied sich Ceasar, die Fotos an der Wand hängen zu lassen.

Drei Jahre später wurde Pancho entlassen. Die beiden Männer hatten meist auf Abstand geachtet, gegen Ende aber hatten sie sich miteinander unterhalten, Pläne über das Leben nach Lorton ausgetauscht. Die Beziehung hatte sich so entwickelt, dass Caesar sogar betrübt war, als die Fotos der Kinder schließlich von der Wand abgenommen wurden. Pancho löste das letzte angeklebte Foto, und plötzlich wirkte die Wand trist und leer. Caesar kannte den Namen jedes einzelnen Kindes. Pancho vermachte ihm die Hasenpfote, die eines seiner Kinder ihm geschenkt hatte. So hielten es die Männer alle: Wenn ein Glücksbringer seine Wirkung verloren hatte, wurde er verschenkt in der Hoffnung, dass der neue Besitzer seine Kraft erneuerte. Die Hasenpfote hatte ihren Lebensfunken schon Monate vor Panchos Entlassung eingebüßt. Caesars einziger Talisman war ein Schlüsselanhänger aus Peru; einem Bankräuber in der Nachbarzelle hat er fast zwei Jahre lang Glück beschert, bis dessen Tochter auf dem Heimweg aus der dritten Schulklasse entführt und ermordet worden war.

Einen Tag nach Panchos Entlassung wurde ein Dieb und dreifacher Vergewaltiger älterer Frauen zu Caesar in die Zelle gesteckt. Er nickte Caesar zu, stellte sich als Watson Rainey vor und begann, sich in der Zelle einzurichten. Zum Abschluss stöpselte er eine winzige Lampe mit grünem Schirm in die Steckdose und stellte sie auf ein Metallbrett, das aus der Wand ragte. Dann kletterte er in die obere Koje, die er hergerichtet hatte, und legte sich hin. Sein Name waren die einzigen Worte, die er an Caesar gerichtet hatte. Dieser hatte während Raineys Bemühungen, sich ein Nest zu bauen, in der unteren Koje geraucht. Caesar wartete zehn Minuten, dann stand er auf, riss das Lampenkabel aus der Steckdose, packte Rainey mit einer Hand und schleuderte ihn zu Boden. Er zertrümmerte die Lampe in seinem Gesicht. Er würgte ihn mit der

Schnur. »Du kommst in mein Haus und zeigst mir keinen Respekt!«, schrie Caesar. Rainey brachte nur ein gurgelndes Geräusch hervor, das aus seinem übel zugerichteten Mund quoll. Es gab keine Zeugen – bis auf einen alten Mann auf der anderen Seite des Ganges, der gelegentlich einen Blick auf die beiden warf, wenn er nicht gerade in seiner Bibel las. Vier Minuten später war der ganze Spuk vorbei. Als Rainey zu sich kam, stellte er fest, dass alle seine Besitztümer in der Ecke aufgestapelt waren, von Pisse durchtränkt. Und Caesar lag wieder in der oberen Koje.

In dieser Zelle sollten sie zusammenleben, bis Caesar vier Jahre später entlassen wurde. Rainey versuchte, tagsüber nicht im Haus zu sein; wenn er sich dort aufhielt und Caesar eintrat, verließ er die Zelle. Der Vor- und der Nachname, die er am ersten Tag genannt hatte, waren die einzigen Worte, die je zwischen den beiden Männern gewechselt werden sollten.

Etwa eine Woche nach Raineys Ankunft kaufte Cesar von Multrey einen großen, drei Jahre alten Wandkalender. Er war fleckenfrei, makellos wie am Tag seiner Herstellung. »Du weißt, der gilt nicht für dieses Jahr«, sagte Multrey, als eine seiner Frauen Caesar einen Vierteldollar abknöpfte und in ihre Geldbörse steckte. Caesar sagte: »Wird schon gehen.« Multrey schätzte den Kalender aus einem einzigen Grund: Die obere Hälfte zeigte das Foto einer nackten Frau von unbestimmbarer Rasse, die die Beine weit auseinanderspreizte und dem, der direkt vor ihr stand, frontal ihre Möse darbot. Der Kalender war Multreys Glücksbringer gewesen, aber sein Glück war versiegt. Multrey erinnerte sich daran, was der Kalendar für ihn bewirkt hatte, und er befahl seiner Frau, Caesar das Geld wiederzugeben, damit ein neuer Glücksbringer ihm kein Unglück brachte.

Auf der unteren Hälfte des Kalenders waren die Tage des Jahres verzeichnet. An diesem Tag, dem ersten Montag im Juni, zog Caesar durch das Kästchen, das den 1. Januar bezeichnete, eine Diagonale von der oberen linken zur unteren rechten Ecke. Am folgenden Tag, dem ersten Dienstag im Juni, zog er im Kästchen für den 2. Januar genauso eine Linie. Und so fort. Als sämtliche Kästchen auf dem Kalender auf diese Weise durchgestrichen waren, war der nächste Juni erreicht. Dann zog Caesar im Kästchen für den 1. Januar eine zweite Linie, die mit der ersten ein X bildete. Und so ging es ein Jahr weiter. Im dritten Jahr gab es waagerechte Linien, die die Kästchen halbierten. Im vierten senkrechte, die mitten durch die Kästchen verliefen.

Es war Caesars einziger Kalender in Lorton. An jenem ersten Montag klebte er den Kalender an der Stelle an, wo die Fotos von Panchos Kindern gehangen hatten. Die Wand wirkte trotzdem noch ziemlich leer, aber er änderte nichts daran, und Rainey wusste, dass auch er daran nichts ändern durfte.

Der Kalender tat seine Dienste, bis Caesar gegen Ende seines fünften Jahres in Lorton das Gefühl hatte, dass er an Wirkkraft verlor. Aber er ließ ihn hängen, um die Tage abzuhaken, außerdem schloss die nackte Frau nie die Beine vor ihm.

Im fünften Jahr wurde Multrey unter der Dusche ermordet. Die Mörder – bei einem Mann wie Multrey mussten es mehrere gewesen sein – wurden nie gefasst. Multreys Frau, die immer in ihrem Essen herumstocherte, hatte festgestellt, dass sie Gefühle für einen Neuankömmling entwickelte, der fünf Jahre jünger war als sie, einen Teilzeitdiakon, der einen Barkellner im Südwesten der Stadt umgebracht hatte, weil dieser seine Frau beschimpft hatte: Sie besitze keine einzige Gehirnzelle. Die Geschichte dieses Mordes – der Barmixer war kopfüber vom Dach eines zehnstöckigen Gebäudes gestürzt worden – wurde legendär, und die Männer in Lorton nannten den toten Barkellner »Flachköpfiger Beleidiger«, und der Mörder wurde unter dem Namen »Gerechter Beseitiger« bekannt. Der Beseitiger, der Multreys Dame begehrte, hatte Leute gedungen, die ihn abschlachten sollten. Die Dame, der das Essen verhasst war, hatte stets die Aufgabe gehabt, Wache zu schieben, wenn Multrey unter der Dusche stand, doch an diesem Tag war sie nicht da, genau wie der Beseitiger sie angewiesen hatte.

Zu anderen Zeiten hätten Cathedral und Caesar genug aufzubieten gehabt – von Muskelkraft bis Einfluss –, um dafür zu sorgen, dass die Mörder verpfiffen würden, doch das Gefängnis füllte sich mit jüngeren Männern, die sich nicht darum scherten, was die beiden früher einmal dargestellt haben mochten. Außerdem hatte Cathedral bereits zweimal Besuch von dem Mann gehabt, den er im Nordwesten der Stadt umgebracht hatte. Jedes Mal war der Mann zunächst vor den Gitterstäben von Cathedrals Zelle stehen geblieben. Dann hatte er einen der Stäbe ergriffen und die Tür aufgedrückt, als sei es irgendeine Holztür zu einem Wohnhaus. Der Tote, der vor Cathedral stand, hätte ausgereicht, jeden um den Verstand zu bringen, doch die Sache verschlimmerte sich noch, als Cathedral sah, wie eine Tür, die seit Jahren immer nur seitlich aufgeschoben worden war, jetzt auf schier unmögliche Art und Weise aufging. Der Mann blieb wortlos vor Cathedral stehen, und als er wieder ging, zog er die Tür behutsam hinter sich zu, als gebe es schlafende Kinder in der Zelle. Daher war Cathedral nicht bei vollem Verstand, und Multrey wurde nie gerächt.

Im Gefängnis saß auch ein Mann wegen bewaffneten Raubes ein, der ein Tätowierer mit selbstgemachten Tinten und Nadeln war. Er lebte gut davon, dass er auf muskulöse wie auf gebrechliche Körper die Namen von Kindern schrieb, den Teufel in vollem Ornat und mit bluttriefendem Dreizack zeichnete, die Wörter »Mutter« oder »Mutter für immer« malte, eingerahmt von roten Rosen und traurig dreinblickenden Engeln, denn für glückliche Engel hatte er kein Talent. Ein Taschendieb ließ sich mitten auf der Brust ein Bild seines Vaters eintätowieren; über dem Kopf des Vaters standen in gotischen Lettern die Worte »Verrottet in der Hölle«, und der Buchstabe H war in loderndem Gelb und Rot ausgeführt. Der Tätowierer hatte Caesar erzählt, seine Haut nehme es mit der »besten Malerleinwand« auf, er könne Caesar ein Tattoo verpassen, um das ihn »Gott beneiden« würde. Caesar hatte stets abgelehnt, doch als er in einer verschneiten Märznacht seines sechsten Haftjahres aufwachte, merkte er, dass es der Geburtstag seiner Mutter war. Er wusste nicht, welcher Wochentag es war, doch die Stimme, die zu ihm sprach, besaß die Autorität einer Million liebender Mütter. Seinen eigenen Geburtstag hatte er längst vergessen und sich nicht einmal die Mühe gemacht, jemanden darum zu bitten, im Gefängnisregister nachzuschauen.

Es hatte noch nie einen Menschen oder eine Sache gegeben, die er auf seinem Körper verewigen wollte. Vielleicht Carol, seine erste Freundin vor zwanzig Jahren, bevor das geistig zurückgebliebene Töchterchen in ihr Leben eintrat. Einmal hatte er mit dem Gedanken gespielt, über seinem Herzen den Namen des Jungen, den er für seinen eigenen gehalten hatte, eintätowieren zu lassen, doch ehe es dazu kam, war die Lüge ans Licht gekommen. Und vor dem Jungen war da Yvonne gewesen, mit der er im Nordosten außergewöhnlich lange zusammengelebt hatte. Auch Yvonnes Namen hätte er sich über seinem Herzen eintätowieren lassen, doch eines Tages war sie zur Arbeit gegangen und nie wieder zurückgekommen. Er hatte drei Monate lang nach ihr gesucht und dann einfach angenommen, dass sie irgendwo umgebracht und an einer Stelle verscharrt worden war, von der nur Tiere wussten. Yvonne war tatsächlich tot und würde am Ende auf ihn warten, obwohl sie nicht wusste, dass dem so war. »Aufs Unglück kannst du dich immer verlassen«, hatte Yvonne einmal gesagt, als sie im Dunkeln auf der Couch saß und ihre Zigarette bis auf den Filter abgebrannt war. »Sein Gesicht ändert sich nie. Aber das Glück ist raffiniert, man kann ihm nicht trauen. Es hat tausend Gesichter, Caes, alle bereit, sich in Unglück zu verkehren, sobald es dich in seinen Fängen hat.«

So ließ sich Caesar auf seinem linken Bizeps die Worte »Mutter für immer« eintätowieren. Der Tätowierer wusste, dass mehr Buchstaben eine höhere Zahlung an Zigaretten, Geld oder Süßigkeiten bedeuteten, und hatte ihn davon abgebracht, sich mit einem schlichten »Mutter« zu begnügen. »Wie viele Stunden, glaubst du, hat sie in den Wehen gelegen?«, fragte er Caesar. »Nur um dir das Leben zu schenken.« Der Vorgang nahm fünf Stunden, verteilt auf zwei Tage, in Anspruch, während eines Schneesturms. Engel lehnte Caesar ab, wusste er doch, dass glückliche dem Mann nicht gelangen, und die Worte ließ er in blauen Lettern, von roten Rosen umrankt, einätzen. Als Vorlage benutzte der Mann einen Zettel, auf den Caesar die beiden Wörter in Druckbuchstaben notiert hatte, denn buchstabieren konnte er auch nicht.

Am dritten Tag hörte es auf zu schneien, und seltsamerweise dauerte es nur drei Tage, bis der Schneematsch ganz geschmolzen war, der sich einen Monat lang immer höher aufgetürmt hatte, denn mit dem Ende des Schneesturms brach eine Hitzewelle herein. Ende April sollte der Tätowierer, ein guter Freund des Gerechten Beseitigers, Caesar vorwerfen, er sei selbst schuld daran, was mit ihm passiert sei, da er sich nicht pfleglich behandelt habe, wie angewiesen. »Und die Hitze hat auch nicht gerade geholfen.« In der Nacht des 31. März, fünf Tage nach Vollendung der Tätowierung, wachte Caesar mit einem hämmernden Schmerz im linken Arm auf. Da er nicht wieder einschlafen konnte, blieb er bis zum Morgen auf der Kante seiner Koje sitzen. Da erst sah er, dass die beiden E in »Mutter auf immer« Blasen geworfen hatten, als habe jemand ein Streichholz darangehalten.

Er suchte den Tätowierer auf, der ihm anfangs riet, sich keine Sorgen zu machen, dann jedoch die beiden E mit Wasserstoffperoxid abtupfte, das er in einem Löffel mit einem daruntergehaltenen Streichholz erwärmt hatte. Binnen zwei Tagen schienen die beiden E zu schmelzen. Sie lösten sich in ekelhaften Schleim auf. Nach Ablauf einer Woche begannen die angekränkelten E auch die anderen Buchstaben anzustecken, und Caesar konnte seinen Arm nicht länger schmerzfrei bewegen. Er ging zur Krankenstation, wo man ihm Aspirin verabreichte und die Tätowierung mit Wundpflaster abklebte. Am nächsten Tag, dem Tag, an dem der Arzt Dienst hatte, ging er wieder hin.

Er verbrachte vier Tage im D. C. General Hospital – sein erster Ausflug nach Washington seit einem Gerichtstermin mehr als drei Jahre zuvor. Sein ganzer Körper war zwei Tage lang gelähmt, und am Tag seiner Entlassung vertraute ihm eine Krankenschwester an, er sei dem Tod nahe gewesen. Nachdem die Infektion ihr Werk getan hatte, war von seiner Tätowierung nicht mehr viel zu sehen, bis auf ein U und ein R, die so verzerrt waren, das sie nicht länger als Buchstaben durchgehen konnten, und ein paar Rosen, die eher rotem Schlamm ähnelten. Als er in die Vollzugsanstalt zurückkehrte, erbot sich der Tätowierer, ihm die Zigaretten und das Geld zurückzugeben, aber Caesar würdigte ihn keiner Antwort, damit der Mann in ständiger Angst vor ihm lebte. Was Caesar und seiner Tätowierung widerfahren war, war schlechte Reklame, und bald hatte der Bursche keine Kunden mehr.

Irgendetwas in seinem Arm und seiner Schulter war abgestorben, und Caesar sollte den Arm nie wieder um mehr als fünfunddreißig Grad heben können. Er hatte keine Feinde, dennoch erzählte er niemandem von seiner Behinderung. In den nächsten paar Monaten versuchte er, allen aus dem Weg zu gehen, da er wusste, dass er sehr viel angreifbarer war als vor der Tätowierung. Wenn er allein in der Zelle war, wenn von der anderen Seite des Ganges niemand herüberschaute, trainierte er seinen Arm, doch schon im November war ihm klar, dass er nicht mehr derselbe sein würde. Er versuchte, Rainey Watson zu schikanieren, so gut er konnte, um den Anschein zu wahren, er sei noch immer der Alte. Und er bemühte sich, mehr Zeit mit Cathedral zu verbringen.

Doch der Mann, den Cathedral umgebracht hatte, meldete sich immer häufiger zu Besuch. Der Tote, ein Junggeselle, der Cathedrals Nachbar gewesen war, sprach nie. Er drückte lediglich Cathedrals Zellentür auf, ging in der Zelle umher und benahm sich, als sei sie die Wohnung einer Familie – rückte Wandbilder gerade, die nur Cathedral sehen konnte, stellte das Gas am Herd niedriger, prüfte das Wasser in der Dusche, um sicherzugehen, dass es nicht zu heiß war, brachte die Kinder zu Bett. Cathedral sah schweigend zu.

Eines Tages Mitte Dezember, sechs Monate vor seiner Freilassung, ging Caesar zu Cathedrals Zelle. Sein Freund saß auf dem unteren Bett, die Hände auf den Knien ineinandergekrampft. Caesar stand noch draußen, als Cathedral zu ihm sagte: »Caes, verrat mir, warum Gott so dumm war, Mücken zu erschaffen. Ich meine, was sollen die verfluchten Dinger? Worin besteht ihr Daseinszweck?« Caesar lachte, weil er einen Scherz vermutete, und wollte etwas entgegnen, als Cathedral ihn mit einem vernichtenden Blick strafte und sagte: »Was wir brauchen, ist ein neuer Gott. Jemand, der weiß, was zum Teufel er da treibt.« Cathedral lächelte nicht. Er starrte wieder auf die Wand ihm gegenüber. »Was soll das, Fledermäuse zu erschaffen? Ich meine, ja doch, die fressen Insekten, aber wozu dann überhaupt Insekten erschaffen? Verstehst du, was ich meine? Erst ein Problem schaffen, und dann etwas erschaffen müssen, das dieses Problem löst. Und dann mit einer Lösung für das zweite Problem aufwarten. Mann o Mann!« Langsam entfernte sich Caesar von der Zelle. Das hatte er schon viele Male erlebt. Da war nichts mehr zu machen, selbst mit viel Liebe nicht. Manchmal zog es einen geliebten Menschen sogar mit herunter. »Und Kakerlaken. Jeder Mensch in der Welt hätte genug Verstand, keine Kakerlaken zu erschaffen. Wozu sollen die dienen, Caes? Ich sag dir, wir brauchen einen neuen Gott, und ich bin bereit, auf der Stelle meine Stimme abzugeben. Kakerlaken, Ratten, Wanzen. In der Woche war Gott einfach nicht bei Sinnen. Sechs vergeudete Tage, bis auf die Sache mit den Menschen und einigen Tieren. Und dann am siebten Tag eine Party, als hätte er uns einen großen Gefallen getan. Der Wichser hatte vielleicht Nerven. Und all die Tauben und Eichhörnchen. Die darfst du auch nicht vergessen. Also wirklich.«

Ende Januar wurde Cathedral fortgeschafft, und nach einer Woche wurde er wieder zurückgebracht. Im Februar trat er wieder für einen neuen Gott ein. Es begann ein Ritual, das andauerte, bis Caesar entlassen wurde: Man stellte fest, dass Cathedral eine Gefahr für sich selbst darstellte, schaffte ihn fort, brachte ihn wieder zurück, und wenn er begann, für einen anderen Gott einzutreten, schaffte man ihn erneut fort.

Caesar blieb nichts anderes übrig, als zu versuchen, sich bis zum Ende auf seinem Ruf auszuruhen, auch wenn der inzwischen sehr viel schlechter war als in seinen ersten Jahren in Lorton. Er konnte nur darauf hoffen, dass Männer, die einen besseren Ruf genossen und hundertprozentig funktionstüchtige Arme hatten, ihm genügend Wohlwollen entgegenbrachten.

Anfang April bekam er einen großen braunen Umschlag von seinem Anwalt. Der Brief des Anwalts war knapp gehalten. »Ich habe ihnen nicht verraten, wo Sie sind«, schrieb er. »Vielleicht haben Sie von jemandem erfahren, dass ich Ihr Anwalt war. Passen Sie auf sich auf.« Seinem Schreiben waren zwei verschlossene Umschläge mit Briefen seines Bruders und seiner Schwester beigefügt, beide »An meinen Bruder Caesar« adressiert. Tote werden zum Leben erweckt, dachte Caesar viele Male, ehe er endlich, nach fast einer Woche, die Briefe las. Er hatte mit einer Mitteilung über den Tod seines Vaters gerechnet, dieser fand jedoch kaum Erwähnung. Caesars jüngerer Bruder erging sich über fünf Seiten hinweg in einer Aufzählung all dessen, was seine Familie erlebt hatte, seit Caesar aus ihrem Leben getreten war. Er endete mit der Bemerkung: »Vielleicht hätte ich Dir ein besserer Bruder sein sollen.« In dem Umschlag befanden sich auch drei Fotos, eines von seinem Bruder und seiner Braut an ihrem Hochzeitstag und eines, das Caesars Schwester, ihren Mann und ihre beiden Kinder zeigte, ein Mädchen von etwa vier und einen Jungen von etwa zwei Jahren. Auf dem dritten Foto saß das Mädchen auf einer Couch, neben dem Jungen, der bei Caesars Vater auf dem Schoß saß und wie gebannt nach links starrte, als gäbe es dort etwas Wichtigeres als das Bild, das gerade aufgenommen wurde. Caesar betrachtete das Foto seines Vaters – ein Mann, der kurz davor war, alt zu werden. Der Brief seiner Schwester war noch kürzer als der des Anwalts: »Schreib mir oder ruf mich an (R-Gespräch), was immer am besten für Dich ist, Lieber. Ruf mich an, selbst wenn Du am anderen Ende der Welt bist. Für jeden Schritt, den Du auf mich zugehst, will ich eine Meile auf Dich zugehen.«

Zuerst verspürte er eine ungeheure Sehnsucht, doch nach zwei Wochen zerriss er die Briefe und warf die Schnipsel weg. Als er weniger als ein halbes Jahr später, verletzt und verwirrt, aus dem Wagen seiner Schwester stolperte, sollte er froh darüber sein. Das Mädchen und der Junge würden hinten sitzen, das Mädchen in einem roten Kleid und schwarzen Schuhen, der Junge in einer blauen Hose und einem T-Shirt mit einer Comicfigur auf der Brust. Der Junge wäre eingeschlafen, aber das Mädchen würde sagen: »Gutes Nächtchen, Onkel.« So hatte sie ihn schon den ganzen Abend über angeredet.

Eine Selbsthilfegruppe ehemaliger Häftlinge, »Licht am Ende des Tunnels«, half ihm dabei, ein Zimmer und eine Arbeit zu finden. In einem Restaurant in der F Street räumte er Tische ab und spülte Geschirr. Das Zimmer lag in einem dreistöckigen Gebäude mitten im 900er Häuserblock in der N Street, N. W., einem Gebäude, das in den Tagen, als dort noch Weiße wohnten, auf jeder Etage aus zwei Wohnungen mit jeweils acht oder mehr Zimmern bestanden hatte. Inzwischen waren die Wohnungen im ersten Stock unbewohnbar und schon seit Jahren mit Vorhängeschlössern versperrt. In den anderen beiden Stockwerken war jede der geräumigen Wohnungen in fünf Zimmer unterteilt, die, je nach Größe und Ausblick, für zwanzig bis dreißig Dollar in der Woche untervermietet wurden. Caesars Zimmer, für zwanzig Dollar, war klein, nur halb so groß wie seine Zelle in Lorton. Das Wort, das ihm angesichts der ausgeschlachteten ehemaligen Luxuswohnungen einfiel, war »Labyrinth«. Die Mieter der verkleinerten Apartments mussten sich jeweils zwei Badezimmer und eine nicht eben kleine Küche teilen, die einen bemitleidenswerten Eindruck machte: wegen ihrer Schäbigkeit und ihrer 50-Watt-Glühbirne und weil viele der Haushaltsgeräte alt, unzuverlässig oder beides waren. Caesars schmales Zimmer ging nach vorn, zur N Street. Auf seiner Seite des Hausflurs befanden sich zwei weitere Räume. Das Nachbarzimmer wurde von einer Mutter und ihren beiden Kindern bewohnt. Erst in der dritten Woche sollte er erfahren, dass auf der anderen Seite des Hausflurs Yvonne Miller wohnte.

Für jeden der beiden Wohnkomplexe gab es eine eigene Eingangstür. In dem großen Zimmer links von der Tür, die zu Caesars Seite führte, wohnte ein Mann von etwa sechzig Jahren, der immer einen Schlafanzug anhatte und während der gesamten Zeit, in der Caesar dort wohnte, nie sein Bett verließ. Er konnte wohl laufen, aber Caesar sah ihn nie laufen. In dem Zimmer des Mannes war stets eine Frau anwesend, die kochte, putzte oder mit ihm fernsah und die Caesar eines Tages anvertraute, sie sei eine »häusliche Pflegekraft«. Das Zimmer des Mannes war das einzige mit eigener Kochnische – Herd, Kühlschrank und Spüle. Seine Tür stand stets offen, und er schien nie zu schlafen. Neben seinem Bett stand ein ein Meter hoher grüner Safe. »Ich bin Geldverleiher«, hatte der Mann am zweiten Tag nach Caesars Einzug gesagt. Er war an dem Zimmer vorbeigegangen, und der Mann hatte die Pflegekraft gebeten, den »jungen Löwen« zurückzurufen. »Ich heiße Simon, und ich verleihe Geld«, hatte der Mann gesagt, als Caesar in der Türöffnung stand. »Ich werde dein bester Freund sein, aber nicht umsonst. Sag's deinen Freunden.«

In dem Restaurant, dem Chowing Down, arbeitete er so viele Stunden, wie man ihm nur erlaubte. Den Rest der Zeit ging er ins Kino, so lange, bis die letzte Vorstellung zu Ende war, anschließend setzte er sich bei schönem wie bei schlechtem Wetter in den Franklin Park an der Kreuzung 14th Street/K Street. Dort blieb er sitzen, bis der Schlaf ihn übermannte, manchmal bis um zwei Uhr morgens. Niemand belästigte ihn. Er hatte zwei Männer umgebracht, und die Welt, besonders der böse Teil der Welt, ahnte das und ließ ihn in Ruhe. Er kannte niemanden, und er wollte von niemandem gekannt werden. Die Freunde, die er vor Lorton gehabt hatte, schienen vom Antlitz der Erde hingweggefegt worden zu sein. Am vorletzten Tag seiner Haftzeit in Lorton war er erschrocken aufgewacht und hatte gedacht, wenn man ihn vor die Wahl stellte, würde er es vorziehen zu bleiben. Vielleicht waren ihm in Lorton ein Leben und eine berufliche Laufbahn vergönnt.

Sex hatte er nur mit seiner rechten Hand, und auch das nicht sehr oft. In den ersten Tagen in Freiheit begann er zu glauben, dass Männer und Frauen sich einer neuen Sprache bedienten, die er niemals erlernen würde. Sein mangelndes Selbstvertrauen erstreckte sich sogar auf Huren, dabei war er ein Mann, der mit mehr Frauen zusammen gewesen war, als er Finger und Zehen hatte. Er begann zu glauben, dass eine Hure die Macht habe, die Seele eines Mannes zu zermalmen. »Was redest du denn da, Süßer? Sprich Englisch, wenn du was willst.« Als er freikam, war er siebenunddreißig.

Eines Morgens um Viertel vor drei kam er aus dem Park und drückte sich an Simons Tür vorbei, doch der Geldverleiher rief ihn zurück. Caesar blieb in der Türöffnung stehen. Er wohnte noch keine zwei Monate in dem Labyrinth. Die Pflegekraft war gerade am Kochen, in gestärkter grüner Tracht und schwarzen Gesundheitsschuhen stand sie am Herd und wandte Caesar den Rücken zu. Zuerst rührte sie einen Topf um, dann einen anderen. Im Farbfernseher lachte jemand.

»Warst wohl in der Stadt«, setzte Simon an. »Hoffe, du hast genug Punze abgekriegt, dass es bis zum nächsten Mal reicht.« »Ich muss jetzt gehen«, sagte Caesar. Er hatte mit dem Gedanken zu spielen begonnen, den Mann umzubringen und den Safe aufzubrechen. Die Frage war nur, ob er auch die Pflegekraft umbringen sollte. »So geht man nicht mit Freunden um«, sagte Simon. Dann begann er aus irgendeinem Grunde, Caesar über die Nachbarn zu informieren. So erfuhr Caesar erstmals von »Yvonny«, die er noch kennenlernen musste. Erst als er ihr zum zweiten Mal im Hausflur begegnete, sollte er merken, dass es dieselbe Yvonne war, die er vor langer Zeit gekannt hatte. »Unsere süße Yvonny ist nur 'n altes Mädchen.« Alte Mädchen, das waren Huren, junge wie alte, die die Welt so übel zugerichtet hatte, dass ihnen nur noch der leiseste Lebenshauch verblieben war; nicht viele von ihnen hatten ein Herz aus Gold. »Aber du kriegst sie bestimmt umsonst«, sagte Simon, und er deutete auf die Tür rechts von Caesar, wo Yvonnes Zimmer lag. Neben Simon zeichnete sich immer eine kleine Wölbung unter der Bettdecke ab, und Caesar vermutete, dass es sich um eine Pistole handelte. Das war ein Problem, aber vielleicht konnte er in einem Satz ans Bett springen und den Mann mit einem Knüppelschlag töten, bevor er sie herauszuziehen vermochte. Was würde die Pflegekraft tun? »Ich hab sie auch schon gehabt«, sagte Simon, »ich kann sie also nur im Notfall empfehlen.« »Später, Mann«, sagte Caesar und ging. Der Flur, der zu seinem Zimmer führte, lag rechts vom Haupteingang, doch an diesem Morgen ging er geradeaus weiter und kam nach wenigen Schritten an Yvonnes Tür vorbei. Diese stand einen Spaltbreit offen, und er konnte Radiomusik hören. Vielleicht würde die Pflegekraft ihm dabei helfen, den Geldverleiher auszurauben, falls er zuvor allein mit ihr reden konnte. Vielleicht beherrschte er nicht mehr die Sprache, der Männer und Frauen sich inzwischen bedienten, aber die Sprache des Geldes hatte sich nicht gewandelt.

Eine Cousine verriet seinem Bruder, wo er zu finden sei. Diese Cousine, Nora Maywell, war Filialleiterin einer nahe gelegenen Bank an der Kreuzung der 12th Street und der F Street. Als sie mit Kolleginnen zum Mittagessen ins Chowing Down ging, sah sie Caesar beim Tischabräumen. Tag für Tag kehrte sie zurück, um sich zu vergewissern, dass es tatsächlich Caesar war, denn sie hatte ihn seit mehr als zwanzig Jahren nicht gesehen. Aber es war unverkennbar der Mann, der wie ihr Onkel aussah. Caesar war fünf Jahre älter als Nora. Einen Großteil ihrer Kindheit hatte sie in der Hoffnung gelebt, ihn, wenn sie erwachsen wäre, zu heiraten. Hätte er ihr in all den Jahren vor seinem Verschwinden Beachtung geschenkt, hätte er sie jetzt trotzdem nicht wiedererkannt – sie war älter, gewiss, doch das Leben war außerordentlich gütig zu Nora gewesen, und verglichen mit der kirchenmausarmen Bäuerin, die sie früher gewesen war, wirkte sie jetzt wie eine Königin.

Drei Wochen, nachdem Nora ihn gesehen hatte, kam Caesars Bruder Alonzo ins Restaurant. Der Bruder aß allein und beglich seine Rechnung, dann ging er zu Caesar hinüber und lächelte. »Schön, dich zu sehen«, sagte er. Caesar nickte nur und trug eine Wanne mit Schmutzgeschirr davon. Zitternd blieb der Bruder einige Augenblicke lang stehen, dann drehte er sich um und ging auf unsicheren Beinen zur Tür hinaus. Als Syndikusanwalt verdiente er neunmal so viel wie sein Vater, der siebenundfünfzig war. Viele Tage hintereinander kehrte er zurück. Am achten Tag ging er auf Caesar zu, der im hinteren Teil des Restaurants in einer Ecke herumhantierte. Inzwischen war es Anfang September, und Caesar war seit drei Monaten und fünf Tagen in Freiheit. »Ich komme so lange wieder, bis du mit mir redest«, sagte der Bruder. Caesar betrachtete ihn lange. Die Mittagsschicht war zu Ende, sodass der Restaurantchef keine Veranlassung hatte, ihn anzuherrschen. Erst zwei Tage zuvor war er Yvonne zum zweiten Mal im Hausflur begegnet. Das war nachmittags gewesen, und seit er das erste Mal an ihr vorbeigegangen war, war die ausgebrannte Glühbirne im Hausflur ausgewechselt worden. Er erkannte sie, doch etwas in ihren Augen und in ihrer Körperhaltung verriet ihm, dass sie ihn nicht erkannte. Das sollte sich nie mehr ändern. Und da er wusste, wer sie war, nickte er seinem Bruder zu, und kurz darauf waren sie zur Tür hinaus und bogen um die Ecke in einen schmalen Durchgang. Caesar zündete sich sofort eine Zigarette an. Der graue Anzug seines Bruders hatte 1865,98 Dollar gekostet. Caesars Kittel war schmutzig. Es war seine siebente Zigarette an diesem Nachmittag. Wenn sie nicht zwischen seinen Lippen steckte, hielt er sie dicht neben seinen Körper, und wie er sie so zum Mund führte und wieder sinken ließ, inhalierte und die Asche abklopfte, zitterte seine Hand nie.

»Weißt du, wie sehr ich dich umarmen möchte?«, fragte Alonzo.

»Ich denke, wir sollten sofort Schluss mit dem Scheiß machen, damit wir mit unserem Leben weitermachen können«, entgegnete Cesar. »Von jetzt bis an mein Lebensende will ich weder dich noch sonst jemanden aus deiner Familie sehen. Das solltest du endlich begreifen, Mister, damit du was andres mit deiner Zeit anfangen kannst. Du bist ein Gast, deswegen werde ich nicht so mit dir umspringen wie mit jemandem, der kein Gast ist.«

Der Bruder sagte: »Ich will alles zugeben, was ich dir angetan haben mag. Wirklich, Caesar. Im Ernst.« Dabei hatte sich weder sein Bruder noch seine Schwester ihm gegenüber irgendetwas zuschulden kommen lassen. Der Krieg hatte stets zwischen Caesar und ihrem Vater getobt, doch im Lauf der Zeit hatte Caesar sich angewöhnt, seine Geschwister als Verbündete seines Vaters anzusehen. »Aber komm uns wenigstens ein Mal besuchen, mich und Joanie, und wenn du uns danach nicht mehr wiedersehen willst, werden wir das akzeptieren, und ich werde nie wieder dein Restaurant betreten.«

Die Zigarette war noch nicht aufgeraucht, aber Caesar betrachtete sie, warf sie zu Boden und zertrat sie. Er sah auf seine billige Armbanduhr. Für ein solches Zigarettenende hätten die Männer im Gefängnis getötet. »Ich muss jetzt gehen, Mister.«

»Wir sind eine Familie, Caesar. Wenn du Joanie und mich schon nicht um deinetwillen sehen willst, dann tu's Mama zuliebe.«

»Meine Mama ist tot, und sie ist schon seit vielen Jahren tot.« Er ging zur Straße.

»Ich weiß, dass sie tot ist. Ich weiß, dass sie tot ist! Hab ihr Sonntag erst Blumen aufs Grab gelegt. Und an den drei Sonntagen davor. Und fünf Wochen davor. Ich weiß, dass meine Mutter tot ist.«

Caesar blieb stehen. Es war eine Sache, eine flüchtige Bemerkung über eine tote Mutter hinzuwerfen, wie er es über Jahre hinweg getan hatte. Ein Mann konnte diese Worte so oft von sich geben, dass sie ein weiterer sinnloser Bestandteil seiner Persönlichkeit wurden. Der Schmerz, den er verspürt hatte, als er sie zum ersten Mal aussprach, als seine Mutter frisch im Grab lag, hatte sich verflüchtigt. Die Worte waren eine Sache, aber ein Grab war eine andere Sache, eine andere Tatsache. Das Grab lag dort draußen, konnte gesehen und berührt werden, und ein Mann, ein Sohn, konnte zu diesem Flecken Erde pilgern und sich noch einmal daran erinnern, wie sehr sie ihn geliebt hatte, wie sie in ihrer Schürze in der Tür eines schönen, sauberen Heims gestanden und ihn begrüßt hatte, wenn er aus der Schule kam. Er konnte zum Grab pilgern, ihren Namen lesen und ein bisschen sterben, denn es würde sich anfühlen, als habe sie ihn erst letzte Woche verlassen.

Caesar wandte sich um. »Du und deine Familie, ihr müsst mich in Frieden lassen, Mister.«

»Das werden wir«, sagte der Bruder. »Danach werden wir dich in Frieden lassen. Komm zum Abendessen. Zum Sonntagsessen.

Gebratenes Huhn. Mit allem Drum und Dran. Dann werden wir dich nie mehr belästigen. Nur Joanie und unsere Familien. Sonst niemand.« Mit seinen letzten Worte wollte er Caesar versichern, dass er nicht ihrem Vater gegenüberzutreten brauchte.

Caesar verlangte es nach einer weiteren Zigarette, aber die Begegnung hatte schon lange genug gedauert.

Yvonne hatte nicht geantwortet, als er sie beim zweiten Mal mit einem »Hallo« grüßte. Sie hatte lediglich genickt und war im Hausflur um ihn herumgegangen. Auch die dritte Begegnung fand im Hausflur statt, und wieder sprach er sie an. Sie trat zur Seite, um an ihm vorbeizugehen, dann drehte sie sich um und fragte ihn, ob er Kippen hätte, die sie borgen könnte.

Er antwortete, er habe welche in seinem Zimmer, und sie bat ihn, sie zu holen, und zeigte auf ihres.

Ihr Zimmer war um ein Drittel größer als seins. Es gab einen Kühlschrank, ein Bett, eine Spiegelkommode, einen kleinen Tisch neben dem Bett, einen Stuhl neben der Tür, und das war schon fast alles. Mit dem einzigen Fenster, das auf die fensterlose Wand des Nachbarwohnblocks hinausging, bildete das Bett ein T. Die schönen blau-gelben Vorhänge hätten anderswo hängen sollen, an einem Ort, wo sie Würdigung gefunden hätten.

Er hatte keinerlei Erwartungen. Er wollte nichts. Es war gut, einen Menschen aus einer besonderen Phase seines Lebens wiederzusehen, und noch besser war, dass er sie einmal geliebt hatte und sie ihn auch. Er blieb mit den Zigaretten in der Tür stehen.

Als er endlich eintrat, schaute sie, angetan mit einem verblichenen purpurnen Morgenmantel, gerade in den Kühlschrank. Sie schloss die Kühlschranktür und sah ihn an. Er ging zu ihr, und aus seiner ausgestreckten Hand nahm sie die ungeöffnete Schachtel Zigaretten entgegen. Er stand einfach da.

»Herrgott, nun setzt dich endlich hin, verdammt noch mal, bevor du das Zimmer ärmlich aussehen lässt.« Er nahm auf dem Stuhl an der Tür Platz, und sie setzte sich aufs Bett und zündete sich die erste Zigarette an. Sie saß ihm schräg gegenüber. Erst nach dem fünften Zug an der Zigarette begann sie zu sprechen. »Wenn du glaubst, dass du mich vögeln kannst, hast du dich schwer getäuscht. Hier gibt's nichts umsonst. Umsonst bringt dich um.«

»Ich will nichts.«

»›Ich will nichts. Ich will nichts.‹« Sie ließ die Asche in eine leere Tomatensuppendose auf dem Tisch neben dem Bett fallen. »Mister, wir alle wollen was, und je eher Leute wie du das zugeben und aufhören, dummes Zeug zu schwatzen, desto schneller kann aus der Welt ein besserer Ort werden. Es sind die Dummschwätzer, die verhindern, dass aus der Welt ein besserer Ort wird.« Gemeinsam hatten sie ein kleines Haus im Nordosten der Stadt gemietet, und wenn sie zwei Jahre dort wohnten, wollten sie ein Kind haben. An dem Abend, als er nach Hause kam und sie im Dunkeln angetroffen hatte, als sie dagesessen und gesagt hatte, dass sie dem Glück misstraue, hatten sie seit anderthalb Jahren dort gewohnt. Zwei Monate später war sie verschwunden. In den drei Monaten, in denen er nach ihr gesucht hatte, war er dageblieben und hatte den Haushalt so geführt, dass eine Frau sich darin heimisch gefühlt hätte. »Meine Mutter war die erste Dummschwätzerin, die ich kannte«, fuhr sie fort. »Deswegen weiß ich, dass es nicht klappt. Die Leute sollten aufstehen und sagen: ›Ich wünschte, du wärst tot‹ oder ›Ich will mit dir vögeln‹ oder ›Ich will dir das Geld aus der Tasche ziehen‹. Wenn wir mit Lügen aufhören, dann wird aus der Welt ein Himmel werden.« Bevor er sie kennen lernte, war er Dieb, Räuber und Drogenhändler gewesen, und nach Ablauf der drei Monate nahm er diese Tätigkeiten wieder auf, nicht weil er untröstlich gewesen wäre, sondern weil es so leicht war. Er war klug genug, um zu wissen, dass er die Schuld daran nicht Yvonne zuschieben konnte, und das tat er auch nicht. Die Morde an Percy »Golden Boy« Weymouth und Antwoine Stoddard lagen damals noch in weiter Ferne.

An diesem Tag blieb er über eine Stunde bei ihr, bis sie ihm sagte, jetzt seien die Zigaretten abgegolten. Im Lauf der nächsten beiden Wochen – das Abendessen mit seinem Bruder und seiner Schwester rückte immer näher – brachte er ihr Zigaretten und

Lebensmittel vorbei und sagte ihr gleich zu Anfang, sie seien umsonst. Er sollte nie herausfinden, wie sie für ihre Miete aufkam. Am vierten Tag begann sie zu glauben, dass er tatsächlich nichts von ihr wollte. Stets saß er auf dem Stuhl an der Tür. Sie sagte immer das Gleiche, aber das spielte keine Rolle. Der einzige Dank, der ihm zuteil wurde, war der Ratschlag, die Welt solle aufhören, dummes Zeug zu schwatzen.

Am Tag des Abendessens stellte er fest, dass die Tage, an denen er bei Yvonne saß, ihm eine Kraft verliehen hatten, die nicht da gewesen war, als er die Einladung seines Bruders angenommen hatte. Von Alonzo ließ er sich vor dem Chowing Down abholen, da er das Gefühl hatte, wenn sie erst einmal wussten, wo er wohnte, würden sie eine Möglichkeit finden, sich in seinem Leben einzunisten.

Im Haus seiner Schwester, in einer Seitenstraße der 16th Street, N. W., einer Gegend mit wohlhabenden Schwarzen, von einigen Goldküste genannt, wurde er willkommen geheißen. Joanie hielt ihn über eine Minute im Arm und weinte. Dann boten sie ihm ein Glas Wein an. Seit der Zeit vor seinem Gefängnisaufenthalt hatte er keinen Alkohol mehr angerührt. Im Wohnzimmer, das so groß war wie zehn Gefängniszellen, setzten sie ihn auf eine dunkelgrüne Couch. Noch bevor er drei Schluck von seinem Wein genommen hatte, fühlte er sich so gelöst, dass es ihm nichts ausmachte, als das Mädchen und der Junge, die Kinder seiner Schwester, bei ihm auf dem Schoß sitzen wollten. Seit über zehn Jahren die ersten Kinder, die um ihn waren. Das Mädchen nannte ihn Onkel, kaum dass er das Hauses betreten hatte.

Während des Abendessens, das vom Hausmädchen seiner Schwester aufgetragen wurde, und während des restlichen Abends unterhielt er sich so wenig wie möglich mit den Erwachsenen – seiner Schwester, seinem Bruder und deren Ehepartnern –, sondern widmete sich ganz den Kindern, weil er glaubte, ihre Herzen zu kennen. Die Erwachsenen bombardierten ihn nicht mit Fragen, sondern waren dankbar, dass er überhaupt zugegen war. Gegen Ende der Mahlzeit trank er ein viertes Glas Wein, und bei dieser Gelegenheit sagte er zu seiner Nichte, sie sehe aus wie seine Mutter, und das Mädchen errötete, weil sie wusste, wie schön ihre Großmutter gewesen war.

Als Caesar schließlich in der Tür stand und sich zum Gehen anschickte, sagte sein Bruder, dank seines Besuches sei dies ein wunderbares Jahr. Die Augen seines Bruders füllten sich mit Tränen, und er wollte Caesar an sich drücken, dieser aber streckte ihm, ohne zu lächeln, nur die Hand entgegen. Zuletzt sagte sein Bruder zu ihm: »Auch wenn du weggehst und uns nie wiedersiehst, musst du wissen, dass Daddy dich liebt. Es ist die eine große Wahrheit in der Welt. Er ist ein anderer Mensch geworden, Caesar. Ich glaube, er liebt dich mehr als uns, weil er nicht weiß, was mit dir geschehen ist. Vielleicht hat er deswegen nie wieder geheiratet.« Was Caesar einundzwanzig Jahre hindurch getrieben hatte, kam nicht zur Sprache.

Seine Schwester fuhr ihn nach Hause. Ihre Kinder saßen auf dem Rücksitz. Vor seinem Mietshaus verabschiedete er sich von Joanie. Sie küsste ihn auf die Wange, und einem nachträglichen Einfall folgend, griff er, ein neuer Onkel, dem der Wein einflüsterte: *Na, war doch gar nicht so schlimm*, nach hinten, um die Kinder scherzhaft an den Füßen zu ziehen, doch der Junge war schon in den Schlaf geglitten, und das Mädchen entwand sich lachend seinem Griff. Er sagte zu seiner Nichte: »Gute Nacht, junge Dame«, und sie sagte, nein, sie sei keine Dame, sondern ein kleines Mädchen. Wieder griff er erfolglos nach ihren Füßen. Als er sich umwandte, zog seine Schwester ein so entsetztes und angeekeltes Gesicht, dass er das Gefühl hatte, ihm sei ein Messer in die Brust gestoßen worden. Er wusste sofort, was sie dachte: er sei darauf aus, ein Kind zu begrapschen. Er brachte einen Abschiedsgruß hervor und stieg aus. »Ruf mich an«, sagte sie, bevor er die Autotür schloss, aber den Worten, anders als bei denen davor an diesem Abend, mangelte es an Empfindung. Er sagte nichts. Hatte er nicht nur das Falsche getan, sondern auch noch den falschen Zungenschlag gewählt? Nannten Kinderschänder kleine Mädchen »Damen«? Er wusste, er würde seine Schwester niemals anrufen. Ja, er hatte recht daran getan, die Fotos und die Briefe zu zerreißen, als er in Lorton einsaß.

Er schloss die Augen, bis das Auto verschwunden war. Er spürte ein schmerzliches Knurren im Magen, und ohne nachzudenken, wankte er von seinem Mietshaus zur 10th Street. Aus einem Apartment auf seiner Seite der N Street konnte er Musik hören. Er hatte seiner Schwester das Fahrradfahren beigebracht und ihr die Angst davor genommen, vom Rad zu fallen und sich wehzutun. Jetzt war er in ihren Augen nichts weiter als ein Tier, imstande, einem Kind etwas anzutun. Im Gefängnis wurden Männer dafür umgebracht, dass sie solche Scheusale waren. Das bisschen onkelhafte Liebe zu den Kindern, das in den wenigen Stunden gewachsen war, versickerte bereits wieder. Er beugte sich über die Rasenfläche neben dem Wohnblock und übergab sich. Mit dem Handrücken wischte er sich den Mund ab. »Ich werd runterfallen, Caesar«, hatte seine Schwester in den ersten Wochen gesagt, als sie Rad fahren lernte. »Wieso sollte ich das zulassen?«

Er beachtete die Pflegekraft nicht, als sie ihm sagte, der Geldverleiher wünsche ihn zu sprechen. Er ging schnurstracks weiter, zu Yvonnes Zimmer, obwohl er nicht die Absicht hatte, sie zu besuchen. Die Tür stand weit offen, sodass er einen Blick hineinwerfen konnte, aber er wandte sich seinem eigenen Zimmer zu. Sein Schatten, den ihre Zimmerbeleuchtung hinter ihm warf, war schmal, kroch den Boden entlang und die Wand hinauf, und als er den Schatten sah, machte er kehrt. Als er bemerkte, dass das Badezimmer neben ihrem Zimmer leer war, rief er von der Tür aus leise ihren Namen, dann rief er ihn noch dreimal, bevor er mit einem sanften Stups seines Fingers die Tür aufdrückte. Die Tür hatte sich noch nicht ganz geöffnet, als er sie daliegen sah, halb auf dem Bett, halb auf dem Boden. Betrunken, dachte er. Er ging zu ihr hin und wollte sie ganz aufs Bett legen. Doch der Tod kann einen Leib auf eine Weise verdrehen, wie das Leben es niemals vermag, und genauso war er mit ihrem verfahren. Caesar kannte den Tod. Ihr Gesicht war ins Bett gedrückt, in einem schiefen Winkel, der einem lebenden Menschen unbequem gewesen wäre. Ein Bein lag angewinkelt unter ihr, das andere ausgestreckt hinter ihr, doch keines von beiden schien Teil ihres Körpers zu sein, jedes unbeholfen für sich da, als könnte jemand sie auflesen und mit ihnen davongehen.

Er flüsterte ihren Namen. Er setzte sich neben sie und beachtete nicht das Erbrochene, das sich aus ihrem Mund ergossen hatte und über den Bettrand geflossen war. Zuerst glaubte er, jemand habe sie ermordet, aber dann sah er Geld auf der Kommode liegen und spürte die Stille, die im Zimmer herrschte und das Ende von allem anzeigte, und er wusste, dass Opfer und Täter ein und dieselbe Person waren. Er schraubte den Verschluss auf die leere Whiskeyflasche neben ihrem ausgestreckten Bein.

Er legte den Leichnam aufs Bett und verhüllte ihn mit einem Laken und einer Decke. Am Morgen würde jemand sie finden. An der Tür blieb er stehen und wollte gerade das Licht löschen und das Zimmer verlassen, da musste er daran denken, dass die Welt sie so auffinden würde. Früher einmal hatte er sie als saubere Frau gekannt, die nicht die kleinste Kleinigkeit stehlen würde. Eine Frau mit einem gepflegten Haushalt. Sie war geliebt worden. Aber das würden sie am Morgen nicht sehen.

Er machte sich daran, ein paar Dinge an ihren Platz zu legen, Kleider aufzuhängen, die über dem Stuhl und auf dem Bett lagen, den Lampenschirm gerade zu rücken, Zeitungen aufzuheben und alles andere, was auf dem Fußboden lag. Doch als er fertig war, schien ihm das nicht genug.

Er ging in sein Zimmer und zerriss zwei Hemden, um Staubtücher daraus zu machen. Er begann in einer Ecke am Fuß ihres Bettes, mit dem Tisch, auf dem sie ihre Bürste, ihren Kamm, ihr Make-up und andere weibliche Utensilien aufbewahrte. Als er den Tisch und alles, was darauf lag, abgestaubt hatte, arrangierte er die Gegenstände so, als würde sie sie am nächsten Morgen benutzen.

Dann begann er, das Zimmer im Uhrzeigersinn abzustauben und auszufegen, und um Mitternacht war er nicht einmal zur Hälfte fertig, und die Hemden waren schmutzig von all der Arbeit, und er ging wieder in sein Zimmer, um zwei weitere Hemden zu holen. Um drei Uhr zerschnitt er seine Hosen, um Staubtücher anzufertigen. Als er das ganze Zimmer abgestaubt und ausgefegt hatte, richtete er alles so her, wie er es bereits mit den Sachen auf dem Tisch getan hatte – das Geschirr und die Lebensmittel in mäusesicheren Behältern auf dem Tisch neben dem Kühlschrank, die beiden gerahmten Poster von Bergen an der Wand, die schief angebracht waren und sich nach links neigten, die fünf Fotos von unbekannten Kindern auf der Spiegelkommode. Als die Arbeit getan war, entnahm er ihrem Wandschrank einen Eimer und einen Mopp. In dem Mopp hatten sich Mäuse eingenistet, und er musste sie herausbürsten. Den Eimer füllte er mit Wasser aus dem Badezimmer und mit Seifenpulver, das unter dem Tisch neben dem Kühlschrank stand. Als der Boden aufgewischt war und trocknete, blieb er wieder in der Tür stehen und lauschte den Mäusen in den Wänden, lauschte, wie sie im Wandschrank umherhuschten.

Gegen vier war das Zimmer fertig, und Yvonne lag zugedeckt in ihrem ungemachten Bett. Er ging zur Tür und schickte sich zum Gehen an, war aber wieder außerstande, sich vom Fleck zu rühren. Die ganze Welt war still, bis auf die Mäuse in den Wänden.

Er kniete sich vors Bett und berührte Yvonnes Schulter. An einem Dienstagmorgen, einem Schultag, hatte er seinen Vater vorgefunden, wie er vor dem Bett kniete, in dem Caesars Mutter erkaltete. Sein Vater weinte, und als Caesar auf ihn zuging, riss sein Vater ihn so fest an sich, dass es dem Jungen den Atem verschlug. Caesars Bruder hatte gesagt, sie sollten jemanden herbeirufen, aber ihr Vater hatte geantwortet: »Nein, nein, noch eine Minute, nur noch eine Minute«, als würde Gott sich in dieser Minute eines Besseren besinnen und seine Frau zurückschicken. Und Caesar hatte gesagt: »Gut, aber nur eine Minute.« *Die eine große Wahrheit ...*, hatte sein Bruder gesagt.

Caesar wechselte die Bettwäsche und kleidete Yvonne aus. Er nahm einen ihrer großen Kochtöpfe, füllte ihn mit warmem Wasser aus dem Badezimmer und fügte sein eigenes, noch nie verwendetes Eau de Cologne hinzu sowie die Badekügelchen, die er in einem zerbeulten Behälter in einer Ecke neben ihrer Kommode gefunden hatte. Die Kügelchen wollten sich nicht auflösen, und er musste sie mit den Händen zerdrücken. Er badete Yvonne und wusch ihren Mund aus. Aus dem Wandschrank holte er ein grünes Kleid, aus der Kommode Unterwäsche und Strümpfe, zog sie ihr an und heftete ihr über dem Herzen eine rostige Kamee ans Kleid. Er kämmte sie, steckte ihr Spangen ins Haar, die er mit dem restlichen Eau de Cologne besprenkelt hatte, und bettete ihren Kopf auf die Mitte des Kissens, das jetzt mit einem seiner sauberen Bezüge versehen war. Schuhe zog er ihr keine an, und er deckte sie auch nicht zu, sondern ließ sie einfach auf dem frisch bezogenen Bett liegen. Das Zimmer mit der toten Frau war so reinlich und so schön, wie Caesar es zu diesem Zeitpunkt seines Lebens eben bewerkstelligen konnte. Es war nach sechs Uhr morgens, die Welt begann sich aufzuhellen, und die Vögel hatten zu zwitschern begonnen. Caesar löschte die Deckenbeleuchtung und schaltete die Lampe aus. Während er dem Beginn eines neuen Tages lauschte, behielt er die Schalterschnur in der Hand.

Er öffnete das Fenster, das er Stunden zuvor geputzt hatte, und sogleich wehte eine Brise herein. Er hielt eine Hand in den Wind und genoss die Kühle, und dann kam es ihm in den Sinn: Er war kein junger Mann mehr.

Er saß auf seinem Bett und rauchte eine Zigarette nach der anderen. Bevor er Yvonne tot aufgefunden hatte, hatte er daran gedacht, nach Baltimore zu ziehen und sich einer gewalttätigen Bande anzuschließen, die er vor langer Zeit gekannt hatte. War es nicht das, was Kinderschänder taten? Nein, das Einzige, was er über sein künftiges Leben wusste, war dies: Er wollte kein Geschirr mehr spülen und keine Tische mehr abräumen. Gegen halb zehn warf er nahezu alles, was er besaß, sowie die beiden Säcke mit Abfall aus Yvonnes Zimmer in den Mülleimer in der Küche. Er klopfte an die Tür der Frau im Nebenzimmer. Ihr Sohn öffnete ihm, und Caesar fragte nach seiner Mutter. Er schenkte ihr die hundertsiebenundvierzig Dollar, die er in Yvonnes Zimmer gefunden hatte, zusammen mit seinem Radio und seinem winzigen Schwarz-Weiß-Fernseher. Er bat sie, sich bald einmal um Yvonne zu kümmern, und dann sagte er, er werde sie später sehen – vielleicht die sanfteste Lüge seines Erwachsenenlebens.

Auf seinem Weg aus dem Labyrinth rief Simon ihn zu sich. »Kommst du bald zurück, junger Löwe?«, fragte er. Caesar nickte. »Warum bringst du mir dann nicht eine Flasche Rum mit? Bin heut morgen mit einem richtigen Verlangen danach aufgewacht.« Caesar nickte. »Warst du das, letzte Nacht mit Yvonny?«, fragte Simon, als er das Geld von dem Safe neben seinem Bett nahm. »Ganz schöne Party, was?« Caesar antwortete nicht. Simon gab das Geld der Pflegekraft, und diese überreichte Caesar zehn Dollarnoten und eine Vierteldollarmünze. »Bis auf den letzten Penny«, sagte Simon. »Wenn du zurückkommst, geb ich dir Trinkgeld.« »Bin gleich wieder da«, sagte Caesar. Simon musste gemerkt haben, dass er log, denn noch bevor Caesar zur Tür hinaus war, sagte er mit einer Stimme, so süß, wie sie ihm zu Gebote stand: »Ich warte.«

Er trat ins Freie. Er wusste nicht, was er mit sich anstellen sollte, abgesehen davon, dass er eine legale Möglichkeit finden musste, Yvonnes Begräbnis zu bezahlen. Die Leute von der Stadtregierung würden sie fortschaffen, aber er wusste, wo er die Leiche finden und ihre Freigabe erwirken konnte, ehe man sie in einem Armengrab verscharrte. Er stopfte die Geldscheine in seine Hosentasche und betrachtete die Vierteldollarmünze auf seinem Handteller. Sie war ziemlich alt, 1967, glänzte aber noch. Das Leben war gütig zu ihr gewesen. Vorsichtig stieg er die Stufen vor dem Mietshaus hinab, bis er auf dem Bürgersteig stand. Die Welt ging ihren Geschäften nach, und wie einem Mann, der nach einem Schlag ins Gesicht vorübergehend das Bewusstsein verloren hatte, kam ihm in den Sinn, dass er selbst auch von dieser Welt war. Zur Linken lagen die 9th Street und der Rest der N Street, die Immaculate Conception Catholic Church in der 8th Street und die Bank an der Ecke der 7th Street. Er warf die Münze hoch in die Luft. Zur Rechten lag die 10th Street, und wenn man die 10th Street hinunterging, gelangte man zu Geschäften, zum Sterbehaus Abraham Lincolns und zu all den kostbaren Denkmälern der Weißen. Wenn man die 10th Street hinauf und einen Häuserblock weiter ging, kam man zur Ecke 11th Street/Q Street. Dort hatte es einmal einen Laden von High's gegeben, wo, als Caesar ein Junge war, ein halber Liter Kirschvanilleeis fünfundzwanzig Cent gekostet hatte. Und wenn man die 10th Street weiter hinunterging, kam man zur French Street mit einem zweistöckigen Haus mit den Zierdeckchen seiner Mutter und einem dreißig Zentimeter langen schwarzen Porzellanhündchen gleich hinter der Eingangstür. Ein Hündchen, das seine Mutter seinem Vater im dritten Jahr ihrer Ehe gekauft hatte. Ein Hündchen, das fünfunddreißig Jahre lang jeden Werktag geduldig auf die Rückkehr seines Vaters von der Arbeit gewartet hatte. *Die eine große Wahrheit … Nur noch eine Minute.* Er fing die Vierteldollarmünze auf und klatschte sie auf den Rücken seiner anderen Hand. Er hatte bereits entschieden. Das Profil George Washingtons würde bedeuten, dass er zur 10th Street ging, und genau das tat er auch, kaum hatte er die Münze aufgedeckt.

An der Ecke 10th Street/N Street blieb er stehen und betrachtete erneut die Vierteldollarmünze. Weiter unten in der 10th Street stand Abraham Lincolns Sterbehaus. Weiter oben in der 10th Street stand das Haus, in dem er als Junge gewohnt und in dem das Hündchen auf seinen Vater gewartet hatte. An der Ecke hantierte ein Mädchen an seinem Fahrrad herum. Sie steckte Spielkarten zwischen die Speichen und prüfte den Reifendruck. Sie sah Caesar dabei zu, wie er die Vierteldollarmünze hochwarf. Er griff daneben, die Münze fiel zu Boden, und er beschloss, diesen Wurf nicht gelten zu lassen. Das Mädchen hatte einmal gesehen, wie ihre Tante mit sechs Münzen jonglierte. Erst hatte sie sich aufgewärmt, indem sie nur eine einzige in die Höhe warf, dann hatte sie sie sich zu drei Münzen vorgearbeitet, bis sie schließlich mit sechs Münzen jonglierte. Es war eine ziemliche Leistung gewesen. Die Tante hatte dem Mädchen die sechs Geldstücke gezeigt – allesamt alte, schwere Ein-Dollar-Silbermünzen, riesige Dinger, wie niemand sie mehr herstellte. Das Mädchen glaubte schon, einer Wiederholung jener Darbietung beizuwohnen. Caesar warf die Vierteldollarmünze in die Höhe. Dem Mädchen stockte das Herz. Dem Mann stockte das Herz. Die Münze erreichte den Scheitelpunkt ihrer Flugbahn, dann fiel sie herab.

Hagars Kinder

An einem der Tage, die meine letzten in Washington sein sollten, kamen meine Mutter, meine Tante und die Mutter des ermordeten Ike zu mir ins Büro im zweiten Stock herauf, das ich mir mit Samuel Jaffe teilte. Das war drei Wochen, nachdem Sam nach Israel geflogen, und etwas mehr als neun Monate, seit ich aus dem Koreakrieg zurückgekehrt war. Wenn sich unten die große Eingangstür öffnete und schloss, erzitterten immer die Fenster unseres Gebäudes in der F Street, und als die drei Frauen das Haus betraten, sah ich, wie das riesige Fenster in unserem Büro entsetzlich ins Wackeln geriet, ehe es sich langsam wieder beruhigte. Ich hörte die drei zu mir heraufstapfen, und Sekunden später merkte ich, dass es die Mutter des ermordeten Ike war, die jene schweren schwarzen Altdamenschuhe trug, die beim Treppensteigen das lauteste Geräusch verursachten. Es war zwei Monate her, dass ich Sheila Larkin so freundlich, wie ich konnte, erklärt hatte, es sei aus zwischen uns. *»So, so, erst machst du dir die Frau gefügig, und jetzt forderst du sie auf, einfach zu verschwinden?«* Die drei Frauen redeten die ganze Zeit, sie schwatzten so unbekümmert drauflos, als säßen sie in einem ihrer Wohnzimmer beim Kaffeekränzchen, wie sie's zweifellos schon gehalten hatten, als ich nicht einmal ein Glitzern im Auge meiner Mutter gewesen war. Dann standen sie in meiner Tür, alle drei. Ich wandte mich von dem riesigen Fenster ab, das mir einen schönen Tag in der F Street zeigte, und trat ihnen entgegen. Ich stellte den Karton weg, den ich in der Hand hielt, und bürstete mich ab; ein Mann wie ich begrüßt die Frau, die ihn in die Welt gesetzt hat, nicht mit einem Karton in der Hand, einem Karton mit den verstaubten Habseligkeiten einer Durchschnittsexistenz. Es war kaum mehr als einen Monat her, dass die weiße Frau vor meinen Augen gestorben war. *»Nein, Sheila, Süße, so meine ich ich es ganz und gar nicht.«*

»Hab mit Freddy gesprochen und soll dich grüßen«, sagte meine Mutter. Mein älterer Bruder studierte Jura. Sie bot mir ihre Wangen dar, und ich küsste sie. Ihr Gesicht war faltenfrei. »Ich bin ohne Schuld«, hatte sie einmal zu mir gesagt. Ihre dunklen Wangen waren leicht geschminkt. In der Regel war meine Mutter nicht sehr überschwänglich. Sie lebte in einer ganz eigenen Sphäre, wo nur noch wenige Dinge sie schmerzen oder belästigen konnten. Freddy und mich ließ sie stets ein, aber während unserer Besuche behielt sie die Tür im Auge, falls wir etwas Verkehrtes sagten und sie uns hinausweisen musste. Drei Wochen nach meiner Ankunft in Korea hatte ich einen Brief von Freddy erhalten: »Du solltest besser lebend zurückkommen, oder Mama wird nicht wiederzuerkennen sein. Sie kann nicht aufhören zu weinen.« Viele Monate in Korea verbrachte ich damit, die Mutter, die alle Mütter meiner Kindheit übertraf, mit der Mutter in Freddys Briefen, die mich betrauerte, unter einen Hut zu bringen.

Ich berührte meine Mutter am Ellbogen und trat um sie herum auf Tante Penny zu. Auch sie küsste ich auf die Wange. Sie und Onkel Al besaßen einen Lebensmittelladen an der Ecke der 5th Street und der O Street, N.W. Als Kinder hatten Freddy und ich alle Süßigkeiten, von denen Jungen träumen konnten. »Ich liebe dich«, sagte Tante Penny. An diesem warmen Tag trugen alle drei Frauen Handschuhe; sie mochten zur letzten Generation von Negerinnen gehören, die sich so durch die Welt bewegten. »Hier, Aggie«, sagte meine Tante und drehte sich zu Miss Agatha um. Miss Agatha nahm ich in den Arm. Ich hatte sie seit Monaten nicht gesehen, obwohl wir uns bald nach meiner Rückkehr aus Korea miteinander unterhalten hatten, als ich Freunden und Verwandten den Pflichtbesuch in Uniform abstattete: Ein Neger war in den Krieg der Weißen gezogen, hatte überlebt und musste nun allen, die für ihn gebetet hatten, davon berichten. Miss Agathas einziges Kind war während meiner Zeit in Korea ermordet worden, und Freddy hatte mir die Artikel aus der *Daily News* zugeschickt. Ike Appleton hatte sich stets für das Böse entschieden. Als ich in der dritten Klasse der High School war, hatte er mich blutig geprügelt, Freddy hatte ihn zur Rede gestellt und genauso brutal verprügelt, und danach hatte ich nie wieder Ärger mit Ike. Die Artikel enthielten ein Foto von Ike mit dem Barett der High-School-Abschlussfeier.

Miss Agathas Gesicht hatte genug Falten für alle drei Frauen zusammen – als Ike beim Abendessen saß, hatte jemand sich von hinten an ihn angeschlichen und ihm das Hirn ausgeblasen.

»Schaust gut aus«, sagte Miss Agatha. »Anscheinend bekommt es dir, in der Innenstadt unter Weißen zu arbeiten.« Als ich acht war, ging ich auf die Geburtstagsfeier eines Jungen und erzählte Freddy tagelang davon, wie viel Spaß wir hatten und was für erstklassige Geschenke der Junge bekommen hatte. Am dritten Tag meiner Aufschneidereien sagte meine Mutter zu mir, ohne zu lächeln: »Denk dran, jedes fröhliche Geburtstagskind strebt dem Grabe zu.«

Ich fragte Miss Agatha: »Und wie ist's Ihnen so ergangen?«

»Gut. So gut es eben bei mir geht.«

Meine Mutter trat um mich herum. Ich wusste, dass sie hinter mir gestanden und mich und den Raum taxiert hatte, auf der Suche nach etwas, was sie gegen mich verwenden könnte. Langsam streifte sie ihre Handschuhe ab, einen langen Finger nach dem andern. »Sie ist hier, um dich um eine Gefälligkeit zu bitten«, sagte meine Mutter. »Aggie meint, du kennst dich aus. Es ist nicht an mir, sie vom Gegenteil zu überzeugen.« Ich sah sie an. »Sie hat ihre eigene Art zu denken.« Ich stand kurz davor, nach Alaska zu gehen, um mit einem Kriegskameraden nach Gold zu suchen. (»Hätte nicht gedacht, dass die Weißen Neger ins weiße Alaska lassen«, hatte meine Mutter gesagt, als ich mein Vorhaben erwähnte.) Die Sache mit der Gefälligkeit hörte sich an wie ein großes Hindernis zwischen mir und all dem Gold, Autos, Kleidern und den vielen Frauen – mehr Frauen, als ich vernaschen konnte, wie mein Kumpel sich ausgedrückt hatte. Ich war bereit zu neuen Taten; ein Veteran in Washington D. C., für den es hier nichts mehr zu entdecken gab. Und ich wollte weit weg, denn ich glaubte, es würde mir helfen, die Gedanken an die tote Weiße zu verscheuchen. *»A moll is gav vain ah rav und ah rabbit sin«,* hatte die Frau gesagt, als sie im Sterben lag. Letzte Nacht hatte ich geträumt, ich hätte es geschafft, ihr das Leben zu retten. Sie hatte sich von den Straßenbahngleisen erhoben und war davongegangen. »Eine Gefälligkeit. Wir bitten dich nicht um viel«, sagte meine Mutter.

Vielleicht waren Frauen ja wirklich so. Das Gleiche hatte selbst Sheila Larkin betont, beim letzten Mal, als ich ihr sagte, es sei aus zwischen uns: »Ich bitte dich weiß Gott nicht um viel, Mann.« In Alaska könnte ich vielleicht etwas Neues über Frauen lernen und eine andere Art Veteran werden. Meine Mutter öffnete ihre Handtasche und stopfte ihre Handschuhe hinein, und während sie mich, eines ihrer beiden lebenden Kinder, ansah, ließ sie sie wieder zuschnappen. Das war das einzige Geräusch im Raum.

»Sie haben meinen Ike umgebracht«, sagte Miss Agatha, als müsse ich eigens daran erinnert werden. Er war nur einer von sechsundsechzig Menschen, die im ersten Jahr meiner Abwesenheit in D. C. ermordet worden waren. »Fast zwei Jahre sind vergangen, und die haben nicht mehr getan als am Tag, als es passiert ist.«

»Wenn sie was tun, halten sie's geheim«, meinte Tante Penny. »Ein farbiger Jugendlicher weniger. Eine Schande vor Gott, wie sie mit Hagars Kindern umspringen.«

»Penny«, sagte meine Mutter, »steigere dich nicht hinein.« Meine Mutter war die Jüngste von ihnen, Miss Agatha mit einem Abstand von mindestens fünf Jahren die Älteste. Als die drei noch Mädchen in Alabama waren, war ein Weißer Miss Agatha auf dem Heimweg von der Schule gefolgt. Der Mann hatte versucht, sie in ein Wäldchen zu zerren und sich gefügig zu machen. Meine Mutter und meine Tanten hoben Steine auf und schlugen den Mann zu Boden, bis er nur noch ein bewusstloser Klumpen war. Nach vollbrachter Tat hielten die Mädchen in dem Wäldchen einander im Arm und weinten wie von Sinnen, voller Angst, was die Welt ihnen antun würde. Sie waren barfuß. Drei Tage lang lag der Mann in dem Wäldchen, bedeckt mit Borke und Blättern, halb lebendig, halb tot. Es war kein reicher Mann, aber er war ein Weißer, und wenn die Polizei ihn fand, ob tot oder lebendig, würde sie alles daransetzen, um herauszufinden, was ihm zugestoßen war.

Ich holte einen Stuhl für Miss Agatha. Sobald sie sich hingesetzt hatte, zog sie ihre Hutnadeln heraus und nahm den Hut ab, ein bescheidenes Ding mit einem zurückgeschlagenen Schleier, schwarz wie ihr Kleid und schwarz wie ihre Altdamenschuhe mit den kubanischen Absätzen. Einer Mutter Sohn verdiente mehr als nur *ein* Trauerjahr.

»Ich hab gewartet, und ich hab die Polizei angerufen«, sagte Miss Agatha. »Ich will nur wissen, wer meinem Jungen was zuleide getan hat, damit ich endlich zur Ruhe komme. Die Bestrafung überlasse ich Gott. Aber ich muss Bescheid wissen. Sogar mit 'nem farbigen Polizisten von der Nummer 2 hab ich geredet. Man sollte meinen, ein farbiger Polizist würde mir helfen.«

»Verlass dich auf ihre Arbeit, Aggie, nicht auf ihre Hautfarbe, sag ich dir«, meinte Tante Penny. »Wenn du 'nen Neger mit Weißen zusammentust, fängt er sofort an zu vergessen.«

»Miss Agatha, ich bin kein Detektiv«, sagte ich und sah zuerst sie, dann meine Mutter an. In Korea war ich bei der Militärpolizei gewesen, eine Zeit des Nichtstuns. Hatte mich ein bisschen als Herr über weiße Südstaatler aufgespielt. Hatte Betrunkenen dabei geholfen, zu ihren Zelten zurückzufinden, und mich glücklich geschätzt, wenn sie mich nicht vollreiherten. Aber Mord war ein Tanz auf der unübersichtlicheren Seite des Lebens. Und ich, ein Veteran, der den Lockruf Alaskas im Ohr hatte, wollte weder große Fragen stellen noch welche gestellt bekommen. Ich war vierundzwanzig und hatte gerade begonnen, auf der unbeschwerten Seite des Lebens zu tanzen – eine flotte Sohle hier, eine flotte Sohle da.

»Du weißt mehr als die Deppen von der Nummer 2«, ließ sich Tante Penny vernehmen. In Sam Jaffes Büro zu arbeiten, wollte ich sagen, war nicht dasselbe, wie einen Mörder aufzuspüren. Sam, ein Anwalt, betätigte sich mitunter auch als Privatdetektiv, und wenn ich nicht gerade Akten abheftete, begleitete ich ihn manchmal. Aber meistens heftete ich nur Akten ab. Ein Veteran, der das ABC anwandte.

»Du bist der Einzige, den wir kennen, der wenigstens so was Ähnliches wie ein Polizist ist«, sagte meine Mutter. »Sprich mit Aggie. Hör dir an, was sie zu sagen hat. Du kennst sie. Sie war dabei, als ich dich zur Welt brachte.«

»Was immer du erreichst, ist gut«, sagte Miss Agatha. »Das alles quält das Herz. Beunruhigt das Gemüt. Ich kann nachts nicht schlafen. Ein paar Krumen Warum und Weshalb wären besser als das, woran ich jetzt zu knabbern habe.« Sie zog einen Handschuh aus und legte ihre Hand auf meine. Haut muss Haut berühren, hatte meine Mutter ihren Söhnen beigebracht. Behaltet beim Händeschütteln niemals den Handschuh an. Miss Agathas Mann war vier Jahre zuvor einem Schlaganfall erlegen. Sie trug ihren Ehering, und er funkelte und war unverkratzt.

»Er wird uns helfen, Aggie. Mach dir keine Sorgen«, sagte Tante Penny und legte beide Hände auf Miss Agathas Schultern. »Die Täter, wer immer sie sind, werden dafür büßen.« Seit Sam auf Geschäftsreise in Israel war, hatte ich mich auf meinem Stuhl gegenüber dem riesigen Fenster zur F Street zurückgelehnt und mir vorgestellt, mit Gold aus Alaska nach Washington heimzukehren. Ich sah mich schon die M Street hinunterschlendern und die New York Avenue entlangstolzieren, die Hosentaschen zum Bersten vollgestopft mit Nuggets, wie bei einem Jungen, der die Taschen voller Süßigkeiten hatte – Mary Janes, Squirrel Nuts, Fireballs.

Es war meine Mutter, die auf die Idee kam, dass die drei Alabama zusammen verlassen sollten. Es war spätabends an dem Tag, als meine Tante und sie den Weißen zusammengeschlagen hatten. Er lag noch immer in dem Wäldchen, allein bis auf die Tiere, die herbeikamen, ihn beschnüffelten und über ihn hinwegstiegen. Alle Neger, die ein Recht darauf hatten, Bescheid zu wissen, wussten Bescheid über das Geschehen, unter den Weißen jedoch wusste es nicht eine Menschenseele. Die Neger begriffen, dass die Polizei zunächst einen Fremden als Täter vermuten würde, einen Auswärtigen; Choctaw, Alabama, fand die Polizei, war eine schöne Welt, in der Farbige den Weißen, zu deren Schutz die Polizei bestellt war, nichts Böses antaten.

Die Familien der drei Mädchen saßen und standen im Wohnzimmer von Miss Agathas Haus. Sie saß in den Armen ihres Vaters auf dem Sofa. Die jüngsten Kinder wurden in der Küche mit Essen versorgt. Mein Großvater lehnte mit verschränkten Armen in der Tür und sagte, die Männer im Zimmer sollten hinausgehen und den weißen Mann töten, falls er nicht schon tot war. »Gebt ihm den Rest«, sagte er. »Ich lege ihn eigenhändig um, und damit hat sich die Sache.«

Eine Weile lang schwiegen alle. Ein Buhmann weniger, der die Kinder verschreckte, das klang verlockend, und in der Stille verlangte es ihre Herzen danach. Doch jeder im Zimmer fürchtete Gott und wollte dereinst im Glanze seines Angesichts sitzen. Und sie wollten in der fröhlichen Gesellschaft meines Großvaters dort sitzen können. Sollte er mit Blut an den Händen vor Gott hintreten, bliebe ihnen dies versagt.

»Morris, lass dieses Gerede«, sagte die Mutter meines Großvaters schließlich. Sie saß hinten im Zimmer in einem Rohrsessel und musste sich vorbeugen, weil sie so besser atmen konnte. Es war nicht einmal fünfzig Jahre her, dass sie aus der Sklaverei entlassen worden war. In fünf Jahren würde sie der Tod ereilen. Seit mehr als drei Jahren sah sie sich vom Tod verfolgt. *»Tu's, oder lass mich in Ruhe.«*

»Welches Gerede denn sonst, Mama?«

»Keiner meiner Söhne geht hinaus und ermordet jemanden kaltblütig.« Die Mutter meines Großvaters hob den Kopf und sah ihren Sohn an. Quer über dem Schoß hatte sie ihren Gehstock liegen, in den eine Reihe Schlangen geschnitzt waren. Jemand hatte nach dem Prediger geschickt, der jedoch nicht eingetroffen war. Er sprach dem Alkohol zu, und Sonntag war der einzige Tag, an dem man mit ihm rechnen konnte. Miss Agatha war an einem Mittwoch angefallen worden.

Mein Großvater lächelte. »Dann halt heißblütig, Mama. Ich ermorde ihn heißblütig.«

»Du tust nichts dergleichen, Morris«, erwiderte die Mutter meines Großvaters. »Du kannst nicht in Aggies Namen töten. Was würde aus ihr werden? Das frage dich, mein Sohn. Was würde aus Aggie werden? Was würde aus deinen Kindern werden, wenn du deinen Willen kriegst? Was würde aus Penny und Bertha werden, wenn du den Mann umbringst?«

»A moll is gav vain ah rav und ah rabbit sin«, sagte ich, als ich den drei Frauen nachlauschte, die die Treppe wieder hinabstiegen. Ich sah zu, wie sie die paar Schritte zur 8th Street und um die Ecke gingen. Sie wollten zu Kann's Kaufhaus. Es war Sabbat, daher war Sams Frau Dvera nicht oben im hinteren Büro. Sie und ich sprachen nur selten miteinander, und ich war noch nie in der dritten Etage gewesen. Sie machte mich nervös, wenn sie sich mit ihren dicken Knöcheln schweigend umherbewegte.

Ich rief meinen Bruder an, den Sam ermutigt hatte, Rechtsanwalt zu werden. Vielleicht wusste der ja, wie ich es anstellen musste, einen Mörder aufzuspüren. Seine Frau Joanne sagte mir, er sei ausgegangen. Joanne war schwanger. Eine Wurzelheilerin hatte Joanne zehn Haarnadeln in die Luft werfen lassen. Die Wurzelheilerin untersuchte das Muster, das die auf eines von Joannes Kopftüchern herabgefallenen Nadeln bildeten, und sagte voraus, dass Joanne Zwillingstöchter haben würde. Die Nachricht löste bei meiner Mutter eine Begeisterung aus, wie ich sie bei ihr noch nie erlebt hatte. Mir war es gleich. Ich war kein Mann, der sich in Gesellschaft von Kindern wohlfühlte. Joanne sagte: »Ich richte Freddy aus, dass er sich bei dir melden soll.« »Nein«, erwiderte ich. »Ich denke, das hat Zeit.« Zwei Monate zuvor hatte Sheila, als sie in ihrem Bett nackt neben mir lag, gesagt: »Ich werde auf dich warten, bis du aus Alaska zurückkommst, Mann. Ich werde warten.«

Gegen vier Uhr schloss ich das Büro ab und fuhr in meinem Ford, der einzigen sinnvollen Anschaffung, die ich mir von meinem Armeegeld zugelegt hatte, zu Mojo's. Ich wählte eine Route, auf der ich Sheila Larkin am ehesten vermeiden konnte. Seit ich mit ihr

Schluss gemacht hatte, war ich darin sehr erfolgreich. Ich wusste, wie gehässig sie sein konnte. Ich wollte nicht mit einem säureverätzten Gesicht nach Alaska gehen. Bei Mojo's, in der North Capitol Street kurz hinter der New York Avenue, sagte mir Mojos Frau Harriet, er sei nicht da. Am Tresen trank ich ein paar Schluck Bier, und als Mary Saunders und Blondelle Steadman hereinkamen, folgte ich ihnen zu einer Nische. Sie waren in der Klasse meines Bruders auf der Dunbar High School gewesen. Einst hatte ich geglaubt, Mary zu lieben.

»Na, was treibst du dich an einem schönen Samstag herum, alter Krieger?«, fragte Mary. Mit etwa zwölf Jahren war sie aus Jamaika eingewandert, und wenn sie den Mund aufmachte, kam Jamaika heraus. »Hab gehört, dass dich Alaska ruft. Unsre Frauen hast du alle gehabt, und jetzt willst du ihre.« Sie teilten sich eine Cherry-Cola.

»Ich geh schon noch nach Alaska, aber vorher hab ich 'n paar Dinge zu erledigen. Erinnert ihr euch noch an Ike?« Blondelle nickte, und Mary trank von ihrer Cola. »Miss Agatha will, dass ich herausfinde, wer es getan hat.«

Sie lachten. Ihr Gelächter hielt eine volle Minute an. Sie waren seit vielen Jahren zusammen, sodass sich die eine Frau inzwischen genau wie die andere anhörte. Blondelle rief Harriet hinter dem Tresen zu: »Weißt du schon das Neueste? Unser Krieger ist jetzt Detektiv. Wie im Kino.« Harriet hielt ein Glas gegen das Licht, um zu sehen, wie sauber es war. »Als Nächstes wird er noch Raumfahrtspezialist, was?« Am Tresen tranken vier Frauen Milchshakes.

»Da hast du aber ein Problem: Alle Welt hat Ike gehasst«, meinte Mary. »Außer seiner Mutter und seiner Frau. Die mussten ihn ja mögen, mussten ihn ja lieben.« Als ich in meinem zweiten Jahr auf der Dunbar High School war und Mary im vierten, sagte mir mein Bruder, ich hätte nichts zu verlieren, wenn ich sie fragte, ob sie mit mir ausgehen wolle. »Aber von den beiden mal abgesehen«, sagte sie jetzt, »solltest du die Augen zumachen und den Finger auf eine Liste mit Namen legen. Der, auf den der Finger zeigt, der war's.« Eines Tages im April folgte ich Mary nach der Schule. Sie war mit

Blondelle unterwegs, die einfach nicht Leine ziehen wollte, damit ich mit Mary allein sein und sie einladen konnte. Schließlich trat ich auf Mary zu und bat sie, unter vier Augen mit ihr sprechen zu dürfen. Als ich ausgeredet hatte, ging sie zu Blondelle und sagte: »Hast du was dagegen, wenn er und ich zusammen ausgehen?« »Allerdings«, sagte Blondelle, die nicht verärgert schien, nicht empört klang. Mein Bruder schien mir eine Menge über die Welt zu verschweigen. »Wenn ich's dir gesagt hätte«, erklärte er mir später, »wär's nicht dasselbe gewesen, wie es selbst rauszufinden.«

»Miss Agatha quält sich«, sagte ich jetzt.

»Wir lieben Miss Aggie«, sagte Blondelle. »Deswegen würden wir dir gern helfen, aber wir haben keine Anhaltspunkte.« Sie trug eine Brille, und zum ersten Mal fiel mir auf, dass sie hübsch war. Wie hatte mir das entgehen können? An jenem Apriltag, als Mary meine Einladung ausschlug, nahm sie meine Hand und hielt sie so lange fest, dass ich wusste, ich sollte es ihr nicht verübeln. Blondelle ging davon. Mary küsste mich auf den Mund. Sie verströmte einen angenehmen Duft, den ich später mit allen farbigen Frauen assoziieren sollte. Wenn ein Mann von einer Frau abgewiesen wird, sollte er von einer Frau wie Mary abgewiesen werden, denn dann würde er Frauen gegenüber vielleicht keine Bitterkeit empfinden. Blondelle sagte: »Du weißt, was für ein übler Schurke Ike sein konnte. Du könntest jeden in Washington beschuldigen.« Sie seufzte. »Du musst einen hohen Berg erklimmen. Und selbst wenn du den Betreffenden findest, musst du wieder hinabsteigen und Miss Aggie davon berichten.« Sie trank. »Warst du schon da, wo sie ihn umgebracht haben?«

»Was?«

»Wo er umgebracht worden ist? Er hat unter Miss Aggie gewohnt. Im zweiten Stock.«

»Da war ich noch nicht.«

»Haben sie dir das in der Detektivschule nicht beigebracht?«, fragte Mary. Blondelle trank die Cola aus. »Haben sie dir nie beigebracht, den Tatort aufzusuchen? Du solltest den Mutterwitz gebrauchen, mit dem zur Welt gekommen ist.«

Blondelle sagte zu Mary: »Ach, weißt du, diese Schnüffler gebrauchen ihren Mutterwitz nicht gern. Das wäre zu normal.«

Ich zwinkerte einmal, dann noch einmal. Die Weiße, die mitten auf den Straßenbahngleisen in der New Jersey Avenue gelegen hatte, war die erste Frau, die ich hatte sterben sehen. In Korea hatte ich keine einzige Frau sterben sehen. Nicht eine. *Zetcha kender lock gadank za tira vos ear lair rent doe.*

Als ich zu Mr und Mrs Flemings Haus in der 6th Street kam, wo ich mir ein Zimmer gemietet hatte, war es schon fast sieben Uhr. Es war Ende September, und obwohl es noch ein paar Sonnenstrahlen gab, wollte ich nicht kurz vor Einbruch der Nacht die Wohnung eines Toten aufsuchen. In Korea hatte ich mich daran gewöhnt, dass überall Tote herumlagen, aber das war etwas anderes als ein Toter in der Straße, in der ich aufgewachsen war. Ich hatte mit dem toten Mann gespielt, als er weder tot noch ein Mann gewesen war. In der M Street hatte ich eine glückliche Kindheit verbracht.

Ich machte ein Nickerchen, und sobald ich durch die Traumtür trat, wartete die tote Weiße auf mich. Sie war wieder am Leben. An jeder Hand hatte sie ein Kind, und ich konnte mich des Gedankens nicht erwehren, dass diese Kinder mir helfen würden, ihr das Leben zu retten, mir helfen würden, sie für immer am Leben zu erhalten.

Als ich erwachte, rief ich von Flemings Telefon aus Freddy an, aber der war noch nicht nach Hause gekommen.

Am Sonntag räumte ich mein Zimmer auf und ging zu Ikes Apartment, 423 M Street. Zuerst suchte ich Miss Agatha im dritten Stock auf. Sie freute sich, mich zu sehen, und das wiederum freute mich. Als ich ihr sagte, was ich wollte, gab sie mir den Schlüssel zur Wohnung ihres Sohnes. Sie selbst hatte das Apartment seit der Nacht, in der sie und seine Frau Alona, damals im fünften Monat schwanger, Ike aufgefunden hatten, nicht mehr betreten. Der

Hauswirt hatte die Wohnung nicht vermieten können, selbst nachdem sie gereinigt worden war, sagte Miss Agatha, und seitdem hatte niemand mehr darin gewohnt; Farbige fanden, dass Tote tot bleiben sollten, aber sie wussten auch, dass Tote ihren eigenen Willen hatten. Miss Agathas Enkelin, nicht ganz zwei Jahre alt, schmiegte sich an ihr Kleid. »Hallo«, sagte das Kind immer wieder zu mir. »Hallo, hallo.« Ich nickte ihr zu und ging nach unten.

Ich drehte den Schlüssel nach links und nach rechts, aber die Tür wollte nicht aufgehen, und schließlich musste ich sie mit solcher Kraft aufstoßen, dass die ganze Wohnung erzitterte. Ich knipste das Licht an, obwohl die Sonne, die durch die kahlen Fenster drang, vollkommen ausgereicht hätte. Ich sah auf meine Armbanduhr und seufzte. Es standen Möbel herum, aber ich hatte den Eindruck, dass es Vorführmöbel waren, die der Hauswirt hingestellt hatte, um einen potenziellen Mieter zu beeindrucken.

Am Kühlschrank klebte ein billiger Schnappschuss von Ike und Alona, ein Sepiadruck, der an einer Seite eingerissen war. Alona lächelte, Ike dagegen, wo immer sie sich gerade aufhielten, blickte düster drein. Alona machte ein entschlossenes Gesicht. Vielleicht hatte sie versucht, Ike zum Lächeln zu bringen.

Aus irgendeinem Grund stand nur ein Stuhl am Tisch. Zuerst dachte ich, dieser Stuhl gegenüber dem Fenster sei der Stuhl, auf dem Ike gesessen hatte, als der Typ ihn in den Hinterkopf schoss. Aber wenn man all das Blut und Hirn bedachte, das herausgespritzt sein musste, konnte es nicht der Todesstuhl sein.

Im Schlafzimmer stand ein unbezogenes Doppelbett. Am Kopfende, auf der linken Seite, dort wo ein Kissen hätte liegen müssen, entdeckte ich eine schwache braune Blutspur. Ich wusste, dass sich Ike nach einem solchen Schuss nicht vom Küchentisch hätte bewegen können, also musste das Blut von einem anderen Vorfall herrühren. Im Badezimmer, im Arzneischränkchen, standen eine ziemlich große Flasche Mercurochrom und drei Fläschchen Jod, unter dem Waschbecken ein Pappkarton mit Bandagen. Außerdem eine halbe Schachtel Damenbinden. Wieder seufzte ich. Ich schüttelte den Karton, und unter den Bandagen zeigten sich Haarbüschel. Was hatte sich der Hauswirt bloß dabei gedacht, den ganzen Scheiß einfach liegen zu lassen?

Ich ging wieder in die Küche. Wer immer hier geputzt hatte, hatte ganze Arbeit geleistet. Wenn jemand nur die Küche sah und ihre Vorgeschichte nicht kannte, hätte man ihm das Apartment vermieten können. In der Mitte der Küche blieb ich stehen, drehte mich mehrmals im Kreis und musterte für lange Sekunden alles so kritisch, wie ich konnte. Ich hatte nicht den leisesten Schimmer, was zum Teufel ich hier tat.

Als ich wieder hinaufging, servierte mir Miss Agatha Süßkartoffelkuchen. Alona saß ebenfalls am Tisch und hatte das Kind auf dem Schoß. »Hallo, hallo«, sagte die Kleine immer wieder zu mir. Der Kuchen schmeckte gut, war aber keine hinreichende Belohnung für die Zumutungen des Kindes.

»Ich höre, du willst nach Alaska«, sagte Alona, als ich den Kuchen zur Hälfte gegessen hatte. Ich nickte. An der Dunbar High School war sie eine der gescheitesten Schülerinnen gewesen, für Dinge bestimmt, von denen ich, mit meinem Durschnittsverstand, nicht einmal träumen konnte. »Hallo, hallo«, sagte das Kind. In ihrem dritten Jahr auf der High School hatte sich Alona in Ike vergafft, wie meine Mutter sich ausgedrückt hätte, und danach wandelte sie auf der nackten alten Erde, genau wie ich und jeder andere, nach denen kein Hahn krähte. Alona sagte: »Im *Life*-Magazin hab ich mal einen Artikel über einen Mann in Alaska gelesen, der die Einsamkeit suchte. Er ließ sich an einer Stelle nieder, wo im Umkreis von hundertdreißig Kilometern keine Menschenseele wohnte. Da hat er zwanzig Jahre lang gelebt.«

»Das ist nichts für mich«, antwortete ich. »Ich brauche Menschen um mich herum.« »Hallo, hallo«, sagte das Mädchen. Ich winkte ihm zu. Ich hatte den Kuchen fast aufgegessen. Ich wollte noch ein Stück und fragte mich, ob er es wert war, sich die Zumutungen des Kindes gefallen zu lassen.

Alona grinste. »Vielleicht könntest du's ja mal versuchen, wenn du hinkommst. Wenn's mit dem Gold nicht klappt, versuch's und schreib mir.« Die Art, wie sie sich ausdrückte, hatte etwas Positives, als wäre sie selbst schon in Alaska gewesen, hätte sich umgeschaut und wüsste, dass es mir dort gut ergehen würde.

»Alona hat beschlossen, nach Howard zu gehen, aufs College«, bemerkte Miss Agatha.

»Mama prahlt mit allem, was ich tue.«

»Mit dir kann man ja auch prahlen, Kind«, sagte Miss Agatha. »Du weißt, wie sehr ich an dich glaube, Schatz.« Zu mir sagte sie: »Alona ist meine Zukunft.«

»Was willst du denn studieren?«, erkundigte ich mich, so wie meine Mutter sich erkundigt hätte.

»Hab mich noch nicht entschieden«, antwortete sie und blickte leicht träumerisch drein, wie ein Mann, der an all das Gold in seinen Hosentaschen denkt. »Werd mich später entscheiden. Nicht wahr, Mäuschen? Nicht wahr, Mäuschen?« Sie stellte das Kind aufrecht auf ihren Schoß und küsste es aufs Gesicht, bis es sich vor Lachen bog. Nach einer Weile kletterte das Mädchen von Alonas Schoß und huschte ins Wohnzimmer. Alona stand auf. »Nimm dir doch noch ein Stück Kuchen«, sagte sie. »Hat wie immer gut geschmeckt, Mama.« Und damit schlang sie die Arme um Miss Agatha, küsste ihre Wange und ging aus dem Zimmer.

»Ich weiß nicht, was ich ohne sie anfangen würde«, sagte Miss Agatha. »Mein Sohn, hast du was gefunden?« Mit dem Zeigefinger deutete sie nach unten.

»Kann ich noch nicht sagen, Ma'am, hab doch eben erst angefangen. Aber ich habe vor, an dem Fall dranzubleiben. Keine Sorge.«

»Ich muss dir sagen, er hat sich auf Dinge eingelassen, für die ich kein Verständnis habe.« Ich nickte. »Aber gegen Ende, denke ich, hat er sich zusammengerissen. Hat versucht, sich mit Alona auszusöhnen, wo doch das Kind unterwegs war und so, du weißt schon. Ich bin sicher, er hätte einen Neuanfang hinbekommen.« Sie fegte ein paar Krumen vom Tisch in ihre Hand, dann wischte sie sie mit der anderen Hand in ihre leere Kaffeetasse. Als ich die Krumen fallen sah, wollte ich mein Bestmögliches für sie tun. »Du wirst vielleicht viel Schlechtes über Ike hören. Dazu kann ich nichts sagen. Die Leute neigen nicht dazu, über einen Toten Lügen zu verbreiten, insofern kann ich nichts dazu sagen. Ich kann nur eines sagen: Selbst wenn er der leibhaftige Teufel wäre, wäre er immer noch mein Junge. Ich habe ihm das Leben geschenkt.«

»Ja, Ma'am.« Ich stand auf und brachte meinen Teller und meine Gabel zur Spüle, so wie man es mir beigebracht hatte. Über den Teller ließ ich heißes Wasser laufen. »Ich mach mich jetzt besser auf den Weg, Miss Agatha, aber ich komme morgen wieder, um mich weiter umzusehen.«

»Vielleicht hättest du heute, am Tag des Herrn, nicht arbeiten sollen. Vielleicht mag Gott das nicht.«

Ich machte mich auf den Heimweg, um aufzuräumen, bevor ich zum Sonntagsessen zu meiner Mutter ging. Seit ich die High School abgeschlossen und mich selbstständig gemacht hatte, veranstaltete meine Mutter jeden Sonntag für sich, meinen Bruder und mich ein großes Abendessen mit gebratenem Huhn, grünen Bohnen, gekochten Kartoffeln mit etwas Rückenspeck und Maisbrot mit Griebenschmalz. Danach eine Apfel- oder Pfirsichpastete. Jeden zweiten Sonntag durfte ich mir das Kool-Aid-Brausepulver aussuchen, und fast immer wählte ich Traubenbrause. Freddy war der Limonenmann. Nach Freddys Heirat stieß natürlich auch seine Frau dazu, sodass ich meine Traubenbrause nur noch jede dritte Woche genießen konnte. Joanne mochte Orangenbrause, die ich verabscheute. Ein widerlicher Geschmack. Gott allein wusste, welchen Scheiß ihre Zwillingstöchter wählen würden, aber ich hatte nicht die Absicht, in der Nähe zu sein, wenn die beiden aufkreuzten, alles verdarben und meine Getränkewahl auf die fünfte oder sechste Woche verschoben. Mit Gold konnte sich ein Mann jeden Tag seines Lebens Traubenbrause kaufen. Meine Mutter hatte nie verlangt, dass wir uns jeden Sonntag um sechs bei ihr einfanden. Es lag ihren Söhnen einfach im Blut, zu wissen, wann sie zu erscheinen hatten. Ich schätze, wenn der Koreakrieg in der näheren Umgebung ausgefochten worden wäre, in Maryland oder Pennsylvania, hätte mein Blut mich jeden Sonntag zu ihr geschickt.

Aus Angst, Sheila Larkin zu begegnen, wählte ich einen Umweg – die 4th Street hinunter, dann die New York Avenue entlang bis zur 6th Street. Aus Angst vor Säure im Gesicht. Ich hatte Schuldgefühle ihr gegenüber, aber sie passte nun einmal nicht in meine Zukunft.

Oben in meinem Hinterzimmer setzte ich mich auf mein Bett, trank den Rest einer Flasche Whiskey aus, die mir ein Frend geschenkt hatte, und hörte dabei WOOK. An Sonntagen war WOOK voll mit religiösem Scheiß, was mich immer höllisch deprimierte. Aber ich wechselte den Sender nicht. *A moll is gav vain ah rav und ah rabbit sin.* Ich füllte etwas Wasser in die leere Flasche, um den letzten Whiskey herauszuspülen. Dann holte ich eine Broschüre über Alaska hervor und schlug die Seite sechs auf, die Seite, die mit »Wenig bekannte Fakten über unseren nördlichen Nachbarn« überschrieben war. Alaska war nicht einmal ein Staat. *Zetcha kender lock gadank za tira vos ear lair rent doe.*

Etwa eine Woche vor Sam Jaffes Abreise nach Israel war ich mit der Straßenbahn die New Jersey Avenue entlanggefahren, um einen Freund im Nordosten der Stadt zu besuchen. Aber dann beschloss ich, auszusteigen und Tante Penny und ihren Mann in der 3rd Street zu besuchen. Mein Auto spielte verrückt, und so hatte ich es zur Werkstatt in der Ridge Street gebracht. Vor mir stiegen drei Frauen in der L Street aus. Eine von ihnen war eine Weiße. Die ersten beiden Frauen überquerten die Straße bis zum Bürgersteig, aber als ich eben aussteigen wollte, drehte die Weiße sich um und streckte mir ihren Arm entgegen. Ich dachte schon, sie wolle wieder einsteigen. Ich stieg aus und trat zur Seite, um ihr Platz zu machen. Sie stand höchstens einen Meter von mir entfernt. Sie tat zwei Schritte auf mich zu, und dann brach sie, den Arm noch immer ausgestreckt, zusammen.

Ich hörte sie noch sagen: *»A moll is gav vain ah rav und ah rabbit sin.«*

Bevor ihr Kopf auf dem Asphalt aufschlug, war ich zu ihr gesprungen.

Sie sagte: »*Zetcha kender lock gadank za tira vos ear lair rent doe.*«

Ihr Kopf war mit einem grauen Wolltuch bedeckt, viel zu schwer für so einen warmen Tag. Wie ich sehen konnte, trug sie unter dem Tuch eine Perücke. Ich dachte: Wenn wir ihre Perücke wieder zurechtrücken können, so wie sie war, als die Frau aus ihrer Haustür trat, wird alles wieder gut. Ihr dunkelblaues Kleid reichte ihr bis zu den Knöcheln. Sie war viel zu jung für die schwarzen Altdamenschuhe, die sie anhatte. Ich bettete ihren Kopf auf den Asphalt, und in dem Moment schloss sie die Augen. Ich sah mich nach Hilfe um, aber es kam niemand herbei. Ich dachte: Wo in aller Welt ist der Straßenbahnschaffner? Wo zum Teufel steckt der Mann? Ist das nicht seine Aufgabe? Und als ich die stehen gebliebene Straßenbahn in der Sonne glitzern sah, dachte ich: Grün und Beige sind vorzügliche Farben für eine Straßenbahn. Die Frau röchelte bei jedem Atemzug. In der Straßenbahn konnte ich mehrere farbige Frauen erkennen, die durch die Fenster auf mich und die Weiße herabschauten.

Ich bog ihren Kopf zurück und versuchte, sie zu beatmen, wie es mir in der Armee beigebracht worden war. Meine Mutter hatte meinen Bruder und mich immer gewarnt, sollte sie uns je dabei erwischen, wie wir eine Weiße küssten, würde sie uns die Lippen abschneiden. »Habt ihr schon mal versucht, ohne Lippen auf heiße Suppe zu pusten? Versucht's nur, ihr werdet schon sehen. Es wird nicht klappen. Die Suppe wird nie abkühlen, und ihr werdet verhungern.«

Lange bemühte ich mich, der Frau beizustehen, aber dann merkte ich, dass nur der Atem Gottes ihr helfen konnte. Würde der weiße Straßenbahnschaffner auftauchen und argwöhnen, dass ich etwas Ungehöriges tat? Würde er versuchen, mich umzubringen, nur weil ich das Richtige tat? *Versucht nur, die Tomatensuppe, die ihr so gern esst, ohne Lippen abzukühlen. Versucht's nur, ihr werdet schon sehen, wie weit ihr kommt, Jungs.* Drei der farbigen Frauen in der Straßenbahn kamen jetzt auf uns zu und knieten sich hin. Eine von ihnen streichelte die Wange der weißen Frau. »Ist gut, mein Junge«, sagte sie. Da erst sah ich, dass die Weiße tot war.

»Du hast dein Bestes getan. Wenigstens bist du den Rest des Weges mit ihr gegangen.« Schließlich ließ ich den Kopf der Weißen auf den Asphalt sinken, aber der Kopf eines Menschen auf Schienen und Asphalt inmitten einer Stadtstraße schien so fehl am Platz, dass ich meine Hand wieder unter ihren Kopf schob. Nach und nach ließ die Tote meine andere Hand los, und eine der Farbigen legte ihre Hand unter den Kopf, dort wo meine sich befunden hatte.

Eine weitere Frau holte aus ihre Einkaufstüte von Hecht's einen neuen Pullover hervor, an dem noch das Etikett hing, und schob ihn ihr unter den Kopf. Ich stand auf. Der Verkehr auf der New Jersey Avenue war zum Erliegen gekommen, und an jedem anderen Tag wäre das ein Spektakel gewesen. Ich ging zum Bürgersteig, dann machte ich kehrt und lief die L Street hinunter in Richtung Nordosten – was nicht der Weg zu meiner Tante war. Schließlich, nach langer Zeit, fand ich den Weg zum Haus meiner Mutter. Sie machte mir etwas zu essen, und obwohl ich ihr nichts von der Weißen erzählte, bemerkte sie doch, dass ich das warme Essen auf meinem Teller kalt werden ließ, und lud mich ein, die Nacht in ihrem Haus zu verbringen. Ich sagte, ich wolle lieber nach Hause, aber meine Mutter meinte, das komme überhaupt nicht infrage.

Als ich am Montagmorgen aufwachte, sprach die tote Weiße in meinem Kopf. *A moll und ah rabbit ...* Beim Rasieren betrachtete ich mein Gesicht im Spiegel, und mir kam der Gedanke, dass mir die Stimme nie wieder aus dem Kopf gehen würde. Als mein Urgroßvater noch Sklave war, hatte ein Patrouillenreiter, der keine Sklaven und wenig mehr besaß als das, was er am Leibe trug, einen Sklaven getötet, der von einer anderen Plantage zurückkam, wo er seine Frau besucht hatte. Der Tote war der beste Freund meines Vorfahren gewesen. Danach legte sich mein Urgroßvater für immer den Namen des Toten zu, und niemand, nicht einmal seine Frau und seine sieben Kinder, vermochten ihn davon abzubringen. Ich selbst trage den Namen dieses Toten. Auf dem Grabstein meines Urgroßvaters weit unten in Choctaw, Alabama, stehen gleich zwei Namen. Zwei Geburtsdaten und zwei Sterbedaten.

Bis zum nächsten Sonntag unternahm ich nicht viel, um Ikes Mörder aufzuspüren. Einen Teil der Woche verbrachte ich damit, in Sams Büro Sachen zusammenzuräumen. Den Rest der Zeit lungerte ich bei Mojo's herum. Miss Agathas Ratschlag, am Tag des Herrn zu ruhen, befolgte ich nicht, sondern ging am Sonntagmorgen nach dem Frühstück aus dem Haus, um zu sehen, was ich ausrichten konnte. Mein Ford spielte wieder verrückt, sodass ich ihn vor dem Haus stehen ließ. Ich ging zur 6th Street. Vor Daddy Graces Kirche drängte sich eine dichte Menschenmenge, aber ich sah niemanden, den ich kannte. Ich bog in die M Street. Sonntags schlief Sheila Larkin sich immer aus, sodass ich keine Angst zu haben brauchte, ihr über den Weg zu laufen.

In Miss Agathas Wohnblock klopfte ich bei der vorderen Wohnung in der ersten Etage an. Eine Frau machte mir auf, und kaum hatte sie das getan, gab ein Trauermaina in einem riesigen Käfig hinter ihr laut und deutlich einen bewundernden Pfiff von sich. Es war gegen zwölf Uhr; Sheila streckte sich gerade in ihrem Bett aus und fragte sich, ob sie mich wohl heute zu fassen bekäme. Nachdem ich der Frau erklärt hatte, wer ich war und was ich wollte, öffnete sie die Tür weiter, um mich einzulassen. Sie trug einen Morgenrock. Sie mochte dreißig oder vierzig sein. Inzwischen konnte ich das Alter einer Frau schon recht gut abschätzen, allerdings nicht gut genug, um ihres bestimmen zu können. Sie sah gut aus, und dabei würde es lange bleiben.

»O ja! O ja! Genau so!«, kreischte der Vogel.

Die Frau bot mir einen Sessel an, sie selbst setzte sich mir gegenüber auf eine Couch mit Kissen, die tiefe Kuhlen hatten. Irgendjemand hatte auf diesen Dingern gesessen, und die Kissen waren nie darüber hinweggekommen. Sie sagte, ihr Name sei Minnie Parsons.

»Ich bin mir nicht sicher, was ich Ihnen sagen kann«, sagte Miss Minnie und schlug die Beine übereinander. »Einen Tag oder so, nachdem es passiert ist, habe ich mit einem farbigen Polizisten geredet. Er hat mir Fragen gestellt, schien aber eher an Billie da interessiert. ›Wie bringen Sie ihn zum Sprechen?‹, fragte er immer wieder. ›Wie bringen Sie ihn dazu, das alles zu sagen?‹ Er schien sich nicht viel aus dem armen Ike zu machen.«

»Ich bin auch nur Fleisch und Blut!«, kreischte Billie.

Sie sagte, sie habe Ike nur flüchtig gekannt, und als sie die Beine übereinanderschlug und sie wieder nebeneinanderstellte, verriet mir irgendetwas, dass sie nicht die Wahrheit sagte. »Alona habe ich besser gekannt. Und Miss Agatha ist wie meine eigene Mutter.« Ihre Wohnung war sehr ordentlich, an den Wänden Fotos von Kindern, auf dem Kaminsims Fotos von Erwachsenen in Sonntagskleidern. An der Wand hinter der Couch hing ein Kreuz. Das Haupt Jesu war herabgesunken, weil er den Geist aufgegeben hatte. Seine Geschlechtsteile waren von dem obligatorischen Tuch verhüllt. Die Nägel in seinen Händen und Füßen waren rot angemalt. Kein Blut. »Sind Sie von Nummer 2?«, fragte Miss Minnie.

»Nein, Ma'am.« Ich stellte klar, dass ich kein Detektiv war und lediglich bei der Militärpolizei in Korea gedient hatte.

»Behandeln Sie mich nicht wie eine alte Frau«, sagte sie. »Kommen Sie mir nicht mit ›Ja, Ma'am‹ und ›Nein, Ma'am‹. Ich bin nicht alt. Möchten Sie etwas trinken?« Ich verneinte. »Mein Mann war in der Armee«, sagte sie nach einer Weile. »Er war Koch. Ist immer noch ein guter Koch. Können Sie das nicht sehen?« Sie beugte sich zur Seite und klatschte sich auf den Schenkel.

»So?«, fragte der Vogel.

Ich fragte sie, ob sie in der Mordnacht zu Hause gewesen sei. Sie sagte, ja, sie sei zu Hause gewesen, habe aber nichts gehört. Sie wusste, dass Miss Agatha außer Haus gewesen war, vielleicht in der Kirche. Sie wusste nicht, wo Alona sich aufgehalten hatte. »Es gibt kein Buch, das das Mädchen nicht gelesen hat … Ich hab Miss Agatha hereinkommen und nach oben gehen hören. Gleich danach hab ich sie beide schreien hören. Von dem Geschrei hat das ganze Gebäude gewackelt.«

»Ist der Vogel ein Männchen oder ein Weibchen?«, fragte ich.

Eine Weile lang betrachtete sie Billie, der auf den Boden des Käfigs hüpfte, den Kopf durch die Gitterstäbe der Käfigtür steckte und nach links äugte. *»Ich bin auch nur Fleisch und Blut! Ich bin auch nur Fleisch und Blut!«*

»Ich weiß es nicht genau«, sagte Miss Minnie. »Könnte beides sein. Einmal hat eine Frau mir erzählt, sie könnte vorbeikommen, Billie auf den Kopf stellen, seine Geschlechtsteile untersuchen und sein Geschlecht bestimmen, aber ich habe sie nie kommen lassen. Ich habe den Verdacht, dass Billie ein Weibchen ist.«

»Oh.«

»Eine Frau weiß, wenn eine andere Frau in ihrem Nest hockt.«

»Es kommt noch mehr, du Miststück!«, kreischte Billie.

Miss Minnie reagierte nicht auf das Schimpfwort, und mir fiel ein Spruch meiner Mutter ein: Eine Frau, die sich bei Schimpfwörtern wohlfühlt, fühlt sich auch beim Teufel wohl. Ich wollte gehen. Als ich aufstand, sagte Miss Minnie: »Ich möchte sagen, dass mich Ike, wann immer ich mit ihm zu tun hatte, mit dem größten Respekt behandelt hat. Mein Mann allerdings ... Der hat sich nicht viel aus Ike gemacht. Billie dagegen mochte ihn, denn die bevorzugt und benachteiligt niemanden.« Sie schlug die Beine wieder übereinander. »Möchten Sie etwas essen? Wäre kein Umstand, eine Kleinigkeit aufzuwärmen.«

»Nein, Ma'am.«

»O ja! O ja! Genau so!«

»Was habe ich Ihnen zu diesem ›Ja, Ma'am‹ und ›Nein, Ma'am‹ gesagt?«

»Kommt Ihr Mann bald zurück?«

»Wie bitte?«, sagte sie. »Was meinen Sie mit ›bald‹?« Sie lachte. »Er ist nur zum Geschäft gegangen, um etwas fürs Frühstück einzukaufen. Aber er bleibt immer lange genug weg, um das Schwein zu schlachten und die Eier einzusammeln. Er wird lange wegbleiben. Ist halt langsam.«

Ich verließ sie, ging zur Ecke der M Street/4th Street und blieb stehen, um einen Blick in Leons Geschäft zu werfen. Der einzige Mann im Laden kam mit einer mittelgroßen Papiertüte heraus. Er ging an Krücken. Eines seiner Beine war unterhalb des Knies amputiert worden, das andere oberhalb des Knies. Ich beobachtete ihn, wie er die Straße überquerte und sich so lautlos an mir vorbeibewegte, dass ich ihn nicht bemerkt hätte, wenn ich ihn nicht mit eigenen Augen gesehen hätte. Kein Schnaufen und Keuchen, kein Rascheln mit der Papiertüte, kein Geräusch der Krücken auf dem Gehsteig. Ein Nichts, das die Straße entlangglitt. Er wirkte böse und brutal, aber vielleicht lag das nur an mir, einem gesunden Mitveteranen, der voller Schuldgefühle jemanden betrachtete, der so viel verloren hatte. Er sagte etwas zu einem kleinen Mädchen, das ihm entgegenkam, und verschwand in Miss Minnies Gebäude. Ich ging zu dem Gebäude und fragte das kleine Mädchen, das ein noch kleineres an der Hand hielt, ob sie den Mann kannte.

»Jeder kennt Mr Hal«, antwortete das Mädchen.

Ich ging die Akten in meinem Gedächtnis durch und versuchte, mich daran zu erinnern, wie Miss Minnie ihren Ehemann genannt hatte. Es war mir entfallen. Der Vogel hieß Billie, so viel wusste ich, da sie das Geschöpf mehrfach erwähnt hatte. »Mr Hal ist mit Miss Minnie verheiratet, stimmt's?«, fragte ich das Mädchen.

Die beiden Mädchen sahen einander an und lachten. »Das weiß doch jeder«, antwortete die Kleinere. »Wie kommt's, dass Sie das nicht wissen?«

»Vergiss ihn«, sagte das ältere Mädchen, und bevor sie weggingen, tippte sie sich mit dem Zeigefinger an die Stirn. »Ja«, sagte sie. »Vergiss ihn, wenn er das nicht weiß. Wetten, dass er nicht mal weiß, dass Mr Hal keine Beine hat?« »Vergiss ihn einfach«, sagte das kleinere Mädchen.

Ich blieb vor dem Gebäude stehen und versuchte zu entscheiden, ob ich Hal seiner Krücken wegen als Ikes Mörder ausschließen sollte. Aber zu dem Zeitpunkt hatte ich niemand anderen im Verdacht, und so ließ ich ihn vorerst auf der Liste der Verdächtigen stehen. Miss Agatha hatte mir den Schlüssel zur Wohnung ihres Sohnes überlassen, aber ich entschied mich gegen einen weiteren Besuch, denn dann hätte sie mich gehört, und ich hätte ihr gestehen müssen, dass ich bislang nichts herausgefunden hatte.

Ich fühlte mich ebenso hilflos wie an dem Tag, als ich Ikes Apartment zum ersten Mal inspiziert hatte. Inzwischen hielt Sheila Larkin ihre Tasse Kaffee in der Hand, vermutlich schaute sie aus ihrem Fenster in der N Street und dachte an mich. Ich ließ meine Detektivarbeit sausen und nahm den Umweg nach Hause.

Sonntags hatte Mojo's geschlossen. Das war auch besser so. Meine Mutter wusste sofort, wenn ich auch nur einen Tropfen zu mir genommen hatte, bevor ich zum Abendessen bei ihr erschien. Manchmal war's mir peinlich und manchmal scheißegal, und ich trank einfach, bevor ich zu ihr ging. »Du hast getrunken«, hatte sie vergangenen Sonntag festgestellt, noch bevor sie mir aufmachte. Den ganzen Abend redete sie von nichts anderem. Dann wartete sie mit uralten Geschichten auf: Einen Monat nach meiner Rückkehr aus Korea feierte ich immer noch. Eines Dienstags hatte ich in der Wohnung eines Freundes schwer getrunken, in den Augusta Apartments an der Ecke New York Avenue / New Jersey Avenue, nur zwei Häuserblocks von der Stelle entfernt, wo die weiße Frau sterben würde. Ich hatte einen Fehler begangen und meinem Kumpel gesagt, ich würde zu Fuß nach Hause gehen. Gegen drei Uhr morgens war ich zur Ecke vorgelaufen und auf dem Gehsteig zusammengebrochen. In Wahrheit war ich eher auf der Straße zusammengebrochen als auf dem Gehsteig. Damals schlief fast ganz D. C. um diese Nachtzeit, sodass es keine Autos gab, die mich hätten überfahren können. Die Straße war warm, und all die Wärme verführte mich dazu, ein Schläfchen zu halten. *Mann, leg dich einfach schlafen.*

Ich werde nie herausfinden, wo die alte Dame um diese Zeit herkam. Aber nachdem sie mich wachgerüttelt hatte, konnte ich durch all den Alkoholnebel sehen, dass sie wie zum Kirchgang gekleidet war. An einem Wochentag um drei Uhr morgens.

»Bist du nicht Berthas Jüngster? Bist du nicht Pennys Neffe?«, fragte sie, nachdem es mir gelungen war, den Kopf zu heben. *Schlaf weiter, Junge, schlaf einfach weiter.* »Bist du nicht Berthas Junge?«

Selbst in der trüben Straßenbeleuchtung, durch den herrlichen Alkoholdunst hindurch, konnte ich erkennen, dass ich die Frau noch nie in meinem Leben gesehen hatte. »Bist du nicht Berthas Junge? Du hast doch einen Bruder namens Freddy, der die Tochter von Dolley und Pritchard geheiratet hat? Bist du nicht Berthas Junge, der nach Korea gegangen ist? Ist dein Pastor nicht Reverend Dr. Miller von der Shiloh Baptist Church?«

Als er die Dame reden hörte, kam mein Kumpel herunter, und sie brachten mich wieder hinauf in seine Wohnung. Die alte Dame verschwand, und ich sah sie nie wieder. Meine Mutter wartete den rechten Augenblick ab. Eines Sonntags drei Monate später, nachdem ich beim Abendessen etwas »Männisches« von mir gegeben hatte, brachte sie die Trunkenheitsszene erstmals zur Sprache. Sie konnte mir sagen, was ich am Leib trug, bis hin zur Farbe meiner Socken, zählte die »rattenverseuchten Möbel« in jedem Zimmer in der Wohnung meines Freundes auf, sagte mir, wie viele leere Flaschen auf dem Küchentisch herumstanden, erwähnte die halb nackte Frau auf der Couch. Den betrunkenen Hund, der von Zimmer zu Zimmer torkelte. »Dein Leben wird eine einzige lange Dienstagnacht voller Unfug sein – eine Dienstagnacht und ein ganzer Mittwoch … Mit betrunkenen Lippen Miss Hatties Hand zu küssen!« An die dreißig Minuten redete sie so im Plauderton, ohne die Stimme zu heben. Als sie mit mir fertig war, deutete sie erst auf meinen Bruder, dann auf die Kartoffeln, was bedeutete, dass er mir die Kartoffeln reichen sollte. Es war ein Sonntag mit Orangenbrause. Joanne sagte kein Sterbenswörtchen.

Als ich gegen vier Uhr bei meiner Mutter in der L Street aufkreuzte, war Joanne mit ihrem großen Bauch voller Zwillinge schon da. Mein Bruder hatte sie abgesetzt und war zur Bibliothek der Juristischen Fakultät weitergefahren, wo er irgendein Buch abholen wollte. Wir saßen im Wohnzimmer. Eins musste ich ihr lassen: Meine Mutter behandelte ihre Wohnzimmer nie so, als wollte sie sie für einen Besuch Jesu Christi aufsparen. Keine Schonbezüge und so ’n Scheiß. »Das Schlüsselwort für ein Wohnzimmer ist Wohnen«, pflegte sie zu sagen. Insofern hatten Freddy und ich es im Wohnzimmer ebenso bequem wie in unserem eigenen.

»Mama, weißt du irgendetwas über die Sache mit Ike? Etwas, was Miss Agatha mir nicht verraten hat?« Wir tranken Traubenbrause.

»Ich glaube nicht, mein Sohn. Er hatte Sorgen. Ich war bei seiner Geburt dabei, und Ike, Gott hab ihn selig, hatte schon Sorgen, als er auf die Welt kam.« Joanne saß neben ihr auf der Couch und wirkte äußerst selbstzufrieden. »Mein Sohn, du weißt alles, was ich weiß. Du weißt, dass er mit … mit diesem ganzen Kram zu tun hatte.« Sie zeigte auf ihre Armbeuge und deutete mit dem Finger eine Nadel an. »Ich musste fünfzig Jahre alt werden, ehe ich einen Farbigen getroffen habe, der so was tut. Und dazu noch jemand, der für mich wie ein Sohn war.« Ich spitzte die Ohren. Meine Mutter fuhr fort: »Was soll aus der Welt nur werden, Joanne? Aber er hat mich immer zuvorkommend behandelt, ›Ja, Ma’am‹ und ›Nein, Ma’am‹, das muss ich ihm lassen. Dabei war er durchaus kein Papagei, hat immer gemeint, was er gesagt hat. Er war wohlerzogen. Dafür haben seine Mama und sein Daddy gesorgt. Aber Jungen haben eine Art, Männer zu werden, und dann verkaufen sie ihren Mutterwitz für dreißig Silberlinge.«

»Mama, du hast mir nie erzählt, dass Ike Drogen genommen hat. Miss Agatha auch nicht.«

»Mein Sohn, was glaubst du, wie leicht es ist, jemandem zu gestehen, dass dein Kind von dem Podest gestürzt ist, auf das du es mit viel Mühe erhoben hast? Wie vielen Menschen würde ich deine Trinkgewohnheiten und sonstigen Dummheiten ausplaudern wollen? Nicht, als wüssten die Leute nicht längst Bescheid.«

»Aber ich versuche herauszufinden, wer ihren Sohn umgebracht hat, und sie hat mir nicht alle Fakten genannt.«

»Nun, jetzt kennst du alle Fakten.«

Ich ging in die Küche, um mir mehr Brause zu holen, und trank sie am Küchenfenster. Meine Mutter hatte meinen Bruder und mich im Nordwesten großgezogen, vor allem in der Gegend um die M Street, wo Miss Agatha wohnte. Ihr neues Apartment war einen halben Häuserblock von der North Capitol Street entfernt, ihr erster Ausflug in den Nordosten der Stadt. Langsam, Wohnung um Wohnung, versuchte meine Mutter, sich auf halbem Wege zwischen meinem Apartment in der 6th Street und und dem meines Bruders und Joannes in Anacostia zu positionieren. Als mein Bruder neun Jahre alt war, hatte er einmal Anacostia gesehen – die Hügel, den Fluss, die unbeschreibliche Anmut, den Wind, der über den Fluss wehte, als käme er geradewegs aus dem kühlenden Munde Gottes –, und damals hatte er sich gelobt, als Erwachsener dort zu wohnen. Auch ich hatte die Gegend an jenem Tag gesehen, aber ich konnte mich nur an die umhertrippelnden Hühner erinnern. Und an das kleine weiße Schwein, das im Schatten eines Baumes faulenzte.

Ich füllte abermals mein Glas. Frauen. Am Abend des Tages, an dem der weiße Mann Miss Agatha angefallen hatte, schlug meine Mutter vor, dass sie, die bald acht würde, meine Tante, die längst neun war, und Miss Agatha, vierzehn, das Weite suchen sollten, ehe die Polizei sie holen kam. Mein Großvater und meine Großmutter, die noch in der Tür standen, hielten dies für den schlimmsten Vorschlag, den sie je gehört hatten. Doch als sich die Abenddämmerung herabsenkte, als sie die Leuchten und Kerzen anzündeten und der weiße Mann in dem Wäldchen lag, wussten sie alle, dass die Polizei ins Haus platzen würde. Vielleicht würde die Polizei sogar ihre Toten auferwecken und auch diese büßen lassen.

Gegen Mitternacht, nachdem jeder sie umarmt hatte, brachen die Mädchen gemeinsam mit meinem Großvater, seinem Bruder und Miss Agathas Vaters und dessen Brüdern in zwei Pferdefuhrwerken auf. Die Männer waren bewaffnet. Am späten Vormittag waren die Mädchen nahe der Grenze nach Georgia. Am Morgen des nächsten Tages hatten die von weiteren männlichen Verwandten und Freunden gesteuerten Fuhrwerke fast ganz Georgia durchquert. Es dauerte eine Woche, bis sie North Carolina erreichten, befördert von neuen Fuhrwerken mit frischen Pferden, die von anderen Freunden und Verwandten gelenkt wurden. Die wenigen

Habseligkeiten der Mädchen befanden sich auf dem ersten Fuhrwerk und die zusammengekauerten Mädchen stets auf dem zweiten. Die ganze Strecke über versicherte Miss Agatha ihren Gefährtinnen unter Tränen, wie leid es ihr tat, sie in Mitleidenschaft ziehen zu müssen. »Verzeiht mir«, sagte sie. »Ist doch nur eine Piepkleinigkeit«, versicherte meine Mutter ihr immer wieder. Nach zwei Wochen, nachdem sie viermal zwei Fuhrwerke und drei Pferdegespanne verschlissen hatten, waren sie in Washington, im Haus des Cousins meines Großvaters. Dieser erwartete sie bereits zusammen mit seiner Familie. Eine Woche zuvor hatte er ein Telegramm erhalten: »PAKET KOMMT.«

Als ich ins Wohnzimmer zurückkehrte, sagte meine Mutter gerade: »Der hier« – und sie zeigte auf mich – »kam ohne allzu große Mühe heraus, aber, ach, dein Mann war zu viel, Joanne. Zwei Tage. Zwei lange Tage. Ich komme bestimmt in den Himmel, denn meine Hölle hatte ich hier in Washington D. C. Aber ich muss sagen« – und wieder zeigte sie auf mich – »dass er seine leichte Geburt mit einer gehörigen Dreimonatskolik wettgemacht hat. Und wenn er schlief, schlief er immer so«, und meine Mutter legte den Kopf schief, ein Auge geöffnet, das andere geschlossen.

»Ich musste dich im Auge behalten«, sagte ich.

Sie ließ sich nicht unterbrechen: »Ich hoffe, du schläfst immer noch so, denn ich bin noch nicht fertig mit dir, mein Junge. Warte nur. Warte.« Dann zu Joanne: »Siehst du, was ein Krieg anrichtet? Ein Mann verliert alle natürliche Furcht vor seiner Mutter. Sei dankbar, dass du Mädchen bekommst.«

Mit meiner Brause setzte ich mich wieder auf meinen Stuhl. So redeten sie immer weiter, meine Mutter und meine Schwägerin mit ihren Zwillingstöchtern, die darauf brannten, endlich herauszukommen. Es gibt einen Moment, nach dem es einen Mann hungert, wenn er säuft – der Schaffner hat ihn bereits zum besten Sitzplatz im Zug geleitet. Je nach Alkoholsorte passiert das mitunter schon beim fünften Schluck. Die Aussicht von dem Fenster ist atemberaubend; an dem Tag verstand sich Gott auf sein Handwerk. Dem Mann sitzt eine Frau gegenüber, und nur wenn er aus dem

Fenster schaut, sieht sie weg. Ansonsten haftet ihr Blick stets auf ihm. Sie trägt eine eng anliegende Bluse und zeigt gerade genug Dekolleté, um sich nicht als Flittchen zu erkennen zu geben. Er nimmt noch einen Schluck und fühlt sich durch und durch von wärmenden Wogen durchflutet. Die Frau schlägt die Beine übereinander. Sie trägt keine Altdamenstrümpfe. Ihre sind aus purem Nylon, sodass der Mann Zeugnis ablegen kann vom Wunder ihrer Beine. Er hebt sein Glas und versucht sich zu entscheiden, ob er wieder auf ihre Beine oder aus dem Fenster schauen soll, auf das, was Gott eigens für ihn erschaffen hat.

Am Montagmorgen ging ich ins Büro, um weiter aufzuräumen. Ich vermisste Sam, der noch für jede schlechte Situation besänftigende Worte fand. Ich arbeitete vor mich hin und sagte mir dabei laut die Worte der toten weißen Frau auf:

A moll is gav vain ah rav und ah rabbit sin.
Zetcha kender lock gadank za tira vos ear lair rent doe.

Ich war schon fast fertig mit den Akten, die mit S begannen, als ich spürte, dass jemand mich beobachtete. Ich drehte mich um. In der Tür stand Sams Frau Dvera. Sie weinte. Ich stand auf und fragte sie, ob sie schlechte Nachrichten von Sam habe. Sie brauchte eine Weile, doch schließlich schüttelte sie den Kopf und bedeckte mit beiden Händen den Mund. Sie weinte noch immer. Ich blieb in der Nähe des Fensters stehen. Das fehlte mir gerade noch kurz vor Alaska: eine weiße Frau, die weinte, und niemand konnte meine Unschuld bezeugen.

Nach mehreren Minuten zog sie ein Taschentuch hervor, das in ihrem Ärmel steckte, und hörte auf zu weinen. »Entschuldigung«, sagte sie. »Es ist lange her, dass ich diese Worte gehört habe.« Ich verstand nicht, was sie meinte. Ich blickte zu Boden, fühlte mich jedoch sicher genug, die Papiere abzulegen, die ich in der Hand hielt. »Das waren die Worte meines Vaters, seine Art, eine Geschichte zu beginnen. Alle seine Geschichten fingen so an. Wenn mir die Welt zu viel wurde, hat er mir immer Geschichten erzählt.

Tröstliche Geschichten, wissen Sie. Die mir die Welt vom Leib hielten.«

Ich nickte. In all der Zeit, die ich hier gearbeitet hatte, hatte sie noch nie so lange mit mir gesprochen. Manchmal fegt ein einziger Augenblick alles beiseite, was man über einen Menschen gedacht hat.

»Wo haben Sie diese Worte gehört?«, fragte sie. Ich erzählte ihr von der weißen Frau. »Ich erinnere mich daran, von ihr gehört zu haben, aber ich wusste nicht, dass Sie dabei waren.« Sie musterte mich lange, dann sagte sie: »Lassen Sie mich nachsehen.« Mit ihren dicken Knöcheln drehte sie sich um und ging nach oben.

Ich wollte nichts wie weg. Akten hin, Akten her. In meinem Kopf dröhnten die Worte der Toten. Nach einer Stunde kam Dvera Jaffe zurück. »Miriam Sobel«, sagte sie. »Sie gehörte zur Gemeinde meines Vaters. Eine Woche lang wusste niemand, was ihr zugestoßen war. Obwohl sie noch jung war, drohte sie langsam, aber sicher den Verstand zu verlieren. Bisweilen verschwand sie, versuchte nach Russland zurückzukehren, nach Hause.«

Jetzt, da ich einen Namen hatte, der zu meiner Erinnerung gehörte, dröhnten ihre Sterbeworte lauter denn je. In meinem Kopf erhob sich die Frau, Miriam Sobel, stand wie vor ihrem Zusammenbruch auf den Straßenbahngleisen und rückte ihre Perücke zurecht.

Danach ging alles ganz schnell.

Am Donnerstag ging ich zu Mojo's. Ich fragte Mojos Frau, wer Ike mit Stoff versorgt haben könnte. Harriet hatte die Antwort gleich parat – ein Mann namens Fischauge. »Aber der ist vor zwei Monaten gestorben. Wenn du glaubst, was ich glaube, dass du's glaubst, könntest du recht haben«, sagte sie. »Fischauge würde selbst Gott umbringen, falls Er ihm Geld schuldete. Er ist zurück nach Georgia, wo er Familie hatte. Gottes Krebs hat lange gebraucht, ihn zu zerfressen.«

Bislang hatte ich mit etwa fünfzehn Personen geredet und war Ike und den Mord langsam leid. Ich wollte nach Alaska. Ich nahm mir ein Bier, setzte mich in eine Nische und murmelte Miriam Sobels letzte Worte vor mich hin. Nicht die englische Verballhornung, die ich gehört zu haben glaubte, sondern das jiddische Original. *»Amol iz geveyn a rov un a rebbetsn.«* Das Englische war in dem Augenblick gestorben, als Dvera mir den jiddischen Wortlaut mitteilte. *»Zet zhe, kinderlekh, gedenkt-zhe, tayere, vos ir lernt do.«* Nach dem zweiten Bier begann ich mir eine Geschichte auszudenken, die mir erlauben würde, nach Alaska zu gehen, mit einem so reinen Gewissen, wie es einem Mann wie mir vergönnt war. Ich rechnete mir aus, dass es niemandem schaden würde, wenn ich Miss Agatha sagte, aller Wahrscheinlichkeit nach sei Fischauge Ikes Mörder. Ein schlechter Mann hatte einen anderen umgebracht. Das hörte sich gut an, und der erste Schluck von meinem dritten Bier bekräftigte es nur noch.

Nach vier Bieren verließ ich Mojo's glücklich und ging die New York Avenue entlang. Ich überquerte die 1st Street und kam an Dunbar's Field vorbei. Gerade näherte ich mich der Kirby Street, als Sheila Larkin und eine ihrer vielen Schwestern aus der Kirby Street bogen und auf mich zukamen. Sie waren nur noch wenige Meter entfernt. Es war zu hell, als dass ich kehrtmachen und über die New York Avenue hätte sprinten können. Verdammt! Verdammt!, dachte ich. Die Frauen kamen untergehakt auf mich zu und unterhielten sich miteinander, als zähle einzig und allein ihr Gespräch. Gut, dachte ich, bringen wir die Chose ein für alle Mal hinter uns. Ich beeilte mich, mir zu überlegen, was ich sagen wollte: »Mir war einfach danach, etwas anderes mit meinem Leben anzufangen, Sheila. Hat mit dir eigentlich nichts zu tun. Musste mich einfach vor Alaska von dir trennen.« Sollte sie versuchen, mich zu schlagen, so beschloss ich, würde ich ihr eine Ohrfeige erlauben, aber mehr nicht. Eine Ohrfeige war meine Zeit mit ihr wert, berechnete ich. Aber nur eine einzige mehr, und es gäbe Krieg. Sie waren knapp zwei Meter von mir entfernt, und Sheila hatte mich immer noch nicht bemerkt. Wir alle gingen einfach weiter. Und im Nu waren sie und ihre Schwester an mir vorbei. Und zwar nicht etwa so, als hätten sie die Arme gelöst und wären um mich herumgegangen oder als wären sie gemeinsam Arm in Arm links oder rechts an mir vorbeigegangen. Es war so, als wären sie einfach durch mich hindurchgegangen, noch immer in ihr Gespräch vertieft, noch immer Arm in Arm. Es war wie ein Schlag vor die Brust. Es raubte mir den Atem, und ich bückte mich, um mich zusammenzureißen. Aber auch das half nichts, und als ich mich aufrappelte, stellte ich fest, dass ich wankte und an mich halten musste. Dabei dachte ich dauernd, dass es mir geholfen hätte, wenn ich gewusst hätte, worüber sie sich unterhielten.

Ich tat noch ein paar Schritte, und schließlich setzte ich mich in der Kirby Street auf die Bordsteinkante. Die Welt ließ sich jede Menge Zeit, bis sie sich wieder eingerenkt hatte, und ich wünschte, ich säße in meinem Zug und der Schaffner fragte mich: »Sir, darf ich Ihnen nachschenken?« Vergiss sie alle, dachte ich, vergiss Miss Agatha und Sheila und ihre Milliarde Schwestern, vergiss meine Mutter und Joanne mit ihrem Bauch voller Mädchen. Vergiss jedes verdammte Biest, das je gelebt hat. Vergiss sie! Geh einfach nach Alaska, wo ein Mann ein richtiger Mann sein kann, ohne den ganzen Scheißdreck. Ich sah auf meine Uhr und folgte der Kreisbewegung des Sekundenzeigers. Ich zog ein Stück weit die Krone heraus, und der Sekundenzeiger blieb stehen und wartete darauf, dass ich wieder in die Gänge kam. Zu dem Schaffner sagte ich: »Nein.« Ich sah Miss Agatha an ihrem Küchentisch, wie sie die Krumen in ihre Hand fegte, und sie sagte, es tue ihr leid. Ich antwortete, es sei nichts weiter, eine Piepkleinigkeit.

Ich stand vor Miss Agathas Wohnungstür und war entschlossen, ihr zu sagen, dass Fischauge der Mörder sei. Der briet ohnehin in der Hölle, dem konnte es also schnuppe sein – was waren schon weitere zwanzig Jahre angesichts einer Ewigkeit im Feuer? Meine Mutter hätte etwas dazu gesagt, dazu, dass man Lügen verbreitete über jemanden, der mit gekreuzten Fußgelenken auf einem zweibeinigen Schemel in der Hölle saß, aber das war mir einerlei. Ich wollte schon anklopfen, da beschloss ich, noch einmal zu Ikes Wohnung hinunterzugehen. Ich hatte vor, Miss Agatha vorzuschwindeln, ich hätte die Wohnung viermal durchsucht, und zwei wirkliche Besuche würden mir die Lüge erleichtern.

Diesmal ließ die Tür sich mühelos öffnen. Ich sah mich in jedem Zimmer flüchtig um, dann ging ich in die Küche. Wie weit, überlegte ich mir, etwas neugierig geworden, war Ikes Hirnmasse wohl gespritzt, nachdem der Schuss ihn getroffen hatte? Ich besah mir gründlich den neuen Anstrich des Zimmers und merkte, wie sehr dabei gepfuscht worden war. Dann holte ich mein Taschenmesser hervor und kratzte die Farbe um das Küchenfenster herum ab. Ich sah, dass das Blut und alles andere, was aus Ikes Kopf ausgetreten war, lediglich übermalt worden war. Ich tat einen Schritt zurück und dann noch einen. Scheiße! Wer würde bei einem Neuanstrich so pfuschen? Kein Wunder, dass Miss Agatha nachts nicht schlafen konnte – unter ihr geisterte noch immer ihr Sohn herum. Ich öffnete das Fenster und sah draußen auf dem Rand des Fensterbretts braunes Blut. Warum hier, wo das Fenster in der Januarnacht, in der er umgebracht wurde, doch eigentlich hätte geschlossen sein müssen? Und welche Macht wohnte diesem Blut inne, dass es nach fast zwei Jahren noch immer da war?

Ich kletterte hinaus auf die Feuerleiter und stieg zu Miss Agathas Wohnung hinauf. Selbst nach all dem Schnee und Regen, nach all der Sonne und all der Zeit gab es am Fensterrahmen auf halber Höhe schwache braune Flecken, als habe sich jemand erst vergangene Nacht mit blutigen Händen daran festgehalten, um sich abzustützen, bevor er die Wohnung betrat. Gewaltsam vergossenes Blut verflüchtigt sich nie, hatte meine Mutter, wie ich mich erinnerte, Freddy und mir beigebracht, man kann es sehen, wenn man darauf achtet. Ich schob das Fenster auf. Gleich darauf kam Alonas Kleine ans Fenster. »Hallo, hallo«, sagte sie und hob zum Gruß den Arm. Ich besah mir die andere Seite des Fensterrahmens und sah noch mehr braune Flecken, und dort, am Rahmen, versiegte die Spur. »Hallo, hallo.« Als ich die Augen zusammenkniff und in die Küche blickte, sah ich, dass Alona mich beobachtete. Sie hatte die Arme vor der Brust verschränkt und die Beine leicht gespreizt.

Wieder besah ich mir beide Seiten des Fensterrahmens. Als ich Alona so dastehen sah, in alle Ewigkeit undurchdringlich, gefror mir jede Faser meines Körpers. »Hallo, hallo«, sagte das Mädchen. »Hallo, hallo.« Berge standen nicht so unverrückbar wie Alona. Lieber Gott, dachte ich, lieber Gott. Von allen Verbrechen, die Ike an ihr begangen hatte, welches hatte den Ausschlag gegeben? Mir wurde bewusst, dass Alona mit wenigen Schritten ans Fenster springen und mich mit einem kräftigen Stoß die Feuerleiter hinunterbefördern konnte. Ich bekam es mit der Angst zu tun. »Hallo, hallo.« Das Kind hielt mir die Hand entgegen, und ich ergriff sie und ließ mich von ihm ins Zimmer ziehen. Die Kleine war nach Miss Agatha benannt worden. »Hallo, hallo«, sagte sie. »Hallo«, erwiderte ich.

Der weiße Mann, der versucht hatte, Miss Agatha, als sie noch ein Kind war, in das Wäldchen zu zerren, war nie mehr derselbe, weder geistig noch körperlich. Drei Tage danach kam er in dem Wäldchen zu sich und raffte sich, vom Scheitel bis zur Sohle blutverkrustet, von seinem Lager auf, das sämtliche Neger für sein Totenbett gehalten hatten. Sein ganzes Leben hindurch behauptete er, von »etwas Göttlichem« angefallen worden zu sein, von »etwas Großem, sooo groß«. Gott berief ihn zum Prediger, doch die Sätze, die er für den Rest seines Lebens sprach, hatten keinen Bezug zu den vorhergehenden oder nachfolgenden. In einem winzigen Kirchlein mit blauer Tür fand er ein Zuhause, und die Leute waren der Meinung, seine Rede sei deshalb sinnentleert, weil Gott es so fügte. Nicht zu übersetzen in verständliche Menschenrede. Die Polizei war auch weiterhin davon überzeugt, sein Angreifer sei ein Landstreicher von außerhalb Choctaws, Alabama, gewesen. Ein Fremder aus weiter Ferne. Die Polizei ließ den Vorfall auf sich beruhen, und die Welt, die die Weißen für sich eingerichtet hatten, war wieder im Lot.

Im Lauf der nächsten paar Tage wurde mir klar, dass ich in Alaska niemals Gold finden würde, selbst wenn mein Leben davon abhinge. Als ich meiner Mutter von dem Blut erzählte, das ich gefunden hatte, als ich ihr sagte, wer Ike umgebracht hatte, schwieg sie zunächst. Ich nahm an ihrem Küchentisch Platz, und sie stellte mir meinen Dienstagabend-Essensteller hin und sagte, ich solle essen. Dann setzte sie sich mit ihrer Tasse, zwei Drittel Milch, ein Drittel Kaffee, mir gegenüber. Sie hielt die Tasse in beiden Händen, trank schlückchenweise und unterdrückte die Tränen. Ich stand auf, um zu ihr zu gehen, aber sie hielt mich zurück. »Du entscheidest, was du Aggie anvertrauen musst, und danach lässt du sie in Frieden«, befahl meine Mutter. »Sie weiß, was sie weiß. Vielleicht brauchte sie jemanden wie dich in der Welt, der es ebenfalls weiß. Sag ihr, dass du Bescheid weißt, wenn dir danach ist, und dann lass uns in Frieden. Das Einzige, was wir dir je angetan haben, war zu deinem eigenen Besten, das darfst du nicht vergessen.«

Als ich zwei Tage später in das Büro zurückkehrte, das ich mir mit Sam teilte, fand ich auf meinem Schreibtisch eine Notiz von seiner Frau Dvera. Der Zettel enthielt in schönster Schreibschrift eine Übersetzung von Miriam Sobels letzten Worten: *Da ist einmal gewesen eine Rebbe und eine Rebbezin … Hört, Kinderchen, denkt daran, ihr Lieben, was ihr hier lernt.*

Komisch, sagte ich zu mir selbst. Hätte nie gedacht, dass die Worte, so wie ich sie aufgefasst hatte, ausgerechnet das bedeuteten. *A moll, a rabbit and his sin* – eine Nutte, ein Karnickel und seine Sünde …

Ich ging nach oben, wo ich noch nie gewesen war, in Dveras hinteres Büro. Die Tür stand offen. Vom Flur aus wirkte der Raum sehr klein. Doch sobald ich eintrat, fühlte er sich sehr groß an, mit allem Zubehör, dessen eine Frau bedarf, um es bequem zu haben, wenn sie allein ist. Die Zierdeckchen auf der Couch erinnerten mich an das Wohnzimmer meiner Mutter. Gleich hinter der Tür stand ein Samowar in seinem hellen Glanz. Dvera telefonierte gerade, und wie der Zufall es wollte, war es Sam, der noch immer in Israel weilte. Ich trat mitten ins Zimmer. Über dem Lichtschalter hing ein Kalender, auf dem für jeden Freitag der genaue Zeitpunkt des Sonnenuntergangs eingetragen war. Dvera winkte mich zu sich und reichte mir den Hörer. Sam sagte, er bedaure, dass ich gehen wolle. Ich sagte ihm nicht, dass ich Alaska allenfalls in meinem dritten Leben sehen würde. Nachdem ich ein paar Worte mit ihm gewechselt hatte, begann es in der Leitung zu knacken, und ich hielt es für das Beste, mich zu verabschieden. Ich gab Dvera den Hörer zurück. Sie war dabei, das Gespräch zu beenden, und zeigte auf ein Foto, das aus einem großen braunen Umschlag auf ihrem Schreibtisch ragte. Dann kicherte sie über etwas, was Sam gesagt hatte, und errötete. »So was sagt man nicht am Telefon«, sagte sie.

Das Foto zeigte Miriam Sobel, mehr oder weniger neun zwei Drittel Jahre jünger als die tote Frau. Zwei identisch aussehende Jungen mit Stirnlocken hielten sie an den Händen. Ich nahm das Foto mit ans Fenster, wo ich besseres Licht hatte. Welche Rolle würde die Frau des Rabbis in der Geschichte spielen? Und handelte die Geschichte am Ende vielleicht eher von ihr als von dem Rabbi selbst? Ich hob die Augen von Miriams Foto und sah eine Gruppe von sechs kleinen farbigen Mädchen die 8th Street hinuntergehen zur E Street, alle in leuchtenden Farben. Mein Blick fiel auf ein Mädchen in einem gelben Kleid. Sie lief in der Mitte der Gruppe und war die Einzige, die sich beim Laufen drehte. Sie streckte die Arme von sich und warf den Kopf in den Nacken, sodass ihr die Sonne mitten ins Gesicht schien. Ihr langen Zöpfe schwangen auf geradezu wundersame Weise hin und her. Es tat gut, ihr zuzuschauen, denn in Washington hatte ich dergleichen mein ganzes Leben lang noch nicht gesehen. Ich folgte ihr mit meinen Blicken, bis sie verschwand. Es wäre schön gewesen, wenn ich gewusst hätte, was ihr gerade durch den Kopf ging.

Eine arme Guatemaltekin träumt von einer Stadt in Peru

Mehr als siebenundvierzig Jahre lang hatte es ein Wunder nach dem anderen gegeben, jedes Mal hatte etwas zu ihr heruntergelangt und sie dem Tod entrissen, all die anderen Seelen dagegen, die in dem betreffenden Augenblick ihrer kleinen Lebenssphäre angehörten – geliebte und ungeliebte, bekannte und unbekannte –, im Stich gelassen. Einmal wollte sie eben eine der Bibliotheken der University of Maryland verlassen, nachdem sie vergeblich ein obskures Buch über die Kohäsion von Festkörpern gesucht hatte. In letzter Minute aber hatte sie sich gefragt, ob es nicht ein Buch über die Bedeutung von Namen gäbe, und war zum Aufsichtsplatz hinübergegangen. Der Band, den die Bibliothekarin ihr überreichte, war schmal, unscheinbar, und das Beste, was er über »Arlene« anzubieten hatte, war zunächst einmal eine Aussprachehilfe, die sie nicht verstanden hätte, wenn sie nicht bereits gewusst hätte, wie sie ihren Namen auszusprechen hatte. Das A stand auf dem Kopf, und das r und das zweite e blickten in die falsche Richtung. Dann behauptete das Buch von ihrem Namen: »Herkunft und Bedeutung nicht gesichert.« An jenem Tag, mit achtundzwanzig – das zu einem Pferdeschwanz gebundene Haar so lang wie danach nie wieder, hatte sie an einer Wand in einer Ecke der Bibliothek gelehnt, wo die Sonne unangenehm grell hereinschien –, war sie jung genug gewesen, um auf etwas zu hoffen, dem das Buch unverblümt den Namen »Milagro« gab. Die Kenntnis der Aussprache wurde bei den Lesern vorausgesetzt: Mirakel.

Vor jenem Tag am Fluss war fast alles wie im Traum gewesen, in einem Traum von acht Jahren Dauer. Es waren glückliche Jahre –

ein fleißiger Vater, der, wenn sein langer Arbeitstag zu Ende war, Arlenes Wange zärtlich zwischen die Lippen nahm und dabei summte, bis sie sich ihm lachend entwand; eine Mutter, unter deren langem Kleid sie sich vor Geschöpfen verbarg, die vorgeblich an der Tür lauerten; ein fünf Jahre älterer liebender Bruder, der sich für Mädchen herausputzte, die viel zu alt für ihn waren. Und eine Farm, die ihren Eigenbedarf zum größten Teil deckte, ein Apfel, wenn es sie nach einem Apfel verlangte, Gepökeltes an den strengsten Winterabenden, ein Horizont, bei dessen Anblick die Mutter, wenn sie im Frühjahr und im Sommer mit ihrem gesüßten Brunnenwasser auf der Veranda saß, vor Dankbarkeit aufseufzte. Auch ihr Großvater, damals noch gesund, war Teil ihres Lebens, allerdings war er eher eine Randfigur und wartete darauf, dass Gott ihn wieder ins Zentrum des Geschehens rückte.

An jenem Tag am lieblichen Fluss trafen sie sich mit dem Bruder ihres Vater und seiner schwangeren Frau. Der Nagel am kleinen Finger der Frau war sehr lang, und sie hatte überlegt, ob sie ihn vor Ankunft des Babys schneiden sollte, damit sie das Kind nicht versehentlich kratzte oder ihm die Augen ausstach. Es war Sonntagmorgen, und welche Familie verdiente einen Ruhetag mehr als sie? Arlenes Onkel hatte ein halbes Schwein zum Grillen mitgebracht, und einen Augenblick lang hielten alle inne mit ihren Scherzen und Späßen, bevor sie zum Ufer hinuntergingen, um den Fluss zu überqueren, dorthin, wo die besten Picknickstellen waren. Überall schien die Sonne – ein verschmitztes Augenzwinkern Gottes. Arlenes Mutter, in der einen Hand den kleineren Picknickkorb, nahm ihre Hand und schwang sie vor und zurück, als wäre ihr Kind eine uralte Freundin. Die beiden gingen voraus. In der Nacht hatte es geregnet, aber vor jenem Tag hatte es schon eine Million Nächte lang geregnet, und nie war auch nur ein Mensch, der den Fluss überquerte, zu Schaden gekommen. Die Holzbrücke auf die andere Seite war ganz neu, und hätte sich jemand, der an der Chemie und Biologie des Lebens interessiert war, an irgendeiner Stelle gebückt, so hätte er noch riechen können, was der Holzfäller gerochen hatte, kaum dass er den Bäumen, aus denen die Brücke hergestellt werden würde, die ersten Wunden zugefügt hatte.

Als sich alle noch auf der Brücke befanden, etliche Meter vom anderen Ufer entfernt, schwoll das Flusswasser auf einmal an, gewaltsam und ohne einen anderen Grund, als dass ihm danach zumute war. Das Wasser zersplitterte die Brücke und zertrennte das dicke Seil, das die Holzteile zusammenhielt, und alle stürzten in den Fluss, der jetzt dreimal so hoch war wie nur fünf Minuten zuvor. Ihre Tante trieb als Erste davon, das Baby, das sie im Leibe trug, erst eineindrittel Monate alt. Mit der Leichtigkeit von Zweigen lösten sich die beiden von der Gruppe und glitten den Fluss hinunter, der kein lieblicher Anblick mehr war. Ihr Vater und ihr Onkel waren als Nächste dran, teils in dem Bemühen, ihre Tante zu retten. Alle waren stumm, erstaunt, erschüttert. Das tote Schwein sank, als wolle es sich vor allem verstecken, langsam auf den Grund des Flusses, während die anderen Picknicksachen – die selbst gemachte Grillsoße, die Limonaden, die beiden Kuchen, der Kartoffelsalat, der Pfefferstreuer, der auf der Seite lag, sodass er mit seinem oberen Ende den aufrecht schwimmenden Salzstreuer anstupste – unbekümmert davonschwammen. Auf ihren Vater und ihren Onkel folgte ihr Bruder, er wurde herabgerissen, bis er flach auf dem Rücken lag. Er strampelte die ganze Zeit mit den Beinen und versuchte zu schwimmen oder sich aufzurichten. Seine Haare waren noch immer so makellos, wie das Etikett auf der Dose mit My-Knight-Pomade versprochen hatte, es sah noch genauso aus wie während der fünfundvierzig jugendfrohen Minuten, die er am Morgen darauf verwendet hatte. Als Nächstes kam ihre Mutter an die Reihe, vielleicht ahnte sie, dass sie von ihrem Kind getrennt werden würde, getrennt bis zu jenem Tag in der Ewigkeit, da Gott es anders fügte, denn sie versuchte, Arlene von sich zu stoßen, zum Ufer hin. Dann wurde auch sie hinabgezogen und ging unter, noch immer stumm, noch immer mit den Armen fuchtelnd, um ihrem Kind einen weiteren Stoß ins Leben zu geben.

Die Israeliten, die trockenen Fußes durch die sich teilenden Wasser des Roten Meeres gegangen waren, konnten bezeugen, wie sich das anfühlte, was sich als Nächstes zutrug. Ein bequemer Pfad aus flachem Wasser tat sich auf, und Arlene wurde ganz sanft ans andere Ufer geschwemmt, ihr Magen schwer von einem Liter Flusswasser. Als sie ans Ufer gespült wurde, war sie erschöpft und rührte sich nicht. Ihr Körper schied das Wasser nur schlückchenweise aus. Sie war acht Jahre und zwei Wochen alt, und dieses war das erste Mirakel.

Selbst ein stummer Tod kann von einer Lautstärke sein, die nach Zeugen ruft, und so stieß zufällig ein Weißer, Arm in Arm mit seiner Liebsten, einer kleinwüchsigen, drallen Cherokee-Indianerin, auf die Gruppe. Er zog Arlene aus dem Wasser, gerade noch rechtzeitig, dass sie sehen konnte, wie alle anderen bis auf ihre Mutter um die Biegung verschwanden, die bei den Leuten »No Name Preacher« hieß. Als der Weiße sah, wie Arlenes Mutter einen Hickory-Ast umklammerte, der gerade wie ein Fahnenmast aus dem vorüberschießenden Wasser ragte, fing er an, auf und nieder zu springen, als wolle er sie anfeuern. Arlenes Mutter hielt sich mit beiden Händen an dem Ast fest, und der hoffnungsvolle Anblick nötigte den Mann, knochendürr mit fast durchsichtiger Haut, die neuen Schuhe auszuziehen, die seine Liebste ihm gekauft hatte.

Er sprang hinein. Er war nur ein, zwei Meter von der Mutter entfernt, als der Ast zu schwanken begann, entwurzelt wurde und sie mit sich riss. Das Wasser verschluckte auch den Mann, wie zur Strafe dafür, dass er sich eingemischt hatte. Seine Liebste, die sich über Arlene gebeugt hatte, richtete sich auf und rief ihm zu: »Mitchell … Mitchell!« Zunächst war es nur ein verhaltener Ruf, als sei es ihr lediglich darum zu tun, dass ihr Geliebter keinen kindischen Unfug trieb. »Mitchell, hab ich gesagt …« Auch Arlene erhob sich jetzt und begann ihrer Mutter zuzurufen. Sie und die Frau hielten sich bei den Händen. »Mama!« Arlene zitterte vor lauter Aufregung. Obwohl das Wasser sich zu besänftigen begann und wieder zu dem wurde, was es in all den Tagen zuvor gewesen war, rief die Frau jetzt laut gellend den Namen des Mannes. Die Indianerin spürte, wie sehr das Kind zitterte, kniete nieder, zog Arlene an sich und begann nach ihrer eigenen Mutter zu rufen, die seit fünfunddreißig Jahren tot war, noch bevor die Indianerin drei Jahre alt geworden war. Sie nannte die tote Frau nicht »Mutter«, sondern schrie ihren Ruf- und ihren Mittelnamen auf das Wasser hinaus, die Namen, auf die ihre Mutter getauft worden war.

Fortan lebte Arlene Baxter bei ihren Großeltern väterlicherseits.

Ihr Großvater hatte seine einzigen Kinder im Fluss verloren, außerdem einen nach ihm benannten Enkel, zwei Schwiegertöchter, die er liebte, und ein ungeborenes Enkelkind, dessen Zukunft in seiner schmerzlichen Vorstellung grenzenlos leuchtete, und sei es nur, weil es keine Zukunft mehr hatte. Der Verlust wurde sein Lebensinhalt, und ganz gleich, was für großartige Dinge er sich ausmalte, die Gott noch für ihn bereithielt, welche kleinen Freuden er einst genossen hatte und wieder auskosten mochte – seiner Frau den Regen aus den Haaren kämmen, der Geschmack des ersten Pfirsichs der Saison –, in einem einzigen schrecklich kurzen Augenblick konnte er sich in jene erste niederschmetternde Sekunde zurückversetzen, da er von dem Verlust erfahren hatte. Er war ein Mann weniger Worte gewesen, und jetzt waren der Worte noch weniger. Arlene litt unter denselben Empfindungen, nur noch verschlimmert durch die Tatsache, dass sie Zeugin des Unglücks gewesen war. Sie war zu jung, um die Schuld der Überlebenden zu empfinden, aber nicht zu jung, um nicht zu begreifen, dass der freigebige Zauberwald ihres bisherigen guten Lebens in weniger als zehn Minuten beinahe vollständig gerodet worden war.

Ihre Großmutter hatte denselben Verlust erlitten, sie aber hatte Gott, und er hatte ihr erzählt, er habe einen Plan. Auf jedem Schritt des Weges führte er sie an der Hand.

Dann starb ihre Großmutter, eine Frau, die sich nach Kräften bemüht hatte, die Dinge im Lot zu halten und sie alle drei zu versorgen. Sie hatte die Vorhänge gereinigt und gebügelt, die glückliche Kuh gemolken und die Nachbarn mindestens einmal in der Woche zum Abendessen eingeladen, damit Arlene und ihr Großvater wussten, dass sie noch im Leben waren und das Leben in ihnen. Mit ihrem Tod war es damit vorbei. Die Kuh muhte den ganzen Tag und wartete darauf, gemolken zu werden, trabte am frühen Abend zum Haus und steckte den Kopf zum Seitenfenster herein; und wenn die Nachbarn kamen, alles Bauern, um eine helfende Hand anzubieten, sagte der Großvater, sie brauchten nichts, und schickte sie fort. Eines Morgens drei Monate nach dem Tod seiner Frau wachte er vor Tagesanbruch auf. Sein Bart war schmutzig und verfilzt und reichte ihm bis fast dreißig Zentimeter unters Kinn, wo er abknickte und ein L bildete, dessen Grundlinie auf sein Herz wies. Er fand Arlene im Halbdunkel am Küchentisch, wo sie zum Frühstück ein schwarz verbranntes Spiegelei aß. Wenn ein verwöhntes Bauernmädchen von einer Mutter und einer Großmutter, die es besser wissen müssten, abgöttisch geliebt wird, kann es vorkommen, dass es sich auf andere Dinge konzentriert als auf die Frage, wie lange man ein Spiegelei brät. Das Kind war fast neun Jahre alt. »Das Essen ist nicht gut für dich, Schatz«, konnte ihr Großvater eben noch herausbringen. »Ich hatte solchen Hunger, Papa«, sagte Arlene.

Er verstand genug von sich und den Trümmern seines Lebens, um zu wissen, dass dieses eine Unschuldslamm, das seiner Obhut anvertraut war, nicht denselben Leidensweg beschreiten durfte, dem er selbst folgte. Später am Morgen rasierte er sich flüchtig, stutzte seinen Bart zu einem I und vermochte sich so weit zu sammeln, dass er einer entfernten Cousine von Arlenes Mutter telegrafierte, die im rund achtzig Kilometer entfernten Nashville eine Vorbereitungsschule für gut situierte Negermädchen leitete. Die Schulleiterin konnte sich an Arlenes Mutter nicht erinnern, wohl aber an die Tante der Mutter, und das reichte ihr, um sich und Arlene als Blutsverwandte zu betrachten. »ANKOMME MIT NÄCHSTEM ZUG«, kabelte die Schulleiterin, eine Volkswirtschaftlerin und Mathematikerin, zurück.

Anfangs waren die Schulleiterin und der Großvater der Meinung, dass Arlene gleich mit ihr zur Vorbereitungsschule zurückfahren sollte, doch er war klug genug, um zu wissen, dass ihr Weggang ihn zermalmen würde. Stattdessen schrieb die Schulleiterin an eine Lehrerin, eine frühere Schülerin von ihr, die in einem nahe gelegenen Ort namens Alamo lebte und unterrichtete. Die Schulleiterin bat sie, regelmäßig bei Arlene vorbeizuschauen und ihr Privatunterricht zu erteilen, »bevor sie völlig verwildert«. Die Lehrerin, Miss Waterford, hatte unter ihren farbigen Schülerinnen in Alamo etliche Rohdiamanten entdeckt und war zuversichtlich, dass sie in Arlene einen weiteren finden würde. Einen Tag, nachdem die Schulleiterin nach Nashville zurückgefahren war, traf Miss Waterford mit ihrem Verlobten in dessen Auto ein, und in den ersten Minuten mit Arlene sank ihr der Mut: Sie sprach ein derart schlechtes Englisch, dass es sich wie eine fremde Sprache anhörte. Und die Summe von eins und eins wusste das Kind nur deswegen, weil sie sie an den Fingern abzählte. Miss Waterford kehrte nach Alamo zurück und schrieb unverzüglich an die Schulleiterin: »Warum wollen Sie mir eine weitere Last aufbürden, Dr. Hines? Soll ich denn stets gefesselt sein?« Zweieinhalb Jahrzehnte nach diesem Brief sollte Miss Waterford, inzwischen Reverend Mrs Campbell, einmal mehr belohnt werden, als Arlene ihr zweites Buch, *Das Verhältnis von Festkörpern und ätherischer Materie*, »Miss Waterford, die mich aus der Wildnis zurückholte«, widmete. Als die Schulleiterin in Nashville den Brief erhielt, den Miss Waterford ihr nach der ersten Begegnung mit Arlene geschrieben hatte, antwortete sie ihrer früheren Schülerin postwendend: »Würde ich Ihnen diese Bürde auferlegen, wenn ich nicht wüsste, dass mein Blut, das Blut Ihrer Lehrerin, durch Arlenes Adern fließt?«

Um Arlenes Zukunft zu sichern, verkaufte ihr Großvater die Gehöfte seiner beiden Söhne und hinterlegte den Erlös bei einer Bank. Der Schulleiterin wurde die treuhänderische Verwaltung zugesprochen. Dann verkaufte er Teile seiner eigenen Farm und nutzte den Ertrag dafür, Arlenes und sein eigenes Leben zu verbessern. Dazu gehörten die Zahlungen für den Privatunterricht bei Miss Waterford sowie an die Nachbarinnen, die zum Putzen und zum Kochen kamen. Er behielt genügend Land als Puffer, damit er nicht von seinem Fenster oder von seiner Veranda aus zusehen musste, wie andere Männer, ob Fremde oder Freunde, das Land bestellten, das ihm, seinem Vater und dem Vater seines Vaters das Genick hatte brechen wollen.

Allmählich wurde der Großvater jedoch wieder zu jenem Mann, der kaum eine Stunde zuvor so viele Angehörige an den Fluss verloren hatte. Es gab Tage mit Arlene, da es ihm gelang, den Kopf über den Schmerz hinaus zu erheben, um mit ihr eine Mahlzeit oder eine Kutschfahrt in die Stadt zu genießen, wo sie ihr Lieblingseis kaufen konnte. Pferdehufe auf dem Hof. Doch die schweigsamen Stunden, die die beiden Seite an Seite auf der Veranda zubrachten, wurden immer häufiger. Zur Rechten ging die Sonne auf. Manchmal versuchte er, das Schweigen zu brechen, ihre Hand in seine zu nehmen und das Andenken an einen der Toten zu beschwören, doch bevor er zu Ende reden konnte, verstummte er wieder, zog seine Hand aus der ihren und legte sie wieder in seinen Schoß. Zur Linken ging die Sonne unter, und den ganzen Tag über baumelte sie vor ihnen am Himmel und bot nicht viel Gutes, aber auch nicht viel Schlechtes. Wenn sie merkte, dass seine Erinnerungen versiegten, nahm sie von dem überfüllten Verandatisch neben sich eins der vielen Bücher zur Hand, die Miss Waterford ihr gekauft hatte. Auch der Mond hing am Himmel, doch wenn er am hellsten, am eigenartigsten schien, war der Großvater meist schon eingeschlafen, und Arlene las im Bett.

Miss Waterford, die Angst hatte, ein Kind mit Arlenes Verstand könnte allzu rasch erwachsen werden, hatte Arlene als Teil eines täglichen Regiments verordnet, mit den Nachbarskindern zu spielen, wenn sie selbst nicht da war. Arlene jedoch, die nur noch für ihre Bücher zu leben begann, versäumte stets, den Hügel zur Rechten hinab zu den Kindern der Masons oder den Hügel zur Linken hinauf zu den Daileys zu gehen, und wenn ihre Lehrerin zurückkam und sie fragte, ob sie gespielt hatte, log sie, und das nicht einmal geschickt. »Ein weiteres Anzeichen dafür«, schrieb Miss Waterford an Dr. Hines, die Schulleiterin in Nashville, »dass sie vor der Zeit alt werden könnte.« Und so wurde sie allen Bemühungen Miss Waterfords zum Trotz ein Kind, das »friedlich mit sich allein leben« konnte. Das schrieb sie in ihrem Aufsatz, als sie sich mit sechzehn für das College of the Holy Cross bewarb. Den Aufsatz las ein alternder Jesuit – der zu spät im Leben herausgefunden hatte, dass Gott zwar gern mit ihm wandelte, er aber nicht mit Gott. Er war Chemie- und Biologieprofessor am Holy Cross, und um seine wachsende Verzweiflung wenigstens geringfügig zu lindern, hatte er sich freiwillig dafür gemeldet, die Aufsätze der Bewerber für ein Studium der Naturwissenschaften durchzulesen. Ihm gefiel die Wendung »friedlich mit sich allein leben«, und noch bevor er ihren Aufsatz zu Ende gelesen hatte, wusste er, dass die Schule auf dem Hügel keine ganz so schlechte Erziehungsanstalt gewesen sein konnte, wenn sie eine junge Frau aufgenommen hatte, die wenigstens dies eine von sich wusste.

Vor dem Holy Cross und vor dem Besuch der Vorbereitungsschule in Nashville hatten sich jedoch drei weitere Wunder zugetragen. Beim ersten und beim zweiten waren vier Menschen, zwei Kühe und drei Hühner ums Leben gekommen; das zweite Wunder, das zwei Menschen und zwei Hühnern das Leben kostete, ereignete sich während eines Wochenendausflugs mit Miss Waterford nach Alamo. (»Wenn die Toten zum Appell antreten«, schrieb Arlene mit achtzehn einer Laune folgend in ihr Tagebuch, als sie am Holy Cross war, »weshalb sollten Kühe, Hunde und Hühner davon ausgeschlossen sein?«) Nach diesen beiden Wundern begann ein winziger, ein trauriger Teil der Entrechteten von Tennessee, Arlene die »Gesegnete« zu nennen. Und einige von ihnen reisten aus dem ganzen Staat zur Farm, klopften sachte an die Tür und fragten, noch bevor ihnen aufgetan wurde, ob sie kurz mit der guten Miss Arlene sprechen dürften: Eltern mit Kindern, deren krumme Gliedmaßen von Geburt an verkrüppelt waren. Männer, die ihre paar Cent verspielt und das Weite gesucht hatten, während ihre Familien aufs Betteln angewiesen waren. Frauen, die dem Wahnsinn verfielen, weil eine der ersten Lektionen, die sie im Leben gelernt hatten, darin bestand, mit jedem Mann zu schlafen, der ihnen süße, aber leere Worte ins Ohr flüsterte. Arlene, die nie zu ihnen an die Tür kam, verspürte keine Angst, lediglich Neugier, wenn sie vom Wohnzimmerfenster aus zusah, wie die Nachbarinnen sie verscheuchten. (»Warum«, schrieb sie mit dreißig in Washington D.C. in ihr Tagebuch, »warum wollte mich eigentlich niemand auf dem Scheiterhaufen verbrennen?«) Schließlich, nach einer Woche, in der der Besucherstrom nicht abgerissen war, mussten die Schulleiterin und die Lehrerin, unterstützt vom Großvater in einem besonders hellen Moment, drei bewaffnete Männer anheuern – einen Neger zu Pferde, einen Neger auf einem fünfundzwanzig Jahre alten Motorrad und einen Weißen im lärmenden Pick-up seines Vaters –, um die Leute am Betreten des Grundstücks zu hindern. Ein paar Seelen kamen immer noch und standen auf einer Weide auf der anderen Seite der Straße herum, etwa einen Dreiviertelkilometer vom Haus entfernt. Bei Wind und Wetter blieben sie dort stehen oder sitzen, nie mehr als zehn auf einmal. Beinahe sieben Monate lang hielten sie sich dort auf und dachten nur eins: Wenn ich einen Teil der Verdammnis schon hinter mir habe, vielleicht kann dieses Kind mich und die Meinen ganz erlösen.

Erst nach dem dritten Mirakel, vor dem Aufbruch nach Nashville, begann Arlene sich als etwas Besonderes zu begreifen; Zuversicht über ihren Platz in der Welt jedoch schenkte ihr auch das nicht. (»Wenn man sein Leben lebt, und alle um einen her sterben«, schrieb sie in der zweiten Woche am Holy Cross in ihr Tagebuch, »was für ein Leben soll das dann noch sein?«) Als die Entrechteten nicht länger kamen und von der gegenüberliegenden Straßenseite aus herüberstarrten, forderte Miss Waterford sie auf, wieder hinauszugehen und mit den Nachbarkindern zu spielen. Die Lehrerin, die ihre früheren Lügen durchschaut hatte, verlangte von Arlene, über ihre Spiele Aufsätze von mindestens fünfhundert Wörtern Länge zu verfassen. Und so spielte Arlene nicht einmal fünf Wochen vor dem Besuch der Nashville Beginning School for Negro Women, nicht einmal zwei Monate nach ihrem zwölften Geburtstag mit den Kindern der Daileys, die auf halber Höhe auf dem Hügel zur Linken wohnten. Sie spielte Schule. Gerade war sie an der Reihe, die Rolle der Lehrerin zu übernehmen, als ein nagelneuer grüner Chevrolet mit nagelneuem Chauffeur die Hügelkuppe erreichte und in selbstsüchtigem Tempo die Straße herabgerast kam, die am Grundstück der Daileys vorbeiführte. Die Hände hinter dem Rücken, hatte Arlene den Kieselstein aus ihrer rechten in ihre linke Hand verschoben und ihre geschlossenen Fäuste der jüngsten Tochter der Daileys hingehalten, der siebenjährigen Petunia, die auf der untersten Treppenstufe vor dem Haus der Daileys saß. Hätte Petunia die Hand mit dem Kieselstein gewählt, so wäre sie von der Vorschule in die erste Klasse versetzt worden, auf die zweite Treppenstufe. Ihre Geschwister hatten die Prüfung alle schon bestanden und saßen auf verschiedenen Stufen, nur Petunia saß auf der Vorschulstufe und murrte, dass sie zurückbleiben musste und das nicht gerecht sei. Das Kind hatte die Knie bis fast unters Knie hochgezogen, hob ein Ende des Heftpflasters auf seinem rechten Knie an, besah sich ihre neue Schürfwunde, warf ihr eine Kusshand zu und drückte das Ende des Pflasters wieder fest. Als sie eben Arlenes linke Hand berühren wollte, brauste das Auto, das wild hupend von der Straße abgekommen war, auf die saubere, beblümte Rasenfläche, mitten in die Kinder hinein, die in ihren verschiedenen Schulklassen auf den Verandastufen saßen. Arlene hatte ihre geschlossenen Hände noch vor sich ausgestreckt, mit der Handfläche nach unten, und als sie aufblickte, verwehten der Fahrtwind und der heftige Aufprall des Autos ihre Zöpfe und ihr Kleid, und durch die Lücke, die das Auto in den Zaun gerissen hatte, konnte sie einen Dreiviertelkilometer weit sehen, bis hin zu den Bergen. Das war nun wirklich ein ganz neuer Anblick, und in Anbetracht ihrer Vorgeschichte hätte ihr Verstand den Grund dafür eigentlich schneller erfassen müssen.

Sie lag noch im Bett, als spät am nächsten Morgen, einem Sonntag, Miss Waterford eintraf. Es war der Morgen nach der Nacht, in der Miss Waterford entschieden hatte, dass die Ehe nicht das war, was sie zu diesem Zeitpunkt ihres Lebens benötigte. Als sie die Tür zu Arlenes Schlafzimmer öffnete, waren sämtliche Bücher zugeklappt. Der Großvater, in beiden Händen eine Tasse kalten Kaffee, saß auf einem Stuhl in einer hellen Ecke des Zimmers. Dort hatte er die ganze Nacht hindurch gesessen, und wie die Lehrerin hatte auch er einen Entschluss für sein Leben gefasst.

»Ich kann keinen Aufsatz schreiben, Miss Waterford«, sagte Arlene, als die Lehrerin ihren Hut abnahm und die Hutnadel durch die Krone stach. Der Mann, den Miss Waterford beinahe geheiratet hätte, hatte ein Herz, das nicht von dieser Welt war, und obwohl sie ihm gesagt hatte, dass sie ihn nicht heiraten werde, hatte er ihr seinen Wagen geliehen, damit sie Arlene besuchen konnte.

»Ich weiß«, sagte Miss Waterford. »Ich weiß.« Sie grüßte den Großvater, dann setzte sich zu dem Kind aufs Bett. »Vielleicht verlange ich meinen Schülerinnen zu viel ab.« Sie legte ihren Hut auf das Fußende und nahm Arlenes Hand. Die Fahrt zu Arlene hätte sie eigentlich am Haus der Daileys vorbeiführen sollen, aber Miss Waterford hatte einen Umweg gewählt. »Vielleicht ist es zu viel, von meinen Schülerinnen Sonne und Mond zu erwarten. Vielleicht reicht ja der Mond.« Dergleichen hätte die Schulleiterin, Dr. Hines, gesagt. Und Miss Waterford dachte, ich bin geworden, wie ich niemals werden wollte.

Während der Großvater und Miss Waterford der Beerdigung der fünf Dailey-Kinder beiwohnten, blieb eine Nachbarin bei Arlene. Die drei überlebenden Dailey-Kinder waren an dem Tag, als ihre Geschwister ums Leben kamen, in der Stadt gewesen, beim Begräbnis einer Tante, die bei der Geburt von Drillingen gestorben war. Der nagelneue Chauffeur des grünen Chevrolets war ebenfalls gestorben, allerdings wurde er an einem anderen Tag beigesetzt, kurz vor Tagesanbruch in einer Gegend von Tennessee, die er und seine Angehörigen noch nie gesehen hatten.

Wie der Großvater vorgeschlagen hatte, nahm Miss Waterford Arlene mit nach Alamo. Als sie mehr als zwei Wochen später zurückkehrten, wiederum im Wagen ihres ehemaligen Verlobten, war der Großvater nirgends zu sehen, und niemand wusste, was mit ihm geschehen war. Miss Waterford blieb fast eine Woche bei Arlene, während die Behörden so taten, als bemühten sie sich, den Mann zu finden. Aber der Großvater wurde nie wieder gesehen. »Jetzt ist sie wieder ein Waisenkind«, sagte Miss Waterford, die

Arlene an die Schule in Nashville folgen würde, am Telefon zu der Schulleiterin. »Jetzt bin ich wieder ein Waisenkind«, sagte Arlene und dachte, als sie und Miss Waterford ihre Sachen packten, an die Kinder in den Romanen von Charles Dickens. »Aber inzwischen weißt du mehr als vorher«, sagte ihre Lehrerin. »Ich glaube nicht«, sagte Arlene.

Als Mädchen und als junge Frau hatte die Schulleiterin, Dr. Hines, an Mrs Wilbur Ross' Finishing School for the Colored Elite Hauswirtschaftslehre gelernt, allerdings nicht viel mehr als das. Jahre vor Dr. Hines' Entschluss, eine eigene Schule zu gründen, die Nashville Beginning School for Negro Women, hatte ihr erster Ehemann, Englischlehrer und Autor zahlreicher Romane über »die höchste und klügste« Klasse von Negern, sie, ihre Mädchenpensionatserziehung und ihre beiden Kinder verlassen. Sie war mit Abstand das beste Ehefrauenmaterial, das das Mädchenpensionat je hervorgebracht hatte. In ihrem Haushalt waren die Hemdkragen ihres Mannes allesamt steif wie Pappe gestärkt, und in den hinteren Ecken der Schubladen lagen diskret selbst gemachte Duftkissen. Als jedoch die Frau, aus der die Schulleiterin Dr. Hines werden sollte, eines Tages die geschmackvoll gelb gestrichene Tür zu ihrem Heim öffnete, auf jeder Seite ein Kind, stellte sie fest, dass ihr Repertoire nicht den Wünschen ihres Mannes entsprach. Und mit diesem unzulänglichen Repertoire musste sie, nachdem der Schriftsteller und Lehrer sie verlassen hatte, wieder in die Welt hinausgehen und, an jeder Seite ein Kind, ihre Zeugnisse verbessern, und so wurde sie Volkswirtschaftlerin und Mathematikerin. »Zahlen lügen nicht«, erklärte Dr. Hines Arlene und ihrer Anfängerklasse am ersten Tag. »Falls doch, liegt der Fehler bei euch.«

Die Schule in Nashville, Klassen sechs bis zwölf, umfasste gewöhnlich an die hundert farbige Mädchen aller Schattierungen, zumeist Töchter einiger weniger aufgeklärter, gut situierter Neger aus dem ganzen Land, die sich in der Welt umgesehen und wie Dr. Hines herausgefunden hatten, dass Negermädchen, ihre Töchter, durch so viel Bildung wie möglich gestärkt werden mussten. Zu diesen hundert Schülerinnen gehörten etwa fünfzehn arme Mädchen, deren Ausbildung mithilfe von Stipendien finanziert wurde, die die wohlhabenderen Familien vergaben. »Jeder hilft einem andern«, lautete das Motto der Schule. Die Schulleiterin selbst, die noch immer Arlenes Geld verwaltete, hob von deren Bankkonto Summen ab, mit denen sie Kost und Logis der Tochter eines Bauern aus Alabama bestritt.

Die Jahre waren vergangen, ehe Arlene es recht bemerkte; innerhalb von vier Jahren hatte sie ein Wissen absorbiert, wozu die meisten Mädchen sechs Jahre benötigten. Sie hatte nur wenige Freundinnen, und Dr. Hines und die anderen Lehrerinnen drängten sie nicht dazu, auszugehen und mehr als die drei oder vier zu gewinnen, mit denen sie sich wohlfühlte. Meist waren sie es zufrieden, dass sie Trost und Erfolg in der Gewissheit der Naturwissenschaften fand, besonders in Biologie und Chemie. Wenn man alles tat, was von einem erwartet wurde – von korrekten Berechnungen bis hin zur angemessenen Größe der Flamme unter dem Bunsenbrenner –, wurde am Ende alles gut, hatte Arlene zu ihrer Freude herausgefunden. Sie fand Trost in den Höhlen der Wissenschaft, wo gute, unschuldige Menschen nicht ums Leben kamen, nur weil sie in ihrer Nähe weilten.

Mit zweiundzwanzig Jahren sollte sie in ihr Tagebuch schreiben, dass seit ihrer Zeit in Nashville und am Holy Cross »die Welt fast ohne eine Kratzer davongekommen« war. Allerdings konnte sie diesen Satz nur deshalb niederschreiben, weil sie nicht den Brand in dem winzigen Hotel in West Virginia einbezog, der sich in ihrem letzten Jahr an Dr. Hines' Lehranstalt ereignet hatte. Sie hatte eine Krankheit vorgetäuscht, um nicht nach West Virginia mitfahren zu müssen, doch mittlerweile kannte Miss Waterford sie gut genug, um sie dazu zu zwingen. An einem langen Wochenende fuhr ihre Schulklasse zu der hübschen Kleinstadt, wo John Brown und seine Männer ihre letzte Nacht vor dem Überfall auf das Bundeswaffenarsenal in Harper's Ferry verbracht hatten. Das Hotel gehörte einem Ehepaar. Der Mann war fast taub und hatte sich verhört, als ihm am Telefon die Zahl der Schülerinnen in Arlenes Klasse genannt wurde, und so musste eine Schülerin allein in einem laubenartigen Anbau übernachten, der über einen kurzen Gang mit dem Hauptgebäude verbunden war. Arlene meldete sich freiwillig und verbrachte zweieinhalb Nächte in einem angenehmen Zimmer, das für eine Person groß genug war. Daneben befand sich ein größeres Zimmer, in dem eine fünfköpfige Familie aus Washington D. C. übernachtete. Arlene fühlte sich berechtigt, den Brand in der Laube bei ihrem Tagebucheintrag nicht mit einzurechnen, denn dieser war vom jüngsten Kind der Familie aus D. C. verursacht worden, und eine Person hatte überlebt. Das Feuerkind selbst war umgekommen, ebenso seine Mutter und seine beiden Geschwister. Der Vater entging dem Tod, weil er in dieser Nacht in den Wald gegangen war, in dem John Brown und seine Männer geschlafen hatten, um mit der Hotelinhaberin, der Ehefrau, zusammen zu sein. Diese nahm ihrem Mann nicht ab, dass er fast taub war, und ging in den Wald, damit er nicht hörte, wie sie sich liebten, unter Tieren und vom Wind umstrichenen Bäumen, an einem Bach, der laut gluckste, obwohl er fast ausgetrocknet war. Mitten in der Nacht erwachte das Feuerkind, hatte Angst und musste wieder einmal feststellen, dass ihr Vater, ein Raucher, verschwunden war.

Und in ihrem Tagebuch zählte Arlene auch nicht die verheerende Bootsfahrt während ihrer Zeit am Holy Cross, in erster Linie deshalb nicht, weil es zwei Überlebende gab, einer davon ein junger Mann von der Wesleyan University. Die Bootsfahrt war ihr zweites Rendezvous mit ihm gewesen. Beide Rendezvous waren die ersten ihres Lebens. Sie war in ihrem vierten Jahr, er, Scott Catrell, Erstsemester an der Wesleyan University. Als er aus Connecticut heraufkam, um Freunde zu besuchen, hatte er sie eines Tages im Stadtzentrum von Worcester gesehen. Er war ihr die drei oder mehr Kilometer den Hügel hinauf zum Holy Cross gefolgt. Ende Januar ihres letzten Jahres dort hatte sie nach drei Monaten mit vielen Telefongesprächen und Briefen schließlich in das Rendezvous eingewilligt, und zwar allein deswegen, weil ihr Mentor, der Priester, der vom Glauben abgefallen war, eine Woche zuvor gestorben war. »Scott fühlt sich in seinem eigenen Körper nicht wohl«, schrieb sie Wochen nach der Bootsfahrt an Miss Waterford, die inzwischen Reverend Mrs Campbell geworden war, »als sei er von einem Dutzend Dr. Frankensteins zusammengestoppelt worden. Aber das ist nicht der Grund, warum ich weiß, dass ich ihn nicht lieben könnte.« Sie war zu dem Glauben gelangt, dass der Tod sie bei all den Wundern bislang schlichtweg übersehen hatte und, um diesen erstaunlichen Irrtum wettzumachen, etwas überaus Spektakuläres plante.

Nach dem Holy Cross kam Georgetown, danach die University of Maryland, wo sie gleich zwei Doktortitel anstrebte. Während sie den zweiten Abschluss erwarb, sicherte sie sich eine Forschungsstelle an den National Institutes of Health, wo man ihr ein hübsches Eckchen zuwies, in dem sie ungestört arbeiten konnte. Nicht zu viel Sonne, nicht zu viel Mond; Gegensprechanlagen und Telefone – später Computer –, durch die sie mit zwei Assistentinnen am Ende des Saals und um die Ecke von ihrem Arbeitsplatz verbunden war. Ihre Freundinnen, darunter die in Tennessee, konnte sie an beiden Händen abzählen. Und obwohl sie ihn anflehte, davon Abstand zu nehmen, folgte ihr Scott Catrell, der sein Studium an der Wesleyan University abgeschlossen hatte, und schrieb sich an der Medizinischen Fakultät der Howard University ein. Sie wohnten nie zusammen, verabredeten sich jedoch im Verlauf von zweieinhalb Jahrzehnten hin und wieder. Er war dreimal verheiratet – stets mit Frauen, die ihm zuerst einen Antrag machten – und dreimal geschieden. Keine Kinder. Während all dieser Jahre konnte er sich nur damit trösten, dass es keine anderen Männer in Arlenes Leben gab außer jenen Pionieren, lebenden wie toten, die die Mysterien der Biologie und der Chemie erhellt hatten.

Als sie dreiundvierzig war und Scott zwei Jahre lang weder gesehen noch gesprochen hatte, begegneten sie einander im Eingang von Hecht's in der 12th Street – sie kam gerade mit leeren Händen heraus, er ging gerade hinein. Es war ein bitterkalter Tag, kalt genug, um den Steinbrechern die Knochen zu zerknacken, ein Tag, an dem fünf Obdachlose im Schlaf erfroren. »Bin ich nicht gut darin, jeden Kontakt mit dir zu vermeiden?«, fragte Scott lächelnd. Vier Monate später war Arlene mit seinem Kind schwanger. »Wie«, schrieb sie der Reverend Mrs Campbell, »konnten zwei intelligente Naturwissenschaftler nur so dumm sein, schwanger zu werden?« »Naturwissenschaftler?«, schrieb der Reverend Mrs Campbell zurück. »Trotz allem, was Dir widerfahren ist, bist Du, Naturwissenschaften hin oder her, im Grunde auch nicht besser als wir anderen, die wir uns abrackern, um uns über Wasser zu halten. Wir wünschen, wir wüten, wir begehren, wir scheitern, wir siegen. Wir stehen in einer langen, langen Linie. Wo warst Du, als man uns das beigebracht hat?«

Arlene war etwas über einen Monat in anderen Umständen, als sie begann, das Für und Wider einer Abtreibung zu erwägen. »Ich versuche, so darüber zu denken, wie es meiner Ausbildung entspricht«, schrieb sie der Schulleiterin Dr. Hines. »Dauernd geht mir das Wort ›Zygote‹ im Kopf herum. Aber neuerdings gebe ich der Zygote Namen. Manchmal sieht sie mir in die Augen, und ich wage nicht, zuerst zu zwinkern. Sie schwimmt, und ich rufe am Beckenrand ihren Namen, weil sie zu weit geschwommen ist. Da hinten gibt es Drachen und Ungeheuer, denn die Erde ist nicht rund, sondern eine Scheibe.«

Dann geschah etwas, das sie dazu bewog, das Kind zu behalten und von Scott aufziehen zu lassen. An schöneren Tagen aß sie ihr Mittagessen unter einer Eiche im Park der National Institutes of Health, so weit wie möglich von anderen Menschen entfernt. An einem Apriltag, sie war drei Monate schwanger, konnte sie das Gewitter riechen, noch ehe eine Wolke am Himmel stand. Sie fuhr fort zu essen und hörte erst auf, als der Regen fiel, kein heftiger Regen, aber doch einer, der ihr sagte, es sei besser zu stehen als zu sitzen. Es war niemand in der Nähe. Kaum war sie aufgestanden, begann es zu donnern und zu blitzen, was sie überraschte, da der Regen auf ein solches Gewitter nicht hingedeutet hatte. Sie beschloss, unter dem Baum zu bleiben. Der Sturm wurde wütender, und binnen Sekunden hörte sie auf der anderen Seite der Eiche zwei Leute lachen und reden.

Zuerst wollte sie weggehen, doch dann besann sie sich anders. Schließlich waren die anderen die Störenfriede. Und so ging sie, während die Welt unter dem Sturm bebte, um den Baum herum, um die beiden zur Rede zu stellen. »Geht!«, rief sie ihnen zu. »Geht weg!« Es waren ein schwarzes Mädchen und ein weißer Junge, beide noch auf der High School. Es war offensichtlich, dass der Junge den Krieg gegen seine Pickel verlor. Er schien nicht zu verstehen, was Arlene sagte, aber das Mädchen erwiderte: »Haben Sie ein Problem, Madam?« Der Zeitungsartikel würde ein Foto des Mädchens enthalten – viel hübscher als das Gesicht, an das Arlene sich erinnerte, und zwar weil das Mädchen am Tag des Sturms trotzig war, und dieser Trotz war nicht hübsch anzusehen. »Was ist los, Madam?« Der weiße Junge sagte: »Lass uns gehen, *ma chérie.*« So hatte sein Großvater seine Großmutter genannt. Sein Foto sollte nicht in dem Artikel enthalten sein, denn er war nicht ums Leben gekommen.

»Lass uns gehen, *ma chérie*«, wiederholte der Junge und ging in dem Sturm davon, um dem Mädchen ein Beispiel zu geben, einer Stipendiatin an einer furchtbar teuren Vorbereitungsschule unweit der NIH. Der Junge war erst drei Meter weit gegangen, als Arlene beschloss, wieder auf ihre Seite des Baumes zurückzugehen. »Ganz wie ihr wollt«, sagte sie, bevor sie sie stehen ließ. »Ganz wie ihr wollt«, äffte das Mädchen sie nach. Der Junge war fünf Meter weit gegangen, als die Erde erzitterte und ein Wind vorüberfegte, und dann fuhr der Blitz in den Baum und in das Mädchen. Als der Blitz krachend eingeschlagen hatte, waren nur noch das leise Jaulen des Mädchens, das uralte Ächzen des Baumes und der Schrei des Jungen zu hören, der auf sie zurannte. Der zersplitterte Baum neigte sich auf den Jungen herab, und die Geräusche, die dieser von sich gab, wurden verschluckt von jungem Frühlingslaub.

Mit einem Weinkrampf sank Arlene in die Knie, sie fröstelte, als die Hitze des Blitzschlags sich allmählich verflüchtigte. Noch nach Jahren besaß das unglaubliche Wunder die Macht, sie zu entmutigen. Sie hörte, wie Leute zu dem Pärchen auf der anderen Seite des Baumes eilten. Ihr Kind kam im Oktober zur Welt, ein spätes Baby.

Ein Junge, sie und Scott einigten sich auf den Namen Antonio. Arlene klemmte sich ihre Handtasche unter den Arm und stand auf, inzwischen hatte sie Angst, dass auch die anderen sich verletzen könnten, da der Sturm noch nicht nachgelassen hatte, und sie wankte am eisernen Zaun des NIH-Geländes entlang und fand schließlich ein Tor, das sie zur Wisconsin Avenue brachte. Das Kind kam kahl zur Welt, und erst als Arlene es im neunten Monat seines Lebens Scott anvertraute, begann Antonios Haar zu wachsen, pro Woche fast drei Zentimeter.

Fünf Häuserblocks von den NIH entfernt nahm sie sich ein Taxi, das sie in der Hoffnung bestieg, der Fahrer würde sich über ihre nassen Kleider beschweren, damit sie ihn in der Luft zerreißen konnte. Der Mann sagte nichts. Das Foto des toten Mädchens, das die Zeitung veröffentlichen würde, war erst kürzlich aufgenommen worden, und als Arlene den Artikel über sie las, über die großartige Zukunft, die die Leute ihr vorausgesagt hatten, dachte sie, dass eine Welt ohne Antoinette Champion ärmer dran war. Der Taxifahrer, ein älterer Schwarzer, fuhr sie bis zur Eingangstür ihrer Eigentumswohnanlage. Er musste mitbekommen haben, dass etwas vorgefallen war, denn nachdem er ihr aus dem Taxi geholfen hatte, blieb er lange vor der Tür stehen, während sie, erst mit einem Schlüssel, dann mit einem anderen, die Tür aufzusperren versuchte.

Am Unabhängigkeitstag etwa elf Jahre nach der Geburt von Arlenes Sohn verbrachte die neunjährige Avis M. Watkins den größten Teil des Vormittags auf dem Fußboden ihres Zimmers in einem Fünfzimmerhaus in der Minnesota Avenue, N. E., wo sie drei Stofftieren schmollend von ihren Sorgen erzählte. Das Mädchen war das jüngste Kind von Marvella Simms, die drei Jahre nach ihrer Scheidung wieder ihren Mädchennamen angenommen hatte. An diesem Morgen war das Kind ganz aufgebracht, denn Marvella hatte ihm nun schon zum fünften Mal erzählt, es werde zu Hause keine Feuerwerkskörper geben, vielmehr würden sie zum Washington

Monument fahren, um sich gemeinsam mit Francisco Padmore, dem Verlobten ihrer Mutter, das Großfeuerwerk anzusehen. Avis konnte Francisco gut leiden, gestand sie den Tieren an diesem Morgen, aber Feuerwerkskörper mochte sie lieber. »Wir alle brauchen Feuerwerkskörper«, sagte sie zu dem schwarzen Bären, fasste ihn am Hinterkopf und schüttelte ihn zweimal. Sie saß mit den Tieren unter einem der Fenster, und durch dieses Fenster schien die Sonne herein, fiel auf das blaue Auge des Bären und brachte es, wenn er nickte, zum Funkeln.

»Würdest du nicht auch lieber eine von diesen Wunderkerzen in der Hand halten, statt zuzusehen, wie sie das Zeug in die Luft schießen?«, fragte sie den Bären, der bejahend nickte. Das Kind erholte sich, wie die Eltern befunden hatten, recht schnell von »jener unglücklichen Episode« (so Avis' Therapeutin), die sich vor fast einem Jahr zugetragen hatte. »Ich auch«, sagte sie zu dem Bären. »Wir beide.« Die Nacht der »Episode« hatte sie im Haus ihrer besten Freundin in der Harvard Street, N. W., verbracht, und lange vor dem Morgengrauen, als alles schlief, war der Vater der Freundin, der sich mit der Mutter auseinandergelebt hatte, in das Haus eingebrochen. »Wenn ich erwachsen bin, tu ich, was ich will, und keiner sagt nein.« Der Vater hatte die Mutter, seine Schwiegermutter, den neuen Freund seiner Frau und seine eigenen fünf Kinder erschossen. Avis überlebte unverletzt, vom Blut ihrer Freundin überströmt, so viel Blut, dass der Vater im Halbdunkel annahm, dass auch sie tot war. Dies war ihr erstes Wunder. »Die wollen, dass ich mir ein blödsinniges Feuerwerk anschaue.« Der Vater hatte nur eine Tochter, Avis' Freundin, doch in den kurzen Augenblicken, nachdem er seine Waffe auf das Bett abgefeuert hatte, in dem seine Tochter und Avis lagen, betrachtete er Avis, die während des gesamten Vorfalls die Augen geschlossen hielt und flach atmete. Der Mann war dem Wahnsinn nahe, weil die Liebe seiner Frau für ihn zu einem Nichts zusammengeschrumpft war, und davon überzeugt, zwei Töchter zu haben, und er sagte sich, zwei tote Töchter seien besser als eine, denn das würde seinen Schwiegervater noch stärker peinigen.

Am Nachmittag des Unabhängigkeitstages fuhren sie – Avis, ihre Mutter und ihre beiden Brüder Marvin und Marcus – zu Franciscos Haus in Anacostia, das sein Großvater erbaut hatte. Sie aßen spät zu Mittag. Auch Francisco war geschieden, ein Mann, der in der Telefongesellschaft drei Stockwerke über Marvella arbeitete, und obwohl sie ihn dort drei Jahre lang hatte herumlaufen sehen, hatte sie ihn nie richtig zur Kenntnis genommen, bis er auf einer Weihnachtsparty der Firma das *Ave Maria* sang. (»Der Typ kann singen!«, hatte Marcus auf der Party gesagt.) Er hatte keine Kinder. In Franciscos Cadillac fuhren sie zur U-Bahn-Station Stadium-Armory. (»Mann«, sagte Marcus während der Fahrt, »in dem Schlitten könnt ich glatt wohnen, wenn er 'n Badezimmer und 'nen Fernseher hätte.«) Von allen Kindern Marvellas war Avis Franciscos Liebling, war sie doch die Erste gewesen, die ihn ins Herz geschlossen und drei Monate nach der ersten Begegnung, als sie zu fünft aus einem Kino schlenderten, wortlos bei der Hand genommen hatte.

Nach dem Großfeuerwerk auf der National Mall gingen sie zur U-Bahn-Station Federal Triangle, um die Horden an beiden Eingängen der Station Smithsonian zu vermeiden. Arlene Baxter und Scott Catrell waren ebenfalls dort; ihr Sohn Antonio hielt sich diesen Sommer bei Scotts Verwandten in Philadelphia auf. »Geh mit Daddy aus«, hatte ihr Sohn Arlene vor seinem Aufbruch gesagt. »Hunderte Tote bei vorzeitiger Explosion von Feuerwerkskörpern«, hatte sie im Geiste gelesen, als er sprach. Sie und Scott hatten fast ganz allein auf dem Rasen des Wirtschaftsministeriums auf der anderen Seite der Constitution Avenue gesessen, fernab der Menschenmenge. Sie hatte die Zeit mit Scott genossen und sich nichts dabei gedacht, als sie etwa eine Minute vor Marvin, Marcus und Avis Watkins auf dem Bahnsteig der U-Bahn-Station Federal Triangle standen. Die Kinder waren vorausgeeilt. Francisco hatte ihnen gesagt, sie sollten warten, aber die Kinder wurden rasch von den Erwachsenen getrennt, hauptsächlich durch eine große Familie aus Seat Pleasant. Die Warnleuchten auf dem Bahnsteig, die den einfahrenden Zug ankündigten, begannen zu blinken, und einer der Jungen aus Seat Pleasant prallte gegen Marcus, weil jemand anders gegen ihn prallte. Marcus drehte sich um und stieß den Jungen zurück. »Verdammt noch mal, wollt ihr mich zerquetschen oder was?«, schrie er niemanden im Besonderen an.

Als er sich wieder umwandte, waren Arlene und Avis vom Bahnsteig gestürzt. Scott streckte ihnen die Hände entgegen, aber es war schon zu spät. Einen Moment lang waren die Leute, die sie unten, unten auf den Gleisen, liegen sahen, wie gelähmt, wie gelähmt davon, dass sie in diesem Niemandsland der Untergrundbahn Menschen sahen, dort wo sie noch nie zuvor Menschen gesehen hatten, nicht einmal Streckenarbeiter. Die Warnleuchten blinkten, und der gesamte Bahnsteig wurde von dem Wind gekühlt, der vor dem einfahrenden Zug hereinfegte. Verschiedene Leute hielten der Frau und dem Mädchen die Hände hin, doch das Gewirr von Armen und Händen, das Gedrängel und Geschrei machte die Sache nur noch schlimmer, ein Mann warnte jedermann, dass noch mehr von ihnen zu Tode kommen würden, und mehrere entscheidende Sekunden lang bogen sich die Körper an der Bahnsteigkante alle wie auf Befehl nach hinten, vom Tode weg. Arlene, die bei aller Todesangst wusste, dass sie selbst gerettet werden würde, versuchte das Mädchen aufzuheben, aber ihre Arme, geprellt und vom Sturz geschwächt, versagten ihr den Dienst. Als sie das Donnern des Zuges hörte, glaubte sie ihn nur noch ein, zwei Meter entfernt, doch als sie ihm das Gesicht zuwandte, sah sie nichts als Schwärze im Tunnel. Schwärze – und dann, jäh, die Lichter des Zuges, die sich wie die Augen einer Kreatur näherten, die nicht mit sich spaßen lässt. Der Zug erschütterte den Boden und erschütterte die Herzen all derer, die wussten, dass die Frau und das Mädchen dem Tod geweiht waren. Als Arlene sah, dass das Mädchen nicht rechtzeig auf den Bahnsteig zurückklettern konnte, kniete sie sich hin und fasste das Mädchen um die Taille, und Avis, die wusste, dass die Frau sich nicht in Sicherheit bringen konnte, drehte sich um und ergriff Arlenes Rücken, sie fielen zu Boden, und Arlene wälzte sich mit ihr in die Nische unter dem Bahnsteig. Sie stieß Avis, so dicht sie konnte, zur Mauer hin und bedeckte das Mädchen mit ihrem Körper. Oben auf dem Bahnsteig blinkte es weiter. Scott senkte den

Kopf. Drei Männer, die zwei Meter von der Bahnsteigkante entfernt waren, fielen in Ohnmacht, konnten in der dichten Menschenmenge jedoch nicht zu Boden sinken. Marvella und Francisco beugten sich vor, ohne zu ihren Kindern zu gelangen. Marcus stöhnte, als er seine Schwester aus den Augen verlor, dann fluchte er, ebenso sein Bruder, der Marcus schützend am Hemdkragen packte. Das Gesicht des ersten U-Bahn-Wagens schoss aus dem Tunnel, und angesichts des Chaos auf dem Bahnsteig und der vielen Menschen, die nur wenige Zentimeter von der Kante entfernt waren, betätigte die Frau, die den Zug lenkte, die Warnhupe. Die Bremsen, ein einziges schrilles Kreischen, nutzten nichts, aber die U-Bahn-Fahrerin versuchte es trotzdem. Als der Zug auf sie zukam, wusste Avis, die eine Nacht überlebt hatte, in der acht Menschen ermordet worden waren, dass sie nicht sterben würde, und so empfand sie das Bedürfnis, die Fremde zu schützen, die sie im Arm hielt. Sie legte einen Arm um Arlenes Schulter und eine Hand hinter den Kopf der Frau und drückte ihn in die Beuge ihres Halses. Der beim Einfahren des Zuges aufgewirbelte Staub und Schmutz überzog sie, drang in ihre Nasenlöcher und ihre Ohren. Und unter Wind und Lärm und Dreck fuhr der Zug ein.

Arlenes Nummer stand nicht im Telefonbuch, aber Avis bettelte ihre Mutter an, ihr dabei zu helfen, Arlene zu erreichen, und Marvella, als Angestellte der Telefongesellschaft, konnte ihr die Nummer beschaffen. Etwa drei Wochen lang hinterließ das Kind dieselbe Nachricht: »Meine Dame, würden Sie mich bitte anrufen? Ich bin das Mädchen von der U-Bahn.« Zuletzt hatten sie sich in jener Nacht im George Washington University Hospital gesehen. Avis wusste nicht, was sie sagen würde, falls Arlene je zurückrief; sie wusste nur, dass sie noch einmal die Stimme der Frau hören wollte. Einen Tag nach dem Vorfall, als die Nachricht von dem Unglück sich verbreitete und Reporter ihr Lager auf der Straße aufschlugen, um die »Wunderfrau« zu befragen, hatte Arlene ihr Haus verlassen und war zu Scott gezogen. Die Reporter sprachen mit Avis, doch zwei Tage, nachdem er sein Kind im Fernsehen und in den Zeitungen gesehen hatte, rief Avis' Vater Marvella an und untersagte jeden weiteren Kontakt mit der Presse. Als er seine Tochter bei einem Fernsehinterview gesehen hatte, wie sie, winzig in einem hübschen blauen Kleid, zwischen ihrer Mutter und ihren Brüdern auf der Couch saß, war er schier verzweifelt. Ihre Antworten beschränkten sich meistenteils auf ein Kopfschütteln und ein Ja oder Nein. »Ein weiterer Grund, weshalb ich mich von der Frau hab scheiden lassen«, sagte der Vater zum Fernsehgerät. »Meine Dame, würden Sie mich bitte anrufen? Ich war mit Ihnen in der U-Bahn-Station.«

Die Zeitungen schrieben, Arlene habe das Kind gerettet, denn so hatte es Avis erzählt, doch als Arlene Tag für Tag im Dunkel von Scotts Wohnung saß, wurde sie immer unsicherer, was sie eigentlich getan hatte. Nach einer Woche begann sie zu denken, dass es im Grunde genommen umgekehrt war und das Kind sie gerettet hatte, aber so ging es in der Welt nicht zu. Sie begann sich nach dem Kind zu sehnen, nach seiner Gegenwart, und hätte sie gewusst, dass das Mädchen bei ihr angerufen hatte, sie hätte sie zurückgerufen. Vielleicht hatten sie einander gerettet, dachte sie.

Gegen Ende der zweiten Woche ging Scott zu Arlenes Haus, um ihre Post abzuholen. Er rief sie an und sagte ihr, ihr Anrufbeantworter sei voll. Sie wählte ihre Nummer und hörte die Nachrichten ab. Die Stimme des Mädchens zu hören brach ihr das Herz. Sie hatte die Stimme schon einmal gehört, aber das war vor vielen, vielen Jahren gewesen, und es war die Stimme von jemandem, der nicht mehr am Leben war. Es war Arlenes sechstes Jahrzehnt der Wunder.

An jenem ersten Samstag im August, als Scott nach Philadelphia gefahren war, um Antonio abzuholen, kamen sie – Marvella und ihre Kinder – zu Scotts Wohnung. Avis starrte die Frau an, trat zurück und lehnte sich gegen die Tür, die Arlene geschlossen hatte. Marvella sagte: »Erst brennst du darauf, sie zu sehen, und jetzt hat es dir die Sprache verschlagen.«

Arlene bat sie, auf der Couch gegenüber dem lang gestreckten Fenster im Wohnzimmer Platz zu nehmen, aber schon bald stand Marcus auf, um aus dem Fenster im zehnten Stock auf die Massachusetts Avenue und zur 13th Street zu schauen. »Sie wohnen ziemlich hoch«, sagte er, »aber mein Onkel in Maryland wohnt noch höher.« Arlene saß auf dem Zweiersofa gegenüber der Couch. Sie und Avis ließen sich nicht aus den Augen. »Oh«, sagte Arlene zu Marcus, der wieder zur Couch zurückkam. »Der wohnt ja auch in Maryland, da haben sie keine Angst, Hochhäuser zu errichten. Aber hier in D. C. leiden sie unter Höhenangst.« Er sah zu seinem Bruder auf, doch Marvin, der zwischen seinen Geschwistern saß, sagte nichts.

»Möchten alle etwas zu trinken?«, fragte Arlene nach einigen Minuten, und als sie aufstand, atmete das Mädchen scharf ein und zog die Luft durch die Zähne.

»Eine eiskalte Cola«, sagte Markus. »Nein«, entgegnete Marvella, »Orangensaft für alle.« »Orangensaft ist was für Waschlappen.«

Avis sah noch immer Arlene an, die sagte: »Warum kommst du nicht mit?« Aber das Mädchen schien sich nicht vom Fleck rühren zu können. »Ich helfe Ihnen«, sagte Marvin schließlich und blickte auf seine Schwester hinab. »Sie ist halt schüchtern.«

»Sie wird nie mehr dieselbe sein, nicht wahr?«, fragte der Junge und sah Arlene zu, die in den Kühlschrank spähte.

»Nein, mein Junge, das wird sie nicht.« Avis' Vater hatte Arlene am Vorabend angerufen, um ihr von den acht Morden zu erzählen. Sie erinnerte sich an die Untat, wusste jedoch nicht, dass ein Kind überlebt hatte. »Aber auf ihre Art wird sie immer noch Avis sein. Dafür wird ihre Familie schon sorgen.« Vor dem geöffneten Kühlschrank wandte Arlene sich um. Mit einem solchen Jungen hatte sie nicht gerechnet. »Wir alle werden es überleben, mein Junge.« Sie hatte lange nicht mehr so viel Zuversicht verspürt wie in dem Augenblick, als Avis die Wohnung betreten hatte und sie mit den Augen verschlang. Marvin betrachtete eine Serie von zehn Fotos links vom Kühlschrank, die oberen fünf farbig, die unteren fünf in Schwarz-Weiß. »Das obere ganz links«, sagte sie und zeigte darauf, »ist mein Sohn im Alter von einem Jahr. Daneben ist mein Sohn im Alter von zwei Jahren, und hier ist er im Alter von drei Jahren …« Jedes Foto war auf der Geburtstagsfeier des Kindes aufgenommen, und auf allen wirkte er glücklich. »Das ist mein Sohn mit sechs Jahren. Das ist mein Sohn mit sieben …«

Marvin wollte wissen, warum nur in der oberen Reihe Farbfotos hingen.

»Die hat der Vater meines Sohnes aufgenommen«, antwortete Arlene. »Ich war nicht dabei. Ich war weg. Die unteren Fotos sind von mir.«

»Farbe finde ich besser«, sagte Marvin. Er mied ihren Blick, weil er fürchtete, sie verletzt zu haben.

»Das sagen mir alle, aber ich bin zu alt, um mich noch zu ändern.«

Im Lauf der nächsten Monate entwickelte sich zwischen dem Mädchen und der Frau »eine Liebe, ohne die ich nicht leben kann«, wie Arlene in ihrem Tagebuch schrieb. Oft spürte sie sie sich zu Avis stärker hingezogen als zu ihrem eigenen Sohn. Das Mädchen und die Frau unterhielten sich jeden Abend am Telefon, und das Kind verbrachte mindestens ein Wochenende im Monat mit Arlene. Avis' Vater, der sah, was Marvella noch nicht wahrhaben wollte, verzichtete hin und wieder auf eines seiner Wochenenden mit Avis, damit das Mädchen mit Arlene zusammen sein konnte. Dann, gegen Ende Januar, gingen auch Marvella die Augen auf, und sie erlaubte Avis, einige Abende in der Woche bei Arlene zu verbringen. Sie schrieben einander täglich, als seien sie zehntausend Kilometer voneinander entfernt. »Eines Tages wirst du erstmals den Fluss in Tennessee wiedersehen«, schrieb Arlene ihr im März. Das Mädchen war noch nie in Tennessee gewesen. »Und ich werde erstmals das Haus wiedersehen.« Sie sprach von dem Schauplatz des achtfachen Mordes in der Harvard Street, einem Haus, das sie noch nie gesehen hatte. Ein Jahr, nachdem die Leute dort umgebracht worden waren, wurde das Haus von zwei wohlhabenden weißen Anwälten gekauft, die sich aus seiner Vorgeschichte nichts machten. Sie tapezierten die Diele sogar mit mehreren Exemplaren der Zeitungsartikel über das Verbrechen, über das Mädchen, das überlebt, aber ihre beste Freundin verloren hatte.

Im April hielt Scott um Arlenes Hand an, aber sie gab ihm keine Antwort. Er fragte sie drei Tage, bevor er ihr ein Flugblatt über die Guatemaltekin schickte. Der Autor des Flugblatts schien vorauszusetzen, dass seine Leser wussten, um wen es sich handelte, und teilte nur wenige Einzelheiten über die Frau mit, lediglich den Veranstaltungsort in Washington, wo sie im Mai einen Vortrag halten wollte. Zunächst verstand Arlene nicht, weshalb Scott glaubte, dass sie an derlei interessiert sei, doch aus einem Zeitungsartikel fünf Tage nach Erhalt des Flugblatts erfuhr sie mehr. Es gab ein Farbfoto von der Frau, Eulogia Rios, das ein Viertel der Titelseite des mit »Unterhaltung« überschriebenen Zeitungsteils einnahm. Eulogia, achtzehn Jahre alt, stand in schlichten braunen Schuhen und einem braunrot-blau gestreiften Kleid in einer Straße von Washington. Sie blickte der Kamera so tief ins Auge, dass Arlena das Gefühl hatte, das Bild selbst aufgenommen zu haben. Auf zwei getrennten Fotos links und rechts von Eulogia waren ihre Gemälde zu sehen. Die Schlagzeile über ihrem Kopf lautete: »Das Mirakel von Guatemala.« Ein Gemälde zeigte Arlenes schwangere Tante, die von dem zornigen Fluss in Tennessee fortgeschwemmt und getötet worden war.

Avis' Eltern erlaubten Arlene, das Kind zu Eulogias Vortrag mitzunehmen, und die beiden ergatterten Sitzplätze in der vierten Reihe des Vortragssaals in der New York Avenue Presbyterian Church. Auf der Bühne waren zwölf gerahmte Gemälde im selben Stil wie die auf den Zeitungsfotos ausgestellt. Nicht lange, nachdem sie sich hingesetzt hatten, zeigte Avis auf drei der Gemälde und flüsterte Arlene zu: »Ich kenne die Leute.« Um Punkt neunzehn Uhr dreißig betrat von links eine Nonne die Bühne, gefolgt von Eulogia in einem hellblauen Kleid und schlichten schwarzen Schuhen. Es gab Beifall, doch die Leute hörten auf zu klatschen, als die Nonne noch im Gehen die Hand hob. Die Nonne stellte Eulogia vor, und diese betrat das Podium und begann zu sprechen, in einem Englisch, das sie im Lauf von neun Jahren in den Vereinigten Staaten gelernt hatte.

Sie sprach ohne Tränen, in dem gleichmäßigen Tonfall, den eine Weitgereiste benutzt, um Reiseerlebnisse zum Besten zu geben. Sie sei acht Jahre alt gewesen, sagte sie, und habe in der dritten Reihe eines Klassenzimmers gesessen, in einer Schule, die die Dorfbewohner erst in der Vorwoche zu bauen begonnen hatten. Wände gab es noch nicht, und die Kinder konnten weit übers Land blicken, auf dem ihre Familienangehörigen und Nachbarn arbeiteten. »Eines Tages kam ein heftiger Wind auf, der von den Bergen ins Tal wehte«, sagte Eulogia und tätschelte sich sanft die Wange. Ihre Lehrerin, sagte Eulogia, sei eine aus dem Dorf gebürtige junge Frau gewesen, die zurückgekehrt sei, um dort zu leben, und ihren Mann, einen in Peru geborenen Arzt, mitgebracht habe. Falls Eulogia ihre Geschichte schon einmal erzählt hatte, so war es jedenfalls nicht offenkundig.

Sie waren jungverheiratet, die Lehrerin und der Arzt, und an jenem Morgen hatten die Schulkinder sie dazu überreden können, von ihren Flitterwochen in Peru zu erzählen. Die in Zivil gekleideten Soldaten in ihren Lastwagen und Jeeps hatten bereits den Dorfrand erreicht, als die Lehrerin, Mrs Parados, von dem rauchenden und fauchenden Bus zu erzählen begann, der sie und Dr. Parados von einem Berg zur größten Stadt der Umgegend brachte. Eulogia sagte, Mrs Parados habe sämtliche Geräusche nachgeahmt, die der Bus machte, auch die anderen Fahrgäste habe sie nachgeahmt, darunter einen Mann, der einen Hahn auf dem Schoß gehabt und den Vogel zum Tanzen gebracht habe, indem er ihm auf den Hinterkopf blies. Die Geschichte der Lehrerin von dem Bus, der zusätzlich zu den Jungverheirateten siebzehn andere Passagiere an Bord hatte, war soeben an dem Punkt angelangt, da das Fahrzeug den Fuß des Berges erreicht hatte und auf die Siedlung zufuhr, die kaum als Stadt gelten konnte, als die Soldaten in Eulogias Dorf eindrangen und die Bewohner, die von der Schule am weitesten entfernt waren, zu massakrieren begannen. Das Dorf war nicht groß, und so dauerte es nicht lange, bis sie zu der Schule mit Mrs Parados und ihren dreiundzwanzig Schülern kamen. »Das ganze Dorf wurde hingemordet, bis hin zum kleinsten Küken«, sagte Eulogia, »alle außer mir. Einhundertneunundfünfzig Personen, nicht eingerechnet die Ungeborenen im Bauch ihrer Mütter.« Sie hielt inne, als sei ihr noch etwas eingefallen. »Das Ende ihrer Geschichte von den Flitterwochen habe ich nie gehört«, sagte sie schließlich. »Mrs Parados und Dr. Parados müssen erst noch hinkommen zu der Stadt in Peru.«

Die Gemälde auf der Bühne zeigten einige der Toten des Dorfes. Eulogia erklärte, da sie damals erst acht Jahre am Leben gewesen sei, habe sie nicht die Herzen aller Menschen gekannt. Aber sie habe sie alle mal gesehen, als sie das Leben eines kleinen Mädchens führte. Ein Gemälde von jemandem zu vollenden, den sie kannte, fuhr Eulogia fort, habe etwa zwei Monate in Anspruch genommen, während das eines Menschen, dessen Herz sie nicht kannte, bisweilen an die neun Monate gedauert habe. Zu diesem Zeitpunkt ihres Lebens, an dem Abend in der Kirche, hatte sie neunzehn Gemälde vollendet. Sie ging auf die linke Seite der Bühne und nahm das Gemälde eines sehr alten Mannes mit einem Strohhut zur Hand. Er hatte die knochendürren Beine übereinandergeschlagen und schaute der jungen Frau, die ihn malte, fest in die Augen. »Señor Efrain Hernandez«, rief Eulogia. »Siebenundsiebzig. Von ihm weiß ich nur, was ich beim Malen von ihm erfahren habe. Obwohl es acht Monate gedauert hat, ihn zu malen, bisher die längste Zeit, dürfte er nicht der Schwerste sein. Die schwer zu Malenden kommen erst noch.« Nach mehreren Minuten legte sie den alten Mann hin und hob einen Jungen in die Höhe, der kaum ein Teenager war. »Fidel Rios«, rief sie, »mein Bruder, der in der Klasse zwei Reihen hinter mir saß. Für ihn habe ich zweieinhalb Monate gebraucht. An dem Tag wollte er bei meinem Vater auf dem Feld sein, aber mein Vater hatte ihm befohlen, zur Schule zur gehen.« Es war Fidel Rios, zugleich aber der älteste Bruder von Avis' bester Freundin.

Das Gemälde von Arlenes Tante befand sich nicht auf der Bühne, doch lange, bevor Eulogia zum letzten Gemälde auf der Bühne kam, erinnerte sich Arlene daran, wie ihre Tante an jenem wunderschönen Morgen ihren langen Fingernagel betrachtet und Arlene nach einer Weile wortlos angestarrt hatte. »Der Fingernagel muss weg«, besagte jener Blick jetzt für Arlene, mehr als fünfundvierzig Jahre nach dem Ableben der Tante. Der lange Fingernagel, besagte der Blick, stammte aus einer Zeit, als ihr Mann sie umworben hatte und sie nicht wusste, ob sie sich ihm unter Ausschluss aller anderen Männer ergeben sollte. Damals, zur Zeit der Brautwerbung, war das Leben ein anderes gewesen, und es ging nicht an, dass etwas aus jenem Leben auch nur den winzigsten Kratzer auf der Wange ihres Babys hinterließ. So ist das Leben, besagte der Blick jetzt für Arlene. Und dann hatte sich die Tante, Arm in Arm mit ihrem Mann, hinter Arlene und ihrer Mutter eingereiht und die hölzerne Brücke betreten, die neu war und zum Untergang verurteilt.

Als der Abend zu Ende war, erhoben sich die Leute im Saal und applaudierten. Eulogia blieb auf der Bühne und blickte, die Hände vor sich gefaltet, über ihr Publikum hinweg. Arlene nahm Avis' Hand, und gemeinsam gingen sie nach vorn. Eulogia sah sie und ließ sie nicht aus den Augen, als sie hastig zum Bühnenrand trat und die Treppe hinabeilte. Im Mittelgang drängten sich die Menschen, und Eulogia brauchte einige Zeit, bis sie die Frau und das Kind erreichte. Arlene hob Avis hoch. Fast zwei Minuten vergingen, bevor eine von ihnen sprach. »Ich habe euch von Anfang an gesucht«, sagte Eulogia zu den beiden. »Ich weiß«, sagte Arlene, obwohl sie es erst am Morgen des Vortags gewusst hatte. »Ich weiß«, sagte auch Avis, obwohl sie die Wahrheit ihrer Worte erst in drei Jahren, nach ihrem dritten Wunder, begreifen sollte. »Ich habe euch gesucht«, sagte Eulogia, »aber ich habe immer nur dunkel geahnt, dass ihr dort draußen in der Welt nach mir gesucht habt, so wie ich nach euch.« »Ich weiß«, sagte Arlene. Eulogia nahm ihr Avis ab und küsste das Mädchen auf die Wange, und Avis erwiderte ihren Kuss. »Morgen sind wir den ganzen Tag zusammen«, flüsterte Eulogia ihnen zu und übergab Avis wieder an Arlene. Sie wandte sich zum Gehen, dann drehte sie sich noch einmal um. »Wie wird es ihnen denn ergehen, wenn wir, die wir dabei waren, ihnen kein Leben einhauchen und sie neu erschaffen?«, fragte sie Arlene. Gab es unter all ihren Sachen auch nur ein Bild von ihrer Tante? Eulogia sagte zu Arlene: »Morgen musst du es mir noch einmal bestätigen, entweder ist es so, oder es bleibt alles im Dunkeln.« »Das werde ich«, sagte Arlene. »Das werde ich«, sagte Avis. Die Nonne trat von hinten auf Eulogia zu und nannte ihren Namen, und Eulogia blickte die Nonne an, als habe sie sie nie zuvor gesehen. Dann verschwand sie durch eine Bühnentür, und die Nonne blieb bei Arlene und Avis stehen. Auf der Bühne waren inzwischen zwei Männer und sagten den Leuten, erst der eine, dann der andere, es tue ihnen sehr leid, aber keines der Gemälde sei zu verkaufen.

Der Bus, der die Neuvermählten, Arlene und Scott, ohne Pannen durch den Wald zweihundertundzwanzig Kilometer südöstlich von Lima fuhr, musste dreimal Anlauf nehmen, um über einen Berg zu kommen, über einen Berg, von dem es in ihrem unbrauchbaren Reiseführer hieß, er sei »gewachsen, um dem Wald Gesellschaft zu leisten«. Am Gesicht ihres Mannes konnte Arlene ablesen, dass er sich nach den vergleichsweise leicht befahrbaren Straßen Arubas oder Jamaikas sehnte. Als der Bus beim dritten Mal endlich weiterkam, drückte sie Scotts Schenkel. Der Bus hatte achtzehn Jahre lang auf den Straßen Londons seinen Dienst verrichtet und war vor sieben Jahren nach Peru exportiert worden. Es war noch immer rot angestrichen, aber nicht in dem satten Rot, das ein Londoner wiedererkannt hätte. Scott rutschte näher an Arlene heran und nahm ihre Hand in seine beiden Hände. Er hatte keine Angst, aber inzwischen kannte er ihre Vorgeschichte, und für den Fall, dass er ihr verloren ging, wollte er, dass ihre Augen und ihr Körper das Letzte waren, was er sah und berührte. Nach dem Berg, nach sechs weiteren verschlungenen Kilometern, wurde die Straße zum Glück für den Bus und seine Fahrgäste endlich eben, und der Rest der Strecke bis zur Stadt Buena Serra – »Süßes Lebewohl« lautete die Übersetzung in ihrem Reiseführer, der nicht nur armselige Übersetzungen bot, sondern einigen peruanischen Städten italienische Namen beilegte – ging mühelos vonstatten. Kurz vor Buena Serra kam ein Feld mit violetten Kakteen, alle rund vier Meter hoch und keiner vollkommen gerade gewachsen, die sich aufreckten, um sie zu begrüßen, und bald danach hustete der Bus zweimal und gab seinen Geist auf. Alle mussten aussteigen, obwohl der Busfahrer in seinem Smoking versprach, der Bus werde im Handumdrehen repariert sein, und den beiden Amerikanern zuliebe zweimal in die Hände klatschte, falls diese nicht wussten, wie schnell die peruanische Zeit verging. Am Morgen vor der Abfahrt vom Hotel hatte Arlene Ansichtskarten geschrieben, seit ihrer Ankunft in Peru schon ihre dritte an ihren Sohn und ihre vierte an Avis. Ihr Gepäck wartete in einem anderen Hotel zwei Städte weiter auf sie, und so war der Fußmarsch ins Zentrum der äußerst kleinen Stadt Buena Serra nicht beschwerlich. Arlene und Scott hatten Durst und Hunger und wussten, wenn sie die bevorstehenden Abenteuer genießen wollten, mussten sie sich stärken. An der Ecke eines winzigen einstöckigen Gebäudes, das Arlenes Schätzung zufolge das Rathaus sein musste, saß eine Frau vor einem Tisch mit großen Pappbechern und einem irdenen Krug mit einer blauen Flüssigkeit. Es gab ein Schild auf Spanisch, doch bis auf das Wort *agua* konnten sie die Inschrift nicht entziffern. Scott, der seine Bauchtasche befingerte, war skeptisch und sagte Arlene zum wiederholten Male, er wolle im Ausland nur Cola und Mineralwasser in Flaschen trinken. *Ich hoffe, dass Du, meine Liebe, wenn Du alt genug bist, beschließen wirst, diesen Ort erstmals wiederzusehen*, hatte sie zwei Wochen vorher auf der dritten guatemaltekischen Ansichtskarte geschrieben. *Vielleicht nach dem ersten Wiedersehen mit Tennessee?* Arlene ging zu der Frau, die, ohne dass ein Wort gefallen wäre, aufstand und etwas von der

Flüssigkeit in einen Pappbecher goss. Lächelnd reichte sie den Becher Arlene und schien sich nichts daraus zu machen, dass Scott sich abseits hielt. Arlene sah ihren Mann an, dann die Frau, die noch immer lächelte, und nachdem sie einen tiefen Schluck genommen hatte, gab sie den Becher ihrem Mann. »Trink«, sagte sie. »Es wird uns schon nicht umbringen. Ich verspreche es.« »Ich vermisse Wesleyan«, sagte Scott, was er oft sagte, wenn er sich einer Sache nicht ganz sicher war. »Ich vermisse das Holy Cross«, sagte sie, was ihre Art war, ihn zu beruhigen. »Ich vermisse das Holy Cross.« Er folgte ihrer Aufforderung und trank. Währenddessen trat sie vor und sah sich auf der Straße um, in der sie standen. Die Straße schien zu schimmern und zu schwimmen, als sie in ein Gewirr von Bäumen überging, nur einen Kinderschrei entfernt. Dort entschwand die Straße ihren Blicken so abrupt, dass es ihr ins Herz schnitt. Sie blickte hinunter auf ihre staubigen Sandalen, auf ihre staubigen Füße, und ein paar Sekunden später trat sie zwei Schritte vor und blieb stehen. Sie war keine Frau, die ihre Handtasche überall mit sich trug, und so hatte sie an diesem Tag beide Hände frei. Sie ballte sie zu Fäusten und stemmte die Fingerknöchel in die Hüften. Sie schien wiederzuerkennen, was sie vor sich sah. Ein kaum merkliches Lächeln umspielte ihre Mundwinkel. Die helle Straße kehrte schließlich wieder zurück und ging noch ein Stück weiter, bis sie scharf abfiel und einmal mehr verschwand. Vorübergehend. Sie wartete, und zu ihrer Erleichterung sah sie sie dort, wo zahlreiche Menschen die Straße begingen oder befuhren, wiederauftauchen, sie neigte sich sanft und schlängelte sich zu dem »Tal gewaltiger wissenschaftlicher Rätsel und kleinster Vorkommnisse«. Sie sah, wie sich die ewige Straße, noch immer gekrümmt, noch immer schimmernd, noch immer voller Menschen, wie durch ein Wunder aus dem Tal herauswand, und sie drehte sich zu ihrem neuen Ehemann, um ihm zu sagen, wie der Pfad, der vor ihnen lag, beschaffen sein würde.

Die Wurzelheilerin

Kaum war die alte Frau zum dritten und letzten Mal aus dem St. Elizabeth's Hospital nach Hause gekommen, da begannen die Hexen Dr. Glynnis Holloways Mutter erneut zu reiten. Wie zuvor schlugen die Medikamente, die man ihr im Krankenhaus verabreicht hatte – diesmal ein neuartiges Gebräu aus drei verschiedenen Tabletten und einer malvenfarbigen Flüssigkeit – kaum an; ihre Wirkung bestand hauptsächlich darin, dass die Mutter, Alberta Holloway, einige Stunden am Tag ihren eigenen Namen vergaß. Dr. Glynnis Holloway und ihr Vater brachten Alberta wieder zu dem renovierten 650000-Dollar-Haus der Ärztin in der S Street, N. W. In diesem Haus mit drei Stockwerken und einem großen Erdgeschoss, in dem sich ihre Praxis befand, hatte die unverheiratete Ärztin mit ihren Eltern schon gewohnt, bevor Alberta ins Krankenhaus eingewiesen wurde. Seit dem elften Geburtstag ihrer Tochter vor mehr als zwei Jahrzehnten hatten die Hexen Alberta mit Unterbrechungen immer wieder geritten. Familienliebe war eine feine Sache, aber es hatte doch den Anschein, als reiche Liebe allein – sei es die des Ehemannes, sei es die der Tochter – nicht aus, um zu verhindern, dass die Hexen Alberta heimsuchten.

Mit Madeleine »Maddie« Williams, die nach dem letzten Krankenhausaufenthalt angestellt worden war, um Alberta tagsüber zu betreuen, fand die Rede von einer Wurzelheilerin, einer Frau, die Voodoo praktizierte, Eingang in Dr. Glynnis Holloways Haus. Maddie, die einige Jahre jünger war als Alberta, hatte einen Bruder, der seine Frau, während ihre beiden Kinder schliefen, kaltblütig ermordet hatte, und dieser Mord hatte ihr die Augen über sich selbst geöffnet. Während des Vorstellungsgesprächs für die Stelle einer Tagesbetreuerin hatte Albertas Mann herausgefunden, dass Maddie aus derselben Gegend des Person County, North Carolina, stammte, in der auch er und Alberta geboren worden waren. Fast so lange, wie seine Tochter Glynnis auf der Welt war, hatte Morton Holloway keinen seiner Verwandten in North Carolina mehr wiedergesehen. Maddie jedoch brachte einen Namen nach dem anderen zur Sprache, Tote oder Verschwundene, und jeder Name entzündete aufs Neue eine Flamme in Mortons Herzen, sodass er noch vor Ende des Gesprächs keine andere zur Betreuerin seiner Frau haben wollte. Glynnis, die Ärztin, zeigte sich weniger beeindruckt, doch sagte sie ihrem Vater, einem Chauffeur und rechtschaffenen Mann, davon nichts.

»Mr Morton«, sagte Maddie kaum einen Monat, nachdem sie ihre Stelle als Albertas Betreuerin angetreten hatte, »kann ich Sie kurz sprechen?« Der Mord, den ihr Bruder an ihrer besten Freundin begangen hatte, hatte Maddie bewusst gemacht, dass sie blind für das Leiden anderer Menschen gewesen war, selbst solcher, die ihr nahe standen. »Nur ein paar Worte, Mr Morton«, sagte Maddie. Das war kurz nach dem Mittagessen, an einem Tag im Mai, einem außergewöhnlich milden Tag gegen Ende eines Monats, der mehr unerträglich heißes Wetter mit sich gebracht hatte, als man es selbst in Washington gewohnt war. Nach ihrer Mahlzeit, einem langen Spaziergang mit Morton und einem gemütlichen Mittagsschläfchen. Und nach der blauen Tablette. Dr. Glynnis Holloway, Ärztin für Allgemeinmedizin, befand sich in ihrer Praxis im Erdgeschoss und untersuchte den neunzehnten Patienten an diesem Tag. »Darf ich Ihnen ein paar Fragen zu meiner Patientin stellen, Mr Morton?« »Patient« nannte Maddie alle Menschen, deren Betreuerin sie war, obwohl der Pflegedienst, für den sie arbeitete, diese lieber als »Klienten« oder »Kunden« bezeichnete.

»Ich habe Ihnen doch gesagt, was ich von der Anrede ›Mr‹ halte«, sagte Morton. Der Chauffeur hatte einen freien Tag, und obwohl er mit Alberta allein sein wollte, hatte Maddie darauf bestanden, ins Haus zu kommen, und versprochen, sich im Hintergrund zu halten. Am Morgen hatte es geregnet, doch dann war der Tag freundlich geworden. »Ich weiß nie, wann meine Patientin mich braucht«, hatte Maddie am Morgen gesagt, als sie ihren durchnässten Hut und Mantel in der Diele ablegte. Die Nichte und der Neffe, die verwaist waren, als Maddies Bruder ihre Mutter umgebracht hatte, waren mittlerweile erwachsen, ihr Bruder war längst aus der Vollzugsanstalt Lorton entlassen worden und musste sich einer Welt stellen, die durch seine Tat wie verkrüppelt war.

Morton sagte zu Maddie: »Sparen Sie die Anrede ›Mr‹ für Weiße auf. Die haben ein größeres Geltungsbedürfnis als ich.« Er stand am Fenster zum Garten, und während er nach der Mahlzeit seinen Kaffee trank, schaute er hinaus auf den winzigen Apfelbaum, auf den Garten in den ersten Tagen seines wiedererwachten Lebens, auf den schön geschlängelten Ziegelpfad. Die Hexen konnten zu jeder Tageszeit kommen, um jemanden zu reiten, am liebsten aber suchten sie sich Opfer aus, deren Verwandte oder Freunde nicht auf den Beinen waren, sodass Alberta jetzt friedlich schlafen konnte.

Maddie fragte, wie lange Alberta schon an der »Kopfplage« leide. Er hatte diesen Ausdruck seit geraumer Zeit nicht mehr gehört und versuchte gar nicht erst, sich daran zu erinnern, ob er in Zusammenhang mit seiner Frau gefallen war. Jedenfalls war der Chauffeur nicht gekränkt. Er stellte Tasse und Untertasse auf den Tisch, rückte mit einer Hand einen Stuhl ab und setzte sich. Die Haushaltshilfe, Dienstmädchen und Köchin in einem, reinigte geräuschlos das Wohnzimmer. Maddie setzte sich ebenfalls; sie glaubte sich dazu berechtigt, da sie derselben Rasse angehörten. Zwei Minuten später nahm sie das Wort »Kopfplage« erneut in den Mund, weitere fünf Minuten später begann sie von Hexen zu reden, und Morton erinnerte sich daran, dass es rund fünfzehn Jahre her war, seit er von Hexen hatte reden hören. Und das war nicht in Zusammenhang mit seiner Alberta gewesen.

Es würde viele Tage dauern, bis Morton den Mut fand, das Gespräch seiner Tochter Glynnis gegenüber zu erwähnen, und zu diesem Zeitpunkt hatte er bereits entschieden, dass er und Alberta die Wurzelheilerin in North Carolina aufsuchen würden. Er hatte lange an St. Elizabeth's und die ärztliche Wissenschaft geglaubt, doch jetzt war sein Glaube fast erschöpft. Sie würden nach North Carolina fahren müssen, da die einzige kompetente Wurzelheilerin, die Maddie in D. C. kannte, im Vorjahr während ihrer ersten U-Bahn-Fahrt gestorben war. Autos, Hochbahnen, Busse und Lastwagen waren eine Sache, doch ein Zug, der sich durchs Dunkel der Erde wand, hatte dem Herzen der Wurzelheilerin gar nicht gutgetan.

Nach dem letzten stationären Aufenthalt in St. Elizabeth's wurde Alberta abends sehr viel früher schläfrig als ihr Mann und ihre Tochter, da die gelbe Tablette besser anschlug als die blauen und die magentaroten. Und zwar schon gegen neun, niemals jedoch später als zehn Uhr. Und dann, gegen ein Uhr morgens, nach einigen wenigen Stunden unruhigen Schlafes, war Alberta, die nach dem Krankenhausaufenthalt allein schlief, auf dem Rücken und mit einer kleinen Bibel unter dem Kopfkissen, normalerweise gelähmt – nachdem die erste Hexe frech in das verschlossene Schlafzimmer eingetreten war und ihren Platz auf Albertas Beinen eingenommen hatte. Die zweite Hexe bevorzugte ihren Rumpf, sie drang auf der weißesten Wolke durchs Fenster ins Zimmer, einerlei, ob es offen oder geschlossen war, ob es Vorhänge gab oder nicht. Sie hockte sich auf Albertas Brust und spreizte die Hände über die Brüste der armen Frau. Erst dann begann Alberta, deren Herz und deren restliche Eingeweide sich mühten, die Lähmung abzuschütteln, dort draußen im Dunkel Gefahr für ihre Tochter und ihren Ehemann zu wittern. Doch niemals verwandte sie einen Gedanken auf sich selbst. *Wir bringen sie alle beide um …*

> Künftiger Arzt, heile nie dich selbst. Nicht einer Seele in diesem Zimmer wird es je gelingen, die Mechanismen deiner eigenen Maschine vollständig zu heilen, ganz gleich, welche Fähigkeiten du hier erlernst und beherrschst.

Glynnis Holloways Praxis hätte ihr selbst und ihren Eltern einen Lebensstandard bieten können, von dem sie nicht zu träumen gewagt hatten, als Glynnis in Washington aufwuchs und Morton sich seinen Lebensunterhalt als Chauffeur hoher Tiere im Arbeitsministerium verdiente, die dicke Zigarren rauchten. Doch wegen Albertas Krankheit war so vieles verboten, zum Beispiel Reisen über die Meere oder mehrere aufeinanderfolgende Nächte friedlichen Schlafes, die sich selbst einige der Ärmsten in Washington leisten konnten. Glynnis hätte für jede psychiatrische Klinik im Land aufkommen können, Institutionen, für die die Welt beschönigende Ausdrücke fand, da sie Models, Politikern, Filmstars und Superreichen Zuflucht boten, Leuten, die es – angesichts ihrer gesellschaftlichen Stellung hoch über den Dutzendmenschen, von denen sie verehrt wurden – eigentlich hätten besser wissen müssen, dass sie etwas so Gewöhnliches, wie den Verstand zu verlieren, nicht tun durften. Doch Morton hatte unverdrossen an St. Elizabeth's geglaubt. An einem Tag im Jahre 1963, kurz nachdem Albertas Probleme eingesetzt hatten, hatte er seine Frau ins D. C. General eingeliefert, in der Hoffnung, dass man Alberta dort würde helfen können. Diese hatte unter anderem angefangen, die elfjährige Glynnis, ihr eigenes Äußeres und manches mehr zu vernachlässigen, Dinge, die ihr früher leichtgefallen waren. Im D. C. General hatte Morton eine Psychiaterin kennengelernt, eine Frau, die ihr Augenlicht zu verlieren drohte und Morton an jenem ersten Tag versprochen hatte: »Gemeinsam werden wir einen Weg finden, Ihnen Ihre Frau wiederzuschenken.« An nichts hatte er so fest glauben wollen wie an die Worte dieser Ärztin. Selbst nachdem die Ärztin, die noch immer das winzige Kreuz um den Hals trug, nach St. Elizabeth's gewechselt und vollständig erblindet war, hatte er sich an ihre Worte geklammert und seine Frau nirgendwo anders hinbringen wollen als über den Fluss zu dem Bau in Anacostia, wo sie alle hingekarrt wurden: verrückte Hausfrauen, die schon ein gewöhnlicher Sonnentag bedrückte, verrückte angehende Mörder, die von einer Art Liebe getrieben waren, und noch verrücktere Dichter, die zwischen ihren wohlgeratenen Verszeilen zerrieben wurden. Auch ein paar Kinder wurden dorthin gekarrt, Kinder, die nicht wussten, dass sie auf ihre eigene arglose Art vom Pfad der Zivilisation abgekommen waren. Alberta schleppte sich dahin, und es gab gute Jahre und schlechte.

»Liebling, hast du schon mal was von Wurzelheilung gehört?«, fragte Morton seine Tochter, als sie zwei Wochen nach der Unterredung mit Maddie gemeinsam am Küchentisch saßen. Das Abendessen war vorbei, das Hausmädchen gegangen, und Alberta und die Nachtschwester, eine junge Frau, die ihren Fähigkeiten noch nicht recht traute, hielten sich im Wohnzimmer auf und lachten über etwas auf dem großen Fernsehbildschirm. Die Hexen waren zwei Nächte lang nicht gekommen und würden auch in der dritten Nacht nicht kommen. Wann immer Alberta nachts aufschrie, war es Glynnis, die als Erste bei ihr war. Mit dem Schlüssel, den sie stets um den Hals trug, verschaffte sie sich Zugang zu Albertas Schlafzimmer im zweiten Stock. Alberta hatte darauf bestanden, dass das Zimmer abgeschlossen wurde. Die Nachtschwester, die im dritten Stock schlief, hatte keinen Schlüssel.

Morton und Glynnis saßen in der Stille der Küche und hielten sich an den Händen, zwei Drittel einer Armee, die eine Schlacht nach der anderen geschlagen hatte. Sie betrachtete das Profil ihres Vaters, das säuberlich geschnittene Haar und den gestutzten Schnurrbart. Zwei, drei graue Haare, die man leicht übersehen konnte. Unter der Woche hatte sie beobachtet, wie ihr Vater die Etiketten auf den Medikamenten seiner Frau studierte. Glynnis war kürzlich sechsunddreißig Jahre alt geworden, und erst im Jahr davor hatte sie allmählich gelernt, Männer an einem Vater zu messen, der sein Lebtag nicht mehr als zehn Bücher gelesen hatte. Nach Dr. John hatte sie das zu lernen begonnen. Nach Dr. Theodore. Im Bett – bei Sex, bei Schweiß und Speichel und all den anderen Flüssigkeiten, die der menschliche Körper auszuscheiden liebt – rief sie ihren Geliebten gern diese Titel zu. Nach Dr. Frank. Doch sie hatte nie gewollt, dass man sie Dr. Glynnis nannte.

»Du meinst Voodoo?«, fragte Glynnis.

»Manche nennen es so. Aber als ich in North Carolina aufwuchs, waren es Wurzeln, angewendet von einer Wurzelheilerin.« Er wusste sehr wohl, dass er mit einer Frau sprach, die ihr ganzes Vertrauen in die Wissenschaft setzte. Ich weiß, ich weiß, hatte sie gedacht, als sie zusah, wie er die Etiketten der Medikamente las, ich weiß, die Wissenschaft hat uns im Stich gelassen. Morton stand auf, stellte die beiden Dessertschalen und die Gabeln in die Spüle und begann mit dem Abwasch. Er und die Geschirrspülmaschine kamen nicht miteinander zurecht. Er wusste genau, mit wem er da über Wurzelheilerinnen sprach, denn so hatte er ihr Leben gelenkt. Bildung. *Wenn sie die Lichter in deinem Kopf erst einmal eingeschaltet haben, können sie sie nicht wieder ausschalten.*

Glynnis lachte, und der Chauffeur war auch diesmal nicht gekränkt. »Seit wann glaubst du denn an dieses Zeug, Daddy?« Die Gründlichkeit, mit der er die Schalen abwusch, gab ihr zu erkennen, dass er zu einem Entschluss gekommen war. Er hatte bereits die Anzahlung für den Mietbus geleistet und schon vier Mal mit der Wurzelheilerin in North Carolina gesprochen, einer Frau, die sich angehört hatte, als habe sie noch nicht viele Telefongespräche geführt. Jedes Mal, wenn sie miteinander redeten, schien sie fast eine Minute zu brauchen, um herauszufinden, in welchen Teil des Telefons sie sprechen musste.

»Ich glaube nicht daran«, sagte Morton, während er die zweite Gabel abtrocknete. »Ich kann nicht behaupten, dass ich es je tun werde, aber die Welt richtete sich nicht nach meiner Uhr. Wenn die Welt behauptet, dass es zehn nach sieben ist« – er zeigte auf die Uhr an der Wand – »und meine treue Uhr besagt, dass es noch nicht einmal sechs ist, dann bleibt mir so gut wie keine andere Wahl: Wenn ich pünktlich ankommen will, muss ich meine Uhr umstellen.« Vor zehn Jahren hatte er, hinter dem Rücken seiner Tochter, einem Fernsehevangelisten Vertrauen geschenkt. Fünfhundert Dollar »Liebesopfer«. Sieben Gebetstücher. Acht kleine vergoldete Kreuze. Ein Besuch mit Alberta im Zeughaus von D. C., wo der Fernsehevangelist angetrunken auftrat, was aber die meisten der vierhundert verzweifelten Leute dort nicht bemerkten, weil sie glaubten, der Mann sende das Wort Gottes lediglich auf einem seiner schwächeren Kanäle.

»Was wird aus unserem Urlaub, aus Massachusetts?«, fragte Glynnis, nachdem Morton ihr schließlich gestanden hatte, er plane eine Reise zu der Wurzelheilerin. Alberta verließ Washington nur ungern, aber in Massachusetts, in einer Enklave, in der zahlreiche wohlhabende Schwarze Urlaub machten, hatte sie etwas Frieden gefunden.

»Später im Sommer vielleicht«, sagte Morton.

»Ich werde nicht mit euch fahren, Daddy«, sagte Glynnis. Sie nahm sich vor, nicht zu weinen. Er hatte eine psychiatrische Einrichtung nach der anderen abgelehnt, solche mit wundervollen Broschüren und solche, die keine Broschüren vorweisen konnten, lediglich mündliche Empfehlungen seitens der Reichen, die gestrauchelt waren und lernen mussten, sich wieder aufzurappeln. »Ich fahre wie geplant nach Massachusetts«, sagte Glynnis. Morton trat zu ihr und nahm sie in die Arme. »Ich fahre nach Massachusetts, um am Strand spazieren zu gehen und Bücher zu lesen, für die ich mich schämen sollte.«

»Sie will, dass ich die ganze Familie mitbringe«, flüsterte Morton seiner Tochter ins Ohr und meinte die Wurzelheilerin.

»Sie will das Verkehrte«, sagte Glynnis. Sie hatte erwogen, Psychiaterin zu werden, doch im zweiten Studienjahr, unter dem Einfluss der ersten Frau, die je die Abteilung für Neurologie geleitet hatte, hatte sie den Gedanken gefasst, das Terrain, das sie erobern wollte, sei der gesamte menschliche Körper. Es gab im Körper sogar Dinge, die, waren sie erst einmal auskuriert, auch eine kranke Seele heilen konnten.

St. Elizabeth's Hospital auf der anderen Seite des Anacostia war ein riesiges Gelände mit zahlreichen Gebäuden und wenigen, engagierten Mitarbeitern. Und einigen Hausfrauen und Dichtern sowie ein paar Kindern, den unschuldigsten, war es gelungen, ihren Verstand dort wiederzufinden, nur um ihn erneut zu verlieren. An jenem Tag in der K Street, N. E., hatte Morton Holloway, Vater einer künftigen Ärztin, zu Glynnis gesagt, die soeben elf geworden war: »Kind, was ist nur in dich gefahren? Hast du deinen liebenden Verstand verloren?«

Wenn sich die zweite Hexe auf Albertas Brust hockte, beschlich die Mutter der Ärztin mitunter das Gefühl, dass aus dem Herd in der neuen Küche im ersten Stock Gas austrat, in einer Küche, in der es eigentlich keine Probleme hätte geben dürfen, da sie teurer gewesen war als so manches Haus in Washington. *Ich muss aufstehen und sie warnen!*, sagte ihr ihre Seele. *Bitte, Herr, lass mich aufstehen, damit meine Familie nicht an Gasvergiftung stirbt!* (Nicht jedes Mal war ihre Familie gefährdet, die Lähmungserscheinungen dagegen traten immer auf.) Bei anderen Gelegenheiten – und dies war bei Alberta sehr häufig der Fall, selbst bei erhöhter Polizeipräsenz in der noch immer schwarzen Wohngegend, mit der die wenigen weißen »Pioniere« in ihren renovierten Häusern geschützt werden sollten – wurde die gelähmte Alberta auf Einbrecher an der Hintertür aufmerksam. Sie konnte die Diebe flüstern hören, wie sie planten, die Alarmanlage stillzulegen, ins Haus einzudringen, ihren Morton und ihre Glynnis umzubringen und anschließend aus den glänzenden Glasschränken in der Praxis ihrer Tochter im Erdgeschoss zuallererst die Medikamente zu entwenden. Bequem auf Albertas Brustkorb sitzend, die Hände auf den Brüsten der Mutter, drehte die zweite Hexe immer den Oberkörper zur Seite, um mit einem angedeuteten Nicken die erste Hexe, ihre Schwester, zu begrüßen. Das war auch schon alles, denn obwohl sie derselben Familie angehörten, war es nicht so eine Familie. Der Gruß und die Erwiderung – ein kräftigeres Nicken und zwei zischende Atemstöße ins Gesicht der zweiten Hexe – blieben sich stets gleich. Unten, an der Hintertür, sagte ein Räuber zum andern: *Ich schnappe mir den Ehemann, aber du musst mir helfen, weil er Muskeln hat.* Und ein dritter Dieb, der gemächlich den wunderschönen gewundenen Ziegelpfad vom hinteren Tor zu den Stufen heraufkam, sagte: *Ich bringe die Tochter um. Die Ärztin bringe ich selbst um. Wir bringen sie alle beide um …*

> Künftiger Arzt, es gibt Patienten, und sie sind nicht selten, die deinen Weg kreuzen und dir sagen, was ihnen fehlt, und die von dir verlangen, dass du ihnen die Behandlung zukommen lässt, die sie für die beste halten. Als Erstes, künftiger Arzt, musst du sie von dem barbarischen Glauben heilen, dass nicht du derjenige bist, der es am besten weiß, der am besten weiß, woran es fehlt, und am besten weiß, wie die Maschine geheilt und gerichtet werden kann.

In der Linken einen Gehstock, der wesentlich älter und größer war als sie selbst, stand Imogene Satterfield auf ihrer Veranda, als die Gruppe aus Washington vorfuhr und auf der anderen Seite der zweispurigen Straße auf dem leeren Grundstück der Standing Rock Baptist Church gegenüber von ihrem Cottage parkte. Die Fahrerin des Mietbusses steckte ihren Kopf aus dem Fenster und sah sich um, und als sie auf der anderen Straßenseite Imogene erblickte, rief sie »Hallo«, dann zog sie ihren Kopf wieder ein, hielt eine Hand aus dem Fenster und winkte ihr zu. Imogene hob zum Gruß den Stock in die Höhe, ein freundlicher, wenn auch unverbindlicher Gruß, den sie für Leute reservierte, von denen sie nicht wusste, ob sie ihnen schon einmal begegnet war. Langsam, Zentimeter für Zentimeter, senkte sie den Stock wieder herab, und als er den Boden der Veranda berührte, machte der Gummiknauf am Ende kein Geräusch. Um den Gehstock wanden sich Schlangen, deren jede den Schwanz der Schlange vor ihr verschlang, und am oberen Ende befand sich eine letzte Schlange mit zwei Köpfen, von denen einer nach oben, der andere nach unten schaute. Imogene war herausgeputzt, als wolle sie zum Gottesdienst in der Standing Rock Baptist Church auf der anderen Straßenseite gehen. Es war an einem späten Donnerstagnachmittag, und sie alle befanden sich ein, zwei Kilometer außerhalb von Roxboro, North Carolina.

Während die Busfahrerin zurückblieb, um ein Nickerchen zu halten, überquerten Maddie, Alberta, Morton und Glynnis die Straße zu Imogenes Vorgarten. Das Haus, Glynnis konnte es bereits von der Straße aus sehen, war weder groß noch klein, und als sie durchs Gartentor traten, befand sie, dass es für eine alte Frau genau die richtige Größe hatte. Eine Spur kleiner oder größer, und es wäre unpassend gewesen. Imogene kam die Verandatreppe herunter und legte ihre Arme um Maddie. Den Gehstock behielt sie dabei in der Hand. Maddie stellt sie den drei anderen vor. »Du bist schöner als beim letzten Mal«, sagte Imogene zu Maddie. »Wie ich sehe, besitzt das Wasser in Washington Zauberkräfte.« »Ich werde bald neunundfünfzig«, sagte Maddie und errötete. »Ich weiß«, sagte Imogene. »Ich war bei der Geburt dabei.« Glynnis bemerkte, dass die alte Frau schielte. Deshalb trug sie dicke Brillengläser. Es gab eine medizinische Bezeichnung für Schielen, obwohl das Gebrechen nicht heilbar war. *In zwei Wochen werde ich in Massachusetts am Strand liegen wie ein gestrandeter Wal.* Imogene schüttelte ihnen die Hand und berührte Albertas Wange, dann drehte sie sich um und führte sie ins Haus. Den Gehstock stellte sie in einen mit Samt ausgeschlagenen Behälter gleich hinter der Tür.

Sie forderte sie auf, es sich im Wohnzimmer bequem zu machen, und bot ihnen zu essen und zu trinken an, »Frischungen«, wie sie sich ausdrückte. Maddie bat Imogene, sitzen zu bleiben, sie werde alles hereintragen, da sie sich in der Küche auskenne. Als Maddie das Zimmer verlassen hatte, widmete Imogene fast all ihre Aufmerksamkeit Alberta. Sie unterhielt sich ganz entspannt mit ihr, als wären sie schon im Mutterleib vereint gewesen und hätten bis auf die letzten paar Wochen nie getrennt gelebt. Und müssten nun die letzten Neuigkeiten austauschen. Obwohl sich Imogene nach Maddies viertem Anruf aus D. C. an viele von Mortons Verwandten hatte erinnern können, konnte sie sich an keine von Albertas Verwandten erinnern, und die meisten ihrer behutsamen Fragen betrafen deren Familie. Wer war ihre Mama? Wer war ihr Daddy? Imogene saß in einem Polstersessel neben der Couch, auf der Alberta saß, und bei fast jeder Frage beugte Imogene sich vor und legte ihre Hand auf Albertas. Glynnis saß neben ihrer Mutter, und Morton saß auf der anderen Seite des Zimmers auf einem Holzstuhl neben einer verschlossenen Kiste mit einem neuen Fernsehgerät. Lebten Schwestern und Brüder noch? Wer waren ihre Großeltern auf mütterlicher und väterlicher Seite?

Fast ausnahmslos beantwortete Glynnis die an ihre Mutter gerichteten Fragen für sie. Es war eine Angewohnheit, die sie sich zu Beginn der Krankheit ihrer Mutter zu eigen gemacht hatte, eine der zahlreichen Bemühungen, sich zwischen ihre zunehmend schutzlose Mutter und eine Washingtoner Welt zu stellen, die größtenteils der Ansicht war, niemand sei sicher, solange verrückte Leute frei unter Zurechnungsfähigen herumlaufen konnten. So wie Alberta es eben manchmal tat, im Unterrock, ohne Schuhe und die Haare voller Federn, weil alles in ihrem Apartment in der K Street, N. E., einschließlich der Kissen auseinanderzufallen schien. Als Elfjährige hatte Glynnis, einst eines der beliebtesten Mädchen in der K Street, wo die Hexen ihre Kampagne begannen, ihren ersten Streit mit einem Mädchen gehabt, das ihr weismachen wollte, sie könne fünfundzwanzig Dollar einstreichen, wenn sie St. Elizabeth's anriefe. In Washington war dieses Gerücht schon lange umgegangen – für jeden Verrückten, der eingeliefert wurde, zahlte St. Elizabeth's fünfundzwanzig Dollar in druckfrischen Banknoten.

Einige Fragen lang ließ Imogene es zu, dass Glynnis für ihre Mutter antwortete, doch dann, Maddie kam gerade mit einem Tablett voller Getränke zurück, entschuldigte sich Imogene bei Alberta, beugte sich über sie hinweg und klopfte mit ihrem krummen Zeigefinger auf Glynnis' Knie. »Dr. Holloway, ist Ihre Mama etwa taub und dumm?« Für viele der Liebenswürdigkeiten, deren sie sich früher befleißigt hatte, war sie inzwischen zu alt. Die Zeit war nicht länger auf ihrer Seite. Aber sie war doch nicht alt genug, um ihre Erziehung zu vergessen, und so stellte sie ihre Frage im süßesten Alte-Damen-Tonfall.

Glynnis war ziemlich überrascht über den, wie sie fand, abfälligen Ausdruck. Sie blickte zuerst ihre Mutter, dann ihren Vater an. Dieser hatte die Miene eines Mannes aufgesetzt, der sehr daran interessiert schien, wie wohl ihre Antwort ausfallen würde. Erst als sie auf das Glas Orangensaft hinabsah, das Maddie auf den Couchtisch gestellt hatte, merkte Glynnis, dass sie sich verhört hatte. Die alte Frau hatte nicht »dumm« gesagt, sondern »stumm«.

»Bitte, Dr. Holloway, sie soll es mir mit ihren eigenen Worten sagen.« Glynnis hatte Albertas Hand gehalten, und nun, beschämt, ließ sie sie widerstrebend los. »Bitte, Dr. Holloway«, sagte Imogene, als sie sah, wie die Hände sich lösten, »kosten Sie von unserem Orangensaft. Vielleicht ist er nicht frisch gepresst, wie die Leute in Washington ihn bevorzugen, aber kühl und erfrischend ist er allemal.« Glynnis hatte das Glück gehabt, einen Arzt zu finden, der sie in ihrem, wie sie es Freundinnen gegenüber nannte, vorgezogenen Urlaub vertrat. Sie hatte ihrem Vater ursprünglich zwei Wochen in North Carolina versprochen. Dabei sollte sie sich schließlich sieben Wochen lang dort aufhalten und ein Dutzend Telefonate führen müssen, ehe es ihr gelang, zwei weitere Ärzte aufzutreiben, die in ihren Terminkalendern Platz schaffen konnten, damit sie ihren Aufenthalt an einem Ort verlängern konnte, der nicht dafür bekannt war, dass man Hexen auf Scheiterhaufen verbrannte.

Imogene stellte Fragen, über die Alberta lange nicht nachgedacht hatte (»Was für Getreide hat Ihr Daddy angepflanzt?« »Sie sehen aus wie eine Frau, die frische Butter mag, genau wie ich. Haben Sie schon mal Butter direkt vom Schlegel gegessen?«), und es fiel ihr schwer, im verschlossenen Dachboden herumzuwühlen und Antworten zu finden. Doch je weiter der Nachmittag vorrückte, desto mehr Freude schien sie daran zu haben, die Fragen zu beantworten, geradeso als seien sie Teil eines kniffeligen Rätsels, das zu meistern sie mit Stolz erfüllte.

Lange bevor Alberta diesen Punkt erreicht hatte, entschuldigte sich Glynnis, stand auf und verließ das Zimmer. Auf der Veranda blieb sie stehen. Die Fenster des Hauses waren geöffnet, und sie konnte sie alle reden hören, besonders ihre Mutter. Vielleicht war dies ein Spiel für Leute aus North Carolina, an dem sie, ein Kind Washingtons, nicht teilhaben konnte. Vielleicht hatte man ihr etwas in den Orangensaft getan. Während der gesamten Fahrt von Washington hatte ihre Mutter kaum gesprochen. Als Imogene die Aufmerksamkeit ihrer Mutter ganz für sich beanspruchte, hatte

Glynnis auf der Couch die gleiche Empfindung gehabt wie manchmal in der Endphase ihrer Beziehungen zu geliebten Männern oder wie während des Medizinstudiums, wenn ein Professor nur wenige Minuten, nachdem er sie gelobt hatte, ebenso enthusiastisch eine Kommilitonin pries.

Sie ging die drei Stufen hinab. Zu beiden Seiten des Pfades zum Tor war eine Art Vorgarten, klein genug, befand Glynnis mit einem Lächeln, für eine schielende alte Frau, die dazu neigte, sich mit den schwarzen Künsten zu befassen. Es gab keine hübschen Blumen in dem Garten, nichts Gefälliges, nichts, das einem sagte: »Komm her und weide dein Auge und deine Nase an mir.« Zu beiden Seiten wirkte der Garten streng und abweisend und wies nur wenige Farben auf, darunter vor allem eine bestimmte Grünschattierung, ein Grün, von dem eine der Nachbarinnen Imogenes einmal gesagt hatte, es müsse von einem müden Gott gemalt worden sein, spätabends am sechsten Tag der Schöpfung. Keine Pflanze ragte mehr als einen Fuß aus dem Boden heraus. Glynnis roch nichts außer der warmen Erde. Keine Probleme mit Blattläusen oder Kaninchen in diesem Dschungel, dachte sie. Sie kannte den Namen keiner einzigen Pflanze im Garten, und sie fröstelte, als ihr dies klar wurde, als sie zu Boden schaute und sah, dass ihre Füße nur wenige Zentimeter von etwas entfernt waren, einer Pflanze, die sich plötzlich in eine andere Lebensform verwandeln und sich aus dem Garten schlängeln mochte.

Sie kam ans Tor und sah sich jenseits des Zaunes um. Niemand konnte North Carolina für Massachusetts halten. Die Bezeichnung für das Gefühl, das sie empfunden hatte, als sie dem Gespräch zwischen Imogene und ihrer Mutter lauschte, lag ihr auf der Zunge, für die Wissenschaftlerin in ihr kam sie ihr allerdings nicht schnell genug in den Sinn. Auf der anderen Straßenseite unterhielt sich die Busfahrerin mit einem Typen mit langen Rastalocken. Dem Bus gegenüber, auf der anderen Seite des Parkplatzes, stand ein schwarzes Auto. Ihr Vater hatte den Einfall gehabt, einen Bus zu mieten, ein Fahrzeug, wie er sagte, mit ein, zwei bequemen Schlafkojen, einer Kochnische und vielen gemütlichen Sitzgelegenheiten für die Reise von Washington nach North Carolina. So wie berühmte Sänger sie benutzen, wenn sie auf Tour gehen, hatte er gesagt. Die Busfahrerin, Sandra, war die Tochter einer Freundin ihres Vaters, der Inhaberin das Mietbusunternehmens. Früh am Morgen war Sandra in dem kurzen Rock, den sie auch jetzt trug, vor dem Haus in der S Street vorgefahren. Reifenohrringe. Glynnis hatte über ihre Fahrkünste gestaunt.

Jetzt zeigte Sandra über die Straße und winkte Glynnis zu, die nickte. Dann sagte die Busfahrerin etwas zu dem Mann mit den Rastalocken. Dieser warf nur einen flüchtigen Blick auf Glynnis, als sei er nicht sonderlich beeindruckt. Schließlich schüttelte er der Busfahrerin die Hand und ging auf den schwarzen Wagen zu. Seine zusammengebundenen Locken reichten ihm fast zwanzig Zentimeter über den Nacken hinab, und beim Gehen schlugen ihre Spitzen gegen seinen Rücken. Seine Haare erinnerten Glynnis an eine mythologische Gestalt, deren Name ihr ebenfalls entfallen war. Er fuhr bis zum Rand des Parkplatzes und hielt an, bevor er, von Glynnis aus gesehen, nach rechts abbog. Er blickte nicht noch einmal in ihre Richtung.

Sandra kehrte zum Bus zurück, und Glynnis stieg wieder die Treppe hoch. Die Hand auf dem Pfosten, erreichte sie die oberste Stufe, und als durch die hellblauen Vorhänge, die zum Fenster herauswehten, durch die hohen Stäbe der reglosen Schaukelstühle das Lachen ihrer Mutter zu ihr drang, fiel ihr das Wort wieder ein. »Ich werde dich fest in den Armen halten, Mama, und du wirst sehen, nichts kann dir heute Nacht etwas anhaben.« Als ihre Mutter den Verstand zu verlieren drohte, hatte Glynnis viele, viele Nächte bei ihr im elterlichen Bett geschlafen. Um finanziell über die Runden zu kommen, musste ihr Vater, nachdem er den ganzen Tag über als Chauffeur gearbeitet hatte, von sieben Uhr abends bis zwei Uhr morgens Gelegenheitsarbeiten annehmen. Er reinigte die Fußböden einer Bäckerei, wo Toastbrot der Marke »Wonder Bread« hergestellt wurde. Hielt Lampen für die Facharbeiter, die nachts in die Schächte hinabstiegen, um undichte Rohre zu reparieren oder den Strom wieder in Gang zu bringen. *Leuchte mal hierher, Morty. Leuchte mal etwas heller …* »Ich werde dich richtig fest in den Armen halten, Mama. Mach dir keine Sorgen.« Nachdem Alberta ihr von den reitenden Hexen erzählt hatte, davon, wie sie zu ihr kamen und ihre Familie bedrohten, planten Mutter und Tochter – die langsam zur Mutter ihrer Mutter wurde – die Abwehr der Hexen. Ihrem Mann erzählte sie nichts davon. Die Abwehr bestand aus nicht viel mehr als einer Bibel unter Albertas und einem Fleischermesser unter Glynnis' Kopfkissen. Waffen aus einem Ammenmärchen, an das sich Alberta aus ihrer Kindheit erinnerte. Aber die Hexen kamen dennoch – wenn die beiden, erschöpft, eingeschlafen waren. Und tagsüber stellte Glynnis, ohne jemals der schlafenden Alberta davon zu erzählen, von Zeit zu Zeit dem gemeinsten Mädchen in der Nachbarschaft nach, dem gemeinsten und bösesten unter all denen, die über ihre närrische Mama Alberta herzogen, deren verrückter Arsch nach St. Elizabeth's gehöre, hinter Schloss und Riegel. Steine, Limonadenflaschen, Äste, jede Waffe war ihr recht. Wenn das hartgesottenste Mädchen der K Street dann zu ihren Füßen auf dem Boden lag und weinte, verhöhnte Glynnis sie und drohte mit erhobenen Fäusten, sie alle zu verprügeln. Die Jungen, denen ihr Mut imponierte, hielten sich heraus.

Imogene Satterfield verlor kein Wort über die missglückte Abwehr der Hexen, doch sechs Wochen später sollte sie sagen: »Die spucken auf die Bibel, Dr. Holloway. Deshalb hat sie nie geholfen, sie ist sowieso nichts als ein Bündel Papier unter dem Kopfkissen. Wenn alle Bibeln von der Erde verschwänden, Dr. Holloway, würde so ungefähr jeder von uns ins Höllenfeuer stürzen, weil wir uns immer nur an Papier festgehalten haben.« An dem Tag würde Imogene mit der Spitze ihres Gehstocks das fließende Wasser prüfen und, wie es Glynnis vorkam, Sekunden später auf der anderen Seite verschwinden. »Und eine Hexe hat kein Blut, das sie verlieren könnte, sodass ein Fleischermesser nichts als Papier für sie ist.«

Jetzt drehte Glynnis sich um und schaute sich von der Veranda aus um. Das Wort war Eifersucht. Die ganze Zeit hatten sie und ihr Vater zusammen gegen die Welt angekämpft. Und wenn ihr Vater nicht zu Hause war, hatte sie die Türen allein verriegelt und die Welt und die Hexen herausgefordert, doch einzudringen und ihrer Mutter auch nur ein Haar zu krümmen. »Ich werde dich fest in den Armen halten, Mama.« Und dann, ebenso schnell, wachte sie vom Weinen oder Schreien ihrer Mutter neben sich auf. Niemand ahnte, was sie und ihr Vater durchgemacht hatten. Niemand verstand das Leiden ihrer Mutter. Nicht einmal die Leute in St. Elizabeth's. Sie betrachtete Imogenes Garten und hörte Musik aus dem Bus. Sie schloss die Augen. Eine schielende Frau würde es ganz gewiss auch nicht verstehen.

Maddie trat auf die Veranda und fragte: »Dr. Holloway, ist Ihnen nicht gut?«

»Doch, doch.« Sie öffnete die Augen. »Ich möchte Ihnen danken, dafür, dass Sie mitgekommen sind.«

»Ich muss meine Patientin begleiten«, sagte Maddie. »Ich weiß, Sie wären lieber irgendwo im Urlaub, Dr. Holloway, aber Schwarze aus dem Süden müssen manchmal zurück in die Heimat. Das haben Ihnen Ihre Eltern sicherlich erklärt.« Das hatten sie ihr nicht erklärt. Sie selbst hatte North Carolina vor diesem Tag noch nie gesehen, und sie konnte sich nicht daran erinnern, ob ihre Eltern den Bundesstaat seit ihrer Geburt je wiedergesehen hatten. »Wir gehen weg, wir laufen davon und merken nicht, wie sehr wir eines Tages wieder nach Hause müssen. Der Süden ist nun einmal so. Er ist die schlimmste Mama der Welt und die beste Mama der Welt.« Maddie seufzte und trat näher. »Dr. Holloway, ich muss Sie warnen: Sie wird vorschlagen, das Sie und Miss Alberta heute Nacht bei ihr bleiben. Ich wollte es Ihnen nur schon einmal sagen.«

»Aber wir haben doch Hotelzimmer reserviert, Maddie. Für uns alle, für Sie und auch für Sandra.« Sie hatten geplant, dass Sandra am nächsten Tag mit dem Bus zurückfahren und sie in zwei Wochen wieder abholen würde. Doch wie Maddie vermutet hatte, verfolgte Imogene einen anderen Plan. Glynnis und Alberta sollten bei ihr übernachten. Morton konnte im Bus schlafen, der auf einem größeren Parkplatz hinter der Kirche abgestellt würde. Nahebei, aber nicht zu nahe.

»Ich weiß schon, dass Sie was reserviert haben, Dr. Holloway, aber dafür hat man das Telefon erfunden, für Zeiten wie diese. Um zu sagen: ›Ich hab's mir anders überlegt.‹ Ich habe meinen Cousin angerufen, und der bringt Sandra und mich zu sich nach Hause.« Maddie berührte Glynnis' Arm, sodass die jüngere Frau gezwungen war, sich umzudrehen und ihr ins Gesicht zu schauen. »Dr. Holloway, Ihrer Mutter geht es gut, und vielleicht sollten Sie zulassen, dass die Dinge ihren Lauf nehmen.« Sie hörten, wie Imogene etwas sagte, und dann antwortete Alberta, fast schreiend: »Ja, das stimmt. Ich hatte es fast schon vergessen, aber das stimmt.«

Gegen neun Uhr morgens erwachte Glynnis in einem winzigen Hinterzimmer in Imogenes Haus. Sie erwachte aus einem Traum, in dem mehrere kichernde Mädchen in einer Ecke zusammenstanden und über ihre Mutter lästerten. Obwohl Glynnis in dem Traum schon eine erwachsene Frau war, wollte sie auf sie losgehen und die Gruppe auseinanderjagen. Schon hatte sie die Fäuste erhoben, als sie sich sagte, dass sie zu alt für solche Dinge sei, und aufwachte. Mehrere Minuten lang blieb Glynnis auf der Bettkante sitzen, dann ging sie zum Fenster, zog die Vorhänge auf und sah hinaus. Ihre Mutter und Imogene schlenderten in einem Garten umher, der wesentlich größer war als derjenige vor dem Haus. Sie gingen Arm in Arm, kicherten und lachten. Sie empfand keinerlei Eifersucht wie noch am Vortag und wunderte sich, was wohl in sie gefahren sein mochte.

Nachdem sie sich im Badezimmer, das neben dem Raum lag, in dem ihre Mutter geschlafen hatte, geduscht und angezogen hatte, ging sie nach unten. Sie hatte Hunger, aber sie misstraute dem Essen im Haus einer Voodoofrau. Sie durchstöberte Schränke und Kühlschrank, entdeckte jedoch nichts, was ihr Appetit machte. Während sie noch herumkramte, versuchte sie sich an weitere Einzelheiten des vergangenen Abends zu erinnern. Nachdem die gesamte Gruppe in der Küche gegessen hatte, waren Maddie und Sandra abgeholt worden, und ihr Vater war zum Bus auf der anderen Straßenseite hinübergegangen. Ihre letzte vollständige Erinnerung war diese: Sie saß mit ihrer Mutter auf der Couch, während Imogene aus einer Kanne, die einen Sprung hatte, Tee eingoss. Danach setzte sich Imogene in ihren Polstersessel und holte aus einer Tasche ihres Pullovers ein kleines Glas hervor. Ein Teelöffel Zucker, eine Scheibe Zitrone, und dann streute sie aus dem Glas zerstoßene mattgrüne Blätter in ihre Tasse. »Ein bisschen für mich«, sagte sie. »Und ein bisschen weniger für Sie, liebste Alberta.« Und während ihre Hand noch über Glynnis' Tasse schwebte, sagte sie: »Und noch ein bisschen weniger für die Ärztin aus dem Staate Washington D. C., wo der Präsident seinen schicken Hut aufhängt und sich in der Nase bohrt.« Alberta lachte und hob ihre Tasse. »Und jetzt den kleinen Finger abspreizen, Liebste, wie es die weißen Herrschaften tun«, sagte Imogene. Alberta lachte erneut, und bevor die Blätter hineinfallen konnten, sagte Glynnis, sie werde auf den Tee lieber verzichten.

Die Küchentür hatte ein Fenster, und Glynnis konnte sehen, wie ihre Mutter und Imogene, noch immer Arm in Arm, das Ende des Gartens erreichten. Falls in der Nacht die Hexen gekommen waren, so hatte sie ihre Mutter jedenfalls nicht schreien hören. Jenseits des Gartens lag eine weite Wiese mit grünem Gras, auf der hier und da gelbe und weiße Blumen blühten. Imogene hob ihren Gehstock und zeigte zuerst nach rechts und dann nach links. Alberta löste sich von Imogene und tat ein paar Schritte, dann zeigte sie nach links, wandte sich um und winkte Imogene zu sich. Die beiden hakten sich wieder unter und gingen weiter nach links zum Ende der Wiese, wo Glynnis den Rand eines Wäldchens erkennen konnte.

Ich muss darauf vertrauen, dass es ihr gut geht, dachte Glynnis, als sie sich umdrehte und in der Küche umsah, die nichts Besonderes darstellte. Zwei Teller mit halb aufgegessenen Toastscheiben bezeugten, dass ihre Mutter zumindest nicht mit leerem Magen hinausgegangen war. Ob sie auch ihre Medikamente eingenommen hatte, war eine andere Frage. Rechter Hand befand sich eine offene Tür, die sie nicht bemerkt hatte, als sie in die Küche gekommen war. Sie betrat das kleine Zimmer, das offensichtlich an den ursprünglichen

Raum angebaut worden war, und sogleich verschlug es ihr den Atem: Auf den fünf Regalen ihr gegenüber stand ein prächtiges, farbenfrohes Arrangement von fünfunddreißig kleinen Gläsern. Der Eindruck von Pracht verdankte sich der schlichten Gleichmäßigkeit, mit der die Gläser, jedes von ihnen so groß wie dasjenige, welches Imogene am Vorabend aus ihrem Pullover hervorgeholt hatte, aufgereiht waren. Und die Farbenfreude beruhte letztlich darauf, dass durch ein Fenster, das sich auf derselben Seite des kleinen Raumes befand wie die Regale, Sonnenlicht hereinströmte. Das satte gelbe Licht ergoss sich in den Raum und traf auf eine Reihe gerahmter Fotos an der gegenüberliegenden Wand, wurde zurückgeworfen und auf dem Rückweg durchs Zimmer wie von einem Prisma gebrochen, sodass die Gläser in Dutzenden von Farben schillerten. Und die Gläser funkelten und leuchteten in all diesen Farben und zwinkerten Glynnis zu. Sie trat näher und stellte fest, dass keines der Gläser beschriftet war, Konsistenz und Abstufung der Farben verrieten jedoch, dass jedes Glas einen anderen Inhalt hatte. Der Kontrast zwischen der Welt außerhalb und innerhalb der Gläser hätte nicht größer sein können; was sie enthielten, war trübe, langweilig und so enttäuschend, dass sie den Kopf zurückziehen und von Neuem das Farbenspiel des Lichts auf sich wirken lassen musste.

Sie nahm ein paar Gläser in die Hand. Das also ist es, dachte sie, darin besteht der ganze Hokuspokus, der ganze Zauber einer schielenden Wurzelheilerin. Sie war versucht, jedes der Gläser zu öffnen, die sie in der Hand hielt, fürchtete sich jedoch vor einem schädlichen Geruch, der entweichen und sie überwältigen könnte. *Ärztin aus D. C., eine Zierde ihrer Rasse, stirbt bei einem Missgeschick im Haus eines alten Weibes.*

Als sie wieder in der Küche stand, war sie noch hungriger als vorher. Sie fand eine Schachtel mit Kräckern, stellte sich an die Tür zu dem kleinen Raum und aß. Dann trat sie wieder hinein, um sich die Fotos gegenüber den Gläsern anzusehen. Es waren an die fünfzig, und alle zeigten Säuglinge oder Kinder, die meisten davon Schwarze, aber es gab auch weiße und Indianerkinder. Einige Fotos, so schien es, waren vor langer Zeit aufgenommen worden. Erst jetzt, als ihre Finger schließlich den Boden der Schachtel mit den Kräckern berührten, wunderte sie sich, warum sie Miss Imogene eigentlich nicht gefragt hatte, was sie in den Tee getan hatte.

»Mir ist aufgefallen«, sollte der Mann mit den Rastalocken und dem schwarzen Auto zwei Wochen später zu Glynnis sagen, »dass Sie sie immer ›Miss Imogene‹ nennen. Ich weiß, das ist Gewohnheit, aber meine Großmutter hext nun schon seit beinahe siebzig Jahren, und niemand in dieser Gegend, nicht einmal die Weißen, würden sie anders als mit ›Dr. Imogene‹ anreden.«

»Ich wollte damit keine Geringschätzung zum Ausdruck bringen«, sollte Glynnis sagen.

»Ich weiß, dass Sie das nicht wollten, Dr. Holloway«, sagte der Mann mit den Rastalocken, und wie er so den Blick senkte und wieder hob, konnte sie deutlich erkennen, dass das Blut der alten Frau auch durch seine Adern floss. »Meine Großmutter würde kein Wort darüber verlieren. Vermutlich fällt ihr nicht einmal auf, wie Sie sie anreden. Aber wenn die Leute hier hören, wie Sie sie nennen, werden sie weniger von Ihnen halten, Dr. Holloway. Sie werden denken, dass Sie keine gute Kinderstube hatten.«

Wenn die ersten beiden Hexen ihren Platz auf Albertas Körper eingenommen hatten, war sie sich nie sicher, auf welchem Wege die dritte ins Zimmer gelangte. (Imogene Satterfield sollte eines Tages beiläufig bemerken, dass Menschen zwar in einem Haus mit einem Zimmer, einer Tür und einem Fenster wohnen mochten, der Teufel indes die Angewohnheit hatte, der eigenen Bequemlichkeit halber vier weitere Türen und vier weitere Fenster anzubringen.) Alberta merkte einfach, dass der Oberkörper der dritten Hexe plötzlich auf ihrem Gesicht und auf ihrem Hals lag und dass das Atemholen sie furchtbar anstrengte. Sie konnte gerade eben genug Luft ansaugen, dass diese um die Hexe herum, durch ihre Kleider hindurch, irgendwie ihren Weg in Albertas Mund fand. *Ich bringe die Tochter um. Die Ärztin bringe ich selbst um.* Die Zeit war aus dem

Takt. Einmal, nur wenige Tage nach ihrer Entlassung aus dem Krankenhaus, hatte sie es vermocht, sich nach den erleuchteten Zeigern der Uhr auf dem Nachttisch umzudrehen. Unmittelbar vor der Lähmung – dem Hexenritt – hatte die Uhr 1:13 angezeigt, und als alles vorbei war, zeigte die Uhr 1:49. Ein andermal, fünf Tage später, waren nur sieben Minuten verstrichen. *Wir bringen sie alle beide um …*

Maddie und Sandra verließen North Carolina und versprachen zurückzukehren, sobald sie den Anruf bekämen. Glynnis' Vater verbrachte die Nächte bei Maddies Cousin, kaum drei Kilometer entfernt, und morgens kam er zur Fuß zurück, um mit seiner Familie und mit Imogene zu frühstücken. Die alte Frau redete ihn nur mit »Bruder« an, und anfangs glaubte er wie seine Tochter, dass sie nicht einmal seinen Namen wusste.

Viele Nächte lang blieb Glynnis, stets die gute Wächterin, bis weit nach ein Uhr auf und harrte der Schreie ihrer Mutter oder eines hilflosen Wimmerns. Doch ihre Mutter schlief die Nächte durch, und zunächst war Glynnis enttäuscht, denn das Summen des nächtlichen Nichts, begleitet von einem Chor von Zikaden und Ochsenfröschen, würde sie nicht an einen Strand in Massachusetts bringen. Enttäuscht auch darüber, dass Jahrzehnte der Wissenschaft, der eigenen wie der der Welt, nichts ausgerichtet hatten. Dann, gegen Ende der zweiten Woche in North Carolina, als sie begann, sich einfach einem guten Nachtschlaf zu überlassen, erkannte sie, was für eine schlechte Tochter sie war, was für eine eifersüchtige Seele. Sie wusste nicht, ob ihre Mutter die Medikamente von St. Elizabeth's noch einnahm.

In der dritten Woche vermutete sie, dass sie tatsächlich über den Berg waren und die alten Zustände überwunden hatten. An diesem Montag erwachte Glynnis am späten Morgen und sah zu Dr. Imogene hinunter, die den Garten hinter dem Haus pflegte. Die alte Frau tat nichts Besonderes, sie ging lediglich von Pflanze zu Pflanze, bückte sich und berührte sie flüchtig mit den Fingerspitzen. Streichelte einige von ihnen mit dem Handrücken. In der anderen Hand hielt sie eine Gießkanne, einigen Pflanzen gab sie Wasser, und bei den Pflanzen, denen sie kein Wasser gab, schüttelte sie nur den Kopf, nicht zu ihnen, sondern zu sich selbst. Seit Glynnis am letzten Tag der zweiten Woche beschlossen hatte, doch noch länger zu bleiben, hatte sie ihr Gedächtnis durchforscht. Wie lange im Lauf der Jahre war ihre Mutter nicht von den Hexen heimgesucht worden, wie viel Zeit war jeweils vergangen, ohne dass sie etwas getan hatte, was kein vernünftiger Mensch tun würde? Mehr als eine Woche konnte es nicht gewesen sein. Und nun war schon fast ein Monat vergangen. Dr. Imogene trat auf den Weg, der die Bereiche ihres Gartens voneinander trennte, nahm den Hut ab und fächerte sich Luft zu. Sie murmelte etwas. Dann betrat sie den anderen Teil ihres Gartens, und Glynnis, die noch nicht ganz wach war, glaubte zu sehen, wie die Pflanzen vor ihr auseinanderwichen. Ein starker Wind ging durch den Garten und bewegte die Pflanzen, bewegte Dr. Imogenes rotes Kleid und bewegte den Vorhang an Glynnis' Fenster und den Kinderflaum auf ihren Armen. Glynnis hob die Hände vors Gesicht und weinte.

Nachdem sie sich geduscht und angezogen hatte, kam sie herunter, stellte sich ans Wohnzimmerfenster und schaute hinaus. Außer der leeren Kirche auf der anderen Straßenseite war da nicht viel zu sehen. Vor zwei Tagen hatte sie ebenfalls am Fenster gestanden und auf dem Parkplatz der Kirche auf der anderen Straßenseite ihre Eltern gesehen. Ihr Vater hatte auf der Motorhaube des Wagens gesessen, den er für sie gemietet hatte. Er saß mit dem Rücken zu Glynnis, ihre Mutter stand leicht seitlich vor ihm, und Glynnis konnte ihr Gesicht sehen. Alberta redete, und Morton nickte dabei die ganze Zeit nur. Alberta hob den Arm und schien mit einer Handbewegung auf etwas in weiter Ferne Liegendes zu deuten. Dann zog Morton, als könne er nicht länger an sich halten, Alberta zu sich heran und gab ihr einen langen Kuss. Glynnis konnte sich nicht daran erinnern, ob die beiden sich, solange sie lebte, jemals so geküsst hatten. Es sollte noch eine Woche dauern, bis Dr. Imogene sie von der Vorstellung abbringen konnte, dass es auch nur das

Geringste mit Zauberei zu tun hatte. Ihre Eltern hatten die Nacht in einer Pension in Roxboro verbracht, und dort hielten sie sich auch jetzt auf. »Ist es Zauberei, dass Zucker den Tee versüßt oder Cornflakes und Kuchenteig, Dr. Holloway?«

Glynnis trat auf die Veranda. Sie wollte einen Spaziergang machen, sie wollte eine große Portion fettigen Essens, sie wollte, dass ein Mann sie an sich zog, ihr die Hände auf den Hintern legte und etwas Schamloses zu ihr sagte, sie wollte, umringt von ihren Freundinnen, nach zweieinhalb Bier in einer Bar laut werden, sie wollte den Blick von einem Buch heben, kurz aufs Meer hinausschauen und denken: Himmel, was für ein obszönes Machwerk. Sie ging die Treppe hinunter und blieb am Rand des einen Gartenabschnitts stehen. Sie kniete nieder und nahm erst eine Pflanze, dann eine andere zwischen die Finger. Dort, ganze nah dran, sah sie, dass auf dieser Seite jedes Pflanzenbüschel von unterschiedlicher Farbe und Beschaffenheit war. Mehr konnte sie jedoch nicht erkennen, und sie seufzte. »Ist es Zauberei, dass ein bisschen Pfefferminze Mundgeruch beseitigt? Ist es Zauberei, dass Wasser nass ist?«

Als sie wieder im Haus war, traf sie Dr. Imogene in ihrem Sessel an. Sie hielt die Fernbedienung des Fernsehers in der Hand, richtete sie auf das Gerät, und ein Kanal jagte den anderen. Bis zum Vorabend hatte der Apparat noch in seiner Verpackung gesteckt, und dann, nachdem Glynnis zu Bett gegangen war, hatte Dr. Imogenes Enkel, der Mann mit den Rastalocken, ihn hervorgeholt und aufgestellt. Jetzt drückte die alte Frau auf einen Knopf nach dem anderen und versuchte, die Lautstärke zu verringern. »Darf ich?«, fragte Glynnis, nahm die Fernbedienung zur Hand, schaute darauf und stellte den Apparat um die Hälfte leiser.

»Oje«, sagte Dr. Imogene. »Oje, oje, oje. Ich habe nie einen Fernsehkasten gewollt. Ich habe mein Leben lang Radio gehört, und das hat mir vollauf gereicht, was soll ich also mit einem Fernseher? Bis heute bin ich, glaube ich, noch nie länger als eine Stunde oder so mit einem Fernseher im selben Zimmer gewesen.«

»Warum dann jetzt, Dr. Imogene?«, fragte Glynnis. Nach fünf Tagen hatte sie sich daran gewöhnt, sie mit ›Doktor‹ anzureden. Sie gab der alten Frau die Fernbedienung zurück. Auf dem Bildschirm schrie ein weißer Mann, das Gesicht rot vor Zorn, eine Frau an, die darauf nicht reagierte, sondern auf ihre Füße starrte.

»Jesse hat ihn mir zum Geburtstag geschenkt. Aber ich hab ihm gesagt, er soll ihn im Karton lassen, bis ich mich daran gewöhnt habe, so ein Ding um mich zu haben. Gestern Abend hat er gesagt, es sei jetzt so weit.« Sie lehnte ihren Kopf zur Seite und blickte verwirrt drein. »Hmm … Was ist denn nur aus den Damen geworden, die sich über die Prinzessin unterhalten haben? Wo sind sie hin? Hmm …« Glynnis saß auf der Couch, den Blick auf Dr. Imogene geheftet, die auf einen Knopf drückte und zusah, wie die Kanäle erneut vorüberjagten. Ihre Miene wurde immer verwirrter. »Oje. Wo könnten sie nur sein?«

»Wer?«

»Die Damen im Fernseher, die sich über diese arme Prinzessin unterhalten haben. Gestern Abend bin ich schläfrig geworden und hab den Fernseher ausgeschaltet, als es gerade interessant zu werden versprach. Ich hatte gehofft, die beiden Damen heute Morgen wiederzufinden, aber sie sind nicht mehr da. Wo könnten sie nur sein?«

Glynnis begann zu verstehen, was die Wurzelheilerin dachte. »Doktor?« Die alte Frau sah sie an. »Die bleiben nicht stehen, die Bilder im Fernsehen. Die laufen weiter, als würden Sie noch zuschauen. Es ist nicht wie ein Film, den Sie anhalten können.« Dr. Imogene, die sich sträubte, das Gehörte zur Kenntnis zu nehmen, drückte erneut auf den Knopf, und die Kanäle liefen weiter. Schließlich ließ die alte Frau die Schultern sinken und seufzte tief. Sie reichte Glynnis die Fernbedienung, als wolle sie sich dafür entschuldigen, dass sie ihr nicht gleich geglaubt hatte. »Ich werde herausfinden, was mit der Prinzessin passiert ist, und Ihnen Bescheid geben. In allen Einzelheiten. Ich verspreche es.«

Von diesem Augenblick an spürte Glynnis eine unverwüstliche Zuneigung zu der alten Frau in sich aufsteigen. Sie hatte miterlebt, wie sie etwas Außergewöhnliches für Alberta bewirkt hatte, und die kleinen Gläser und die Fotos von den Kindern an der Wand des winzigen Raumes zeugten davon, was sie für andere bewirkt hatte.

Dabei wusste sie nicht einmal, was ein schlichter Fernseher tun konnte und was nicht.

»Vielleicht sollten wir ihn jetzt erst einmal ausschalten«, sagte Dr. Imogene, und Glynnis befolgte ihre Anweisung. »Warum frühstücken wir nicht stattdessen?«

> Künftiger Arzt, wenn alles gesagt und getan ist, wenn der Patient genesen ist oder sich auf dem Weg der Genesung befindet, darfst du nicht zögern, dich zu verabschieden. Bis dahin solltest du nur das vorgeschriebene Maß an Trost und Verständnis aufgebracht haben. Es darf keine Liebe dazwischenkommen, denn Liebe, besonders in ihrer rohesten Form, birgt das Risiko, dass die Maschine erneut beschädigt wird und die Mechanismen dadurch größeren Schaden erleiden als durch das, was sie zu dir gebracht hat.
> Sollte eine Genesung versagt bleiben, oder sollte der Tod eintreten: Es gibt Maschinen, die nicht straßentauglich sind.

Sie saßen lange Zeit am Frühstückstisch, und irgendwann gegen Ende der Mahlzeit, die aus Toast und einem Ei bestand, das sie sich teilten, fühlte sich Glynnis entspannt genug, um sich nach der Behandlung ihrer Mutter, nach den Gläsern und den Pflanzen zu erkundigen. Die alte Frau schob ihre Brille zurück und zog die Schultern hoch, als habe es damit keine besondere Bewandtnis – nichts als ein Spaziergang zum Ende des Gartens und wieder zurück.

Sie führte Glynnis in den kleinen Raum neben der Küche und sagte: »Jesse hat einmal versucht, einige davon mit Etiketten zu bekleben, aber ich wusste immer genau, was ich in die Gläser hineingetan hatte, sodass Etiketten auch nichts weiter genutzt hätten. Nach einiger Zeit sind sie abgefallen, vermutlich weil sie wussten, dass ich mich für sie genauso wenig interessierte wie für den Mann im Mond.«

»Welches davon hat die Hexen vertrieben? Welches hat meiner Mutter Frieden geschenkt?«

Dr. Imogene langte zum zweiten Regal hinauf und nahm das drittletzte Glas der Reihe herunter. Sie reichte es Glynnis, die sah, dass die Grundfarbe zwar ein trübes Grün war, dass sich an den Rändern der Blätter jedoch violette Flecken zeigten. »Ich habe die Namen jedes einzelnen gelernt«, sagte Imogene, »aber die Wurzelheilerin – Gott habe sie selig –, die mich unterwiesen hatte, starb, als ich noch jung war. Damals hatte ich noch keinen aufnahmefähigen Verstand, und es dauerte nicht lange, da hatte ich die meisten Namen wieder vergessen. Aber so richtig hat mein Verstand in der Hinsicht noch nie funktioniert, selbst als die liebe Evelyn noch lebte. Das hier« – sie klopfte auf den Deckel des Glases in Glynnis' Hand – »nenne ich einfach Violettes Durcheinander. Man wird es leid, die Dinger grünes Dies und grünes Das zu nennen. Als Jesse noch auf dem College war, hat er mir ein Buch mitgebracht und mir das Violette Durcheinander und viele andere Kräuter gezeigt, die darin abgebildet waren. Die Bilder waren so schön, dass man sie hätte einrahmen können, aber auch das half meiner Erinnerung nicht auf, und ich habe vergessen, welche Namen sie in dem Buch hatten.«

»Was uns Rose heißt –« Glynnis unterbrach sich, als die alte Frau sich umdrehte und die Fotos von den Kindern an der Wand betrachtete.

»All diesen Kindern habe ich geholfen, auf die Welt zu kommen«, sagte Dr. Imogene. »Alles Schwerstgeburten. Eine Wurzelheilerin muss wissen, wie man einer im vierten Monat schwangeren Frau die Hände so auflegt, dass man voraussagen kann, ob das Baby mühelos auf die Welt kommen will oder den beschwerlicheren Weg nehmen wird. Und sie muss wissen, was in beiden Fällen zu tun ist, um Mutter und Kind zu helfen.« Sie wandte sich wieder den Gläsern zu, und durch das Fenster fiel das erste starke Sonnenlicht, traf auf die Fotos und ruhte auf dem Rücken der Frauen. Die übrigen Sonnenstrahlen schossen um sie herum, über sie hinweg und zwischen ihnen hindurch und wurden von den Gläsern aufgefangen. »Vielen konnte ich nicht helfen, aber welche Wurzelheilerin hängt schon solche Fotos an die Wand? Wenn man nur jede Minute von Gottes Tag genau betrachtet, sieht man die Dinge deutlicher als auf einem Foto.«

Glynnis stellte das Violette Durcheinander zurück aufs Regal, und in diesem Augenblick sagte ihr die alte Frau, das alles habe nichts mit Zauberei zu tun, denn sie ahnte, dass die junge Frau in diese Richtung dachte. Sie führte Glynnis in den Garten hinterm Haus. Sie wies auf ein etwa dreißig mal dreißig Zentimeter großes Beet und erklärte Glynnis, dies sei das Violette Durcheinander. »Unten am Bach wächst es wild. Ein hübscher Flecken, man kann den ganzen Tag dasitzen und zusehen, wie das Wasser vorbeifließt.« Das Beet mit dem Violetten Durcheinander war das kleinste im Garten. »Nicht viele Menschen leiden unter Hexenritten, trotzdem muss man es auch weiterhin anbauen, schließlich weiß man nie, was Gott mit uns vorhat.« Am Ende des Gartens blieb Glynnis stehen. »Gehen Sie hin, Dr. Holloway. Nur zu, dann sehen Sie selbst, dass das Violette Durcheinander gar nichts Besonderes ist.«

Das Gespräch über die Gläser, die Fotos und den Garten schien einen traurigen Raum in Dr. Imogenes Herz geöffnet zu haben, und für den Rest des Morgens und des beginnenden Nachmittags war sie meist still. Sie beschäftigte sich mit kleineren Haushaltspflichten – vom Abwasch des Frühstücksgeschirrs bis hin zum Aufbauschen der Sofakissen –, und Glynnis folgte ihr und half, wo sie konnte. Sie wartete für den Fall, dass die Wurzelheilerin ihr etwas anvertrauen wollte. Hin und wieder hielt Dr. Imogene mitten in der Arbeit inne und starrte der jüngeren Frau in die Augen, als könne diese ihre Gedanken lesen und ihr beistehen, indem sie in Worte fasste, was der Wurzelheilerin zu sagen verwehrt blieb. In ihren ersten Berufstagen als Ärztin hatte Glynnis eine Patientin gehabt, die etwa einen Monat nach Beginn einer Hyperthyreosebehandlung am Ende jeder Sitzung mehrere Minuten lang reglos dastand. Glynnis, die sich als Berufsanfängerin unwohl dabei fühlte, nutzte die Zeit anfangs dazu, sich Notizen zu machen, während die Patientin, den Blick gesenkt, mit dem Rücken zur Tür stand.

Dann, gegen Ende des ersten Behandlungsjahres, lernte Glynnis, sie loszuwerden, indem sie, noch bevor eine Schweigeminute verstrichen war, noch bevor sie begonnen hatte, sich die Hände zu waschen, die Frau fragte: »War das alles für heute, Mrs Evans?« Aus der Hyperthyreose wurde eine Hypothyreose, und die Behandlung und das sekundenlange Schweigen an der Tür nahmen ihren Fortgang, bis Mrs Evans im dritten Jahr der Behandlung eines Tages nicht zu ihrem Termin erschien und ihre Akte noch am selben Morgen in den Schrank zurückgehängt wurde, wo sie sich noch immer befand.

Kurz vor zwei Uhr erbot sich Glynnis, Mittagessen zu machen, und Dr. Imogene sagte, das sei die beste Idee des Tages. Als Glynnis an der Arbeitsfläche stand und Brote zubereitete, stellte sich die Wurzelheilerin neben sie und berührte die junge Frau an der Schulter. Da beschloss Glynnis, die Brotschnitten zu vierteln, statt sie zu halbieren. »Wissen Sie, Dr. Holloway, ich muss Ihnen die Wahrheit sagen: Sie würden eine gute Mutter abgeben.« Glynnis war von der Aussage ebenso verblüfft wie gerührt. Es war, als hätte sie jemand geschickt über eine kleine Pfütze steigen sehen und ihr das Kompliment gemacht, sie würde eine gute Trapezkünstlerin abgeben. »Ich bin mir nicht sicher, ob sich das tatsächlich für mich am Horizont abzeichnet.« »Alles zeichnet sich am Horizont ab, Doktor, bis der Horizont verschwindet und sich nie wieder zeigt.«

Mit jedem Bissen fand die Wurzelheilerin zu ihrem alten Selbst zurück, und bevor sie die Hälfte ihres Brotes verzehrt hatte, sagte sie wie aus heiterem Himmel: »Wissen Sie, als ich ein kleines Mädchen war, kannte ich eine Wurzelheilerin nicht weit von hier, die nachts bei Leuten unterm Fenster saß. Als ich heute Morgen aufwachte, musste ich aus irgendeinem Grund an sie denken.«

»Eine Spannerin, wie?«

»O nein, Dr. Holloway. Ich glaube nicht, dass sie so eine Spitzbübin war.« Die alte Frau legte den Kopf zurück und schloss die Augen. »Sie wollte nur die Leute in ihren Häusern belauschen. Sie glaubte, auf diese Weise die ganze Geschichte erfahren zu können, wenn Leute sie um Rat baten. Jemand kommt und bittet um Rat, sagen wir, wie bei unserer Alberta mit ihren Hexen. Vielleicht dachte sie, es wäre hilfreich zu wissen, falls ihre Nachbarin sie aus irgendeinem Grund aus dem Weg schaffen wollte. Falls sie es auf sie abgesehen hatte.«

Glynnis sagte: »So jemanden gab es bei uns nicht.«

»Nein, nein, Doktor, das führe ich nur als Beispiel dafür an, worum es der längst verstorbenen Wurzelheilerin zu tun war.« Sie merkte, dass Glynnis sie missverstanden hatte, und bemühte sich, die richtigen Worte zu finden. »Sie glaubte, sie hätte es leichter, die Leute zu behandeln, wenn sie wusste, was sie trieben, wenn der Tag zu Bett gebracht wird. Oder sagen wir, es kommt eine Frau mit Liebeskummer wegen eines nichtsnutzigen Mannes, den sie an sich binden will. Vielleicht dachte die Heilerin, es wäre gut zu wissen, was nachts passiert, und für jede schlechte Eigenschaft, die eine Frau aufzählte, gäbe es fünf gute – aber nicht sehr gute. ›Aber er nimmt jeden Tag ein Bad … Aber er sagt immer, wie leid es ihm tut …‹ Weshalb einer Frau dabei helfen, einen solchen Mann zu behalten? Wenn das Herz eines Mannes verrottet ist, helfen auch noch so viele Bäder nichts.«

Glynnis nickte. »Ich kann mir nicht vorstellen, dass Sie vor einem Fenster sitzen und heimlich lauschen.«

»Oh, ich habe nie daran gedacht, diesen Weg einzuschlagen, Dr. Holloway. Ein kleines ›Buh‹, und ich fahre aus der Haut vor Schreck.« Sie lächelte. »Und da ich wusste, dass ich keine Nachteule bin, war mir klar, dass ich mir jede Mühe geben musste, zu verstehen, was in den Leuten vorgeht, und darin war ich noch nie gut. Vielleicht wär's besser, wenn ich Nachtmensch wäre. Das hätte die Dinge einfacher gemacht. Man bemüht sich, nichts Verkehrtes zu tun, aber manchmal, ach wie häufig, fehlt's an allen Ecken und Enden.« Sie trank von ihrem Kaffee und stellte die leere Tasse mitten auf ihren Teller. »Ich wünschte, ich wüsste, was unserer lieben Alberta widerfahren ist … Ich kannte da mal einen Fall. Eine Frau hatte jahrelang einen Hass auf eine Freundin – wohlgemerkt ihre beste Freundin, Dr. Holloway –, von Kindesbeinen an, bis sie erwachsene Frauen waren. Erwachsen und in niemandes Schuld, aber der Hass ließ einfach nicht nach. Sie trug ihn in sich, wie wir Babys in uns tragen, nur wurde dieses nie alt genug, um herauszukommen. Aber eines Abends geschah es dann. Vielleicht hatten sie getrunken. Vielleicht gefeiert. Da erfasste die leidende Frau ein tiefer Schmerz, und sie stahl etwas aus dem Haus ihrer Freundin. Nur stahl sie etwas, das gar nicht ihrer Freundin gehörte, sondern der Frau, die dort bei ihr wohnte. Ein Taschentuch, eine Bürste voller Haare. Aber die leidende Frau wollte es nicht wahrhaben, weil ihr Leid sie daran hinderte. Sie brachte die gestohlenen Sachen zu einer Wurzelheilerin, und die Freundin ihrer Freundin konnte nie wieder laufen.«

Kurz nach vier Uhr kam Jesse. Glynnis und Dr. Imogene, den Gehstock mit den Schlangen in der Hand, standen auf der Veranda. »Es kommt jemand zu mir«, hatte die Wurzelheilerin gesagt, bevor sie sich vom Mittagstisch erhoben hatte. »Wir können uns später weiter unterhalten.« Jesse parkte auf dem Kirchengelände, stieg aus, hielt einer Frau, die fast so alt war wie Dr. Imogene, die Tür auf und half ihr aus dem Auto, assistiert von einer Frau, die laut Dr. Imogene die Tochter war. Die Frau war ungefähr im gleichen Alter wie Glynnis. Die Wurzelheilerin ging die Stufen hinab zu dem Pfad, der zum Tor führte, und Glynnis fand, dass sie sich genauso benahm wie an dem Tag, als sie alle aus Washington angekommen waren, vor langer, langer Zeit. Sie beobachtete, wie das Grüppchen die Straße überquerte, und bevor sie das Tor erreichten, hob Dr. Imogene die freie Hand zum Gruß, und die alte Frau, die auf sie zukam, hob ebenfalls die Hand. Als sie durchs Tor gegangen waren, küssten sich die alten Frauen auf die Lippen, und die jüngere Frau küsste die Wurzelheilerin auf die Wange. Und als Mutter, Tochter und Wurzelheilerin ins Haus gegangen waren, fragte Jesse Glynnis, wie denn ihr Urlaub sei.

»Er ähnelt mehr und mehr dem Urlaub einer Busfahrerin«, sagte sie. Dann nickte sie zum Haus hin und fragte: »Was fehlt ihr, wenn ich fragen darf?«

»Wem?«

»Der Mutter.«

»Es ist nicht die Mutter, Dr. Holloway. Es ist die Tochter.« Eine Woche vorher hatte Jesse sie gebeten, seine Großmutter nicht »Miss Imogene« zu nennen. Er stand dem Tor am nächsten, und nun ging er an Glynnis vorbei zum Haus, und als er den Pfad entlangging, schien er die Pflanzen zu beiden Seiten zu prüfen, so wie ein Gärtner eine anstehende Arbeit begutachtet. Er lief zur Seite des Hauses und die schmale Passage entlang, die hinters Haus führte. »Es sind die reichsten Leute in der Gegend«, sagte er leise. Sie folgte ihm. Hinter dem Haus kniete er hin, bückte sich und roch an mehreren Pflanzen auf beiden Seiten. »Unter Schwarzen und Weißen. Sie haben ein Bestattungsunternehmen, aber meine Großmutter und sie sind wie Schwestern aufgewachsen, nahezu mittellos.« Er stand auf und ging zum Tor, und wieder folgte sie ihm.

»Sie sieht so gesund aus, die Tochter. Außergewöhnlich schön und gesund.«

»Sie sollten es besser wissen, Dr. Holloway. Gerade Sie.« Er öffnete das Tor. »Warum machen wir nicht einen kleinen Spaziergang? Ich muss bald zurück und sie abholen. Für meine Großmutter bin ich das Mädchen für alles geworden.« Er schloss das Tor hinter ihr, und sie hielten auf die Wiese zu. »Meine Großmutter hat da einen Spruch: ›Am gesündesten Tag deines Lebens bist du krank genug, um zu sterben.‹ Das soll heißen, es könnte uns eine Herde Elefanten in panischer Flucht über den Weg laufen und Sie zertrampeln, Dr. Holloway, und Sie mögen noch so schön und vollkommen sein, das wäre das Ende. Oder ein Flugzeug könnte vom Himmel fallen, genau auf Ihren hübschen Kopf. Was könnte Ihr gesunder Körper dagegen ausrichten? Bei dem Zusammenstoß mit diesem besoffenen Arsch von Autofahrer hat Gesundheit meinen Eltern jedenfalls nichts genutzt. Und ausgerechnet auf dem Weg zur Kirche.« An diese Worte würde sie ihn vier Jahre später erinnern, einige Wochen nach der Beerdigung, bei der die beiden, in tiefer Trauer und Verzweiflung, nebeneinandergesessen hatten und die Menge zum Friedhof hinein- und wieder herausgeströmt war, über die Straße und die Ländereien des alten weißen Bauern und seiner Frau hinweg, die schon seit vielen Tagen nicht mehr unter Kopfschmerzen gelitten hatten und nur einen Meter von dem Prediger entfernt standen, während der Gottesmann über die alte Frau sprach und ihr selbst mit seiner einstündigen Rede nicht gerecht werden konnte.

Die Wiese endete, und sie betraten den Wald. »Als Junge, da war ich schon ein Waisenkind, hab ich mich in dem Wald hier ziemlich gut ausgekannt.« Seine Rastalocken wurden von einem Band zusammengehalten, und jetzt nahm er es ab, schüttelte seine Locken aus und streifte das Band über sein Handgelenk. »Ich hab den Eindruck, Sie möchten gerne lernen, was sie weiß. Sie sollten es ihr sagen. Sie sollten ihr sagen, dass Sie gerne ihre Schülerin wären. Als meine Mutter starb, glaubte sie wohl, dass niemand mehr kommen würde, dem sie ihr Wissen vermitteln könnte. Dann kommen Sie des Wegs, ein bisschen hochnäsig, aber noch lernfähig. Ich könnte es, weiß Gott, niemals tun. Männer geben nicht die besten Zauberer ab.«

»Warum?«

»Ich vermute, wir sind langsame Lerner, Dr. Holloway. Und wenn wir's endlich kapiert haben, ist es Zeit zu sterben.« Er lachte. Der Wald roch wie nach einem schweren Regenguss, dabei hatte es mehrere Tage lang nicht geregnet. »Einmal habe ich einen Artikel über die Entdeckung des Aspirins gelesen. Vielleicht hat der Autor die ganze Geschichte erfunden. Die Aspirinpflanze, behauptete der Typ, sei in der Nähe eines Flussufers entdeckt worden. Eine Frau mit heftigen Kopfschmerzen lief umher und fing einfach an, die Pflanze zu essen, so verrückt hatten die Kopfschmerzen sie gemacht. Sie wusste nicht, dass die Pflanze eine Wirkung haben würde. Sie war einfach verrückt vor Schmerzen. Aber es half. Nur wenige Schritte von ihrer Haustür entfernt. Das hab ich meiner Großmutter erzählt, und sie sagte, das sollte all den Leuten eine Lehre sein, die um die ganze Welt reisen, nach Indien und Tibet, um Heilung ihrer Leiden zu finden. Singend und so weiter kommen sie zurück, aber die Heilung ist nie von Dauer.« Sie drangen tiefer in den Wald ein, und schon bald hörte Glynnis den nur wenige Meter entfernten Bach, ein besänftigendes Glucksen, vermutlich dasselbe wie vor Jahrzehnten, als er ein Junge war. »Um der Tochter zu helfen, ist die Familie des Bestattungsunternehmers überall hingereist, und jetzt sind sie bei meiner Mutter gelandet, in derselben Straße wie ihre Villa.« Glynnis fragte, ob die Tochter des Bestattungsunternehmers eines der Kinder auf den Fotos an Dr. Imogenes Wand sei. »Nein«, antwortete er, »aber das hätte sie auch nicht gerettet. Mein Vater hängt an der Wand. Gerettet hat es ihn nicht …« Er trat an einen Baum und berührte den Stamm. »Ich könnte schwören, dass ich hier Initialen eingeschnitzt habe.« Er ging um den Baum herum. »Sie sind nicht mehr da … Gott, wie habe ich dieses Mädchen geliebt, als wir jung waren.« Glynnis sah ihn an, und er wandte den Blick von ihr, denn dies war ein Gedanke, den er noch nie zuvor in Worte gefasst hatte. »Wir gehen jetzt am besten zurück, Dr. Holloway.«

An diesem Abend kamen die Eltern früh, um sie und die Wurzelheilerin zum Essen auszuführen, und während der Fahrt zum Restaurant und zurück sah sie vom Rücksitz aus, wie Alberta hin und wieder ihre Hand auf Mortons Oberschenkel legte und ihn tätschelte. Jesse hatte versprochen mitzukommen, war aber nicht aufgetaucht. Als Alberta ein Glas Wein getrunken hatte, beschloss sie, es sei der richtige Moment gekommen, um von ihrer ersten Begegnung mit Morton zu erzählen. Es war auf einer engen Straße in Durham, es war Morgen, und es war neblig, den ganzen Tag über.

Wenn die dritte Hexe Albertas Gesicht und Hals bedeckte, öffnete der erste Räuber die gläserne Sturmtür auf der Rückseite von Glynnis' Haus in der S Street und drehte den Knauf der Mahagonitür, die fast so viel wog wie ein kleiner Mann, und trotz des teuren Schlosses und der teuren Alarmanlage ging die Tür auf, als hätte jemand sie von innen entriegelt. Die Räuber traten einer nach dem anderen ein, ordentlich und ohne Hast. *Wir bringen sie alle beide um …* An diesem Punkt suchte sich Alberta mit vermehrter Anstrengung von den Hexen zu befreien, und stets begann sie damit, dass sie ihren linken großen Zeh bewegte. Die erste Hexe tat ihr Bestes, doch Albertas Beine waren ein zu weites Gelände, als dass sie es hätte sichern können. Der Zeh war wie ein Befehl, und wenn sie ihn bewegte, zuckte irgendwann ganz schwach ein Muskel in ihrer Wade, und wenn ihr Körper – von den Beinen über den Bauch bis hin zu einer Drehung des Kopfes – durch die Bewegung wieder zum Leben erwachte, fand sich allmählich Rettung. Nach einiger Zeit hob und senkte sich ihre Brust, und Alberta setzte sich auf, griff nach ihrer Kehle und horchte in die Stille eines Hauses, das wieder im Lot war: keine Geräusche fliehender Hexen oder Räuber. Doch die Stille flößte ihr nur noch mehr Angst ein, und Alberta, eine gütige und großzügige Frau, dazu geschaffen, eines Tages an Gottes Seite durch die himmlischen Gärten zu wandeln, fand hinreichend Luft, um zu schreien: dieselbe Art Schrei, wie sie ihn seit zwei Jahrzehnten ausgestoßen hatte, ob nun ihr Ehemann, Glynnis oder die Bibel bei ihr schliefen.

Am Abend des Essens mit ihren Eltern, das Bild von Alberta am Restauranttisch vor Augen, fragte Glynnis Dr. Imogene, ob sie ein paar Dinge von ihr lernen dürfe, in Washington D. C. gebe es mehr als nur ein paar Seelen, denen damit geholfen wäre. Die Wurzelheilerin nickte mehrere Male, sagte aber nichts, sondern beugte sich nur vor und streute gemischte zerstoßene Blätter in Glynnis' Tee, ein Drittel der Menge, die sie in ihre eigene Tasse getan hatte.

Dass Dr. Imogene nicht geantwortet hatte, kränkte Glynnis mehr, als sie zunächst wahrhaben wollte, und als sie am nächsten Morgen aufwachte, wusste sie trotz der Vorfälle in North Carolina, dass ihr Platz als Ärztin in Washington war, wo in zwanzig oder dreißig Jahren nur wenige ahnen würden, dass es jemals Wurzelheilerinnen gegeben hatte. Sie duschte sich, und als sie sich in ihrem winzigen Zimmer anzog, sah sie im hinteren Garten Jesse und die alte Frau. Die Wurzelheilerin ließ den Kopf hängen und schien zu zittern. Sollte North Carolina doch bleiben, wo es war. Sie könnte sich einen Wagen mieten und noch vor Einbruch der Dunkelheit in Washington sein. Jetzt legte Jesse die Arme um Dr. Imogene, die mit dem Rücken zu Glynnis stand.

Sie ging die Treppe hinab und trat auf die Veranda. Ihre Eltern planten, nach Florida zu reisen. Wenn die Hexen nicht mehr wiederkehrten, hätte die Reise sich gelohnt. Sie wusste nicht, was aus den Medikamenten von St. Elizabeth's geworden war. Während sie über die Tage in North Carolina nachdachte, gelangte sie zu der Überzeugung, dass die Vorgänge einem Zauber glichen, der zerfallen mochte, wenn sie sich nach den Medikamenten erkundigte. Gut, der Tod der Hexen war das Beste, was geschehen konnte. Sie hatte sich stets um ihre Eltern gekümmert und würde es auch weiterhin tun. Welches popelige Zeug aus einem kleinen Glas konnte denn schon ein gebrochenes Bein heilen?

Ein silberner Cadillac fuhr auf den Parkplatz der Kirche und hielt neben Jesses Auto an. Ein Mann in einem cremefarbenen Anzug stieg aus, trat ein paar Schritte zur Seite und betrachtete den Wagen lange. Wenn sein Gesicht auch sonst nichts verriet, so ließ es doch erkennen, wie stolz er auf das Automobil war. Der Mann überquerte die Straße und drehte sich bei jedem Schritt nach dem Wagen um. Als er das Tor öffnete und wieder schloss, nahm er seinen Hut ab und lächelte Glynnis an, wobei er sie von oben bis unten musterte.

»Einen guten Morgen, schöne Frau«, sagte er. Während er den Pfad heraufkam, ließ er ihren Körper nicht aus den Augen.

»Guten Morgen.«

Dr. Imogene und Jesse kamen auf die Veranda, und der Mann wünschte auch ihnen einen guten Morgen. »Dr. Imogene, wenn ich gewusst hätte, was für gut aussehende Gesellschaft Sie haben, wäre ich schon früher gekommen.« Er setzte seinen Hut wieder auf.

Dr. Imogene stellte ihm Glynnis als »Professor Doktor aus dem Staate Washington D. C.« vor. Sie fügte hinzu, Glynnis sei ihr seit langem eine gute Freundin, und zu Glynnis sagte sie, auf den Mann zeigend, dass George ein langjähriger Patient sei. Dieser nahm erneut seinen Hut ab und küsste Glynnis die Hand, die er dafür an sich heranziehen musste. »Dr. Imogene hat mich auf diese Welt gebracht«, sagte er und fuhr fort, er komme mit einem Problem »von höchster Dringlichkeit«.

»Dann lass uns in die Küche gehen, George.«

»Und lass uns deine glänzend aussehende Gesellschaft mitnehmen, zumal sie Professor Doktor ist. Ich liebe die Frauen, Dr. Imogene. Vor denen, die ich liebe, habe ich keine Geheimnisse, und es gibt nichts, was ich mehr liebe als Frauen. Ich liebe sie morgens, mittags, abends und nachts.«

Er ging voraus, bis die Wurzelheilerin die Fliegengittertür öffnete und sagte: »Wenn Holloway mitkommen möchte, kann sie das gerne tun.« Glynnis folgte George und sah einen Moment lang Jesse an, der ihr zulächelte und den Pfad hinunter durchs Tor ging.

In der Küche fuhr George damit fort, wie sehr er die Frauen liebe und alles, was mit ihnen zu tun habe. Dr. Imogene schien nichts Besseres zu tun zu haben, als ihm zuzuhören. Wo nur, fragte sich Glynnis amüsiert, war all die Geduld geblieben, als sie am ersten Tag für ihre Mutter geantwortet hatte? Schließlich drehte sich George auf seinem Stuhl am Tisch um und zwinkerte Glynnis zu, die etwas abseits saß. Seine beiden Vorderzähne waren aus Gold, und selbst im Zwielicht der Küche glänzten sie. »Allerdings muss ich gestehen, dass meine Potenz in letzter Zeit gelitten hat, und deshalb bin ich hier.« Er schaute wieder die Wurzelheilerin an, die ihm gegenüber am Tisch saß. »Was soll ein Mann, der die Frauen schätzt und verehrt, in einer solchen Situation tun? Ich frage Sie, was soll ein Mann tun?«

»Dr. Holloway, wenn ein Mann ständig von seiner Liebe zu den Frauen redet, dann redet er vom Vögeln«, sagte Jesse. Sie standen im Vordergarten. George war abgefahren und Dr. Imogene in den hinteren Garten gegangen. »Es ist eine traurige Wahrheit, aber dennoch eine Wahrheit.« Lange nach diesem Tag würde er sagen, er habe gespürt, dass sie seinen Bemerkungen nicht genügend Beachtung schenkte und die einzige Möglichkeit, ihre Aufmerksamkeit wiederzugewinnen, darin bestand, ein unflätiges Wort zu benutzen.

»Sie hören sich an, als wüssten Sie bestens Bescheid«, sagte Glynnis.

»Nur ein Sünder kann Ihnen von der Sünde erzählen, Dr. Holloway. Und wenn es sich ausgevögelt hat, dann wünscht sich so ein Mann, dass sich die Frau in einen Billardtisch verwandelt, an dessen Ende ein ernsthafter Gegner auf ihn wartet. Oder in einen See voll mit großen Fischen.«

»Was wird sie für ihn tun?« Beim Abschied hatte Dr. Imogene dem Mann lediglich versprochen, »die Angelegenheit zu studieren«.

»Keine Ahnung, jedenfalls nichts, womit er rechnet. Vielleicht eine Aura, damit selbst die dümmste Frau weiß, woran sie mit ihm ist. Es sei denn, sie möchte ein Fisch sein oder eine achte Kugel.« Er öffnete das Tor, trat hindurch und schloss es wieder. »Falls Sie sich wundern, warum sie nicht davon gesprochen hat, ihnen mehr über die Wurzelheilerei zu erzählen, so glaube ich, dass sie einfach überwältigt war, ziemlich erstaunt, dass jemandem wie Ihnen nicht gleichgültig ist, was in ihrem Kopf vorgeht.«

»Es ist mir nicht gleichgültig. Ich hatte das Gegenteil angenommen, aber es ist mir nicht gleichgültig. Ich hab schon gedacht, ich sei all dieser Gläser mit dem grünen Zeug nicht würdig.«

»Nehmen Sie sie bei der Hand und gehen Sie heute nach dem Abendessen mit ihr in den Wald hinaus. Sie werden feststellen, dass sie eine furchtbare Angst vor dem Tod hat. Nicht vor dem Sterben, sondern davor, mit all dem Wissen im Kopf zu sterben.« Er drehte sich um und schaute die Straße auf und ab, bevor er sie überquerte. »Ich habe sie so enttäuscht.« Er ging auf die andere Straßenseite.

»Vorgestern hatte ich ein kurzes Gespräch mit Dr. Imogene«, sagte Maddie zu Glynnis. Sie waren allein in Dr. Holloways Küche. »Ich soll Sie wärmstens grüßen.« Es war an einem Sonntagmorgen im Oktober, und Maddie war Glynnis' Einladung gefolgt, um darüber zu reden, was Maddie anfangen solle, nun da Alberta nicht mehr dasselbe Maß an Fürsorge benötigte. Glynnis' Eltern waren in der Kirche, wo sie den größten Teil des Tages verbringen würden. Die Ärztin hatte gedacht, dass Maddie vielleicht in ihrer Praxis im Erdgeschoss aushelfen könnte, besonders bei Patienten, die – da es sich nun einmal herumgesprochen hatte – zu ihr kamen, weil sie Hilfe aus kleinen Gläsern in Anspruch nehmen wollten, Hilfe von Pflanzen, die inzwischen im Hintergarten zu beiden Seiten des wunderschönen gewundenen Pfades wuchsen. Erst wenige Tage zuvor hatte sie sich mit Jesse unterhalten, da die Pflanzen, die am meisten Licht bekamen, sich seltsamerweise nicht so gut entwickelten wie diejenigen mit weniger Licht.

»Wie geht es ihr?«, fragte Glynnis. »Ich werde sie heute Abend anrufen. Wenn ich nicht mindestens zweimal in der Woche mit ihr spreche, habe ich das Gefühl, den Kontakt zu ihr zu verlieren.« Jesse hatte versprochen, nächste Woche nach Washington zu kommen. Das Problem, hatte er bezüglich der Pflanzen gesagt, könnte darin bestehen, dass sie in der Sonne von Washington einfach nicht gedeihen wollten, aber das lasse sich beheben.

»Es geht ihr gut«, sagte Maddie. »Wir haben eigentlich nicht von Ihnen geredet, Dr. Holloway, doch sobald ich den Hörer aufgelegt hatte, kam mir etwas in den Sinn. Es hat mit Alberta zu tun.«

»Ach ja?«, sagte Glynnis. Sie tranken Tee. Eine halbe Prise von Imogenes Blättern in Maddies Tasse. Zwei volle Prisen in Dr. Holloways. Ihr Haar sehe schön aus, sollte Jesse am Mittwoch sagen, als er weniger als dreißig Zentimeter hinter ihr stand. Und als sie sich zu ihm umdrehte, antwortete sie, in Cleopatra's Hair Emporium werde man gut behandelt. Er würde nicht Dr. Jesse heißen.

»Ja. Ich wollte Sie fragen, Dr. Holloway, ob Sie wissen, wie die Sache mit den Hexen und alledem bei ihrer Mutter eigentlich angefangen hat. War an einem bestimmten Tag irgendetwas Bestimmtes vorgefallen, woran Sie sich erinnern können? Stand Alberta irgendjemandem im Weg, ohne es zu wissen?«

»Nein. Ich kann mir nicht vorstellen, dass Mama irgendeiner Menschenseele etwas zuleide tun könnte. Sie kennen sie ja.«

»Ja, das schon. Ich kenne ihr Herz. Ich kenne meine Patientin gut«, sagte Maddie, nahm ihren ungesalzenen Kräcker, tunkte ihn in die Tasse und schob ihn in den Mund.

Glynnis erzählte Maddie, sie wisse, wo es begonnen habe, aber wenig mehr, und Maddie tunkte einen weiteren ungesalzenen

Kräcker in ihre Tasse. Dieser löste sich sofort auf, und sie musste ihn stückchenweise auslöffeln und essen. Beim letzten Bissen sah sie Glynnis an und sagte möglichst beiläufig, als sei ihr die Idee erst in diesem Moment gekommen: »Vielleicht fällt es Ihnen wieder ein, wenn wir hinfahren. Vorausgesetzt, Sie haben Zeit.« Mittlerweile hatte die Ärztin genug Erfahrung gesammelt, um jeden Vorschlag dieser Frau ernst zu nehmen. »Kein schlechter Tag da draußen.«

Lange bevor sie die 1st Street, N. E., erreicht hatten, stellte Glynnis fest, wie viel sich verändert hatte, wie viel verschwunden war, doch alles, worauf es den Weißen ankam, war erhalten geblieben. Die Gonzaga High School. Die Eisenbahnlinie. Hinter der 1st Street sah sie, dass viele der Häuser, die sie als Kind gekannt hatte, noch standen, und das verschaffte ihrem Herzen einige Erleichterung. Sie bog von der K Street in die 6th Street und fand eine Parklücke, und dann liefen sie und Maddie zur K Street hinunter und bogen nach Osten, zu dem Haus mit der Nummer 727, wo sie als Mädchen im zweiten Stock gewohnt hatte. Als sie an den Häusern vorbeigingen, erinnerte sie sich an einige noch aus ihrer Kindheit, obwohl viele renoviert und neu gestrichen worden waren. Sie hatte mehr weiße Gesichter erwartet, aber es gab nicht viele. An der Ecke der 7th Street und der K Street blickte Glynnis zurück, dann wieder nach vorn, und sie fragte sich, ob die Welt ihr kleiner vorkam, weil sie selbst jetzt größer war oder weil sie inzwischen mehr über die Welt wusste. Kurz bevor sie aus dem Nordwesten in den Nordosten überwechselten, hatte Maddie gesagt: »Mag sein, dass unsere liebe Alberta verzaubert wurde und die Hexen sie deshalb geritten haben. Wer kennt schon die Wahrheit, Dr. Holloway?«

Glynnis, Maddie war nur zwei Schritte hinter ihr, trat auf die 7th Street, und augenblicklich ertönte eine Autohupe. Als sie nach links blickte, sah sie ein Auto auf sich zukommen und war verwirrt und wusste nicht, was es zu bedeuten hatte, bis der Wagen knapp einen Meter vor ihr bremste. Sie sprang zurück, und Maddie fasste sie am Arm. Der Wagen rollte wieder an, und der Fahrer lehnte sich über den Beifahrersitz zu ihr hinüber und sagte durchs Seitenfenster: »Schwester, ich und Sie, wir sind beide froh, dass Sie noch einmal mit dem Leben davongekommen sind.« Glynnis, noch immer verwirrt, sagte leise: »Ich bin auf der K Street. Ich gehe auf der K Street, Mister.« Der Mann zwinkerte mit den Augen, schaute Maddie an, setzte sich wieder gerade hin und fuhr weiter.

Die Ärztin überquerte die 7th Street, und Maddie folgte ihr. Eine Frau kam auf sie zu, neben ihr ein Junge auf einem Fahrrad. Auf dem schwarzen Pullover der Frau standen in Rot und Grün die Worte: ES IST EINE SCHWARZE SACHE … Anders als die Kinder zu ihrer Zeit trug der Junge einen Helm. *Hoppe, hoppe, Reiter, wenn er fällt, dann schreit er* … Die Frau mit dem Jungen sagte »Guten Tag«, und Maddie nickte, aber Glynnis verstand die Worte nur halb und brachte lediglich ein Lächeln zuwege. Sie lächelte, denn obwohl sie den Gruß der Frau nicht ganz verstanden hatte, wollte sie nicht, dass die Frau glaubte, ihre Eltern hätten ihr kein Benehmen beigebracht. Die Frau und der Junge gingen an ihnen vorbei, und Glynnis drehte sich um und sah ihnen nach. Auf der Rückseite des Pullovers der Frau standen in Rot und Grün die Worte VON DER IHR NICHTS VERSTEHT. An der Ecke der 7th Street blieben die beiden stehen, und die Frau beugte sich zu dem Jungen und legte ihm die Hand auf die ihr abgewandte Schulter.

Als die Ärztin sich wieder umdrehte, stellte sie fest, dass sie vor dem Haus mit der Nummer 727 stand. Sie schaute zum zweiten Stock hinauf und sah ihre Mutter zwischen den geöffneten blauen Vorhängen stehen und ihr eine Kusshand zuwerfen. Alberta war gesund, das wusste Glynnis, denn als sie die K Street hinunterblickte, sah sie sich selbst im Alter von elf Jahren, wie sie Hand in Hand mit ihrem Vater zur 8th Street ging. In der Woche, in der sie noch zehn war, hatte ihr Vater ihr für Samstag einen Einkaufsbummel, einen Film im Atlas-Kino und eine Räucherwurst von Mile Long versprochen. Sie würden die H Street, eine betriebsame Geschäftsstraße, auf und ab bummeln, nur er und sie, und er würde nicht zur Arbeit müssen. Sie schaute wieder zu Alberta hinauf, die ihr eine weitere Kusshand zuwarf. Sie blickte wieder die K Street hinunter und sah einige Schritte hinter sich Maddie, die Hände hinter dem Rücken. Ihre Miene wusste Glynnis nicht zu deuten.

Und als sie sich umdrehte, sah sie eine Frau um die Ecke der 8th und der K Street biegen. Morton nahm seinen Hut ab, wie er es bei allen Frauen tat, und begann sich mit ihr zu unterhalten. Hätte Glynnis die Hand ihres Vaters losgelassen und wäre zur Ecke vorgegangen, sie hätte in Richtung H Street schauen und das bunte samstägliche Treiben in der H Street sehen können. Die glücklichen Kinder. Das Atlas-Kino, auf dessen Vordach in großen Lettern angekündigt wurde, welch außergewöhnlicher Film die Kinder nur wenige Schritte hinter dem Kartenschalter erwartete. Und die endlos vielen Süßigkeiten, die die Zähne eines kleinen Mädchens an jedem anderen Wochentag verfaulen ließen, jedoch nicht an einem ganz besonderen Samstag.

Die Frau, mit der Morton sich unterhielt, hatte fünf Kinder und einen Mann, der an einer Krankheit zugrunde ging, die seine Lungen bis auf die Größe einer Kinderfaust zusammendrückte. Fünfzehn Jahre später würde man dafür ein Heilverfahren finden. Alberta und Morton hatten der Familie Geld und Lebensmittel geschenkt, weil es der Familie in der Vergangenheit finanziell gut gegangen war und weil Alberta und Morton wussten, dass dasselbe Schicksal eines Tages auch sie selbst treffen konnte. »Besuchen Sie Alberta doch«, sagte Morton zu der Frau, »und vergessen Sie Ihre Sorgen eine Weile. Etwas Kaffee, etwas Gebäck, das ist genau die richtige Medizin an einem schönen Samstagmorgen.« Die Frau erwiderte, sie sei schon auf dem Weg, um sich bei Alberta für den Schinken zu bedanken. »Wir werden tagelang davon essen.« Und unten in der H Street lag Mortons Kaufhaus, von dem Glynnis und Morton immer zum Spaß behaupteten, dass es ihm gehöre, das aber musste geheim gehalten werden, weil sonst alle Welt bei ihm anklopfen und kostenlose Kleidung verlangen würde. Glynnis, das Mädchen, glaubte, das fröhliche Treiben in der H Street zu hören, konnte die Räucherwürste und die Hotdogs riechen, konnte ein Mädchen sehen, das unverdientermaßen ein Kleid bekam, das ihr selbst doch perfekt gestanden hätte.

Doch Morton und die Frau unterhielten sich immer weiter, stundenlang, wie es ihr vorkam, und kein Wort davon war so wichtig wie die H Street, und die Leute liefen zu beiden Seiten an ihnen vorbei, zweifellos wollten sie über die I Street zur H Street, wo sich alles Wunderbare ereignete. Die Sonne stieg höher, und alle kostbare Zeit der Welt zog an dem Mädchen vorüber, dem beschieden war, Ärztin zu werden. Schließlich, als die Freuden endgültig davonzusegeln drohten, fing Glynnis an zu zappeln und sagte zu der Frau: »Du bist so schwarz und dick und hässlich, ich weiß gar nicht, wieso mein Daddy überhaupt mir dir redet«, und zerrte ungeduldig an der Hand ihres Vaters. »Ich wünschte, deine schwarze Seele wäre tot.« Die Frau, bis auf die Knochen gekränkt, konnte nur ein fast lautloses »Was?« hervorstammeln. Sie fiel einen halben Schritt zurück. »Ich will niemandem zu nahe treten«, sagte die Frau zu Morton, als teile dieser die Gedanken seiner Tochter in ihrem hübschen Kleid und ihren hübschen Schuhen.

Die Frau ging den Weg zurück, den sie gekommen war. »Millie, nun warte doch«, rief Morton, aber die Frau war im Nu verschwunden. Morton riss an Glynnis' Hand, während die Leute die K Street auf und ab gingen. »Kind«, sagte er, »was ist nur in dich gefahren? Hast du deinen Verstand und deine Liebe verloren?« Hatte etwa eine Wurzelheilerin, beim Einkauf von Eiern und Milch, beim Rendezvous mit ihrem Freund oder beim Kaffee mit einer Verwandten, Glynnis gehört und sich entschlossen, Millie zu Hilfe zu eilen? Dem unartigen Kind werden wir eine Lektion erteilen!

Glynnis sah, wie Morton und das Kind, das sie gewesen war, zur Nummer 727 zurückkehrten. Er zitterte bei jedem Schritt und rief nach Alberta, die eine dunklere Haut hatte als Millie. Der Tag – und viele Tage danach – war für Glynnis gestorben. Die ganze Woche über hatte sie vor Freundinnen damit geprahlt, was für einen schönen Tag sie mit ihrem Vater verbringen würde, was sie nicht alles bekommen würde. Kaum zwei Monate später begannen die Hexen Alberta zu reiten.

Jetzt ging Dr. Holloway, Maddie noch immer mehrere Schritte hinter ihr, zur 8th Street und schaute die Straße hinab, sah und hörte aber nichts Besonderes. War Millie zu einer Wurzelheilerin gegangen und hatte sie darum gebeten, Alberta zu beseitigen, damit Morton frei wäre, um mit ihr zu leben? Aber das war nicht die Millie, an die sie sich erinnern konnte. Nein, vielleicht hatte es mit ihr selbst begonnen, mit der künftigen Ärztin, die der armen Frau den Tod gewünscht hatte. Mit Glynnis' Worten, aufgeschnappt von einer Wurzelheilerin, sei sie bös- oder gutwillig, die zufällig vorbeischlenderte, einer fehlgeleiteten Frau aus derselben Schule, die auch die Heilerin in North Carolina besucht hatte, die nachts vor Fenstern horchte. Maddie holte Glynnis ein und rief sie bei ihrem vollen Namen, ohne Doktortitel, und Glynnis hörte sie. Ja, vielleicht eine Wurzelheilerin, die Glynnis an jenem Samstagmorgen gehört und Millies Schmerz gesehen hatte und die entschlossen war, die Welt in Ordnung zu bringen. Eine Wurzelheilerin, die die Fakten und die Vorgeschichte des Falles nicht kannte oder sich dafür nicht interessierte, die aber dennoch beschloss, der einsamen, von einem Kind beschimpften Frau – wie unschuldig, wie brav und folgsam es auch an allen anderen Tagen des Jahres sein mochte – unaufgefordert einen Wunsch zu erfüllen, ja aufzuzwingen. Die ihr zu mitternächtlicher Hexenstunde den Wunsch gewährt hatte, mit einem Gebräu aus Hokuspokus, Haaren und Fingernägeln einer unschuldigen Mutter und Gott weiß was für zusammengescharrtem Kehricht. Die diesen Wunsch gewährt hatte und nie wieder zurückgekehrt war, um den Fall zu überprüfen und den Bannfluch zu lösen.

Eine eheähnliche Gemeinschaft

Die siebenjährige Amy Witherspoon, einziges Kind von Idabelle und Matthew Witherspoon, kannte die hübsche Miss Georgia sehr gut, die hübsche Miss Georgia mit all ihren kostbaren Kleidern und kostbaren Schuhen, doch von dem Mann, der Miss Georgia im Juli 1955 die Treppe hinunterstieß, wusste das Mädchen nicht viel. Bevor sie an jenem Samstagnachmittag von der kleinen Veranda aufsah, die zur Treppe von Georgias Wohnung hinaufführte, hatte Amy dem Mann nie viel Beachtung geschenkt. Als sie mit Ethel Brown »Jacks« spielte, sie war schon bei vier Metallsternchen auf einmal angelangt, sah sie den Mann auf Miss Georgias Treppenabsatz stehen, die Fäuste geballt, das Gesicht voller Tücke.

Wie der Zufall es wollte, war der Mann, der Miss Georgia die Treppe hinunterstieß, der hübschen Frau erst zwei Wochen früher vorgestellt worden, und zwar von Amys Vater im Biergarten What Ailing Ya an der Südwestecke 5th Street / M Street, N. W. Georgia Evans war das dritte Kind ihrer Eltern, und bis zum Verlassen ihres Elternhauses hatte sie keinen anderen Himmel gesehen als den Himmel über Scottsboro, Alabama. Georgia war dreimal verheiratet gewesen, aber ihre Mama und ihr Daddy hatten den dritten Ehemann nie leibhaftig zu Gesicht bekommen, weil er nicht lange nach den Flitterwochen im Jahre 1953 von einem Blinden erschossen worden war, der behauptete, auf einen anderen gezielt zu haben. Die Eltern besaßen ein Foto von diesem dritten Ehemann, wie er den Arm um Georgia legte, aufgenommen am Tag vor seinem Tod; es steckte im Rahmen des Spiegels über einem Foto ihres jüngsten Kindes in Talar und mit Doktorhut bei der High-School-Abschlussfeier.

Die Straßenecken 5th Street/M Street hatte Georgia immer als Glücksbringer angesehen. Eines Nachts während eines heftigen Regengusses hatte sie vor dem Spirituosengeschäft an der Nordostecke einen Diamantring auf dem Gehsteig gefunden, und an der Südwestecke war sie, als sie gerade aus Goldbergs Lebensmittelgeschäft im Kellergeschoss trat, ihrem zweiten Mann begegnet. »Ma'am, können Sie mir vielleicht sagen, wo die Ridge Street ist?«, fragte der Mann, der ihr zweiter Ehemann werden sollte, bekleidet mit einem Anzug aus blauer Kunstseide. »Aber gewiss. Ich wohne in der Ridge Street. Kommen Sie hier entlang.« Er war ein guter Ehemann und brachte ihr viele Jahre seinen Lohnscheck nach Hause, allerdings hatte er ständig Heimweh nach Mississippi, und das machte ihrer Liebe den Garaus; jedenfalls behaupteten das die Kinder in der Ridge Street, die es aus zweiter Hand wussten, indem sie den Gesprächen der Erwachsenen lauschten.

»Georgia, das ist mein Freund Kenyon«, sagte Amy Witherspoons Vater Matthew an dem Abend, als er sie dem Mann vorstellte, der sie die Treppe hinunterstoßen und sie auffordern würde, sich aufzurappeln und wieder hochzukommen, um noch mehr Prügel zu beziehen. Es war ein Donnerstag, und das What Ailing Ya war nicht sehr gut besucht. Georgia war eine von drei Frauen im Biergarten, die einzige, die ungebunden war, und mehr als eine halbe Stunde lang hatte sie in einer Ecknische kaum einen Meter von der Jukebox entfernt Bier getrunken und darüber nachgedacht, auf welche Zahlen sie morgen setzen sollte. Ihre Lieblingszahl, 459, war an diesem Tag in der Reihenfolge 549 herausgekommen, und sie ärgerte sich, dass sie nicht auf Kombination gesetzt und dadurch 200 Dollar verloren hatte. Sie hatte vorgehabt, gleich nach ihrer ganztägigen Arbeit als Zimmermädchen in dem Hotel an der Ecke 14th Street/Pennsylvania Avenue nach Hause zu gehen, doch eine innere Stimme hatte ihr geraten, ein Bier in derselben Nische zu trinken, wo sie ihren letzten Freund kennengelernt und zwei Monate später aufgefordert hatte, erst sie, dann den Teufel am Arsch zu lecken. An dem Abend, als sie Kenyon begegnete, war sie nicht unbedingt darauf aus, einen Mann aufzugabeln.

»Freut mich, Georgia. Das ist ein hübscher Name«, sagte Kenyon. Dann seine erste Lüge: »Georgia ist mein Lieblingsstaat.« In Wahrheit hasste er den Bundesstaat Georgia, weil dort sein Onkel hingerichtet worden war, ein Mann ohne Arme, unschuldig wie Jesus Christus. Kenyon war recht hochgewachsen, je nachdem, wie gebückt er ging, und hellhäutig wie Sweet Daddy Grace, in dessen Kirche an der Ecke 6th Street / M Street Georgia mitunter ging. In diese Kirche ging sie nur deswegen, weil sie Sweet Daddys lange Fingernägel bewunderte. Kenyon war Chauffeur von Beruf und trug seinen dunkelgrauen Chauffeursanzug. »Und noch was«, würde Georgia an jenem Samstagnachmittag sagen, nachdem er ihr drei Ohrfeigen verpasst hatte und bevor er sie die Treppe hinunterstieß, »warum besorgst du dir nicht einen andern Anzug? Ich hab's gründlich satt, dich dauernd in dem hier rumlatschen zu sehen.«

»Danke, Kenyon«, sagte Georgia, nachdem er ihr gesagt hatte, sie habe einen hübschen Namen. Sie nahm einen großen Schluck von ihrem Bier, denn sie wusste, dass bald ein zweites vor ihr stehen würde. »Vielen Dank. So hieß die Mama meiner Mama. Kenyon ist auch ein schöner Name. Und Sie haben einen schönen Anzug an.«

»Oh, das ist nur meine Arbeitskleidung.«

»Ach ja? Als was arbeiten Sie denn, Kenyon?«

»Nun«, sagte Matthew. »Ich sehe, du bist in guten Händen, Georgia, dann lass ich euch jetzt mal allein, damit ihr euch besser kennenlernen könnt.«

»In guten Händen?«, fragte Georgia. Ihr stand ein zweites Bier bevor, und das war stets der Zeitpunkt, wenn sich alles in der Welt so ausnahm wie am Morgen des Weihnachtstags, nachdem das zweite von zehn Geschenken ausgewickelt war. »Manchmal braucht ein Mädchen mehr als nur gute Hände. Sie braucht fähige Hände.«

Kenyon lachte, und Sekunden später hinkte Matthew mit seinem eigenen Gelächter hinterher. Matthew, Vater des Kindes Amy, war drei Tage nüchtern gewesen, und seinem kleinen Mädchen zuliebe bemühte er sich, nüchtern zu bleiben. Und wenn er nüchtern war, brauchte er stets ein klein wenig länger, um etwas zu verarbeiten – behaupteten jedenfalls alle seine Freunde. Im Grunde lag es nur daran, dass die Welt nicht sehr lustig war, wenn er nicht getrunken hatte. Matthew hielt sich im Biergarten auf, weil er sich dachte, wenn Jesus der Versuchung in der Wüste widerstehen konnte, wohin der Teufel ihn verfolgt hatte, dann könne er, der demütige Matthew, ja wohl noch der Versuchung in einer Bar ins Auge sehen. Doch in zweitausend Jahren war der Teufel gerissener geworden, und diesmal traf er auf geringeren Widerstand.

»Ich hab die besten Hände. Fähige Hände«, sagte Kenyon, und Matthew gab ihm einen Klaps auf den Rücken und ging wieder zurück zu seiner Pepsi-Cola auf der Theke. An diesem Abend trank Matthew nichts Stärkeres, doch am folgenden Abend setzte der Teufel sich neben ihn. Der Teufel, in grauem Anzug, brauchte nur acht Minuten, und es dauerte nicht lange, bis Amys Vater sein Glas mit Rum und Soda erhob und einer applaudierenden Bar vorsang:

Pepsi-Cola hits the spot
12 ounces that's a lot
Twice as much for a nickel, too,
Pepsi-Cola is the drink for you.

»Darf ich mich zu Ihnen setzen?«, fragte Kenyon und war schon dabei, sich zu setzen, ehe sie antworten konnte.

»Es ist ein freies Land«, sagte Georgia.

»Überall außer in Ihrer Nähe. Darf ich Ihnen ein Bier spendieren?«

»Nur zu«, antwortete Georgia. »Aber warum warten Sie nicht, bis ich das hier ausgetrunken habe?«

Er sah nach, wie viel noch in ihrem Glas war, und sagte: »Dann haben Sie also nicht vor, mich schon bald von Ihrem Tisch zu verjagen?«

»Weiß nicht. Kommt drauf an, wie sehr Sie mir auf die Nerven gehen. Vielleicht verjage ich Sie, aber Ihr Bier kann bleiben.« Er musste lachen, und sie lachte mit. Die Frau, mit der Kenyon Morrison zuletzt zusammen gewesen war, befand sich zu demselben Zeitpunkt in ihrem Elternhaus in der East Capitol Street, N.E., und genas von einem gebrochenen Kieferknochen und einer Augapfelprellung. Die Schmerzmittel, die die Leute im D. C. General ihr verschrieben hatten, verursachten ihr Albträume, und dann wachte sie auf und schrie, dass sie sich vor Jesus verstecken müsse. Als sie das letzte Mal misshandelt worden war, als ihre Kinnlade hin und her schaukelte wie ein klappriger Straßenbahnwagen und ihr Auge zu Mus zu werden drohte, musste sie mit ihren Kindern zu ihren Eltern ziehen, weil sie sich nicht länger selbst um sie kümmern konnte. »Ich liebe dich, Kenyon«, sagte sie auf dem Weg zum D. C. General besinnungslos vor Schmerzen zu dem Sanitäter. »Ich liebe dich.« Die Frau und ihre Albträume brachten eine nervöse Unruhe in das Haus ihrer Kindheit, ihre kleine Tochter und ihr kleiner Sohn versäumten das Leben, und ihre Eltern, die noch nie die Hand gegeneinander erhoben hatten, dachten schon, dies sei ihr Los für den Rest ihrer Tage – sich um eine Tochter kümmern zu müssen, die früher einmal gesund und kräftig gewesen war und zu den schönsten Hoffnungen berechtigt hatte und die jetzt in dem hellblauen Zimmer, in dem sie als Mädchen glücklich gewesen war, verrückt wurde.

»Ach, also so sieht's aus?«, sagte Kenyon. »Mein Bier lieben, aber nicht mich?«

»Das hab ich nicht gesagt«, erwiderte Georgia und nahm einen großen Schluck von dem Bier, welches das letzte sein würde, für das sie an diesem Abend selbst aufkommen musste. »Das hab ich ganz und gar nicht gesagt. Drehen Sie mir nicht die Worte im Mund herum.«

»Tut mir leid. Das wollte ich nicht. Mich hat nur die Vorstellung traurig gemacht, dass Sie mich verjagen, das ist alles.«

»Och, wie süß. Ich bitte um Verzeihung. In Ordnung? Geht's Ihnen jetzt besser? Tut mir leid.«

»Ich weiß nicht, ob ich bereit bin, Ihre Entschuldigung jetzt schon zu akzeptieren. Wir werden sehen. Warten wir's ab.« Er war ein sehr gut aussehender Mann und hatte so schöne Zähne, dass Frauen sie zu Anfang oft für ein künstliches Gebiss hielten. Aber wenn er mit ihnen klapperte, wusste die Frau sofort, dass sie echt waren. Georgia hielt sich etwas darauf zugute, dass sie bei einem Mann nicht nach dem Aussehen ging, aber das stimmte nicht, und alle ihre Freundinnen – von Martha Smith über Frieda Carson zu Cornelia Walsh – hätten das Gegenteil gesagt.

Achtzehn Tage nach ihrer ersten Begegnung zog Kenyon bei Georgia in der Nr. 459 Ridge Street, N. W., ein. »Ich weiß, es kommt ziemlich plötzlich«, sagte Georgia zu Cornelia Walsh. Das war an dem Sonntag, bevor er einzog. Cornelia und ihre Tochter Lydia waren zu Besuch gekommen. Lydia saß in dem großen Polstersessel am Fenster und spielte mit ihrer Sprechpuppe Cathy. Den Erwachsenen hörte sie nur mit halbem Ohr zu. »Mein Name ist Lydia, und ich wohne in Washington«, sang das Mädchen und ließ die Puppe auf den Knien auf und nieder hopsen. »Lydia ist mein Name, und Washington ist meine Stadt.«

»Nimm dich jedenfalls in Acht«, sagte Cornelia, eine gottesfürchtige Frau, deren einziger Traum darin bestand, vor ihrem Tod das Heilige Land zu sehen. Ihre Tochter hatte ihr versprochen, Ärztin zu werden und genug Geld zu verdienen, um sie dort hinzubringen.

Fast im gleichen Moment klopfte Kenyon an die Tür, und Georgia erhob sich von der Couch, um ihn einzulassen. Schon am nächsten Tag, noch vor der Abenddämmerung, würde er seinen eigenen Schlüssel bekommen. Er trat ein, und Georgia stellte ihn Cornelia und ihrer Tochter Lydia vor. Er schüttelte Cornelia die Hand und sagte ihr, er habe gehört, was für eine patente Frau sie sei, dann kniff er Lydia in die Wange und sagte ihr, eines Tages werde sie genauso hübsch sein wie ihre Mutter. Falls sie jeden Tag ihre Milch trinke, noch früher, fügte er hinzu. »Wie heißt denn die Puppe?«, fragte er, noch immer über das Mädchen und seine Puppe gebeugt. Ehe sie antworten konnte, richtete er sich auf und sagte zu Georgia, er wolle zur Doppelvorstellung im Gem nicht zu spät kommen, sie solle sich lieber fertig machen und ihren Gästen sagen, sie werde sie ein andermal wiedersehen. Georgia setzte zu einer Antwort an, aber dann fand sie es nicht der Mühe wert, zumal er sich fein angezogen hatte, um sie ins Kino auszuführen.

Unten, auf der Straße, sagte das Kind Amy Witherspoon Hallo zu Georgia, Cornelia und Lydia, und alle mussten Hallo zu ihr und ihren beiden kleinen Freunden Carlos Newman und Ethel Brown sagen. Georgia fragte Ethel nach dem Befinden ihrer Mutter, denn ihre Mutter war seit der Geburt ihres zweiten Kindes geschwächt, und Ethel antwortete, es gehe ihr schon besser, und der Säugling werde am Samstag getauft, nein, vielleicht nicht am Samstag, sondern am Sonntag, falls ihre Großmutter rechtzeitig aus Philadelphia eintraf, was in Pennsylvania liegt, Miss Georgia, wissen Sie. Und Georgia sagte, das freue sie zu hören. Kenyon stand etwas abseits von den anderen, sein Juicy-Fruit-Kaugummi hatte an Süße verloren, und er brauchte unbedingt einen neuen Streifen. Dann hörten die beiden Frauen zu, wie die beiden Mädchen sich über ihre Puppen unterhielten, und Amy sagte, sie habe ihre Puppe zu Hause gelassen, damit sie sich von dem großen Prinzessinnenball ausruhen könne, der gestern Abend gegeben worden sei, und die beiden Frauen warfen einander Ist-das-nicht-niedlich-Blicke zu. Der Junge, Carlos, machte mit seinem Bazooka-Ballonkaugummi, der noch voller Süße war, drei Blasen und ließ sie zerplatzen. Beim dritten Knall fasste Kenyon Georgia an der Schulter und sagte laut, er wolle die gottverdammte Doppelvorstellung im gottverdammten Gem Theater nicht verpassen. Ethel machte: Pfui, du hast ein schlimmes Wort gesagt, und Kenyon lief los in Richtung 5th Street.

»Ich mach mich jetzt besser auf den Weg«, sagte Georgia zu allen, besonders aber zu Cornelia, die seit fünfzehn Jahren ihre Freundin war.

»Bis dann«, sagte Cornelia, und Georgia lief hinter Kenyon her, der nur noch ein paar Schritte von der 5th Street entfernt war. Im Gem lief irgendein Film mit Robert Taylor, und er mochte Taylor, sogar mehr noch als John Garfield.

»Ich richte Mama Grüße von dir aus«, rief Ethel Georgia nach. »Wir warten noch auf meine Grandma aus Philadelphia, unten in Pennyslvania …« Vor ihrer Heirat war Ethels Mutter eine Crenshaw gewesen, und überall in der Nachbarschaft hieß es, wenn man eine Crenshaw heirate, habe man eine geeignete Partnerin fürs Leben, treu wie Gold und alles, was man sich von einer guten Ehefrau wünsche. Das könne man getrost zur Bank tragen, und die würden nicht mit der Wimper zucken, wenn sie einem eine Million Dollar Kredit darauf gäben.

Die vier, die Frau, der Junge und die beiden Mädchen, sahen, wie Georgia Kenyon einholte, ihre Handtasche in die rechte Hand nahm und sich mit dem linken Arm bei ihm einhakte. Er hielt etwas Abstand vom Bordstein, sodass sie nicht genügend Platz hatte, um zwischen ihm und den Häusern zur Rechten zu gehen, und so musste sie ihn immer wieder mit der Hüfte zum Bordstein hin stoßen, denn die Anstandsregeln verlangten, dass die Frau dicht an der Häuserseite ging und der Mann außen, damit er sie vor allen Gefahren schützte, die von der Straße und von der Gosse drohten. Kenyon widersetzte sich, denn noch während sie gingen, sah er innerlich Robert Taylor auf der Leinwand im Gem vor sich, der Dinge sagte und tat, die sein Herz flattern ließen und seinem Hirn die Sätze einflößten: Ja, so ist's recht, Bobby. Zeig's ihnen.

Von der anderen Seite der Ridge Street näherte sich Judy Hathaway, sie begrüßte Cornelia mit einem Guten Tag und meinte, was für ein schöner Sonntag es sei. Judy war siebenundsechzig, und wenn jemand in der Nachbarschaft auf eine Zahl setzen wollte, ging er zu ihr. Sie war Mutter von vier Kindern, die aber alle schon in ihren Dreißigern gestorben waren, jedes Jahr ein Kind, vier Jahre am Stück – Brustkrebs, Herzinfarkt, ein fragwürdiger Unfall in der Marine, eine selbst zugefügte Wunde an der Schläfe. Judy wisse, was es heiße, ein Kind zu verlieren, hatte Amys Mutter einmal gesagt. »Ich könnte keine bessere Patentante finden, die auf mein Kind aufpasst.«

»Wo gehen Sie hin?«, fragte Cornelia sie.

»Nur zum Laden um die Ecke. Hab Lust auf 'nen Schmortopf heut Abend.«

»Hört sich gut an«, sagte Cornelia. »Dann weiß ich ja, wo ich heut Abend essen werde.« Die meisten Farbigen in der Ridge Street aßen sonntags Huhn, aber Judy war nicht die meisten Farbigen.

»Darf ich auch kommen, Grandma?«, fragte das Mädchen Ethel. Sie waren nicht blutsverwandt, aber fast jedes Kind in der Ridge Street, das sprechen konnte, nannte Judy Grandma. Carlos Newman war einer der wenigen, die es nicht taten. Der Junge hatte bereits zwei Großmütter, und er kannte sie gut und liebte sie sehr. Außerdem war er neu in der Ridge Street und musste sich erst einmal zurechtfinden. Wie Amy und Ethel war er sieben Jahre alt.

Judy lachte Ethel an und riss sie in ihre Arme. »Scht. Ich koch genug für alle.« Und sie küsste das Kind nicht nur ein Mal, sondern gleich drei Mal auf die Wange. Mit vierundzwanzig Jahren hatte Judy ihren ersten Ehemann umgebracht, tief in dem Wald, in dem sie wohnten, dann war sie aus Arkansas geflüchtet und hatte jedem, dem sie begegnete, weisgemacht, sie sei ein Kind Louisianas. Die einzigen Zeugen des Mordes an ihrem Mann waren die Tiere, die sie gehalten hatten – die Hühner, die ihr Mann immer mit seinem Schuh beworfen hatte. Der braune Hund, der gewinselt hatte, als er sein totes Herrchen in der Küche sah; derselbe Hund, der den Schuh immer apportiert hatte. Der weiße Hund, der Judy gefolgt war, als sie den Toten zur Hintertür hinaus und um den Brunnen herum in den Garten geschleift hatte. Damals hatte sie weniger Muskeln als siebzehn Jahre später, als sie in Washington eintraf, und so hätte sie einen weiteren halben Tag gebraucht, um den Toten um den Garten herum zu schleppen. Stattdessen zerrte sie ihren toten Ehemann, um Zeit zu sparen, mitten durch den Garten, eine ungleichmäßige Spur durch das Beet mit makellosem, reifem Gemüse, dann den viel begangenen Pfad entlang zu der Stelle hinter dem Abtritt. Der braune Hund blieb zu Hause. Der weiße Hund folgte ihr nicht durch den Garten, da sein Herrchen ihn mit Stöcken und Steinen dazu abgerichtet hatte, sich dem Garten auf keinen Fall zu nähern, und so nahm er den langen Weg zur Grabstelle auf sich. Nachbarn hatten sie fast keine. Als es Zeit war, aufzubrechen – nachdem die Erde sich gesenkt hatte, sodass niemand, der es sah, auf die Idee gekommen wäre, dass dort ein Leichnam begraben sein könnte –, folgte der weiße Hund ihr bereitwillig, doch der braune rührte sich trotz all ihrer Bitten nicht vom Fleck. »Hier gibt's nichts mehr für dich. Komm mit.« Doch das braune Geschöpf wusste bereits, was der weiße Hund erst jenseits von Arkansas lernen sollte – dass es einem das Herz brechen kann, einen angestammten Ort zu verlassen, selbst wenn man mit einem geliebten Menschen reist.

»Nun«, sagte Cornelia zu Judy, »ich und Lydia können ja mitkommen zum Laden, wir wollen sowieso in die Richtung.«

»Darf ich auch kommen, Grandma?«, fragte Amy, und Judy wiederholte, was sie zu Ethel gesagt hatte.

»Dann gebt zu Hause Bescheid, wo ihr seid.« Die beiden Mädchen rannten nach Hause, um Bescheid zu geben.

Carlos sah Amy nach, dann schaute er auf zu Judy, die zu ihm sagte: »Du darfst auch kommen, wenn deine Mama es erlaubt.« Sie kannte ihn noch nicht sehr gut, doch das sollte sich ändern.

Carlos nickte und rannte ebenfalls nach Hause, über die Ridge Street. Er machte sich nichts aus dem Laden, aus Miss Judy und aus Mätzchen an einem strahlenden Sonntag, aber er war in Amy Witherspoon verliebt und hielt es kaum aus, nicht in ihrer Nähe zu sein. Amy wusste, dass er sie gern hatte, sagte den Leuten aber immer, wenn sie erwachsen sei, werde sie ihren Daddy heiraten. »Ich kann dich nicht heiraten«, sagte sie Carlos, »es sei denn, mein Daddy stirbt, und ich bin eine arme Witwe.« Daddy, das war Matthew Witherspoon, der, nachdem sich der Teufel im What Ailing Ya zu ihm gesetzt hatte, wieder dem Alkohol verfallen war. Carlos wusste, dass die Heirat mit ihrem Vater nie zustande kommen würde, und war der Überzeugung, dass sie, wenn er nur lange genug ausharrte, seine Braut würde. In drei Monaten wäre er acht Jahre alt. Sein Herz würde nicht mehr sehr lange in der Ridge Street schlagen, doch solange es dort schlug, würde es für Amy schlagen.

»Ich wünschte, ich könnt ein schönes Blattgemüse finden«, sagte Cornelia. »Blattgemüse schmeckt mir seit langem am besten.«

»Mir auch«, sagte Judy. »Ich mein's ernst, was ich über das Abendessen gesagt hab. Vinnie isst wie ein Vögelchen, und dann hab ich immer Reste übrig. Reste Reste Reste. Manchmal denk ich, ich komm noch um vor lauter Resten.«

Lydia, die ihre Puppe vor sich hielt, hopste an drei Häusern vorbei den geziegelten Gehsteig hinunter, machte kehrt und hüpfte über einen unsichtbaren Hickelkasten wieder zurück. Dazu sang sie:

Yo mama and my mama was out back, hangin up clothes
My mama socked yo mama in her big old fat nose.

Zwei Wochen später, an einem Samstagmorgen Anfang Juli, wachte Carlos in seinem Bett in der Nr. 450 Ridge Street auf, hob die Hand und fuhr mit dem Zeigefinger die Risse in der Zimmerdecke entlang. Es würde ein langer Vormittag werden, denn Amy hatte ihm gesagt, dass sie bei der Mutter ihres Vaters übernachten würde und erst gegen Mittag zurückkäme. Er hatte drei gute Freunde in der Ridge Street gefunden, aber manchmal sagten sie unanständige Sachen über Mädchen, über Mösen und so, und er machte sich Sorgen, dass sie eines Tages auch über Amy etwas Schlechtes sagen könnten, und dann müsste er sich mit ihnen prügeln und sich seiner Fäuste bedienen, wie sein Vater es ihm beigebracht hatte. Vielleicht aber auch nicht; schließlich hatten die drei ja Schwestern, und sie würden ihre eigenen Schwestern doch nicht in denselben garstigen Sack stecken wie all die anderen Mädchen.

Er krümmte den Zeigefinger und schoss auf den Riss, der ein Räuber war. »Dienstmarke 714 hat dich wieder erwischt«, sagte er. Er wälzte sich herum und spielte mit dem Gedanken fernzusehen. Es gab einen Fernseher, aber sein Vater hielt nicht viel davon und hatte ihn nur angeschafft, um seine Frau, Carlos und Carlos' älteren Bruder zufriedenzustellen. Sein Vater hatte den Fernseher auf Raten gekauft, dabei hätte er es sich leisten können, ihn auf der Stelle zu bezahlen.

Carlos setzte sich auf die Bettkante und kratzte an dem Wundschorf an seinem Knie, Folge eines Sturzes vom Vortag. Unter seiner

Matratze holte er seine Vierteldollarmünze hervor und warf sie hoch. Dabei fiel sie ihm aus der Hand, und er sah sie über den Fußboden rollen und neben einem Socken seines Bruders zur Ruhe kommen. An der Seite des Fernsehgeräts war ein kleines Metallkästchen befestigt, und wann immer die Familie Newman fernsehen wollte, mussten sie einen Vierteldollar in das Kästchen einwerfen, und der Apparat bescherte ihnen eine Stunde Sehzeit. Manchmal ein paar Minuten mehr, manchmal ein paar Minuten weniger. Jeden Samstagnachmittag kam ein Weißer in einem kleinen ratternden Lastwagen vorgefahren, schloss das Kästchen auf und stellte den Newmans eine Quittung über das Geld aus, das sich darin befand, sowie eine weitere Quittung für jeden gesonderten Betrag, den sie anzahlen wollten. »Wenn wir so weitermachen«, sagte Carol Newman einmal zu ihrem Mann, »werden wir das Ding noch abstottern, wenn wir zu alt sind, um's überhaupt noch zu sehen.« »Das war der Zweck der Sache«, sagte Brandon und küsste seine Frau mitten auf den Mund. »Aber das hier wirst du dann immer noch haben.« »Vielleicht bin ich dafür dann auch schon zu alt«, erwiderte Carol. »Ach nein, meine Küsse geraten nie aus der Mode.« Für Carlos war es am schlimmsten, wenn er sich samstags abends einen Ringkampf ansah und der Bildschirm in dem Augenblick dunkel wurde, wenn's hoch herging, und im ganzen Haus keine Vierteldollarmünzen aufzutreiben waren. Sogar Brandon Newman hasste das.

Carlos musste auf allen Vieren herumkriechen, um die Vierteldollarmünze wiederzufinden. Einen Augenblick lang hatte er die Wunde vergessen, und als sein Knie den Boden berührte, versetzte der Schmerz ihm einen Schock. »Verdammt!«, rief er aus. Er hielt inne, wartete und lauschte. Seine Tür war geschlossen, aber seine Mutter hatte tausend Ohren, die meisten davon in der Wand. Fluchen war für sie eine der größten Sünden, denn es führte, wie sie ihren Söhnen immer wieder aufs Neue sagte, zu noch größeren Sünden wie Raubüberfall, dem Ende der Familie, Notzucht, dem Leiden der Kinder in Afrika und sogar Mord. »Verdammt« an sich war kein ganz so schlimmes Wort, nur zwei Silben, und doch konnte es das Ende der Welt herbeiführen. Carlos' Bruder glaubte ihr, aber Carlos selbst akzeptierte es nur zögerlich.

Er kroch zur Vierteldollarmünze, hob sie auf und las die Worte, die darauf standen. War eine Stunde Fernsehen das Geld wirklich wert? Er stand auf und rief sich ins Gedächtnis, was für Süßigkeiten er Amy mit einem Vierteldollar kaufen konnte. Fünfundzwanzig Mary Janes. Fünfundzwanzig Squirrel Nuts. Ganze Tage könnten sie sich daran gütlich tun, wohingegen der Fernseher nur kurz an war und dann gleich wieder aus. Und wer wusste, was gerade lief? Er schob sich die Münze in den Mund, sagte: »Mutter, darf ich?«, und tat zwei Riesenschritte in seine Zimmerhälfte. Dort beschloss er, sein Geld zu sparen.

»Zieh dich an, Junge. Ich will, dass du zum Essen angezogen bist, wenn dein Vater aus dem Geschäft zurückkommt.« Seine Mutter stand in der Tür. Ihr Gesicht verriet, dass sie das Kraftwort nicht gehört hatte. »Jawohl, Ma'am. Mama, wie viel Uhr ist es?« »Schon fast neun.« Sie schloss die Tür. Noch drei Stunden bis Amy. Gott war vielleicht ein gemeiner Mensch. Warum konnte er die Mittagszeit nicht näher an neun Uhr heranschieben? Neun, zwölf, zehn, elf, eins …

Gegen halb elf ging er nach draußen und sah, wie Georgias Kenyon langsam die Straße überquerte. Kenyon blieb vor der Nr. 459 Ridge Street stehen und rief etwas zu Georgia hoch, die den Kopf zum Fenster heraussteckte. Carlos konnte nicht hören, was sie sagten, aber zu allem, was Kenyon sagte, schüttelte Georgia immer nur den Kopf. Carlos wohnte neben Judy Hathaway und ihrem dritten Ehemann Vinnie, der zwei Autos besaß. Dieser machte sich gerade an einem davon zu schaffen, einem Dodge, den er Porzia-tat-mir-Unrecht nannte, und nach einer Weile zog er den Kopf unter der Motorhaube hervor, um einen Blick auf Kenyon zu werfen. Schließlich sagte Kenyon so laut, dass Carlos und Vinnie es hören konnten: »Das kümmert mich einen feuchten Dreck, Georgia!« Auch Ethel und Billie Montcrief weiter unten auf der anderen Straßenseite hörten ihn; der neunjährige Billie, der eine Woche zuvor von einem Baum gefallen war, hatte noch seinen Gipsverband am Arm. »Wirf's endlich runter, Georgia! Muss ich denn alles selbst machen? Verdammt, kannst du nicht hören, was ich sage? Herrgott noch mal!« Vinnie und Carlos sahen einander an, der Mann lächelte und wischte sich die Hände an einem schmutzigen Tuch ab, das er aus der Hosentasche zog, und der Junge zuckte mit den Achseln. Kenyon hatte einen Anzug an, aber es war nicht sein Chauffeursanzug.

Als Billie Carlos sah, rief er ihm zu, er solle über die Straße kommen und mit ihm, Ethel und Tommy Carson spielen, der gerade versuchte, auf seinen Rollschuhen auf sie zuzurollen, allerdings eher stolperte als rollte. Georgia warf etwas in einer Papiertüte aus dem Fenster, und als Kenyon es sich näher besehen hatte, sagte er: »Das ist nicht der Stoff, den ich haben wollte, Georgia. Du verfluchtes Miststück.« Vinnie sah noch immer Carlos an. Am Abend ihres Hochzeitstages hatte Judy ihm gestanden, was sie in Arkansas verbrochen hatte. Sie fing an zu weinen, und er zog sie an sich; es sollte noch zwei Tage dauern, bevor sie ihre Ehe vollzogen. Der einarmige Billie rief Carlos zu: »Seit meinem Unfall darf ich die Straße nicht mehr überqueren, sagt meine Mama.« Das wusste inzwischen jeder, aber Billie hatte das Gefühl, es so oft wie möglich wiederholen zu müssen, damit niemand auf den Gedanken kam, er sei von sich aus ein Waschlappen. »Ich hab doch den Gipsverband am Arm und so ...« Mit zwei Riesenschritten war Kenyon auf der Veranda, dann jagte er durch die Tür zu der Treppe, die zu Georgias Wohnung hinaufführte. Carlos konnte nicht hören, wie er die Stufen zur Wohnung hinaufsprang, wohl aber Tommy, der, da er gerade auf dem Fußboden saß und seine Rollschuhe befestigte, Georgias Haus am nächsten war. »Komm rüber, Carlos«, rief Billie. Carlos blieb zwischen Vinnies Wagen und dem Wagen seines Vaters stehen, sah nach rechts und nach links und sprintete dann auf die andere Straßenseite.

Amy kam früher zurück, gegen elf, und Carlos war fröhlicher. Ein kleiner Trupp Kinder bewegte sich die Straße entlang auf die gemeinschaftliche Veranda zu, von der Georgias und Tommy Carsons

Türen abgingen. Tommy lebte mit seiner Familie in der unteren Wohnung. Die Rollschuhe hatte er von seinem Bruder geerbt, weswegen er so viel Mühe damit hatte. Seine Mutter hatte ihm zu Weihnachten ein nagelneues Paar versprochen, aber jetzt war Juli, und wenn Tommy Carson irgendetwas konnte, dann war es zählen.

Als Kenyon hinaufgesprungen war, hatte er die Türen zur Veranda und zur Wohnung offen gelassen, aber das fiel keinem der Kinder auf, als sie gegen halb zwei auf der Veranda saßen und miteinander spielten. Der einarmige Billie und Carlos kneteten Comicfiguren aus Springkitt, den Carlos mitgebracht hatte, und Tommy saß auf dem Boden und ölte die Räder seiner Rollschuhe mit WD-40. Er vermutete, dass dies die Ursache des Problems war – Kugellager, die nach Öl dürsteten. »Jetzt mach mal den«, sagte Billie zu Carlos und zeigte auf die Witzseite der Zeitung, wo ein dicker Mann mit grünem Anzug zu sehen war. Billie gefiel es, dass die Knetfiguren immer spiegelverkehrt waren. »Danach machst du seine Frau.« »Woher weißt du, dass das seine Frau ist?«, fragte Carlos. »Das seh ich einfach.«

Bei den Jungen auf der Veranda saßen auch Amy und Ethel und spielten Jacks. Amy fiel es immer schwer, über vier Metallsternchen auf einmal hinauszukommen. Gerade hatte sie dem Gummiball einen Glückskuss gegeben und wollte nach drei Sternchen gleichzeitig greifen, als alle außer Tommy, der die Rollschuhräder drehte, um zu sehen, ob sie jetzt anders klangen, ein *Rums!* und dann ein *Rumsbums!* hörten, das von oben aus Miss Georgias Wohnung kam. Amy hob drei Sternchen auf einmal auf, küsste abermals den Gummiball und streute die Sternchen erneut auf den Boden. Eben hatte sie ihre ersten vier Sternchen aufgelesen, als wieder ein Schlag zu hören war und Georgia die Treppe heruntergepoltert kam. Ihr Körper verdrehte sich, als sie auf halbem Weg das Geländer zu fassen versuchte, doch Kenyons Schlag war zu hart gewesen, als dass sie sich hätte festhalten können, und als ihr Körper ganz verdreht war, stürzte sie kopfüber nach unten. Sie hatte einen Morgenrock an, und als beim Fallen der Morgenrock aufging, konnten die Mädchen und Jungen durch ihre rote Unterwäsche ihre Scham sehen. Sie purzelte zum Eingang hin, und auf jeder Stufe schrie und weinte sie. Am unteren Ende blieb sie etwa eine Minute lang mit geschlossenen Augen liegen, und die Jungen und Mädchen hielten sie alle für tot. »Miss Georgia?«, fragte Amy. Georgia war eine gute Frau, hatte Amys Mutter einmal gesagt, aber eine so gute Patentante wie Miss Judy würde sie nicht abgeben.

Georgia schlug die Augen auf und sah Amy von unten an. Und dann trat, wie ein nachträglicher Einfall, ein kleines Juwel aus Blut aus ihrem Mundwinkel. »Miss Georgia?« Georgia wandte alle ihr verbliebene Kraft auf, um ihren Arm von ihrer wogenden Brust zu heben und dem kleinen Mädchen ihre Hand entgegenzustrecken. »Lasst sie in Ruh«, sagte Kenyon auf dem oberen Treppenabsatz. Er trug denselben Anzug wie am Vormittag und hatte die Fäuste in die Hüften gestemmt. So hatte ein Löwenbändiger in einem Film dagestanden, dachte Carlos. Die sitzende Amy schob sich näher an Georgia heran und hielt der Frau ihre Hand hin. »Miss Georgia?« »Ich hab gesagt, lasst sie in Ruh!« Kenyon nahm die Fäuste von den Hüften, um seiner Aufforderung Nachdruck zu verleihen. »Miss Georgia, ich bin hier …« Kenyon kam die Treppe herabgesprungen und stand mit gespreizten Beinen über Georgia. Er hob den Fuß und stieß Amys Hand weg. Georgia streckte Amy noch immer ihre Hand entgegen. »He!«, rief Carlos und betrachtete Kenyons Fuß. »He!« Kenyon zog seinen Fuß zurück, obwohl Amy Georgia weiter die Hand hinhielt. »Du kleiner Scheißer«, sagte Kenyon zu Carlos. »Lern endlich Respekt vor Erwachsenen, verdammt noch eins.« »Pfui«, sagte Ethel. »Er hat ein schlimmes Wort gesagt.« Mit dem Fuß drückte Kenyon die Tür zu.

Sobald die Tür ins Schloss fiel, sank Amy in Ohnmacht. Beinahe wäre sie mit dem Kopf auf dem Betonboden aufgeschlagen, sie sank aber zu Carlos hin und schlug mit dem Kopf gegen seine Brust, und wieder glaubte der Junge, eine Tote vor sich zu sehen. »Amy«, sagte er, »bitte, sei nicht tot.« Tommy kam die Verandatreppe heraufgerannt und sagte, er werde seinen Vater holen. Der einarmige Billie sagte, er werde Amys Mutter holen, und machte sich auf den Weg. Ethel stand da und sah zu, wie Carlos Amy hielt.

Der Junge bestand nur aus Haut und Knochen, aber das war nicht der Grund dafür, dass sie ihn bis zu diesem Augenblick nicht sonderlich gemocht hatte. »Sie ist nicht tot, Carlos«, sagte Ethel, »ich kann sie atmen sehen und so.« »Bist du dir sicher, Ethel? Bist du dir sicher ...« Der Junge weinte. »Ich bin mir sicher, Carlos. Ich kann sehen, dass sie genauso atmet wie vorher.«

Tommys Vater Moses kam heraus und nahm Amy in die Arme. »Was habt ihr hier draußen angestellt, dass sie sich verletzt hat?« »Nichts, Daddy«, antwortete Tommy, in jeder Hand einen Rollschuh. »Mr Kenyon und Miss Georgia haben sich gestritten.« Moses Carson trug Amy die Straße hinunter zu ihrem Haus, und die Kinder zottelten hinterdrein. »Wir haben nichts angestellt, Daddy«, sagte Tommy immer wieder. Moses war kein Vater, der vor der Rute oder vor dem Gürtel zurückscheute, und Tommy musste möglichst umgehend seine Unschuld beteuern. »Wir haben nur gespielt und Spaß gehabt. Mehr nicht.« Auf halbem Weg kam Amy zu sich, und auf halbem Weg begegneten ihnen ihre Mutter und der einarmige Billie. »Ich glaub, sie ist einfach nur ohnmächtig geworden, Idabelle«, sagte Moses. »Sie wird schon wieder.« »Das waren die, Daddy«, sagte Tommy. »Wir haben nichts angestellt.« Moses sagte: »Lass uns erst mal nach Hause.« Idabelle ging zu ihrem Haus und öffnete die Tür. Moses trat ein und bettete Amy behutsam auf die Couch. »Alles wird gut«, sagte er. »Daddy, wir haben nur gespielt, und ...« »Ich hab dich gehört, Tommy. Himmel noch eins!«

Die Kinder drängten sich um die Couch. »Zurück«, sagte Moses, »lasst ihr ein bisschen Platz.« Sie traten zurück. Carlos trocknete sich die Tränen am Saum seines Polohemdes ab, Ethel sagte, der böse Mann habe Amy wehgetan, und Idabelle legte ihrer Tochter ein feuchtes Tuch auf die Stirn und fragte Ethel, was für ein böser Mann, was für ein böser Mann würde einem Kind wehtun? Tommy, noch immer mit seinen Rollschuhen in den Händen und ermutigt von dem Wissen, dass er aus dem Schneider war, erklärte Idabelle, eigentlich habe niemand Amy geschlagen, aber Kenyon habe Georgia geschlagen. Die Erwachsenen schauten einander an.

»Stimmt's, Carlos?«, fragte Tommy. Amy lag mit geschlossenen Augen auf der Couch und stöhnte.

Die im Wohnzimmer versammelten Kinder gehörten nicht zu denen, die in der Nachbarschaft als Lügner bekannt waren – Lügner vom Schlage »Der-Wolf-kommt-und-du-holst-besser-deine-Knarre«. Der zwölfjährige Larry Comstock aus der Nr. 412 Ridge Street war so ein Lügenbold; die Leute sagten, nicht einmal jemand, der mit zweitem Vornamen Lügner hieß, könne so lügen. Er log wie ein Erwachsener, sagten die Leute. So erzählte er etwa, er habe gesehen, wie die beste Freundin seiner Großmutter deren Haare in einer braun-weißen Cornflakesschüssel verbrannt und sich dreimal umgedreht habe, während die Haare sich erst grün, dann lila verfärbten und die Freundin rief: Jesus, hebe dich hinweg, Teufel, zeige dich! Als den Leuten endlich aufging, dass er wieder einmal gelogen hatte, hatten sich die beiden Frauen, die zusammen aus South Carolina hierher übergesiedelt waren, als sie weder Kind noch Kegel hatten, bereits zerstritten, und Larry befand sich auf dem Weg in die Besserungsanstalt, weil er in Häuser einbrach, den Leuten den Alkohol wegtrank und vor Trunkenheit mit seinen schmutzigen Tennisschuhen auf ihren Betten einschlief.

Als Moses Idabelle ansah und beide die stöhnende Amy ansahen, dachten sie daher an Larry und wussten, dass Tommy, Ethel und Carlos an ihn nicht heranreichten. Trotzdem war das Gerede von einem Kind und Schlägen und einem Mann allzu seltsam, und so riefen sie die Polizei. Eine Stunde später traf die Polizei ein; der weiße Polizist blieb draußen im Streifenwagen sitzen und las mit einem riesigen Vergrößerungsglas Zeitung, während der Neger in Idabellas Haus trat. Er hörte sich an, was die Kinder zu sagen hatten, dann ging er die Straße hinunter, um Kenyon zu vernehmen. Unterdessen fuhr der Weiße den Streifenwagen die paar Häuser weiter. Als der schwarze Polizist fertig war, kam er zurück und betrat zunächst das falsche Haus, dann fand er Idabelles, und der weiße Polizist fuhr den Wagen im Rückwärtsgang wieder zu dem Haus, vor dem er mit dem Vergrößerungsglas Zeitung gelesen hatte.

Der schwarze Polizist gelangte zu dem Schluss, dass Kenyon dem Kind nichts zuleide getan hatte, ging aus dem Haus, setzte sich auf den Beifahrersitz, und die beiden fuhren davon.

Amy ging an diesem Tag nicht wieder hinaus zum Spielen. Obwohl Idabelle, Moses und die Polizei die Wahrheit ermittelt hatten, verbreitete sich unter den Kindern der Ridge Street, die nicht Zeugen des Vorfalls gewesen waren, an diesem Tag das Gerücht, dass Kenyon nicht nur Georgia, sondern auch Carlos und Tommy verprügelt hatte. Amy hätte er beinahe umgebracht, weswegen sie nicht auf der Straße war. Er hatte Billies anderen Arm auch noch gebrochen, was dessen Abwesenheit erklärte; dabei war der Junge tatsächlich nur ins Kino gegangen, mit seinem Vater, seinen beiden Schwestern und seiner Tante Lavenia Middleton, die im September im Alter von neunundvierzig zum ersten Mal heiraten wollte. Sie würde einen Jasper heiraten, einen der Jaspers aus dem Nordosten der Stadt. Es hieß, sie könne von Glück reden, dass sie sich nicht mit einem der Jaspers aus dem Südwesten eingelassen hatte.

Amy schlief den Rest des Tages und die ganze Nacht hindurch, und am Morgen hatte sie ihren ersten Traum, in dem Georgia sie holen kam, und weder ihr Daddy noch ihre Mama, weder Grandma Judy mit ihrem Gehstock noch sonst jemand konnte sie beschützen. Am Sonntagmorgen gegen zehn musste ihre Mutter das kreischende Mädchen wach rütteln. »Ist sie da?«, fragte Amy immer wieder, als sie aufwachte. »Ist Miss Georgia hier, um mich zu holen?« »Es ist niemand hier außer mir und Abe«, antwortete Idabelle. Abe Thatcher war der Mann, der Idabelle liebte und sie heiraten wollte, falls sie sich endlich entschied, welche Rolle Amys Vater in ihrem Leben spielen sollte. Sie gelangte mehr und mehr zu der Überzeugung, dass es mit ihrem getrennt lebenden Mann Matthew keine gemeinsame Zukunft gab.

Idabelle nahm Amy in die Arme. Der Ventilator im Fenster blies auf sie herab, und Idabelle wischte ihrer Tochter den Schweiß von der Stirn. In der Tür stand Abe Thatcher, die Hände in den Hosentaschen. Amy war das erste Kind, dem er als Mann je nahegestanden hatte, und er wusste nicht, was er tun sollte. Seine Eltern, ein

Neger und eine Jüdin, hatten in New York City eine sozialistische Organisation geleitet. Er wollte, dass Amy ihn Abe nannte, aber Idabelle, die wie fast jeder in D. C. nicht als New Yorker Sozialistin aufgezogen worden war, hielt nichts davon, dass Kinder Erwachsene mit Vornamen anredeten. Gewöhnlich nannte Amy ihn Mr Abe, obwohl sie gestern den ersten Schritt auf ihn zugetan und ihn »mein Able Abe mit der Zahnlücke« genannt hatte. Der Ventilator blies zu laut, und Abe fragte sich, ob es der Motor war oder die Flügelblätter, die gegen das Schutzgitter schlugen. »Miss George kommt mich holen, Mama«, sagte Amy, nachdem sie sich beruhigt hatte. »Georgia mag dich, Mäuschen. Sie würde dir um nichts in der Welt etwas antun.« »Hat sie aber im Traum, Mama. Hat sie wirklich. Sie hat die Hand ausgestreckt und gesagt: ›Dich krieg ich, Amy. Diesmal krieg ich dich wirklich.‹« »Komm, wir setzen dich in die Badewanne und geben dir ein paar von Abes berühmten Pfannkuchen, und hinterher fühlst du dich gesund und munter. Keine schlimmen Träume mehr danach.« »Was ist mit meiner Tätowierung?«, fragte Amy. Sie hatte das Abziehbild eines Schmetterlings auf dem Handgelenk, das Carlos ihr am Samstag aufgedrückt hatte; Carlos hatte für fünf Cent zehn Abziehbilder gekauft, Amy hatte eine Stelle auf ihrem Handgelenk befeuchtet, und er hatte die Ecke mit dem Schmetterling abgerissen und ihn ihr an dieser Stelle aufgedrückt. »Wir waschen dich drumherum. Du brauchst nur den Arm aus dem Wasser zu halten, und die Tätowierung bleibt für immer dran.«

Am Nachmittag kam der Traum wieder, und eingehüllt in eine Decke saß das Mädchen für den Rest des Tages auf der Couch. Sie flehte ihre Mutter an, bei ihr schlafen zu dürfen, und am Sonntagabend gelang es ihr, in den Armen ihrer Mutter für einige Zeit einzuschlafen.

Normalerweise blieb sie, wenn ihre Mutter arbeitete, während der Sommertage bei Judy. An diesem Montag bettelte sie ihre Mutter an, zu Hause zu bleiben, aber Idabelle antwortete, sie müsse zur Arbeit gehen, damit sie was zum Leben hätten. Amy weinte nicht und ließ ihre Mutter wortlos ziehen. Während ihrer Mittagspause als Locherin der Bundeswohnungsverwaltung telefonierte Idabelle herum. Sie erwischte Matthew und sagte ihm, dass seine Tochter ihn brauche. »Ich hab sie doch erst Samstagmorgen gesehen«, erwiderte Matthew, »da ging's ihr prima.« Er war verwirrt und dachte an einen Samstag zwei Wochen vorher. »Du Dummkopf«, sagte Idabelle, »das war am Samstag. Heute ist Montag, und sie braucht es, dass du vorbeigehst und nachschaust, wie's ihr geht.« »Warum lässt du nicht deinen Abe nachschauen, wie's ihr geht?« Er wusste, dass er sie nicht mehr liebte, aber manchmal brachte der Teufel im grauen Anzug ihn dazu, Gemeinheiten von sich zu geben.

Beide schwiegen, denn er wusste, dass Abe ein guter Mann war. Was immer mit Matthew los war, er hatte Augen im Kopf. »Ich mag ihn«, hatte Amy zu ihrem Vater und dessen Mutter gesagt. Die Schuld an allem trug Matthew: seine Trinkerei, diese Frau, jene Frau. Idabelle hatte lange gelitten; eine Bluessängerin hätte ein ganzes Album über sie singen können; das wusste Matthew ebenso wie sie. Daher versprach er ihr nach der Schweigepause, vorbeizuschauen und sich um Amy zu kümmern. Sie legte auf und starrte die Wählscheibe an. Seit ihrer ersten Begegnung hatte sie seine Telefonnummer viele Jahre lang auswendig gewusst und befürchtet, wenn sie sie vergäße, würde er aus ihrem Leben verschwinden. Sie lautete DECatur 7–4 soundso; dieser Tage musste sie für die Ziffern nach der Vier ihr Adressbuch zu Rate ziehen. Abe hatte gesagt, er sei bereit, ihr einen Ring zu kaufen, sobald sie dazu bereit sei. Manchmal benutzte er hochtrabende Worte, wenn es auch verhaltene getan hätten, aber sie mochte es, mit ihrer Zungenspitze durch seine Zahnlücke zu stoßen, bis er vor Erregung zitterte.

Amy Witherspoon ging es den restlichen Sommer über nicht gut. Wenn das Mädchen nicht von Träumen über Georgia heimgesucht wurde, litt es unter einer Teilnahmslosigkeit, die sie veranlasste, an Abenden oder Wochenenden die meiste Zeit auf der Couch ihrer Mutter zu schlafen oder, wenn diese tagsüber arbeitete, auf Judys Couch. Amy, »für die arme Idabelle, die so viele Fehlgeburten erlitten hatte, ein regelrechtes Wunder«, war in der Nachbarschaft sehr beliebt, und alle beteten, dass es ihr besser gehen möge, aber nachts in ihren Betten, wenn sie die Lichter gelöscht hatten, fürchteten die Erwachsenen, dass es das Mädchen nicht mehr lange in dieser Welt halten würde. Die Ärzte, von denen keiner in Washington geboren war, wussten nichts und machten für alles die Hitze in D.C. verantwortlich. »Halten Sie sie kühl«, rieten sie. In diesem Sommer spielten die Kinder auch weiterhin in der Ridge Street, bemühten sich aber, leise zu sein, wenn sie vor Idabelles oder Judys Haus spielten. »Scht, nicht so laut«, mahnten sie einander. Genauso verhielten sie sich, wenn sie sich in der Nähe eines Hauses befanden, in dem sich unlängst ein Todesfall ereignet hatte. »Scht, Miss Rita ist hier gestorben. Lasst uns woandershin gehen.«

Carlos und Ethel kamen jeden Tag zu Besuch, und dann raffte Amy sich auf, um bei ihrer Mutter oder Judy auf dem Boden des Wohnzimmers zu spielen. Natürlich war es für Carlos besonders schlimm, dass sie mit ihm nicht draußen spielen konnte. Er kaufte ihr Sno-Ball-Napfkuchen, Nehi-Limonaden und ganze Hände voll Kits, aber das Mädchen des Frühsommers gab es nicht mehr. Wenn sie schlief, unterhielt er sich gern mit Miss Judy, gewöhnlich in ihrer Küche bei einer Limonade. Sie hatte in jedem Zimmer ihres Hauses Bilder eines farbigen Jesus hängen, und im Lauf ihrer ersten richtigen Unterhaltung fragte Carlos sie, ob sie einen kleinen Jungen beauftragt habe, Jesus mit einem Pastellstift ein braunes Gesicht aufzumalen, denn er kannte lediglich einen weißen Jesus.

Mitte August fühlte er sich in Judys Gegenwart unbefangen genug, um ihr zu sagen, dass die Leute davon redeten, Amy werde sterben, und dass er einen Jungen verprügeln musste, weil der es nachgeplappert hatte. »Ich wollte ihm nicht wehtun, Miss Judy, aber ich konnte nicht anders.« Es war ein Freitag. Wie Amy und mehrere andere Kinder hielt er sich, wenn seine Eltern arbeiteten, bei Judy auf. »Dieses Jahr war ich in zwei Schlägereien verwickelt«, sagte Carlos. Er zeigte ihr die wunde Stelle an seinem Fingerknöchel, und sie trug Mercurochrom auf und ermahnte ihn, auf sich aufzupassen, damit er nicht eines Tages in einer Klemme sitze, aus der er nicht mehr herausfinde.

Dann erzählte er, wenn Amy nicht mit angesehen hätte, wie Kenyon Georgia zugerichtet hatte, wäre alles in Ordnung gewesen. »Hat sie gesehen, wie er Georgia verprügelt hat?«, fragte Judy. Es war Anfang August, als sie sich unterhielten.

»Sie hat gesehen, wie er sie die Treppe runterstieß«, sagte Carlos. »Ich auch. Wir alle. Er hat so gemacht – WUMM! –, und sie ist die Treppe runtergefallen. WUMM!«

»Gott sei uns gnädig!« Judy spähte um die Ecke der Küche zur Couch, um sich zu vergewissern, dass Amy noch schlief. Sie wusste, dass das Mädchen oft von Georgia träumte, aber sie hatte nicht gewusst, dass sie Zeugin der Gewalttat gewesen war, und während sie Carlos zuhörte, fragte sie sich, warum Amy nicht von Kenyon träumte.

»Miss Judy, sie hat auch geblutet.«

»Wer?« In den Wäldern von Arkansas hatte kaum einmal jemand sie und ihren ersten Mann besucht. Nachdem sie ihn getötet hatte, dauerte es drei Tage, das Grab auszuheben, da sie keine sehr kräftige Frau war. Außerdem hatte ihr Mann ihr zwei Wochen zuvor eine Schulter ausgerenkt; der Finger, den er ihr etwa zwei Monate vorher gebrochen hatte, war bereits verheilt. Es wäre ein Leichtes gewesen, ihn mit gespaltenem Schädel auf dem Küchenfußboden liegen zu lassen, aber sie hatten stets ein reinliches Haus geführt, und sie fand, dass alle Kinder Hagars ein Plätzchen im Erdreich verdienten. Als sie ihn zur Hintertür hinausschleifte, die Stufen hinunter, durch den Garten, der vor Bohnen, Tomaten und Okraschoten fast barst, den Pfad neben dem neuen Abtritt entlang, am alten Abtritt vorbei und dann zu einer Stelle, wo die Erde ihr zuflüsterte, dass sie bereit sei, ihn zu empfangen – da war ihr die Schlepperei fast ebenso schwergefallen wie das Graben. »Wer?«, fragte Judy.

»Miss Georgia. Sie hat richtig geblutet – hier.«

Es klopfte an der Tür, und Tommy kam herein, an einer Hand einen Baseballhandschuh, in der anderen einen Tennisball.

»Stimmt's, Tommy?«, fragte Carlos.

»Stimmt was?«, fragte Tommy, steckte den Tennisball in den Handschuh und legte diesen auf den Tisch.

»Hat Miss Georgia nicht angefangen zu bluten, nachdem sie die Treppe runtergestoßen worden war und so?«

»Ja, Ma'am«, bestätigte Tommy. »Und wie. Die hatten sich oben die ganze Zeit gestritten.« Er sprang um den Tisch herum und fing an, Carlos zum Spaß zu würgen. »So«, und als er aufgehört hatte, ihn zu würgen, versetzte er Carlos einen spielerischen Fausthieb. Tommy sagte: »Ich bring dich um, du nichtsnutziges Aas. Nimm das! ZACK!« Carlos wedelte mit den Armen und gab vor, die misshandelte Georgia in ihrer Wohnung zu sein. Er stöhnte: »Bring mich nicht um, Mr Kenyon.« »Sie hat nicht gesagt: ›Mr Kenyon‹«, berichtigte ihn Tommy. »Das hat sie nicht gesagt.« »Na gut. Bring mich nicht um, Kenyon.« »Ja«, sagte Tommy. »So war's«, und er schlug dem lachenden Carlos auf den Kopf und sagte: »Du bist zu nichts nütze! Ich weiß nicht, warum ich meine k…kostbare Zeit mit so was wie dir verschwende!«

»Jetzt ist es aber gut, ihr zwei«, sagte Judy. »Ihr weckt mir noch Amy auf.« Die Jungen fuhren fort, sich schweigend zu balgen und zu kabbeln, und formten die Worte nur mit den Lippen.

»Meine Mama hat zu meinem Daddy gesagt, er soll raufgehen und was tun«, sagte Tommy.

»Ach, jetzt willst du mich auf den Arm nehmen«, sagte Carlos.

»Nee«, sagte Tommy. »Hat sie wirklich. Sie hat … sie hat gesagt: ›Moses, warum gehst du nicht hoch und sorgst dafür, dass der Mann aufhört, ihr wehzutun?‹ Und mein Daddy hat gesagt, mein Daddy, der hat gesagt: ›Solang er dich nicht schlägt, was kümmert's dich, Lois?‹ So heißt meine Mama«, informierte er Carlos, obwohl der das längst wusste. »Und meine Mama hat gesagt: ›Darum geht's doch gar nicht, Moses.‹ ›Worum soll's denn sonst gehen, Lois? Himmel noch mal!‹ Und meine Mama hat gesagt: ›Und was passiert, wenn er sie umbringt, Moses? Was ist, wenn er die arme Frau über den Köpfen unserer Kinder umbringt? Was passiert dann, he, Moses?‹ ›Dann ist sie tot, und du und die Kinder, ihr seid nicht tot. Warum willst du, dass ich mich in die Angelegenheiten eines andern einmische? Warum willst du, dass ich in eine böse Geschichte hineingerate?‹ Und meine Mama hat gesagt: ›Ich weiß wirklich nicht, was ich mit dir anfangen soll, Moses Carson.‹ Da ist mein Daddy vom Tisch aufgestanden.«

»Was hat er dann gemacht?«, fragte Carlos. Judy stand am Herd und kümmerte sich um einen Topf mit Schweinenacken. Auch wenn Vinnie einen Appetit wie ein Vögelchen hatte, so mochte er doch alle Teile eines Schweins, von den Ohren bis zum Schwanz, und das alles kochte sie für ihn. Ihr Arzt hatte ihr gesagt, sie dürfe kein Schweinefleisch anrühren, weil es ihren Blutdruck erhöhe. Vinnie aß gern Schweinenacken mit Great-Northern-Bohnen, aber diese waren gleich in drei Geschäften ausgegangen, sodass der Nacken jetzt zusammen mit Navy-Bohnen köchelten. Das Maisbrot konnte auch noch auf den letzten Drücker gebraten werden.

»Er ist ins Wohnzimmer gegangen und hat das Radio angestellt.«

»Oh«, machte Carlos. Er mochte gute Geschichten, und diese hier, die mit einem Mann im Wohnzimmer endete, der Radio hört, mochte er gar nicht. »Das ist alles?«

»Mehr hab ich nicht mitgekriegt, weil ich rausgegangen bin zum Spielen. Weißt du nicht mehr? Ich bin zu euch ins Haus gekommen, und du warst grad beim Mittagessen. Carlos, weißt du noch, wie wir ihre Scham gesehen haben?«

»Was?«, fragte Judy.

Die Jungen sahen einander an. Tommy merkte, dass er zu viel preisgegeben hatte, aber er wollte mehr erzählen, damit Carlos ihm weiter zuhörte.

»Was hast du da gesagt?«, fragte Judy.

»Wir haben ihre Scham gesehen, Grandma«, wiederholte Carlos. Er war dem Beispiel der anderen Kinder gefolgt und redete sie mit »Grandma« an. Er rollte den Tennisball auf dem Tisch herum, ließ seine Füße in den nagelneuen Keds-Tretern ein paar Zentimeter über der Sprosse des Stuhls baumeln und wartete darauf, dass Judy den Ball vom Tisch nahm, weil man nicht wusste, wo der überall gelegen haben mochte.

»Ja«, sagte Tommy. »Ihr Höschen hat rausgeguckt.«

Judy kostete von dem Topf mit Schweinenacken. Kürzlich hatte sie Georgia gesehen, sie humpelte. »Bin heut morgen mit Rheuma aufgewacht«, hatte Georgia erklärt. Wie kommt es, hatte Judy sich während des Gesprächs gefragt, dass sich alles in so offensichtliche Lügen aufgelöst hatte? Wie konnte es sein, dass zwei Frauen, eine alt genug, um die Mutter der andern zu sein, sich an einem so schönen Sommertag miteinander unterhielten und eine von ihnen log, ohne mit der Wimper zu zucken oder den Blick abzuwenden, um die Lüge zu kaschieren? Und wie konnte die andere die Lüge akzeptieren und davontragen wie eine alltägliche Wahrheit? »Hab ich auch schon mal gehabt«, sagte Judy zu Georgia. »Und was haben Sie dagegen getan?« »Ich hab 'n Aspirin mit Stanback-Kopfwehpulver genommen«, antwortete Georgia. »Sie haben die beiden vermischt?« »Ja, hat mir nicht geschadet«, antwortete Georgia. »Ich glaube, ich würde von beidem zusammen Bauchschmerzen bekommen«, sagte Judy.

»Grandma, dürfen wir nach draußen gehen und spielen?«, fragte Carlos.

»Na schön«, antwortete sie. »Aber bleibt in der Nähe, wo ich euch sehen kann. Gestern seid ihr mir alle ausgerissen, und das mag ich gar nicht.«

Sie setzte den Deckel wieder auf den Topf mit Schweinenacken und überlegte, ob sie genügend Grieben für das Maisbrot hatte. Mit Schweinegrieben schmeckte eine gute Pfanne Maisbrot noch besser. Die Jungen schlichen sich leise hinaus, und sie folgte ihnen, um sich zu vergewissern, dass sie alle Türen hinter sich zumachten. Sie hatte eines der wenigen Häuser in der Ridge Street mit Klimaanlage. Amy lag noch immer auf der Couch und schlief, ein neues Abziehbild mit fünf bunten Luftballons auf dem Arm. Judy beugte sich über das Mädchen, sie erinnerte sich an die Taufe, daran, wie der Säugling losgepullert hatte, als der Priester ihn in den Armen hielt, und wie der Priester sie, Vinnie und die versammelte Gemeinde gefragt hatte, wer für das Kind einstehe und ob sie dem Teufel und allen seinen Werken und aller seiner Pracht widersagten. Die Katholiken hatten so merkwürdige Rituale, hatte sie an jenem Tag wieder gedacht. Die Baptisten warteten wenigstens, bis ein Kind groß genug war, um sich auf den Beinen halten zu können und ein bisschen von dem ganzen Hokuspokus zu verstehen. Als sie aufblickte, sah sie vor dem Fenster den Tennisball hin und her fliegen, von einem Jungen zum andern. Vinnie kannte sie nicht als Frau, die schlechtes Maisbrot machte, dann war es vielleicht nicht so schlimm, dass sie keine Schweinegrieben im Schrank hatte. »Wirf ein bisschen fester«, hörte sie Carlos sagen. Sie und Vinnie hatten gemeinsam gesprochen: »Wir widersagen dem Teufel …« Ihr erster Mann in Arkansas war gestorben, noch ehe er sein Frühstück – ein paar Brötchen, ein paar Eier, etwas Speck, etwas Kaffee – verzehrt hatte. Vielleicht war das ja eine der Höllenstrafen – das ewige Verlangen nach einer unbeendeten Mahlzeit. »… und allen seinen Werken und aller seiner Pracht.«

Sie setzte Amy und Vinnie ein frühes Abendessen vor. Das Mädchen war zu Kräften gekommen und spielte sogar mit Ethel und Carlos, bevor die zwei nach Hause mussten. Kurz vor sechs kam Matthew, um seine Tochter fürs Wochenende ins Haus seiner Mutter zu holen. Der Tag war abgekühlt, und Judy folgte den beiden ins Freie und ließ die Tür offen. Matthew verlangsamte seine Schritte, um sich denen seiner Tochter anzupassen, und sie gingen die Straße hinunter, und Kenyon kam aus seiner Wohnungstür und rief Matthew etwas zu. Dieser sagte etwas zu Amy, stellte ihr Köfferchen neben ihr ab und ging über die Ridge Street zu Kenyon. Die beiden Männer waren jung genug, um einander einen jugendlichen Klaps auf die Schulter zu geben und so zu tun, als boxten sie. Judy sah zu Amy hinüber, die um ihr Köfferchen herumtanzte. Das Mädchen hielt inne, blickte sie an und winkte, obwohl sie nicht einmal sieben Meter voneinander entfernt waren. Amy warf ihr eine Kusshand zu, und Judy warf ihr eine zurück.

Am Sonntag begegnete Judy Georgia und sagte ihr auf den Kopf zu, dass sie besser dran wäre, wenn sie Kenyon loswürde. Sie sehe gut aus, sie habe eigenes Geld, sie könne einen anderen Mann finden, sagte Judy.

»Ich glaube nicht, dass es Sie auch nur das Geringste angeht, was ich tue«, erwiderte Georgia. Am Vortag hatte Judy Georgias beste Freundin Cornelia getroffen und ihr nahegelegt, ein Wörtchen mit Georgia zu reden: dass sie ihr Leben nur vergeude mit einem solchen Mann. Georgia wollte an diesem Nachmittag Cornelia besuchen.

»Sie verdienen was Besseres, Georgia, wirklich.« Georgia humpelte nicht mehr, und auch die blauen Flecken in ihrem Gesicht waren verschwunden. Nur etwas müde wirkte sie, aber das mochte ebenso gut von einer durchzechten Nacht herrühren. Vielleicht, dachte Judy, hat sich die Lage ja beruhigt, und ich mache mich nur lächerlich.

»Schließlich komm ich auch nicht zu Ihnen und schreib Ihnen vor, was Sie zu tun und zu lassen haben«, sagte Georgia. »Schließlich komm ich auch nicht zu Ihnen und rede schlecht von Ihrem Mann.« Dann ging sie davon.

Als Cornelia ihr später Vorwürfe machte, erzählte Georgia ihr, die seit mehr als fünfzehn Jahren ihre Freundin war, dass es nicht so schlecht um sie bestellt sei, wie die ganze Nachbarschaft immer verbreite. Als Cornelia nicht lockerließ, meinte Georgia, Cornelia sei doch nur eifersüchtig, weil sie keinen Mann habe. Ohne jedes weitere Wort stand sie von Cornelias Couch auf und stürzte zur Tür hinaus, an Cornelias Tochter Lydia vorbei, die mit ihren Freundinnen spielte. »Wiedersehen, Miss Georgia«, sagte Lydia. »Sag Wiedersehen, Cathy. Sag Wiedersehen zu Miss Georgia.«

Amys Mutter Idabelle stellte Matthew zur Rede, weil er mit einem Mann befreundet sei, der so wenig Respekt vor ihrer gemeinsamen Tochter habe, dass er vor ihren Augen eine Frau verprügele. In zwei Wochen stand ihnen die Scheidung bevor, beide wussten, dass ein bedeutender Abschnitt ihres Lebens zu Ende ging und sie nichts mehr dagegen unternehmen konnten.

»Idabelle, ich glaube, wenn er gewusst hätte, dass Amy mein Kind ist, hätte er nichts getan. Er wusste es nicht.«

»Wahrscheinlich wusste er's und hat sich einen Dreck drum geschert«, sagte sie. »Er hat's vor den Augen der Kinder getan. Punktum.« Matthew hatte gerade Amy zurückgebracht, die nach oben gegangen war, um ihr Köfferchen auszupacken. Ihre Eltern standen in der Küche, wie sie meinten, weit genug von ihrem Schlafzimmer entfernt. Doch das Kind trat auf den Treppenabsatz. Amy hatte nie damit gerechnet, dass die beiden wieder zusammenfänden. Sie mochte sie getrennt und hatte nicht das Geringste gegen Abe einzuwenden.

»Weißt du, ich weiß wirklich nicht, was aus dir geworden ist«, sagte Idabelle.

»Dasselbe könnt ich über dich sagen.« Er holte ein Bier aus dem Kühlschrank, um seinen Händen etwas zu tun zu geben, denn er wusste, dass seine Sünden die größeren waren. »Wo ist der Flaschenöffner?«

»Wo er immer ist.« Er kramte in der Besteckschublade und fand ihn. Idabelle sagte: »Früher hast du mir alles bedeutet. Alles in der Welt.« Er öffnete die Flasche, warf den Öffner wieder in die Schublade und setzte sich unweit der geöffneten Hintertür an den Tisch. »Ich bin kein schlechter Mann, Idabelle. Ich habe weder dich noch sonstwen je geschlagen wie Kenyon.«

Sie lehnte mit verschränkten Armen an der Spüle. Abe war nach New York City gefahren, um seine Eltern zu besuchen. »Nein, Matthew, du bist kein schlechter Mann, so wie Männer nun mal sind. Aber du warst nie so gut, wie du hättest sein können. Und es wäre dir ein Leichtes gewesen, so gut zu sein.« Er trank die Hälfte des Bieres in einem Zug aus, dann studierte er das Flaschenetikett. Hatte er diese oder letzte Woche versprochen, nicht mehr zu trinken? Gehe hin, mein Sohn, und trinke hinfort nicht mehr. Er wusste, dass er sein Bier einteilen musste, denn ein zweites würde Idabelle ihm nicht gestatten. Er entzifferte jeden Buchstaben des Etiketts. Carling – hieß so irgendein Typ? Hieß er mit vollem Namen Carling Black Label?

»Lass mich in Ruhe, Idabelle.«

»Das werd ich auch«, sagte sie. »Das werd ich. Darauf kannst du Gift nehmen. Ich hab darüber nachgedacht, was du mir einmal alles versprochen hast. Selbst meinem Daddy hast du versprochen, immer für mich zu sorgen. Ich seh dich noch vor mir, wie du bei meinem Daddy am Tisch gesessen und die Brötchen von meinem Daddy in die Soße von meiner Mama getunkt hast. Hast dagesessen und versprochen, wie gut du mich immer behandeln würdest.«

Er stürzte den Rest des Bieres hinunter und stellte die Flasche behutsam auf den Tisch. »Immer ist nicht so lange, wie's mal war.« Er ging davon. »Bis später.«

Es war Tommy Carsons Vater, der Kenyon sagte, es sei an der Zeit auszuziehen. Eine Woche vor Beginn des neuen Schuljahres klopfte er an Georgias Tür, Kenyon kam herunter, und Moses sagte, wegen ihrer Streitereien und Prügeleien habe sein Neugeborenes die ganze Nacht nicht schlafen können.

»Wir zahlen unsere Miete, mehr kann ich nicht sagen«, erwiderte Kenyon. Bis dahin hatten die beiden Männer kaum je miteinander gesprochen. Es war noch früh, Kenyon hatte erst einen kleinen Schluck zu sich genommen und war recht guter Dinge, und so war er ziemlich enttäuscht, dass an der Tür keine gute Nachricht auf ihn wartete, wie der Alkohol ihm verheißen hatte, als er singend die Treppe herunterkam.

»Mit der Miete hat das nichts zu tun, Mann«, sagte Moses. Kenyon stand in seiner Tür, und Moses stand eine Stufe weiter unten auf der Veranda. Lois, den Säugling im Arm, stand in ihrer Wohnungstür, hinter ihr Tommy und sein Bruder. »Es hat mit dem Lärm zu tun, den Sie und Ihre Frau fast jede Nacht veranstalten.« Georgia stand auf dem oberen Treppenabsatz. »Was ist los, Schatz?«, fragte sie Kenyon, der sie ignorierte.

»Ich sag Ihnen nicht, wie Sie mit Ihrer Frau umgehen sollen, und Sie sagen mir nicht, wie ich mit meiner umgehen soll.«

»Stellen Sie den Lärm ab, das ist alles«, sagte Moses und wandte sich weg.

»Ich bin noch nicht fertig mit Ihnen«, sagte Kenyon, packte Moses an der Schulter und drehte ihn halb zu sich herum, bevor er ihm mit der Faust ins Gesicht schlug. Lois schrie auf, und als ihr Säugling ihre Unruhe bemerkte, begann er zu weinen. Moses wehrte den zweiten Hieb ab und boxte Kenyon, so fest er konnte, in den Magen, dann gelang ihm ein schneller Kinnhaken, und Kenyon taumelte zurück auf die Treppe. Georgia kreischte: »Schatz, gib Acht!« Lois übergab den Säugling Tommy und kam heraus. Moses griff in Kenyons Wohnung hinein und war drauf und dran, ihm einen kräftigen Nasenstüber zu versetzen, doch Kenyon hob die Arme, um sein Gesicht zu schützen, und zitterte am ganzen Leib. Er sagte nichts, sondern kreuzte nur die Arme vor seinem Gesicht. Jetzt, wo er so dicht vor ihm stand, konnte Moses sehen, dass er ein hübscher Mann war. Es waren die hübschen Männer, dachte Moses, die die Welt zu einer schlechten Welt machten. Die hübschen Männer und ihre hündchenhaften Frauen. Georgia schrie auf ihn ein, von ihrem Mann abzulassen. Kenyon hielt sich weiter die Hände vors Gesicht, und Lois forderte ihren Mann auf, zurückzutreten. »Lass ihn los, Moses, wenn ich's dir doch sage! Hör endlich auf!«

Das ganze verlängerte Wochenende zum Labor Day redeten die Kinder der Ridge Street von dem Faustkampf, den keins von ihnen mit eigenen Augen gesehen hatte und den Tommy und sein Bruder nur gehört hatten. Tommys Vater hatte spielend gewonnen, befanden sie alle. Die Kinder, die zehn Jahre alt oder jünger waren, setzten das Handgemenge in Szene, und keins von ihnen wollte Kenyon sein, weil ihm eine Niederlage beschieden war. Wenn ein Junge, der Kenyon darstellte, zufällig einen Sieg errang, wurde ihm vorgeworfen, unfair zu spielen, da die Regeln des nachgestellten Kampfes diktierten, dass Kenyon der Verlierer war. »Ich spiel nicht mehr mit dir«, sagte dann der unterlegene Moses. »Du kämpfst nicht richtig.« Und der siegreiche Kenyon erwiderte: »Ich muss auch mal gewinnen. Du darfst die ganze Zeit gewinnen. Das gefällt mir nicht.« »Pech gehabt.«

Amy war seit mehr als zwei Wochen wohlauf, doch am Abend vor Schulbeginn begann sie wieder davon zu träumen, dass Georgia sie holen kam. Diesmal tauchte ihr Vater neben Georgia auf, und gemeinsam setzten sie dem Mädchen nach. Abe hörte sie in der Nacht, ging zu ihr und steckte sie neben Idabelle ins Bett, dann ging er nach unten, um auf der Couch zu schlafen. Idabelle befürchtete schon, ihre Tochter würde nicht zur Schule gehen können, doch am nächsten Tag sagte Amy, sie wolle gehen.

Sie kam in die dritte Klasse, und Carlos war enttäuscht, weil sie in der Walker-Jones Elementary School nicht in seiner Klasse saß. Während des Sommers war dies eine seiner größten Hoffnungen gewesen. Bitte, bitte, hatte er zu Gott gebetet, mach, dass sie ins selbe Klassenzimmer kommt wie ich. Bitte bitte bitte. Er hatte sich stets für einen braven Jungen gehalten, auch wenn seine Mutter und sein Vater manchmal das Gegenteil behaupteten. Er war überzeugt, hätte er etwas zum Tauschen gehabt, Gott hätte seine Gebete erhört. Er fluchte oft und versprach Gott, es nie wieder zu tun, aber Gott zeigte sich unbeeindruckt.

Am ersten Samstag nach Schulbeginn war er gerade dabei, sich mit Tommy ein Orangeneis am Stiel zu teilen, als sie sahen, wie Kenyon Georgia aus der Wohnung hinaus und die Ridge Street hinunter zur 4th Street jagte. Auch Ethel sah sie, ebenso Amy, Billie und Larry Comstocks jüngerer Bruder. Die Männer, die in der Werkstatt gegenüber von Georgias Wohnung arbeiteten, kamen heraus und schauten zu. Amy zog sich zu ihrer Haustür zurück. Zwei Haustüren von Amy entfernt holte Kenyon Georgia ein, gerade als Judy an ihrem Gehstock die Straße überquerte. Kenyon gab Georgia zwei Ohrfeigen, ehe Judy ihm eins mit dem Stock überbriet. Georgia kam auf Amy zugekrochen, Amy öffnete ihre Haustür, und Georgia kroch hinein. Idabelle kam heraus und stellte sich zu Judy, dann kam auch Tommys Vater Moses heraus, gefolgt von Lois mit ihrem Säugling, und als er sich auf die andere Seite von Kenyon stellte, hob dieser die Hände, wie um zu sagen: Ich will keinen

Ärger mit euch. Kenyon kehrte in seine Wohnung zurück. Drei Stunden später folgte ihm Georgia, und für den Rest des Wochenendes und ein paar Wochen danach herrschte Ruhe. Wie in den ersten Tagen ihrer Beziehung gingen sie in Arm in Arm. Die Beziehung zwischen Georgia und Kenyon wurde längst als eheähnliche Gemeinschaft bezeichnet, obwohl ein paar Leute sich mit dieser Bezeichnung zurückhielten, da die Mindestdauer für ein eheähnliches Zusammenleben zwei Jahre war, nicht nur ein paar Monate.

Eines Abends im Oktober, kurz bevor die Kinder wegen des Kolumbustages schulfrei hatten, gingen die beiden ins What Ailing Ya und fingen an, sich zu streiten, nachdem Kenyon ihr vorgeworfen hatte, einem Mann mit dem Spitznamen Frisky Fred zugeblinzelt zu haben. Dieser Mann fuhr bis nach Baltimore, mitunter sogar bis nach Philadelphia, um sich die Haare entkrausen zu lassen, damit er den Leuten in D.C. nach seiner Rückkehr vormachen konnte, es sei sein eigenes natürliches Haar. Die Polizei wurde gerufen. Es war das erste Mal, dass jemand ihretwegen den Arm des Gesetzes gerufen hatte, und es sollte das letzte Mal sein. Georgia wurde zum Frauengefängnis geschafft, nur einen Block die 5th Street hinauf, Kenyon die 5th Street hinunter zum Polizeirevier Nummer 2. Im Lauf der Nacht wurde ihr schlecht, und obwohl sie um ein Stanback bat, mit der Begründung, sie habe höllische Kopfschmerzen, wurde ihr keins gebracht. Gegen sechs Uhr morgens hatte die Frau, mit der sie sich die Zelle teilte, eine Nachtclubsängerin, die drei Postanweisungen gefälscht hatte, es herzlich satt, dass Georgia dauernd nach »meinem Kenyon« rief, und dachte sich aus dem Stegreif einen Song aus, den all die anderen Frauen in ihren Zellen aufgriffen und so lange grölten, bis Frühstückszeit war. Wenn ein Teil des Zellenblocks erlahmte, wurde der Song von einem anderen aufgenommen und weitergesungen.

Oh my Kenyon, where is my boy?
Oh my Kenyon, you done took my joy.
Oh, Kenny, my pretty face is all yours
Play with that face, Kenny, like you do all your toys.

Um sieben Uhr, noch vor Sonnenaufgang, verwünschte Georgia sie alle, und dann, kurz vor acht, begann sie zu weinen und wollte von niemand Bestimmtem wissen, warum sie ihre verdammten Gefühle beleidigen wollten, wo sie sie doch gar nicht kannten und nicht einmal wussten, wie sie lebte.

Gegen drei Uhr nachmittags durfte sie nach Hause, sie überquerte die 5th Street und bog in die Ridge Street. Vom Gefängnis aus hatte sie kurz vor Mittag Cornelias Nachbarin anrufen können, und diese hatte Cornelia verständigt, die kein Telefon hatte. Cornelia war herübergekommen und hatte die Kaution hinterlegt. »Ich bin zum allerersten Mal hier«, sagte Georgia über das Frauengefängnis. »Ich auch«, antwortete Cornelia, die Lydia bei der Nachbarin zurückgelassen hatte, weil sie nicht wollte, dass ihr Kind allzu enge Bekanntschaft mit der Polizei schloss.

Kenyon kehrte nicht zurück. Noch am selben Vormittag war er aus dem Gefängnis gekommen, hatte sich die meisten seiner Kleidungsstücke geschnappt und war verschwunden. Georgia fragte sich, weshalb er sie verlassen hatte, und ließ alle Welt wissen, dass sie nach ihm suche, dass sie alles besprechen könnten. Schule und Leben gingen weiter für die Kinder, und Carlos' Liebe zu Amy geriet nicht ins Wanken. Sie wurde noch immer von Albträumen geplagt, in denen Georgia und ihr Vater sie holen kamen, aber sie lernte, dass sie sich im Traum hinter einem sprechenden Baum verstecken konnte, der die beiden belog: Amy sei ganz weit weg in der anderen Richtung. Als der Oktober sich seinem Ende zuneigte, war das große Gesprächsthema unter den Kindern, dass die Männer, die im Fernsehen den Lone Ranger und Tonto spielten, vier Tage vor Halloween nach D.C. kommen würden. Selbst ihre Pferde Silver and Scout seien dabei, jedenfalls den Gerüchten zufolge. Als die Erwachsenen merkten, wie aufgeregt die Kinder der Ridge Street vor lauter Vorfreude waren, mussten sie ihnen freilich erklären, dass das Theater, in dem der Lone Ranger und Tonto auftreten sollten, farbigen Kindern keinen Einlass gewährte. »Was für Ganoven!«, antworteten die Kinder. »Feiglinge!«

Irgendwie gelangte der Song, den die Nachtclubsängerin in jener Nacht komponiert hatte, aus dem Frauengefängnis über die 5th Street und verbreitete sich in der gesamten Ridge Street. Die Mädchen spielten Seilspringen dazu. Georgia hörte sie, konnte nicht umhin, sie zu hören, als sie ihr Leben in ihrer Wohnung neu einrichtete und die Mädchen vor ihrem Fenster spielten. Diese verstanden zwar nicht recht, was sie da sangen, freuten sich aber über eine Melodie, zu der sie seilhüpfen konnten. Das Liedchen eignete sich bestens dazu, über ein einzelnes Seil zu springen, doch beim Doppelten Holländer kamen die Mädchen leicht aus dem Rhythmus, nur die allergeschicktesten nicht. Tag für Tag nahm Georgia unter Herzensqualen eins von Kenyons herumliegenden Kleidungsstücken und verstaute es im zweiten Schlafzimmer in einem Schrank.

An jenem Samstag im November spielten Carlos, Amy, Billie, Tommy, Ethel und ein paar andere Kinder auf der Ridge Street in der Nähe der 4th Street, als Kenyon die 4th Street heraufkam und in die Ridge Street bog. Er trug einen Anzug, wie ihn sich nur wenige Chauffeure leisten konnten, und hatte nicht getrunken. Amy, die gerade Jacks spielte, sah ihn als Erste. Die Straße war belebt, Frauen fegten den Gehsteig und putzten ihre Fenster, Männer schwatzten, wuschen ihre Autos oder gaben einfach nur an. Amy stand auf und beobachtete ihn, wie er beide Gehsteige mied und mitten auf der Straße ging. Sobald auch die anderen Kinder sahen, was sie sah, wurde das Mädchen ohnmächtig, und Carlos und Billie, der von seinem Gipsverband inzwischen befreit war, fingen sie auf und ließen sie sachte zu Boden gleiten. Diesmal hatte Carlos keine Angst, denn er hatte gelernt, dass zwischen Ohnmacht und Tod ein gewaltiger Unterschied bestand. Ethel rief Amys Namen und setzte sich neben sie. Dabei ließ sie den Gummiball fallen, der in die Gosse rollte. Tommy rannte los, um Idabelle zu holen.

Carlos sah zu, wie Kenyon auf sie zukam, und da er nicht wusste, was er sonst tun sollte, trat er auf die Straße, kletterte auf William

McGavins neuen Chevrolet und legte die Hände wie ein Megafon um den Mund: »Buh, buh, buh!«, brüllte er. Mit jeder Sekunde fühlte er sich besser. Als die anderen Kinder ihn dort oben erblickten, nahmen sie den Ruf auf. Einige von ihnen hatten Kenyon noch gar nicht gesehen und glaubten, es handele sich wieder einmal um eins von Carlos' Spielchen, andere hatten Kenyon tatsächlich gesehen und mochten den Mann, der Miss Georgia verprügelt hatte und anschließend von Tommys Vater verprügelt worden war, einfach nicht leiden.

»Buh, buh, buh!«, brüllten die Kinder.

Kenyon näherte sich Carlos, blieb dicht vor ihm stehen und hob die Hand, als wollte er ihn schlagen. Carlos wich zurück, brüllte aber weiter. »Buh, buh, buh!« Idabelle kam herbeigerannt, gefolgt von Matthew und Abe, und als sie Amy erreichten, kam diese zu sich. Kenyon marschierte weiter mitten auf der Straße entlang, und noch mehr Kinder stimmten in das Gebrüll ein. Carlos sah Judy fünf oder sechs Türen weiter aus ihrem Haus kommen und rief sie herbei. Die Straße begann sich mit anderen Erwachsenen zu füllen, und Kenyon musste sich durch eine wachsende Menschenmenge lavieren. Carlos und Judy sahen einander an, bis sie den Kopf wandte und Georgia erblickte, die vier Türen weiter auf der anderen Straßenseite ihre Wohnungstür öffnete und auf die Veranda trat, um herauszufinden, was es mit dem Tumult auf sich hatte. Die beiden Frauen starrten einander an, und Judy begann selbst zu buhen, ein schwacher, befangener Ruf.

William McGavin kam aus seinem Haus und sah Carlos auf seinem neuen Auto. »Junge, dein Daddy hat nicht genug Schotter, um irgendwas zu reparieren, was du kaputt machst! Runter mit dir!« Er breitete die Hände aus, Carlos flog in seine Arme und rannte hinter Kenyon und der Menge die Straße hinauf. »Buh, buh, buh!« Er bahnte sich einen Weg, um näher an Kenyon heranzugelangen, der inzwischen langsamer ging. Etwa auf der Hälfte des Straßenzugs konnte Kenyon Georgia sehen, die sich nicht über ihre Veranda hinausgewagt hatte. Sie sah ihn, kam aber nicht die Treppe herunter zum Gehsteig. Einige Kinder in ihrer Nähe richteten ihr »Buh!«

gegen jeden, der gerade da war, und etliche bezogen ihr »Buh« auf sie. Jeder, der sie kannte, sah, wie ihr Gesicht sich verändert hatte: Die Nase befand sich seitlich von der Stelle, wo sie ihr ganzes Leben lang gesessen hatte, der kleine Höcker am Rand ihrer Lippe war schon vor Monaten mit Blut angeschwollen und bestand jetzt teils aus Blut, teils aus Eiter, teils aus Galle, die aus einem fernen Körperteil zur Lippe gewandert war. Kenyon sah Georgia an, und Georgia sah Kenyon an. Ihm fiel auf, dass sie sich die Haare hatte schneiden lassen. Sie wusste sehr wohl, dass er kurze Haare hasste.

Inzwischen war die Menschenmenge so dicht, dass Kenyon sich nicht mehr voranbewegen konnte. Als er sich umdrehte, sah er, wie Matthew Amy ins Haus zurücktrug. Abe war einen Schritt hinter ihm, Idabelle dagegen blieb auf dem Gehsteig stehen und behielt Kenyon im Auge, der zur 4th Street zurückzugehen begann. Die Menge machte ihm Platz. Er gelangte zur 4th Street und bog um die Ecke, und die Kinder und Erwachsenen folgten ihm zwar nicht länger, brüllten aber weiter »Buh!«, und jedes »Buh!« regnete auf ihn herab.

Erst als er sich in der 4th Street befand und die M Street ansteuerte, war er sie los. Auf halber Höhe blieb er stehen und erinnerte sich daran, dass er seit zwei Monaten nüchtern war. Er fühlte sich schwach, und an der Kreuzung 4th Street / M Street ging er in Leon's, um sich zwei Flaschen Rock-Creek-Brause zu kaufen. Er öffnete die beiden Flaschen mit dem Öffner, der am Kühlschrank hing. Als er aus dem Laden trat, ließ er die eine Flasche in der Papiertüte und trank die andere im Stehen. Er blickte die M Street entlang zu der Kreuzung, wo die New York Avenue die New Jersey Avenue querte. An der Ecke, wo er auf wackeligen Beinen stand, fiel die 4th Street zur K Street ab. Weiter oben in der M Street waren die 5th Street und das What Ailing Ya. Er ging die 4th Street hinunter und trank dabei seine Brause. Ihm fiel ein, dass es an der Ecke 4th Street / L Street einen Laden gab. Die beiden Flaschen, die er dabeihatte, würden ihm reichen, bis er zu dem Laden kam und sich mit zwei weiteren stärken konnte. Wenn es in dem Laden keine Brause gab, hätte er ein Problem. Was sollte er danach tun? Was sollte er tun?

Die Leute in der Ridge Street hatten Angst, dass Kenyon zurückkommen und Georgia wehtun könnte, daher begannen sie, auf sie aufzupassen, und fuhren sie zur Arbeit und wieder zurück. Für den Rest des Jahres 1955 fiel dem dreiundzwanzigjährigen Cousin des großen Lügners Larry Comstock, der erst vor einem Jahr aus Tennessee gekommen war, die Aufgabe zu, sie zur Arbeit zu fahren. Er hieß Randy Comstock und hatte sich mit einer jungen Frau verlobt, deren Familie ihr Eigenheim in Georgetown eingebüßt hatte, als die Stadtverwaltung und die amerikanische Bundesregierung sämtliche Farbigen vertrieben und stattdessen Weiße dort angesiedelt hatte. Randy redete gern, und Georgia genoss es, ihm zuzuhören.

Eines Tages gegen Ende Dezember begann er von dem Leben zu erzählen, das er und seine Verlobte in einem Haus in der South Dakota Avenue im Nordosten der Stadt für sich planten. »Es ist ein schönes Haus, Miss Georgia ... Richtig schön. Sie sollten's sich mal anschauen. Ich schätze, mit einem Kind, vielleicht auch mit zweien, könnten wir da glücklich sein, und wenn wir danach weitere haben, könnten wir in ein größeres Haus umziehen. Wir haben Pläne, Miss Georgia, wir haben richtig gute Pläne, und ich schätze, nach oben sind uns keine Grenzen gesetzt.« Er war ein besonnener Fahrer, beide Hände, wie es sich gehörte, am Steuerrad, was Judy wusste, als sie ihn zu Georgias Fahrer bestimmte. »Also, Irma, die will drei Kinder, Miss Georgia. Ich sage, vier. Ich möchte vier, weil das ist 'ne runde Zahl. Meine Mama und mein Papa hatten vier Kinder, und deren Mamas und Papas hatten auch jeweils vier Kinder, deswegen denk ich, dann ist es gut genug für mich. Aber Irma ... Ach, ich weiß nicht ... In der Hinsicht werd ich ihr wohl nachgeben müssen. Was ein richtiger Mann ist, muss seiner Frau in solchen Dingen nachgeben, hat mein Pappy immer gesagt. Aber ich denke, mit drei Kindern, damit kann ich leben. Glauben Sie, damit kann ich leben, Miss Georgia? Meinen Sie, drei Kinder reichen mir?«

Es waren noch anderthalb Jahre hin bis zu Georgias Heirat mit Alvin Deloach. Es waren mehr als acht Jahre hin bis zur ihrer Heirat mit Vaughn Anderson, der den Boden anbeten würde, auf dem sie wandelte, aber das war nicht die Art Liebe, die sie gewohnt war. »Ich denke, drei Kinder täten mir reichen, Miss Georgia.« Es waren noch fast zwanzig Jahre hin bis zu der Reise nach Israel mit Cornelia und Lydia, die zwar nicht Ärztin werden, jedoch mehr Geld verdienen würde als alle ihre Vorfahren zusammengenommen, alle bis zurück zu Eva. »Was ein richtiger Mann ist, kann sich seiner Frau fügen und trotzdem ein richtiger Mann sein, sag ich, Miss Georgia.« Es waren noch etwa dreißig Jahre hin, bis sie ihr erstes Enkelkind zur Welt kommen sah. »Eine gute Ehe besteht aus Geben und Nehmen, hat meine Mama immer gesagt.« Bis zu ihrem Tod waren es mehr als vierzigeinhalb Jahre hin.

Adam Robinson erwirbt sich Großeltern und eine kleine Schwester

Dienstag

Als das Taxi vom East Capitol in die 8th Street bog, sah Noah Robinson wieder einmal den Beweis, dass aus Washington die Bäume verschwanden. Wo waren all die Eichen, Ahorne und Birken, ja selbst die vereinzelten Birnen-, Apfel- oder Pfirsichbäume, die damals, als er von sich noch nichts wusste und die Stadt ihm stets so grün erschien wie der Himmel in der Vorstellung seiner Großeltern, noch gestanden hatten? Selbst als er die Verantwortung für Weib und Kinder übernahm, hatten die Bäume noch gestanden und ihn Jahr um mühevolles Jahr daran erinnert, wie weit er noch zu gehen hatte und wie weit er schon gekommen war. Jetzt mutete ihn das ganze Stadtbild öde an: keine hohen Bäume, in denen die Kinder Versteck spielen konnten, keine Zufluchtsstätten für alte Leute in der Hitze des Sommers. Wieso hatte er das Sterben der Bäume nicht schon früher bemerkt, mit vierzig, fünfundfünfzig, sechzig Jahren? Als er sieben war, seine Familie war gerade nach Washington gezogen, hatte er an der Stevens Elementary School eine Lehrerin gehabt, die ihren Schülern Kenntnisse über die Bäume der Großstadt vermittelte. Mrs Waters, die ihre Brille an einer rosa Schnur um den Hals trug, erzählte ihnen, dass sie von Glück reden konnten, in Washington Bäume zu haben. Der Junge liebte seine Lehrerin, er liebte es, mehr über Bäume zu erfahren, und er liebte die Art, wie die Bäume ihm durch die Worte der Lehrerin Mut machten: dass er, der sich nach South Carolina sehnte, in dieser neuen Welt doch noch glücklich werden mochte.

Inzwischen holperte das Taxi über Schlaglöcher die 8th Streeth hinauf. Das Baumsterben hatte sogar die bescheidenen Vorzeigebäume erfasst, Bäume, die das andere, für Fassade und Vernachlässigung bekannte Washington vielleicht zu retten getrachtet hätte. Diese Welt redete immer nur über die größten Paradestücke, die Bäume, denen sie alle Pflege angedeihen ließen – die Japanischen Zierkirschen. »Die Blüten kommen, die Blüten kommen!«, erscholl jeden Frühling ihr Halleluja. Der junge Mann Noah hingegen, für immer Mrs Waters' Schüler, hatte noch die Schönheit der Robinie und der Paulownia gekannt, deren prächtige Herzen im April, Mai und Juni erblühten. Und das taten sie ohne Schulkapellen, Schönheitsköniginnen und Touristen, ohne die albernen Zeitungsartikel, die Jahr für Jahr die Zierkirschen ankündigten. Die Wohnung der Frau, mit der er Ehebruch begangen hatte, befand sich in einem Gebäude, in dessen Hinterhof Eichen wuchsen, und einmal, als er bei ihr lag, hatte er Eicheln fallen hören und sie für Schritte gehalten. Und sich wochenlang von der Frau ferngehalten. Seinem Sohn gefielen die Bäume in Washington, seine Töchter dagegen fanden mehr Vergnügen an Rosenstöcken und Wilden Möhren oder auch an Goldruten, vielleicht weil sie nicht hinaufzuklettern brauchten, um die Blüten zu bewundern. Sein Sohn kletterte für sein Leben gern auf Bäume und rief zu seinem Vater hinab: »Schau mich an!« Wenn jemand starb, träumten Noah Robinsons Angehörige von dem Verstorbenen, aber von seinem Sohn, dem Benjamin der Familie, hatte bislang noch niemand geträumt. Vielleicht war er ja doch noch am Leben.

Das Taxi näherte sich der H Street, N. E. Noah sah, dass die für die Bäume bestimmten Holzkästen längst nur noch als Abfalleimer dienten. Zwischen den geparkten Autos konnte er erkennen, dass die Leute von der Stadtverwaltung hier und da einen jungen Baum gesetzt hatten, so wie der vor seinem Wohnhaus. Die meisten dieser Bäume, schwache, unbestimmbare Dinger, von hölzernen Streben gestützt, trugen nur wenige Blätter. Sie würden das Jahr nicht überleben. »Schlag Wurzeln oder stirb«, hatten sein Vater und sein Großvater immer gesagt.

Jetzt bog das Taxi in die H Street ein. Noah verzieh der Straße, dass sie im Grunde baumlos war, denn so war es immer schon gewesen. In der H Street mit all ihren Lädchen und ihrem schneidigen Leben, Sinnbild eines Volkes, das aus wenig viel zu machen wusste, hatte er Maggie umworben. Die Dunkelheit, die im Atlas Theater in der H Street herrschte, hatte ihm damals den Mut verliehen, sich zu ihr zu beugen und sie zum ersten Mal auf die Wange zu küssen. Maggie war nicht einmal sechzehn, und er hatte noch die zurückhaltenden Umgangsformen des ländlichen Südens. Irgendein Erwachsener, der sie in dem fast leeren Theater beaufsichtigte, so wie früher die Erwachsenen in Washington alle ihre Kinder beaufsichtigten, bemerkte den flüchtigen Kuss und erzählte Maggies Vater davon, und dieser verbot ihr zwei Monate lang, Noah zu sehen. Als das Taxi jetzt die H Street entlangfuhr, nahm Maggie Robinson ihre Hand von Noahs Knie und legte sie auf seine offene Hand, die auf seinem Schenkel ruhte. Sie seufzte frustriert, eine Frau, die an diesem Morgen nur Zeit für eine halbe Tasse Kaffee gehabt hatte. »Jetzt bin ich zufrieden. Mehr Kinder will ich nicht von dir, Noah«, hatte sie am Tag nach Calebs Geburt zu ihm gesagt. Vielleicht war ja Caleb doch noch am Leben.

»Weißt du noch«, fragte Noah, der den verschmutzten und unlesbaren Stadtplan auf der Rückseite des Vordersitzes studierte, »weißt du noch, wie du in D. C. keine Straße entlanglaufen konntest, ohne dass dir Bäume in den Weg sprangen und dir lästig wurden?« Bei Mrs Waters' Begräbnis war er einer der Sargträger gewesen. Da sie eine großartige Frau und Lehrerin war, hatte der Bürgermeister teilgenommen, den Mund voll teurer Zähne und mit einer künstlichen Kameraderie, die die Eliteschulen ihn und seinesgleichen dem einfachen Volk gegenüber als Charme auszugeben gelehrt hatten. Der Chauffeur des Bürgermeisters hatte sich auf dem Weg zur Beerdigung verfahren, da er es nicht gewohnt war, Anacostia aufzusuchen. In Noahs Jugend hatten die meisten Politiker sich in ihrem Bunker auf dem Capitol Hill eingeigelt.

»Ich weiß noch«, antwortete Maggie.

»Davon bin ich überzeugt.« Er sah sie an und zwinkerte ihr zu. In ihren Augen, den Augen einer Frau, deren Vorfahren seit über zweihundert Jahren Washingtoner waren, bedeutete ein Baum so viel wie jeder andere. Er drückte ihre Hand, hob sie an seine Lippen und küsste sie erst einmal, dann noch einmal. Immer hatte er darauf gewartet, dass die Frau, mit der er Ehebruch begangen hatte, eines Tages auf seiner Türschwelle stehen und seiner Frau eröffnen würde: »Ich habe bei dem Vater Ihrer Kinder gelegen.« Er wartete noch immer. Er ließ Maggies Hand los. Seit fünfundvierzig Jahren waren sie miteinander verheiratet. Letztes Jahr hatten ihre Freunde zur Feier ihres Hochzeitstages im Elks Club ein königliches Dinner für sie ausgerichtet und ihnen so viele Geschenke überreicht, dass sie zwei Autos benötigten, um sie nach Hause zu schaffen. Einen Monat später war ihre zweijährige Enkelin – keine Mutter, keinen Caleb zum Vater – bei ihnen eingezogen. Als Elsa, ihre Enkeltochter, in der ersten Nacht neben Maggie im Bett schlief, hatte er den größten Teil der Nacht im dunklen Wohnzimmer gesessen und zu einer Vase aus Waterford-Kristall hinübergeblickt, einem der Geschenke, die man ihnen bei dem Dinner im Elks Club überreicht hatte. Sie hatte mehr gekostet, als sein Großvater mit zwei Jahren Pflügen hinter dem Maultier verdient hatte. Ohne Licht, das sich in ihr brechen konnte, stand die Vase trüb und unbelebt auf dem Tisch neben der Couch. So viele Abkömmlinge von Sklaven hatten es in Washington zu etwas gebracht, sie und das Fleisch von ihrem Fleische, aber sein eigener Sohn hatte als Vater versagt, der Erste nach einer langen, langen Reihe guter und rechtschaffener Väter. »Ja, Ma'am, ich spreche von Ihrem Noah, dem Vater Ihrer Kinder. Ich habe bei ihm gelegen.« Konnte ein Mann, selbst ein Mann, der von seinen Kindern angebetet wurde, als guter Vater gelten, wenn er ein Ehebrecher war und die Mutter seiner Kinder gekränkt hatte? War er gar der Erste in dieser Reihe gewesen, der versagt und so den eigenen Sohn ins Verderben gestürzt hatte?

Monate vor der Ankunft ihrer Enkeltochter waren sie nach Kenia gereist. Ach, wie hatte er Kenia geliebt! Wie viel hätte es ihm bedeutet, auch den Rest der Welt zu sehen! Als Maggie in der ersten Nacht in Kenia eingeschlafen war, hatte er lange Zeit im Morgenrock am Hotelfenster gestanden, doch alle Geräusche und Gerüche Nairobis konnten ihn nicht in den Schlaf wiegen. So war es ihm dort fast die ganzen zwölf Nächte über ergangen. Aber er hatte Kenia so geliebt. Sie hatten geplant, als Rentner Afrika und die Welt zu bereisen. Jetzt aber wusste er, dass ihn seine beiden Enkel, erst Elsa und nun Adam, den Rest Afrikas und der Welt kosten würden.

In der North Capitol Street hielt das Taxi an. Die Verkehrsampel funktionierte mal wieder nicht, und die Leute von der Stadtverwaltung hatten einen Polizisten geschickt, der die Arbeit der Ampel übernehmen sollte. Noah wandte den Kopf, und in der kleinen Menschenmenge, die an der Straßenecke wartete, sah er einen Schwarzen mit bananengelbem Haar. Der Mann bewegte nickend den Kopf zu einer Melodie, die aus seinen Kopfhörern ertönte. Noah und der gelbhaarige Schwarze sahen einander an, und gleich darauf hob der Mann die Hand, um Noah zu grüßen. Auch dieser hob langsam die Hand. »Kennst du ihn?«, fragte Maggie. »Ich glaube, früher mal«, antwortete Noah. »Ich erinnere mich nicht. Ich weiß nur, dass es erst kurz nach zehn Uhr morgens ist und er schon zwanzig Weiße froh gestimmt hat.«

Dank der Tabletten gegen hohen Blutdruck, die er morgens nach dem Aufstehen einnehmen musste, war ihm oft vorübergehend schwindlig. Schwere Arbeiten, wie etwa die ausgedehnten Gymnastikübungen, mit denen er nach Elsas Ankunft begonnen hatte, musste er rasch hinter sich bringen. Heute Morgen war ihm nicht schwindlig. Vielleicht ahnte sein Körper, dass er sich heute ins Gefecht stürzen musste und keine Zeit auf Schwindelgefühle verwenden durfte. Was war mit Caleb schiefgegangen? War die Frau der Anfang und das Ende von allem? Bei *einem* Kind versagt zu haben, noch dazu bei einem Jungen. Dass er mit den drei Mädchen Erfolg gehabt hatte, machte keinen Unterschied. Caleb rief aus irgendeiner Wüste, und er rief Noahs Namen. Vielleicht hatte die Frau an die Tür zu ihrem Leben geklopft, und nur Gott hatte sie gehört, und Gott hatte aus seinem Himmel nach unten gelangt und ihn mit der Rundung von einem seiner Fingernägel gestraft.

Das Taxi fuhr in den Nordwesten von D. C. Die H Street schien vor lauter Schlaglöchern unpassierbar, und um ihnen auszuweichen, fuhr das Taxi schließlich die Massachusetts Avenue entlang, wo die Leute von der Stadtverwaltung es nicht versäumten, sich der Schlaglöcher anzunehmen, weil die Senatoren und Abgeordneten auf dieser Straße immer zum Capitol Hill fuhren und wieder zurück. An der 7th Street bogen sie links ab. Weiter unten in der Straße befand sich Lansburgh, ein ehemaliges Kaufhaus, das in den vergangenen paar Jahren von Weißen zu einem teuren Wohnblock umgebaut worden war. Als er dreizehn war, hatte sein Vater ihm im Lansburgh für fünfzehn Dollar einen blauen Anzug gekauft. Auch jetzt trug er einen Anzug, wie so viele Männer in einem gewissen Alter, ab einem gewissen Alter, Schwarze, die ganz ungezwungen mit solcher Kleidung aufgewachsen waren, da ihre Väter und Großväter es ebenso gehalten hatten. Wenn sie in die Welt hinausgingen, trugen sie Anzüge, so wie Ritter Rüstungen; selbst zu Baseballspielen oder wenn sie einem Job als Schuhputzer nachgingen, trugen sie Anzüge. Elsa, seine Enkeltochter, hatte geweint, als sie ihn am Morgen aus dem Haus gehen sah. Für eine Dreijährige, die lange mit den Leuten von der Stadtverwaltung und ihren Pflegefamilien zu tun gehabt hatte, verfügte sie über einen guten Wortschatz, nur »Grandpa« brachte sie nicht über die Lippen. »Grandma« fiel ihr nicht schwer. Sobald sie sah, wie er sich die Krawatte umband, eine, die schon sein Vater getragen hatte, hatte sie angefangen zu weinen. Er hatte sie hochgehoben, und sie hatte ihr verweintes Gesicht in seine Halsbeuge geschmiegt.

Bevor das Taxi wieder auf die H Street fuhr, fragte Noah seine Frau: »Was glaubst du, was er isst?«

»Kleine-Jungen-Essen«, antwortete seine Frau und tätschelte das knubbelige Knie eines Mannes, der hundert Kniebeugen schaffte.

Die Leute von der Stadtverwaltung hielten sich etwas darauf zugute, dass sie ihre Büros über die ganze Stadt verteilten. »Wir sind da, wo Sie sind«, verkündeten ihre Schilder. Das Gebäude Nr. 622

H Street in Chinatown wies nur fünf Stockwerke auf, obwohl die Frau von der Stadtverwaltung in einem anderen Stadtteil Noah am Telefon gesagt hatte, sie würden Adam im achten Stock antreffen.

Sie trafen Adam im fünften Stock an, wo sie, wie ein Mann vor dem Gebäude, der zwei Zigaretten gleichzeitig rauchte, ihnen gesagt hatte, »all die Jungen verwahren«. Auf dem Zettel an der Tür stand »824«. Das Stück Papier flatterte, obwohl im Korridor kein Wind ging. Der Junge, ihr Enkel, saß vor einem majestätischen Schreibtisch auf einem orangefarbenen Plastikstuhl und kehrte ihnen den Rücken zu. Seine Füße, etwa dreißig Zentimeter über dem Boden, hielt er still. Er war sechs Jahre alt, und zum letzten Mal hatten sie ihn gesehen, als er erst sieben Tage alt war, eingehüllt in eine der drei Decken, die Maggie bei Hecht's für ihn gekauft hatte. Hinter dem riesigen Schreibtisch saß ein schwarzer Polizist mit Dienstmütze und sah sich ein Heft mit Bildern nackter Frauen an. Er saß ihnen gegenüber, und als er Maggie und Noah sah, zeigte er auf sie, und Adam lugte um seinen Stuhl herum. Der Polizist und der Junge waren allein in dem großen Raum, der mit nichts als Telefonen, Stühlen und riesigen Schreibtischen angefüllt war. Unter seiner Dienstmütze hatte der Polizist Kopfhörer auf, und auf seinem Schreibtisch dudelte ein Radio. Als Noah näher trat, setzte der Polizist Mütze und Kopfhörer ab, und Noah hörte, dass die Musik im Radio eine andere war als die Musik, die aus den Kopfhörern drang.

Adam stand auf und stellte sich mit herabhängenden Armen dicht neben den Stuhl. Seine Hände waren leer, weit geöffnet, und ein Finger zuckte. Ihm stand etwas bevor, schien sein Körper zu sagen, und am besten sah er dem mutig ins Auge. Es war Mitte Juli, und die Leute von der Stadtverwaltung hatten ihm eine Cordhose und ein langärmeliges schwarzes Hemd verpasst, das Noah an die Gangster in Filmen erinnerte. Er war der Sohn von Maggies und Noahs einzigem Sohn, und er war Elsas Bruder, und jeder in der Welt, der ihren Sohn Caleb kannte, hätte die Ähnlichkeit wahrgenommen. Caleb und Adams Mutter Tamara waren wie vom Erdboden verschluckt, und seit Hunderten und Aberhunderten von Tagen hatte niemand sie gesehen. Maggie ging zu dem Jungen, kniete sich hin und zog ihn an sich. Neben dem Jungen stand eine Einkaufstasche. Jemand hatte mit Bleistift seinen Namen daraufgeschrieben, und zwar falsch. Sonst hatte er nichts bei sich, und dieses Sonst-Nichts bewog Maggie, ihn noch näher an sich heranzuziehen. Mit sechs Jahren hatte Caleb Robinson eine Kiste voller Spielzeug gehabt, eine Mutter, die Lehrerin war, drei Schwestern, die ihn wie einen Prinzen behandelten, einen Vater, der einen anständigen Lohn bezog, da er selbst mit verbundenen Augen jedes Auto reparieren konnte. Maggie hielt den Jungen weiter im Arm, aber Adam ließ noch immer die Arme herabhängen.

»Weißt du, wer ich bin?«, fragte sie ihn und beugte sich etwas zurück. Dann küsste sie ihn.

»Ja«, antwortete er, aber das entsprach nicht der Wahrheit. Ein Ja war stets leichter, sicherer als ein Nein. Aus irgendeinem Grund bedeutete ein Nein immer Scherereien, und der Junge hatte Scherereien herzlich satt.

»Ich bin deine Großmutter, und ich bring dich jetzt für immer nach Hause.«

Adam sah zu Noah auf, der auf ihn herablächelte und das Kinn des Jungen umfasste. »Das ist dein Großvater. Auf immer und ewig«, sagte Maggie. Adam erwiderte: »Ja.«

Der Polizist legte sein Heft hin, ließ die Seite, die er sich angesehen hatte, aber aufgeschlagen und stand auf. Er strecke Noah die Hand entgegen, der aber beachtete ihn nicht, sondern nahm stattdessen die Griffe der Einkaufstasche. Als sie erfuhren, dass Adam sich auch nicht bei der Familie seiner Mutter aufhielt, hatten sie einem Mann, der sich, obwohl im Solde des D. C., die Hälfte seiner Arbeitstage als Privatdetektiv betätigte, fünfhundert Dollar gezahlt. »Ich werde den Jungen finden«, hatte er ihnen versichert, sich aber nie auf die Suche gemacht. Vor drei Monaten hatten die Leute von der Stadtverwaltung aus heiterem Himmel angerufen und ihnen mitgeteilt, sie hätten ihren Enkel aufgegriffen, »einen Andy

Robinson unbekannten Alters«. Als Maggie und Noah jedoch zu der Adresse im Südosten der Stadt fuhren, um ihn abzuholen, befand er sich schon nicht mehr in der Obhut der Leute von der Stadtverwaltung. Man ließ fünf halbwüchsige Jungen vor dem Ehepaar aufmarschieren, doch keiner der Jungen hörte auf den Namen Adam, allen Bitten der Frau von der Stadtverwaltung zum Trotz. »Der bin ich nicht. Wie oft soll ich's Ihnen denn noch sagen, Lady? Der bin ich nicht«, beharrte der Kleinste der fünf. Adam blieb weiterhin vermisst, bis die Leute von der Stadtverwaltung abermals anriefen, vor zwei Tagen, an einem regnerischen Sonntagmorgen um vier Uhr. »Warum rufen Sie so früh an?«, fragte Noah. »Hab nichts Besseres zu tun, Mister.«

Da die Fahrstühle, wenn Leute darin standen, nicht abwärts fuhren, nahmen sie die Treppe. Draußen krempelte Noah dem Jungen die Ärmel und die Hosenbeine auf, und Maggie hielt Adams Hand fest. Er wandte den Kopf nicht nach links und nicht nach rechts, sondern starrte nur nach vorn. H Street war eine belebte Straße, dennoch schien er sich zu zwingen, keine Neugier auf das zu zeigen, was um ihn herum vorging.

»Hast Hunger, Adam?«, fragte Noah.

Adam sagte: »Ja.« Die Leute, mit denen er zu tun gehabt hatte, ob in der Stadtverwaltung oder außerhalb, hatten ihm beigebracht, man könne sein Kopfnicken nicht hören. Kopfnicken oder Kopfschütteln waren für sie gleichbedeutend mit einem Nein. Und sie zogen »Ja« vor, nicht »Jau«. »Brave schwarze Kinder sagen niemals ›Jau‹. Schließlich bist du nicht auf irgendeiner Sklavenplantage, Junge.«

»Magst du chinesisches Essen?«, fragte Noah und blickte die H Street auf und ab zu all den Restaurants.

»Ja.«

Noah und Maggie sahen einander an. »Oha«, sagte Noah. »Du magst wohl Corned Beef und Kohl, was?«

»Ja.«

»Dann suchen wir lieber ein McDonald's oder so was«, sagte Maggie. »Ich glaube, der würd auch noch 'nen Schierlingsbecher trinken, wenn wir ihm einen vorsetzen.«

Sie gingen zu McDonald's in der E Street gegenüber dem Hauptquartier des FBI, einer regelrechten Festung. Maggie und Adam setzten sich an einen Fensterplatz, während Noah das Essen holen ging. »Ich hab fünf Dollar«, sagte Adam, während sie warteten. Weißt du nicht, dass Essen Geld kostet, Junge? Weißt du das nicht? Schwarze Kinder müssen den Wert des Geldes schätzen lernen.

»Ach ja?«, fragte Maggie. »Dann bist du ja reich.« Er blickte verwirrt drein und erwiderte: »Ich hab sie von 'ner Lady, die mal meine Mutter war.« Manchmal zogen sie die Wahrheit vor.

»Von Tamara? Du hast sie von Tamara?« Wo immer seine Mutter sich aufhielt, bei Caleb war sie nicht. Maggie war zu Ohren gekommen, dass Tamara und Caleb gegen Ende, kurz vor Elsas Geburt, einander nur noch verachteten. »Drogengesindel«, hatte Noah sie genannt. Was aber noch schlimmer war, fuhr er fort, es waren schlechte Eltern, die ihr eigen Fleisch und Blut in den Wind geschleudert hatten. Schlag Wurzeln oder stirb. »Du hast das Geld von Tamara?«

»Nein«, antwortete Adam leise. »Von der anderen Lady, die meine Mutter war. Miss Joyce. Sie war nicht mal mehr meine Mutter und hat mir trotzdem fünf Dollar gegeben. Ich hatte Schaumbäder mit Millionen Seifenblasen. Sie hat mir fünf Dollar gegeben, als Miss Billie meine Mutter war. Miss Billie hat dem Mann eins mit der Bratpfanne übergezogen, da ist ihm das Blut aus dem Kopf geschossen.« Adam klopfte sich mehrere Male mit den Fingerknöcheln auf den Kopf. »Er ist hingefallen und eingeschlafen. Da hat sie ihn noch mal gehauen.« Er klopfte weiter, dann ließ er die Hand auf dem Tisch ruhen, dessen Kante ihm bis Brusthöhe reichte. »Miss Joyce hatte ein großes Haus. Mit Schaumbädern.«

Noah kam mit dem Essen. Er setzte sich ihnen gegenüber, mit dem Rücken zum Fenster. Als Platzdeckchen für Adam breitete er Papierservietten aus, wickelte einen Hamburger für den Jungen aus und stach einen Strohhalm durch den Deckel des Schokoladenmilchshakebechers. Adam beobachtete die Hände seines Großvaters. Noah riss die Pappschachtel auf, aus der die Pommes frites ragten, und spritzte aus kleinen Tütchen Ketchup darüber. Es war fast Mittag, die Sonne stand hoch, und sie saßen im Schatten.

Adam legte die Hände in den Schoß. Eine Mutter von der Stadtverwaltung hatte ihn und die anderen an ihrem Tisch vor und nach den Mahlzeiten ein fünfminütiges Gebet an Jehova, Unseren Liebreichen Herrn, sprechen lassen. »Iss, Junge, iss«, sagte Noah. »Wo's das gibt, gibt's noch mehr.« Adam aß. Jedes Mal, wenn jemand in ihre Nähe kam, lehnte er sich vor und beugte sich über sein Essen, und wenn der Betreffende vorbeigegangen war, richtete er sich wieder auf.

Noah aß kleine Stückchen Hühnerfleisch. »Warum hast du denn die genommen?«, fragte Maggie. »Fisch wär gesünder für dich.«

»In der Zeitung hab ich gelesen, dass Fisch schlimmer ist. Hat damit zu tun, woraus er sich zusammensetzt, was sie da reintun. Und die ganze Soße. Bei Huhn weiß ich einigermaßen, woran ich bin. Wenn du dem Huhn den Hals umgedreht hast, musst du schon ziemlich viel mit ihm anstellen, um es in Ekelfleisch zu verwandeln.« Er blickte zu Adam. »Stimmt's?«

»Ja.«

»Er ist reich«, sagte Maggie. »Er hat fünf ganze Dollar. Seine Mutter hat sie ihm gegeben.« Sie sah Noah scharf an, damit er auch wirklich begriff, was sie meinte. »Nicht Tamara. Miss Joyce.«

»Ich hab sie in meinem Schuh.«

»Verrat den Leuten bloß nicht, wo du deine Wertsachen aufbewahrst, Schätzchen«, sagte Noah. »Bei uns geht's ja noch. Aber verrat's nicht den andern, Schätzchen.«

Maggie legte ihren Hamburger hin. »Du weißt doch«, sagte sie zu Adam, »dass du zu uns nach Hause kommst?«

»Nach Hause, zu Mama Wilson?« Er aß nicht weiter. »Nach Hause?«

»Nein, zu uns«, erklärte Noah. »Von jetzt an wohnst du bei uns. Wir sind deine Angehörigen, wir sind deine Familie.« Noah zeigte auf Maggie, dann auf seine eigene Brust. Vor einer Woche erst hatte ein pensionierter Freund von Noah sein Boot bestiegen und war mit seiner vierten Frau davongesegelt, auf Weltreise. Ein Schwarzer und eine Schwarze auf dem weiten blauen Meer.

Adam aß wieder, aber sie merkten, dass das bisschen Freude, das er am Essen gehabt hatte, verflogen war. »Ja«, sagte er nach einem Bissen. »Ja, Ma'am« oder »Ja, Sir« war öfter verboten als erlaubt. Manchmal fanden die Leute, ein »Ma'am« oder ein »Sir« lasse sie alt erscheinen. »Bring mich bloß nicht vorzeitig ins Grab«, hatte ein Mann von der Stadtverwaltung ihn verwarnt. »Ich will mich nicht ins Grab legen, bevor der Herrgott mich zu sich ruft.«

Ihre Enkeltochter Elsa stand klein und erwartungsvoll da, als Maggie die Tür öffnete. Sie rannte auf sie zu und umklammerte ihr Bein, dann schlang sie ihre Arme um Adam, reckte sich und küsste ihn auf die Wange, obwohl sie ihn noch nie in ihrem Leben zu Gesicht bekommen hatte. Adam, der schon etlichen netten Kindern begegnet war, kicherte. Schließlich ging Elsa zu Noah, und mit einem Arm, der fünfundsiebzig Liegestütze zuwege brachte, hob er sie hoch. Elsa küsste ihn auf den Mund.

»Ich dachte schon, die kriegt 'nen Rappel von der Warterei«, sagte Mrs Battle, eine Nachbarin von unten. »›Grandma‹ dies und ›Grandma‹ das. Dauernd hat sie auf das Bild von Ihnen auf der Anrichte gezeigt. Aber nach 'ner Weile hat sie sich beruhigt. Wenn Sie einem Kind erzählen, wie man Baumwolle pflückt, wird es still. Wie man diese Reihe rauf und diese runter geht. Vom Baumwollpflücken reden ist wie das Wiegenlied einer Mutter. Das Kind beruhigt sich und schlummert ein.«

Noah erwiderte nichts. Maggie stellte sie Adam vor. »Da haben wir ja jetzt ein volles Haus, was?«, bemerkte Mrs Battle. »Meine Güte.« Sie hatte neun Enkel und drei Urenkel, aber wenn die zu Besuch kamen, mussten sie abends wieder nach Hause. Und wenn sie einem von ihnen erlaubte, bei ihr zu übernachten – denn sie liebte sie alle mehr, als sie zugab –, mussten die Eltern des Kindes noch vor Mittag kommen, um es wieder abzuholen, oder sie setzte das Kind in ein Taxi, um es nach Hause bringen zu lassen. Bevor das Taxi vorfuhr, um das Kind abzuholen, heftete sie einen Umschlag mit einer Notiz an seine Bluse oder sein Hemd: »Ich habe schon eine Familie großgezogen und nicht vor, noch eine großzuziehen.«

Adam sah Mrs Battle nach, dann blieb er neben seiner Einkaufstasche stehen. Alles war verkehrt, weil alles so vollkommen war. Die Art, wie der Teppichboden selbst durch seine Tennisschuhe hindurch seinen Füßen schmeichelte. Der Tisch mit den vielen Blumen vor dem Fenster, einem sauberen Fenster, dessen tiefblaue Vorhänge in der Brise flatterten, die von dem Apparat herrührte, der alles kühlte. Die tausend Fotos von Erwachsenen und Kindern, die ein größeres Anrecht darauf hatten, dort zu stehen, wo er jetzt stand, weil sie zur Familie gehörten. Die Puppe des Mädchens, die, gegen die Couch gelehnt, auf dem Boden schlief und auf die nächste Spielrunde wartete. Vollkommenes hatte er auch früher schon gekannt, aber immer hatte es einen Haken gehabt, und daran hatte er erkannt, dass dies sein Zuhause war, selbst wenn es nur zeitweilig war: die ganze Zeit Musik, sogar mitten in der Nacht. Ein großer Hund, der an einem Stuhlbein nagte und den Kopf schief legte, um ihn zu beäugen. Was guckst 'n so, Kleiner? Ein drohender Finger vor seinem Gesicht, der tausend Regeln unterstrich. Sandwiches mit Senf und Ketchup. Zigarettenqualm, der sich kräuselte, ehe er ihm in die Nase stieg. Selbst in Miss Joyces großem Haus hatte es düstere Winkel gegeben, die ihm zuraunten: Bleib weg. Der Keller.

Was immer dies hier war, es war jedenfalls kein Zuhause, so wie man es ihm beigebracht hatte. Er steckte seine Finger durch die Griffe der Einkaufstasche. »Wann kann ich nach Hause?«, fragte er schließlich so unterwürfig, wie er nur konnte.

»Was?«, fragte Noah. Er setzte Elsa ab. Maggie regulierte den Thermostat. »Du bist zu Hause«, sagte Noah. Adam blinzelte, ließ die Griffe aber nicht los. Noah hielt dem Jungen seine Hand hin, und Adam ergriff sie und schleifte die Einkaufstasche hinter sich her. Noah führte ihn zum ersten Schlafzimmer der Wohnung. »Das hier ist dein Bett.« Der Mann zeigte auf eines der beiden Einzelbetten, die links und rechts von einem mit einem grünen Vorhang geschmückten Fenster standen. Die Bettdecke war beige und mit Zeichentrickfiguren übersät, an die Adam sich von dem Fernseher in einem Heim der Stadtverwaltung im Nordosten her erinnerte. »Und das da ist dein Teddybär, der darauf wartet, dass du ihm einen Namen gibst.« Einmal hatte Adam gesehen, wie ein Hund namens Cecil einem Teddybären den Bauch aufschlitzte. Der braune Bär auf diesem Bett saß gegen zwei übereinandergelegte Kopfkissen gelehnt und breitete die Arme aus.

Elsa stand jetzt in der Tür.

»Und hier«, sagte Noah und führte ihn durch das Zimmer zu einer Kommode, »die beiden Schubladen hier oben gehören dir.« Er zog die Schubladen heraus und hob Adam hoch, um ihm die Hemden, die Schlafanzüge und die Unterwäsche zu zeigen, die Maggie am Vortag bei einem Schnelleinkauf in der Innenstadt besorgt hatte. »Und die mittlere kannst du dir mit Elsa teilen, für Socken und was weiß ich. In Ordnung?« Er zog die Schublade auf und wies auf die Socken des Jungen auf der linken Seite. »Siehst du?«

Adam sagte: »Ja.«

»Du weißt doch, dass Elsa deine Schwester ist, oder?«

»Ja.«

Noah merkte, dass die Jas sich häuften, aber nicht ein Fitzelchen Anteilnahme oder Verständnis erkennen ließen. Er stellte die Einkaufstasche neben dem Bett auf den Boden, setzte sich auf das Bett und nahm Adam zwischen seine Beine. »Ich weiß, wie schlimm es sich im Augenblick anfühlt, aber du wirst schon sehen. Es wird schon werden.« Noah glaubte nicht daran. Die zweite Bank musste ihn noch anrufen wegen der Auflösung von einem seiner Pensionsfonds. Mit dem Ertrag hätten sie eine Reise nach China finanziert, wenn sie siebzig wären. »Kannst du mir vertrauen? Kannst du darauf vertrauen, dass deine Grandma und ich das Richtige für dich tun?« Noah öffnete die Hände, formte sie zu einer Schale und bot sie dem Jungen dar. Adam legte eine Hand in die Schale. Elsa kam zu ihnen und stellte sich dicht neben Adam. Sie sagte nichts, sondern beobachtete den Mann und den Jungen nur. Adam sah sie an, und sie drückte ihr Gesicht fest an seinen Arm. Irgendwie kam sie ihm bekannt vor, und als er so seine Hand in der seines Großvaters ruhen ließ, dachte er, wenn er sich an sie erinnern könnte, wäre er vielleicht wieder zu Hause, bei Mama Wilson, und alles wäre pfundig.

Donnerstag

Schon fünf Wochen lang hatte Noah sich um einen jungen, anfälligen Baum vor ihrem zweigeschossigen Wohnhaus gekümmert. An diesem Abend nahm er seine Gießkanne und ging mit den Kindern hinaus. Der Baumkasten war schon seit acht Tagen frei von Abfällen, ein Rekord. Etwa auf halber Länge der Straße, vor der Nummer 1500 der Independence Avenue im Südosten, stand eine Eiche. Sie war robust. Vielleicht lag's an den Gebeten der drei älteren Frauen, die in dem Haus gegenüber wohnten. Auf der anderen Straßenseite, bei der 16th Street, befanden sich die Überreste eines Trompetenbaums, der sich zu sterben weigerte.

Noah reichte Adam die Gießkanne. »Gib ihm Wasser«, forderte er den Jungen auf, und Adam wässerte den Baum. »Jetzt lass sie mal.« Adam gab die Kanne an Elsa weiter, die Mühe damit hatte und das meiste Wasser auf den Gehsteig und in die Gosse verspritzte. Adam sah Noah an, und dieser zwinkerte ihm verschwörerisch zu. »Mädchen«, formte Noah mit den Lippen und verdrehte dabei die Augen.

Sein Auto, ein Toyota, ein Jahr alt, war ein paar Meter hinter dem Haus abgestellt. Noah öffnete die Beifahrertür und ließ Adam auf den Fahrersitz klettern. Er selbst setzte sich auf den Beifahrersitz und nahm Elsa auf den Schoß. Er wartete darauf, dass der Junge so tat, als würde er den Wagen lenken, so wie alle Jungen, so wie Caleb, aber Adam schaute nur zum Fenster hinaus. »Komm, fahr uns wohin«, forderte Noah ihn auf. Adam fragte: »Wohin?« »Wohin du willst«, antwortete sein Großvater, nahm Adams Hände und legte sie aufs Steuerrad. »Warum fährst du uns nicht nach Hause?« »Nach Hause«, wiederholte Elsa. Ohne ein Wort zu sagen, ließ Adam seine Hände langsam über das Steuerrad gleiten. Noah sagte: »Genau davon rede ich.« »Rede ich«, wiederholte Elsa.

»Bist du schon mal geflogen?«, wollte Adam wissen, sah seinen Großvater dabei aber nicht an, sondern bewegte immer noch die Hände übers Steuerrad.

»Jau«, erwiderte Noah. »Schon ganz oft. Du denn schon?«

Adam antwortete nicht.

»Wir nehmen dich mal mit. Wir besuchen deine Tante Charlene in Chicago. Überraschen sie, bevor sie uns besuchen kommt. Wir fahren nach Baltimore, um deine Tante Laverne zu besuchen und deinen Onkel und deine Cousins. Und wir fahren über den Fluss, um deine Tante Imogene zu besuchen.«

Der Junge legte die Hände in den Schoß und sah aus dem Fenster. Himmelherrgott, dachte Noah. Was hab ich denn nun schon wieder gesagt? Was hatte das nun wieder ausgelöst, fragte er sich, die Sache mit dem Fliegen, Tante Charlene, Chicago? »Du denkst doch nicht schon wieder daran, nach Hause zu wollen, oder?« Adam antwortete nicht. Noah nahm die Hand des Jungen und legte sie wieder aufs Steuerrad. »Fahr uns wohin, Adam«, sagte er. »Bring uns irgendwohin.«

Samstag

Während Noah das Geschirr abwusch, badete Maggie die Kinder. Der Junge hatte zwei recht auffällige Narben auf dem Rücken, eine oberflächliche auf der linken Schulter, etwa fünf Zentimeter lang, und eine tiefere im Kreuz, etwa zwei Zentimeter lang. Sie brachte den Mut nicht auf, ihn danach zu fragen. »Wir müssen dich aufpäppeln«, sagte sie und drückte den Waschlappen aus, sodass ihm das warme Wasser über den Rücken lief. »Müssen dich mästen wie ein kleines Ferkel.« Er sagte ihr, er kenne ein Badewannenlied, und fing an, ein paar Nonsensverse zu singen. Elsa, die mit dem Rücken zum Wasserhahn saß, stimmte ein. Ihr Rücken war makellos.

Später, nachdem die Kinder sich eines von zwei Dutzend Videos angesehen hatten, die die jüngste Tochter aus Virginia geschickt hatte, setzte Noah sich zwischen sie auf die Couch und las ihnen aus einem Märchenbuch vor. Bevor er Maggie kennenlernte, war er kein guter Leser gewesen. Nach Mrs Waters sei er mit der Schule nicht mehr klargekommen, hatte er ihr einmal gesagt. Nicht einmal drei Wochen, nachdem Elsa zu ihnen gezogen war, hatte er sie auf den Schoß genommen, um ihr eine schlichte Gutenachtgeschichte vorzulesen. Sie hatte auf die Illustrierten auf dem Couchtisch gezeigt, und er musste drei Ausgaben von *Ebony* über sich ergehen lassen, da sie sich nach jeder einzelnen Abbildung erkundigte. Hunderte von Seiten und Tausende von Bildern. »Was das?«, fragte sie jedes Mal, wenn sie auf ein Bild zeigte. »Das ist ein Wauwau.« Natürlich wusste sie, was ein Mann, ein Hund oder eine Frau waren, wenn sie sie im täglichen Leben sah, doch aus irgendeinem Grund musste er für sie eine Verbindung zwischen ihrer Vorstellung und den bunten Bildern in den Illustrierten herstellen. »Was das?« »Ein Lastwagen.« Und zwar immer wieder von neuem herstellen. Bei der dritten Illustrierten begann er zu mogeln und blätterte immer fünf oder zehn Seiten gleichzeitig um. »Was das? Was das?«

Adam schlief ein, bevor das Märchen zu Ende war. Er lehnte gegen Noahs Arm, und sein offener Mund formte ein winziges O. Sein Großvater trug ihn in sein Bett, wo schon der Teddybär auf ihn wartete. »Macht Heia«, sagte Elsa, als Noah das Zimmer verließ. »Und jetzt du«, sagte Maggie und hob das Mädchen hoch.

Auf der Couch legte Noah den Arm um Maggie. »Jetzt gibt's kein Techtelmechtel mehr mit meiner Tochter«, hatte Maggies Vater zu Noah gesagt, nachdem der wegen des Kusses im Atlas Theater verbannt worden war. Ihr Vater hatte den fünfzehnjährigen Noah beim Schlafittchen genommen und ihn ums Haus geführt. Eine uralte Ulme breitete ihre Krone über dem Grundstück von Maggies Familie und dem ihrer Nachbarn aus. »Dass Maggie dich sehen will, kann ich nicht ändern, Junge, wohl aber, wie viele Zähne ich dir ausschlagen werde.« In anderen Städten gediehen Ulmen nicht so recht, hatte Noah gehört, aber die, die er in Washington gesehen hatte, entwickelten sich alle prächtig. »Mach den Mund auf, Junge. Mach ihn weit auf. Den hier, den nehm ich mir. Und die beiden Zähne da drüben, die schlag ich dir auch aus.« Er hatte die Grabrede auf seinen Schwiegervater gehalten, seinen Sohn nach ihm benannt. »Dies ist der traurigste Tag meines Lebens, denn ich bin gekommen, einen meiner Väter zu begraben«, hatte Noah in der Kirche vor einer tausendköpfigen Gemeinde gesagt.

»Möchtest du noch etwas Kuchen?«, fragte Maggie.

»Danke nein, ich mag heut Abend nichts mehr.« Er drückte ihre Schulter. »Willst du 'n bisschen fernsehen?« In der Hoffnung, ihren Vater zu beeindrucken, hatte er sich durch sein High-School-Abschlussjahr gekämpft.

»Was gibt's denn?«, fragte Maggie. Sie hatte einen Doktor. Seine drei Töchter hatten insgesamt vier Dr. phil. und einen Dr. med. vorzuweisen. Er und Caleb hatten nur das Schulabgangszeugnis. »Was soll ich nur mit dir anstellen, Noah?«, hatte ihr Vater an dem Tag gesagt, als Noah um Maggies Hand anhielt. In den Ohren eines Ehebrechers klangen fallende Eicheln wie die Schritte eines Schwiegervaters.

»Lass sehen, ich schalt ihn noch mal ein.« Er griff nach der Fernbedienung, aber sie zog seinen Arm zurück.

»Er soll durch Zauberei angehen«, sagte sie. »Lass mal sehen, ob er auch durch Zauberei angeht.« In Rom hatten sie den Fernseher eingeschaltet, aber nichts verstanden, weil sie die Sprache nicht beherrschten. In Paris hatte es in den ersten Tagen geregnet, und sie schliefen bis elf Uhr morgens. »Ich seh dich wieder, Kenia«, hatte er gesagt, als er im Flugzeug saß und den Sicherheitsgurt festschnallte. »Über kurz oder lang seh ich dich wieder.«

Montag

In den Todesanzeigen in der Zeitung sah er zum hundertsten Mal einen Namen, der auf die Frau passen mochte, war sich aber nicht sicher, da er ihren Namen längst vergessen hatte. Die Frau und er hatten die Sache ein knappes Jahr, bevor Maggie mit Caleb schwanger wurde, angefangen. »Was soll das, Ihr Mittagessen in dieser schmutzigen alten Garage zu essen?«, hatte die Frau zu ihm gesagt, als sie ihren kaputten Chevrolet brachte und sah, wie er auf einem Hocker saß und ein Sandwich mit Thunfischsalat verzehrte, das Maggie ihm gemacht hatte. Maggies Kaffee in der Thermoskanne war noch heiß. »Ich habe 'nen hübschen Tisch und 'nen Stuhl, die nur drauf warten, dass sie benutzt werden.« Einmal hatte Maggie ihn gefragt, was er davon hielt, für den Rest seines Lebens nur eine Frau zu haben, und unschuldig hatte er die Frage zurückgegeben und sie gefragt, was sie davon hielt, für den Rest ihres Lebens nur einen Mann zu haben. Sie hatte geantwortet, das sei ihr schon recht. Einfach nur recht – na, ich danke bestens! Damals hatten sie erst ein Kind, und als sie ihm die Frage stellte, war es Nacht, und genau da fing das eine Mädchen zu weinen an, und er kam nie wieder dazu, ihr zu antworten, und nie wieder stellte sie ihm die Frage. Ein Baby, zwei Babys, drei Babys … Nachdem die Frau ihm ihren Stuhl und ihren Tisch angeboten hatte, wartete er zwei Tage, dann schaute er im Auftragsbuch nach ihrer Adresse und sagte seinen Kollegen, Big Tiny und den anderen, er werde im Park zu Mittag essen. Big Tiny meinte: »Aber lass dich auf keine Prügelei mit den frechen Bäumen im Park ein, hörst du?« »Hab gewusst, dass du's bist, noch bevor ich die Tür aufgemacht hab«, sagte die Frau, nachdem er zweimal angeklopft hatte – und zwar so leise, dass er nicht einmal ein schlafendes Baby aufgeweckt hätte. Es war einige Tage nach Palmsonntag, und zwischen Schlafzimmerwand und Spiegel hatte sie Palmzweige gesteckt. Durchs Fenster wehte der Wind herein und rüttelte an den Palmwedeln, und als der Wind sich legte, beruhigten sich als Erstes die unteren Wedel. Die oberen brauchten etwas länger, da sie den Wind länger in Erinnerung behielten. »Ich bin katholisch«, sagte die Frau, als Maggie im fünften Monat mit Caleb schwanger war. »Katholisch mütterlicherseits. Die reinste Katholikin. Väterlicherseits bin ich durch und durch Baptistin.«

Zu Hause beteten seine Töchter ihn weiter an, und seine Frau wurde immer runder mit Caleb. Als dieser zwei Wochen alt war, sagte Noah der Frau, er werde nicht mehr zurückkommen. Die Frau zuckte mit den Achseln. »Wie gewonnen, so zerronnen. Ein Baum hat mehr Blätter, als ich zählen kann. Wozu weinen wegen einem Blatt, das abfällt?« Noch ehe Caleb zwei Jahre alt war, kehrte Noah wieder zu ihr zurück, und er glaubte stets, dass es diese Rückkehr war, die ihn und seinen Jungen ins Verderben gestürzt hatte. Gott hatte zu den Isrealiten gesagt: Die Väter haben saure Trauben gegessen, und den Kindern sind die Zähne stumpf geworden. Ach, dieser Gott! Gott und seine langen, strafenden Fingernägel ... Bevor Caleb zweieinhalb war, nahm Noah abermals Abschied von der Frau. In der Nacht dieses Abschieds wurde Caleb krank. Im Rettungswagen hielt Noah seinen am ganzen Leib zitternden Sohn im Arm, und während der ganzen Fahrt zum Krankenhaus dachte er, sein Junge würde wieder gesund werden, wenn nur die Sirene verstummte und ihnen Stille vergönnt wäre. »Können Sie den Lärm nicht abstellen?«, sagte er zu der Fahrerin. »Der Lärm zeigt den Leuten, dass Ihr Sohn jemand Wichtiges ist, Mister«, antwortete die Frau.

Mittwoch

Seit Adams Ankunft hatte Noah in vielen Nächten wenigstens drei Stunden schlafen können. Aber Dienstagnacht schlief er nur zwei Stunden. Nachdem er eine Stunde lang mit offenen Augen dagelegen und versucht hatte, sich zum Schlafen zu zwingen, stand er gegen zwei Uhr auf und ging leise aus dem Zimmer. Maggie schlief immer gleich binnen fünf Minuten ein, kaum dass sie den Kopf aufs Kissen gelegt hatte. Eine Frau, die nie Ehebruch begangen hatte. Er blieb in der kleinen Diele stehen, bis seine Augen sich an die Dunkelheit gewöhnt hatten.

An der Tür zum Kinderzimmer hörte er zwar nichts, aber er spürte, dass Adam wach war.

Er tat einen Schritt ins Zimmer und fragte: »Adam?«

»Ja?«

»Du solltest schlafen.« Adam saß aufrecht im Bett. »Du brauchst 'ne Menge Schlaf.«

»Ja.«

»Warum versuchst du dann nicht zu schlafen?« Adam legte sich hin. Noah blieb länger als eine Viertelstunde bei ihm stehen, aber der Junge schlief nicht ein. Die Klimaanlage ließ Noah frösteln, und schließlich ging er zur Couch, setzte sich hin und hüllte sich in die Wolldecke, die seine Tochter Laverne ihm zu seinem fünfundsechzigsten Geburtstag geschenkt hatte. Maggie brachte Elsa jeden Sonntag zur Kirche, und für den kommenden Sonntag hatte sie vor, auch Adam mitzunehmen. »Es kann ihnen nicht schaden«, hatte sie zu ihrem Mann gesagt. Noah war schon seit drei Jahren nicht mehr in der Kirche gewesen. Würde ein Großvater, der zur Kirche ging, einem Enkel zu etwas Nachtruhe verhelfen? Würde Gott ihn so lange am Leben lassen, bis die Kinder erwachsen waren? Konnte Gott ihm den Ehebruch verzeihen? Konnte Gott sich dazu durchringen?

Gegen drei legte er die Füße auf die Couch. Um vier ging er, die Wolldecke um die Schultern, zum Kühlschrank und holte sich eine Scheibe Käse. Um halb fünf ging er wieder hinein und sah, dass Adam eingeschlafen war. Um fünf holte er sich noch zwei Scheiben Käse, klappte sie zusammen und tunkte sie in das Glas Mayonnaise. Um Viertel vor sechs warf der Austräger die Zeitung vor seine Tür. Noah öffnete, blieb, die Zeitung in der Hand, auf der Schwelle stehen und blickte auf die Metallstufen, die zum Dach hinaufführten. Noah hatte einen Logenbruder, der offenbar jeden Tag seines Lebens sündigte, und nie war ihm etwas Schlimmes zugestoßen. Mit fünfundachtzig war er im Schlaf gestorben, in einem großen Haus, neben seiner siebten Frau, nahebei schlief sein dreizehntes Kind, ein Säugling. Bei seinem Begräbnis war Noah einer der Sargträger gewesen. Er überflog die Schlagzeilen auf der Titelseite und hörte, wie unten jemand einen Topf fallen ließ. Es war hart, sich klarzumachen, dass Gott seine Lieblinge hatte, die er immer wieder bevorzugte. Auf der Türschwelle las er die Todesanzeigen.

Dienstag

Gegen halb sieben stand Noah auf. Als er die *Washington Post* hereinholte, musste er gähnen. Wie Maggie befand er sich seit drei Jahren im Ruhestand. Mit Kaffee und Zeitung in der morgendlichen Küche allein zu sein war etwas, worauf er sich immer freute. Für Sport interessierte er sich nicht sonderlich, er las gern die Titelseite und den Lokalteil, um zu sehen, was die Welt den Menschen wieder Böses angetan hatte. Die Tür zum Kinderzimmer war angelehnt, und als er sie ganz aufstieß, sah er Adam mit seiner Einkaufstasche vor sich stehen. Der Junge bot einen herzzerreißenden Anblick. Er hatte noch das Oberteil seines Schlafanzugs an, darunter aber trug er die Cordhose und die Tennisschuhe vom ersten Tag. Noah sah, dass die Schnürsenkel nicht richtig zugebunden waren. Adam wirkte sonderbar wach, als habe er schon die ganze Nacht so dagestanden und darauf gewartet, dass jemand die Tür aufstieß. »Wann geh ich nach Hause?«, fragte der Junge. Er legte etwas mehr Nachdruck in seine Worte als am Vortag.

»Versuchst du, mich so früh am Morgen zu reizen, Junge? Gestern hab ich dir doch gesagt, dass du schon zu Hause bist. Das ist dein Zimmer, das ist deine Decke, das ist dein Schrank, das ist deine Schwester, das ist dein Fußboden. Das ist dein Großvater. Alles deins.«

Adam sah sich ohne Überzeugung um. Elsa schlief noch.

»Stell die Tasche ab.« Noah wollte schreien, er glaubte, dass laute Worte besser wirkten als leise. »Stell sie sofort ab. Stell die Tasche ab, sag ich, und komm frühstücken.«

Adam ließ die Griffe der Tasche los.

»Wo sind deine Hausschuhe?«, fragte Noah. Adam blickte zum Bett hinüber. Die Hausschuhe standen ordentlich neben dem Bett auf dem Fußboden. Er hatte versucht, sein Bett zu machen, aber es war der Versuch eines kleinen Jungen, und die Decke war ganz zerknittert. »Zieh die Hausschuhe an. In Straßenschuhen kann ein Mann sein Frühstück nicht genießen.« Adam zog die Hausschuhe an und stand wieder vor seinem Großvater. »Jetzt komm, wasch dich.« Elsa schlief immer noch.

Noah bestrich eine Scheibe Toast mit Butter und stellte Adam eine Schale Cheerios hin. »Dein Daddy mochte Wheaties«, sagte er, setzte sich Adam gegenüber und löffelte Zucker in seinen Kaffee. »Wir haben dir auch Wheaties gekauft, für alle Fälle.«

»Die gelbe Schachtel ist hübsch«, sagte Adam und zeigte auf die Cheerios-Schachtel.

»Such dir deine Getreideflocken nicht nach der Schachtel aus. Eine hübsche Schachtel könnte Gift enthalten. Nimm die Flocken, die du magst. Magst du Cheerios?«

»Ja.«

»Verrat mir mal eins – dieses Zuhause, von dem du immer sprichst, wo ist das eigentlich? Wer hat ein so schönes Haus, dass du nicht hierbleiben willst?«

Der Junge blickte neben seinen Teller mit dem halb aufgegessenen Toastbrot. »Mama Wilson«, antwortete er. »Aber die hat bestimmt schon 'nen andern Jungen für mein Bett.« Er legte den Löffel hin.

»Früher oder später musst du lernen, mir und deiner Großmutter zu vertrauen. Wir werden dir dein Bett nicht wegnehmen.«

»Ich hatte 'n schönes Bett in ihrem Haus«, sagte Adam und blickte endlich seinen Großvater an. »Eine gute Mama.«

Noah erwiderte nichts. War es schon zu spät, um Tamaras Familie ausfindig zu machen und ihn in ihre Obhut zu geben? Warum konnte Adam nicht so wie Elsa sein und das Programm mitmachen? In der Zeitung hatte er gelesen, dass Waisenkinder nie darüber hinwegkamen, was ihnen widerfahren war. Wenn sie adoptiert wurden, bedrohten sie ihre neuen Geschwister und ihre neuen Eltern mit dem Tod. Durch Erstechen. Mit dem Tod bei Nacht. Die Adoptiveltern brachten Schlösser an ihren Schlafzimmertüren an, wechselten sich darin ab, aufzubleiben und die Tür zu bewachen. Die Kinder wurden halbwüchsige Kriminelle, ja Mörder, und ließen sich willenlos in eine Art Umnachtung treiben, um nie wieder in ihr gutes neues Zuhause zurückkehren zu müssen. Dem Zeitungsbericht zufolge sagten die Eltern zwar, dass sie die Kinder immer noch liebten, doch aus ihren Worten klang Erleichterung. »Ein Glück, dass wir die los sind«, sagte eine alte Weiße aus South Carolina, die Noah kannte, über die schlechten Menschen dort drüben in einem anderen Bezirk.

»Es schläft sich gut drin«, sagte Adam von dem Bett. »Bestimmt gibt sie's grad einem andern Jungen.« Am Ende sagte Noah: »Iss«, und zeigte auf den Toast und die Getreideflocken. Mit den Augen folgte Adam der Hand seines Großvaters, die sich dann zurückzog und die Kaffeetasse anhob. Als sie wieder im Schoß seines Großvaters ruhte, nahm der Junge den Toast in die Hand.

Freitag

Der Mann erwachte nach halbstündigem Schlaf und setzte sich im Bett auf, um sich zurechtzufinden. In zwei Monaten würde er achtundsechzig werden. Er machte seine Gymnastik und brachte es auf siebenundsiebzig Liegestütze, aber nur dreißig Rumpfbeugen, bevor ihm etwas innezuhalten befahl. Während sein Schweiß trocknete, beschnitt er den Bonsaibaum, den er in einem besonderen Behälter vor einem der Schlafzimmerfenster aufbewahrte. Der Behälter gestattete es, den Baum sowohl im Zimmer wie, mit einer einzigen Drehung der hölzernen Plattform, im Freien zu haben. Und wenn man auf einen Knopf drückte, schob sich aus der Seite des Behälters eine durchsichtige Hülle, die den Baum im Freien bedeckte. Der Bonsaibaum war ein Geschenk seiner jüngsten Tochter, die in einer Vorstadt in Virginia wohnte, wo, um die neuen Siedlungen zu verzieren, Bäume angepflanzt worden waren, die nicht mehr Leben in sich hatten als Plastik. Jemand hatte ihn gewarnt, in Wohnungen hielten sich Bonsaibäume nicht sehr lange, aber seiner hatte nun schon seit mehr als sechs Jahren überlebt und ihm unvorstellbare Freude bereitet. Der Baum war so klein, dass er ihn mit beiden Händen umfassen konnte. Die dazugehörige Broschüre besagte, er sei fünfunddreißig Jahre lang »gezogen« worden. Die ersten beiden Jahre über hatte Noah darauf gewartet, dass der Baum verkümmerte und einging, aber er wuchs und gedieh. Jetzt glaubte Noah, dass er ewig weiterleben würde. Im National Arboretum hatten Maggie und er Bonsaibäume gesehen, die schon seit drei-, vier-, fünfhundert Jahren lebten oder »gezogen« wurden. Wenn diese, warum dann nicht auch seiner?

Nachdem er abgewaschen hatte, zog er sein Schlafanzugoberteil aus und ein T-Shirt an. Er starrte lange in den Badezimmerspiegel, in das Gesicht seines Vaters und seines Großvaters. Sein Vater war mit fünfundsiebzig gestorben, aber sein Großvater hatte es nur auf sechsundsechzig Jahre gebracht. Er drehte das Gesicht hierhin und dorthin, um zu sehen, ob er sich gleich rasieren sollte. Letzte Woche war Elsa auf dem Spielplatz hingeschlagen und hatte geweint, als ob ihre Welt auseinanderfiele. Er beschloss, sich zu rasieren, da seine Enkelin glatte Wangen liebte. Er ging aus dem Badezimmer, blieb vor dem Kinderzimmer stehen und lauschte ihrem Spiel. Adam gab vor, Elsas Hund zu sein. »Wenn du mir einen Keks gibst, spring ich hierhin«, sagte er und bellte. Wenn er doch nur immer so sein könnte.

Er fand Maggie am Herd. Sie sang. Sein Kaffee wartete schon auf ihn. Er stand da und sah ihr zu. Die Zeitung lag auf der Tischkante. Im Radio verkündete ihm ein Sprecher die Nachrichten. Das Fenster stand offen, und er hörte einen Mann und eine Frau, die sich unterhielten.

»Wie kannst du bei alledem immer so fröhlich sein?«, fragte er und spreizte die Hand, um anzuzeigen, was alles verkehrt war, einschließlich Adam.

Auf einen mit Küchenkrepp bedeckten Teller legte sie Frühstücksspeck und breitete darüber eine weitere Lage Küchenkrepp aus. Dann kam sie auf ihn zugetanzt und drehte drei langsame Pirouetten. »Weil ich dich hab«, antwortete sie und tänzelte wieder auf den Herd zu. »Siehst du denn nicht, Noah, wie leicht du es hättest, wenn du mit dir verheiratet wärst? Deine Tage wären schön. Schau mich an. Sieh mir zu. Ich steh auf deinen Schultern.« Sie stellte sich auf die Zehenspitzen und blickte herüber wie über die

Klippe eines Berges. Vom Berg aus rief sie ins Tal: »Nooooaah, danke.« Dann ließ sie sich wieder auf die Füße nieder und wiegte sich in den Hüften. »Zwei Eier oder drei?« Sie nahm in jede Hand ein Ei und kam mit wiegenden Hüften wieder auf ihn zugetanzt. Sie gab ihm einen Kuss. Er umarmte sie und küsste sie mit solcher Leidenschaft, dass ihr eins der Eier in der Hand zersprang. Sie musste das andere auf die Zeitung legen, damit es nicht auch noch zerbrach.

Sie rührten sich nicht. Sie schmiegte ihre Wange an seine Brust. Beim ersten Mal hatte er sich auf dem Weg zu der Frau verfahren. »Fürs nächste Mal muss ich dir einen Stadtplan mitgeben«, hatte sie gesagt.

»Also zwei Eier«, sagte Maggie. Sie lehnte sich zur Seite und sah, dass die Kinder sie beobachteten. »He!«, sagte Elsa. Noah rührte sich nicht. Adam hielt Elsas Hand. »Selber he!«, erwiderte ihre Großmutter. Elsa deutete auf das Ei, das Maggie auf der Rückseite von Noahs Morgenrock zerdrückt hatte. »Jaja, ziemlich schmuddelig«, sagte Maggie zu Elsa. »Jungs«, formte sie mit den Lippen.

Sonntag

In der Zeitung las er von einer Mutter auf dem anderen Ufer des Flusses Anacostia, deren achtjähriger Sohn verschwunden war. Die Polizei riet ihr, zurück nach Hause zu gehen, der Junge werde sich schon wieder einfinden. »Er ist kein Ausreißer, und er bleibt immer in der Nähe des Hauses«, entgegnete die Mutter. »Er ist ein braver Sohn. Ein guter Schüler. Ihm muss etwas zugestoßen sein.« Als die Polizei jede Hilfe verweigerte, suchte sie mit ihren Nachbarn nach dem Jungen, konnte ihn aber nicht finden. Schließlich, als es schon dunkelte, tat sich eine Gruppe von entlassenen Strafgefangenen aus dem Rehabilitationszentrum in der Nachbarschaft – »Licht am Ende des Tunnels« – zusammen, um den Jungen zu suchen. Die Männer fanden ihn in einem kleinen Wäldchen bei einem Mann, der ihn unter einer Decke versteckt hielt. »Hab nichts verbrochen«, hatte der Mann angeblich gesagt, als einer der ehemaligen Sträflinge den Jungen hervorzog und ein anderer dem Mann einen Kinnhaken versetzte, mit dem er ihm den Unterkiefer brach. »Das alles ist ein großes Missverständnis«, sagte der Mann durch seinen gebrochenen Kiefer hindurch, bevor er einen Tritt gegen den Schädel und zwei gegen den Brustkorb bekam. »Ich kann alles erklären.« So also stand es inzwischen um Washington, dachte Noah, so also stand es um die Welt – die Leute mussten Verbrecher anheuern, die die Arbeit der Polizei erledigten.

Am Abend kam Reverend Colbert Prentiss vorbei, um zu sagen, er habe Noah beim Morgengottesdienst vermisst. »Hab Maggie und die Kinder gesehen«, fing er an, »aber nicht dich.« Noah und Colbert waren zusammen aufgewachsen und sich zum ersten Mal in der Stevens Elementary School begegnet. Auch Colbert war bei Mrs Waters' Begräbnis Sargträger gewesen.

»Das nächste Mal versuch ich zu kommen, Colbert.«

»Das solltest du. Ich will nicht auf der Kanzel stehen und über dich sprechen müssen.«

Dienstag

»Hör mal«, sagte Noah und setzte sich auf den Fußboden, »warum schaffen wir uns nicht die alte Einkaufstasche vom Hals?« Gerade hatte Adam danach gefragt, wann er nach Hause könne, und hielt den Rand der Einkaufstasche umklammert. Noah schüttelte die Tasche sanft, bis sie Adam entglitt. Die Tasche zerfiel schon fast und hätte eine Reise aus der Wohnung nicht überlebt. Noah zerriss die Tasche von oben bis unten, mitten durch Adams Namen, den jemand falsch geschrieben hatte. Und dann zerriss er auch noch den Boden. Adam setzte sich verängstigt hin. »Ich will dir was sagen«, erklärte Noah. »Du kannst einen von meinen Koffern haben, wenn's die Sache leichter macht. Falls du was für deine Habseligkeiten brauchst, geb ich dir einen von meinen ab. Ich hab einen, den hab ich nach Afrika mitgenommen. Deine Tasche hat's nur bis D. C. geschafft. Mein Koffer ist schon mehrfach in Übersee gewesen.«

In der Tasche befanden sich noch immer zwei Hemden, beide mindestens zwei Nummern zu groß für den Jungen. »Das hier hat mir Mama Wilson gegeben«, erklärte Adam und hob das blaue Hemd hoch.

»Wir brauchen nicht das Hemd eines anderen, oder?«, erwiderte Noah und schleuderte es über seine Schulter zur Tür hin. Adam sah dem Hemd nach. Er wollte hingehen und es aufheben.

»Nein«, sagte Adam. Dann holte er das weiße Hemd hervor. »Die hatten sie im Heim. Ein andrer Junge hat's aus 'ner großen Kiste geholt. Eins hat er für sich genommen und eins mir gegeben. Es ist ein Kirchenhemd.« Er langte in das Durcheinander in der Tasche, zog einen Schlips mit Gummiband heraus und hielt ihn vors Hemd, damit Noah wusste, was er meinte.

»Der Schlips gefällt mir, den können wir behalten. Aber das Hemd … das Hemd.«

»Es ist ein Kirchenhemd«, wiederholte Adam.

»Na schön, dann bewahren wir's halt auf, bis du in zwei Jahren reingewachsen bist.« Noah warf das Hemd auf das blaue. Adam sagte nichts. Er dachte über die Wendung »in zwei Jahren« nach. Noah schleuderte den Schlips auf die Kommode.

Adam wühlte weiter in der Tasche herum. »Den Laster hab ich von Mama Joyce«, sagte er und ließ einen grünen Matchbox-Lastwagen ein Stück weit über den Boden rollen. Er schüttelte die Tasche und breitete seine Siebensachen aus. Offenbar suchte er etwas, konnte es aber nicht finden. »Sie hat mir drei davon gegeben«, sagte er. »Ich hatte drei, aber ein großer Junge hat einen davon genommen und behauptet, das wär seiner. Aber den andern hab ich wohl eher verloren. Die sind richtig gut gerollt. Siehst du?« Er gab Noah den grünen Lastwagen, damit er ihn hin und her rollte, was Noah auch tat. »Jau«, sagte der Mann. »Rollt richtig gut.«

Adam zog ein winziges Holzkästchen aus der Tasche und begann, die Seiten abzuklopfen. »Das ist ein Geheimkästchen, und wenn du das Geheimnis nicht weißt, geht's nicht auf.« Nachdem er lange genug geklopft hatte, hob er langsam den Deckel an, und im Innern befand sich ein ausgetrockneter Junikäfer. »Den haben wir gefangen, Bobby hat ihm einen Zwirn ans Bein gebunden, und wir haben ihn fliegen lassen. Hui-hui!« Er hob den Käfer heraus und bot ihn Noah an, der aber schüttelte den Kopf. »Der tut dir nichts«, sagte Adam und legte den Käfer wieder in das Kästchen. »Der tut nichts. Er ist tot.«

Im Lauf der nächsten halben Stunde ging der Junge sämtliche Gegenstände durch, die er angesammelt hatte, und zu jedem wusste er eine Geschichte zu erzählen. Ein kaputtes Jo-Jo, das einem Jungen mit großen Zähnen und zerbrochenen Brillengläsern gehört hatte. Ein Schnappschuss von ihm in einer Gruppe von Kindern; er zeigte auf jedes Kind und nannte jeweils den vollständigen Namen. Keines hatte Eltern. Eine winzige Ausgabe des Neuen Testaments. Er schlug die Seite auf, wo jemand seinen Namen und den Tag eingetragen hatte, an dem er das Buch erhalten hatte. Sogar die Tageszeit war verzeichnet – 11.05 Uhr. Er übersprang ein paar Seiten. »Die Worte hier kann ich lesen«, sagte er und bewegte seinen Zeigefinger die Zeilen entlang. »Dies ist das Buch von der Geschichte Jesu Christi, des Sohnes Davids, des Sohnes Mose, des Sohnes Abrahams, des Sohnes Gottes.« Er hielt inne. »Weiter sind wir nicht gekommen.« Er legte das Buch beiseite. Dann hob er zwei graue Steine hoch und wog sie in der rechten Hand. »Mit denen kanst du jemand wehtun. Die sorgen dafür, dass er dich in Ruhe lässt. Hier«, und er reichte sie Noah, und Noah wog sie in der Hand und steckte sie in seine Hemdtasche.

Adam hörte gar nicht mehr auf, und am Ende sagte sein Großvater, er werde ihm ein Regal für alle seine Besitztümer bauen.

»Hast du ein Bild von deiner Mama und deinem Daddy?«

»Ich glaub, ich hatte mal eins«, antwortete Adam. Er schaute aus dem Fenster und versuchte, sich auf eine Frau zu besinnen, die er zuletzt gesehen hatte, als sie davonging. An Caleb hatte er gar keine Erinnerung, doch sein Vater lächelte in seiner Vorstellung stets, denn das taten alle Väter. »Aber ich glaube, jemand hat's mir weggenommen. Vielleicht Oscar Tremont. Der hatte zwar schon 'n Mama-und-Daddy-Bild, aber er wollte noch eins.« Noah kam zu ihm, nahm den Jungen zu sich auf den Schoß, und jetzt schauten sie gemeinsam aus dem Fenster. Adam sagte: »Ich werd nie nach Haus kommen, oder?« Noah antwortete nicht.

Freitag

Noah machte vierundachtzig Rumpfbeugen und hundertundfünf Liegestütze, dann streckte er sich, die Arme unter dem Kopf verschränkt, neben dem Bett aus. Als Maggie ins Zimmer kam und ihn so liegen sah, wartete sie lange darauf, dass er sich rührte. Er blieb regungslos. Die Lebensversicherung war bezahlt, aber sie konnte sich nicht erinnern, ob die Police sich in der Wohnung befand oder ob sie sie wieder ins Tresorfach der Bank gegeben hatten. Sie fing an, die Sekunden zu zählen, aber er regte sich immer noch nicht. Falls sie es überlebte, seinen Sarg auszuwählen, könnte sie vielleicht auch bis nach dem Begräbnis durchhalten. An Männern, die stolz darauf wären, zu seinen Sargträgern zu gehören, ihn heimzutragen, würde es nicht fehlen. So war er eben: ein guter Vater, ein guter Ehemann, ein guter Großvater, ein guter Freund. Ruhe in Frieden, mein Liebling.

Sie trat näher, und Noah rührte sich. Sie hatte Mühe, Atem zu holen. Er wandte sich um und sah ihren Gesichtsausdruck. »Was hast du, Schatz?«, fragte er.

»Nichts.« Sie hatte sich darauf gefreut, Indien zu sehen. Sie kannte verwitwete Großmütter, die gezwungen gewesen waren, ihre Enkelkinder allein zu erziehen, sich selbst aber hätte sie das niemals zugetraut.

Noah setzte sich auf. »Doch, du hast was. Ich seh's dir an.«

»Hör endlich mit diesen verdammten Übungen auf, Noah.« Sie setzte sich ans Fußende des Bettes.

»Ich bin danach süchtig, Schatz.« Er stützte sich auf die Ellbogen.

»Und zwar tüchtig süchtig. Warum hörst du nicht damit auf?«

»Schau her.« Er krempelte den Schlafanzugärmel hoch und ließ seine Muskeln spielen. »Wenn ich aufhören würde, wer würde dich vor den bösen Kerlen schützen? Antworte mir. Wer würde dich schützen?« Er rückte näher und bot ihr den Bizeps dar, und sie fühlte ihn und versuchte vergeblich, ihn einzudrücken. Noah betrachtete seinen Arm, die Narben, die an ihm entlangliefen, und er blickte auf, um zu sehen, wie sie ihn beobachtete, und rollte den Ärmel wieder herunter. Er wusste, wie jede Narbe zustande gekommen war, konnte den Tag beschreiben, an dem das geschehen war, und wie lange der Schmerz angedauert hatte. Sie ließ sich vom Bett auf die Knie sinken, und er zog sie an sich und setzte sie seitlich in das Tal, das seine Schenkel mit seiner Brust bildeten. Er küsste sie fest, und als sie die Augen aufschlugen und sich umsahen, starrte Elsa sie an, eine ihrer Puppen in der Hand. Das Kind blinzelte, zeigte sich aber von dem, was es sah, gänzlich unbeeindruckt.

Montag

Im Morgengrauen stand er nach nur fünfzehn Minuten Schlaf auf. Das Gespräch, das er am Vorabend mit Colbert Prentiss, dem Prediger, geführt hatte, ging ihm wieder und wieder im Kopf herum. »Du willst mich einfach nicht aufgeben, was?«, scherzte Noah. »Es liegt nicht in meiner Natur aufzugeben«, entgegnete Colbert. »Denk drüber nach, ob du nicht nächsten Sonntag zum Großelterntag kommen willst.« Noah brachte es nicht übers Herz, seinem Freund zu gestehen, dass er wohl nie wieder in die Kirche gehen werde. Bevor er auflegte, fragte Noah: »Hat Gott nicht die Pflicht, nett zu sein, damit die Menschen Ihn auch weiterhin anbeten wollen? Warum sollte alles so einseitig sein, nur weil Er zufällig Gott ist?«

Er ließ Maggie weiterschlafen und ging ins Kinderzimmer. Adam stand mitten im Zimmer und wartete. Er hatte seine Tennisschuhe an, war aber noch im Schlafanzug. Noah fürchtete sich vor der Frage, und so kam er ihr zuvor: »Erzähl mir mal von diesem Zuhause, wo du unbedingt hinwillst.« Elsa war eben aufgewacht und lag mit halb geöffneten Augen im Bett. Noah baute sich vor Adam auf. »Erzähl mir davon. Vielleicht möcht ich da selber leben.«

Adam begann, den Vorgarten zu beschreiben, wie sich herausstellte, ein grasloser Flecken »bis auf die Ecke ganz da drüben«. Elsa stieg aus dem Bett und begann, zu singen und um ihren Großvater und ihren Bruder herumzurennen. Dann erzählte Adam von Mama Wilsons Erdgeschoss, aber als er weitererzählte, musste er sich häufig berichtigen, da er das Haus dieser Frau mit vielen anderen Häusern verwechselte. »Nein«, sagte er, »der große Fernseher stand ja gar nicht bei Mama Wilson. Die hatte einen winzigen. Auch keine Blumen.« Er sah zu Noah auf, als hoffte er, dass seine Berichtigungen der Wahrhaftigkeit seiner Erzählung keinen Abbruch getan hatten. Noah setzte sich auf den Fußboden, und Elsa begann sofort, auf ihm herumzuklettern. Adam setzte sich ebenfalls hin. In den letzten Wochen bei Mama Wilson, entfuhr es ihm, habe er das Bett mit einem Jungen teilen müssen, der im Schlaf schrie. Adam wartete darauf, dass sein Großvater ihm sagte, er habe noch gar nicht erwähnt, dass er das Bett mit jemandem teilen musste. Elsa ließ ihren Großvater los und kletterte auf Adam herum. »Eigentlich war er kein so schlechter Junge«, sagte Adam, »sobald er mit Schreien aufhörte.« Er zögerte, vermied es, seinem Großvater in die Augen zu blicken. »Wirklich. Eigentlich war er kein schlechter Junge. Wirklich.« Noah sagte nichts. »Ehrlich. Wenn er nicht schrie, war er kein schlechter Junge.«

Donnerstag

Kurz vor zwei Uhr nachts wachte Noah nach wenigen Minuten Schlaf auf und hörte dünne Stimmchen.

An der Kinderzimmertür sah er Adam an Elsas Bett stehen. Er forderte sie auf, wieder einzuschlafen, er werde sie beschützen. »Wenn du wieder einschläfst, erzähl ich dir 'ne Geschichte«, sagte Adam. »Alle kleinen Kinderchen müssen Heia machen.« Und Elsa sagte, jaja, für eine Geschichte werde sie schlafen, nur zu gruselig dürfe sie nicht sein. Sie legte sich hin, und Adam blieb an ihrem Bett stehen, zog ihr die Decken über die Schultern und legte zu beiden Seiten eine Puppe neben sie. Dann begann er, ihr von einem kleinen Mädchen und einem kleinen Jungen zu erzählen, die in einem Auto mit Vogelschwingen allein zum Strand fuhren.

Noah ging ins Wohnzimmer, noch immer von der Stimme des Jungen umgeben. Er wusste nicht, wohin mit sich, aber nach einer langen Weile führte ihn Adams Stimme zur Couch. Die Stimme forderte ihn auf, sich hinzulegen. Noah deckte sich mit der Wolldecke zu und lauschte der Geschichte von dem kleinen Jungen und dem kleinen Mädchen, die zum Strand fuhren. Die Reise schien kein Ende nehmen zu wollen, und Noah wartete vergeblich darauf, dass sie endlich zum Strand kamen. Der Junge und das Mädchen wechselten sich am Steuer ab. Manchmal verfuhren sie sich, und Eichhörnchen mit Cowboyhüten und -stiefeln mussten von den Bäumen auf das Verdeck des Wagens springen und ihnen den Weg weisen. An der Straße zum Strand standen Mütter und Väter in Osterkörbchen und andere Kinder, die in eigenen Autos woandershin fuhren – zum Zirkus, zum Kino. Aber zum Strand fuhr bis auf den Jungen und das Mädchen niemand. »Dürfen die auch mitkommen?«, fragte Elsa. »Morgen«, antwortete Adam, »aber jetzt noch nicht.«

Noah schlief ein, als gerade das Mädchen hinter dem Lenkrad aus Eiscreme saß und das Eis auf ihre neuen Tennisschuhe zu tropfen begann. »Mit schmutzigen Tennisschuhen kann ich nicht Auto fahren«, sagte das Mädchen zu dem Jungen. »Ich kann nicht, ich kann nicht, ich kann nicht.« Im Traum legte Noah seine kalten Hände auf das Lenkrad aus Eiscreme, und es gefror wieder. Der Junge dankte ihm, und das Mädchen dankte ihm, doch als Noah sie bat, ihn ein Stück mitzunehmen, sagte das kleine Mädchen Nein. »Erst du«, sagte das Mädchen und biss in das Lenkrad aus Schokolade, »und dann wollen die anderen Leute auch alle mitgenommen werden. Wir müssen der Sache einen Riegel vorschieben.« Als sie davonfuhren, steckte der Junge den Kopf zum Fenster hinaus und sagte zu Noah: »Über kurz oder lang komm ich dich holen. In Ordnung?«

Nicht einmal zwei Tage nach ihrer Ankunft in Washington hatte Noah seinem Vater beim Schlipsbinden zugeschaut. Die erste Anstellung seines Vaters war als Tellerwäscher im Willard Hotel gewesen. Seine Mutter hatte seinem Vater Sekunden, bevor er zur Tür hinausging, den Schlips glatt gestrichen. »Ein Mann«, hatte sein Vater gesagt, als er seinen neuen Hut aufsetzte, »muss tun, was ein Mann tun muss.«

Als Noah wieder aufwachte, war es fast drei Uhr, und Adam redete immer noch. Der Junge in der Geschichte fuhr einen Berg hinauf. »Fahr nicht zu schnell«, sagte das Mädchen zu dem Jungen. »Wir müssen Benzin sparen. Benzin ist teuer. Fünf Dollar.« Noah drehte sich auf die Seite und war gleich wieder eingeschlafen. Er sollte nie erfahren, wann Adam wieder in sein Bett ging. Als das Auto in seinem Traum anhielt, bat Noah darum, mitgenommen zu werden. Das Mädchen zu fragen war aussichtslos, das merkte er an der zuversichtlichen Art, wie sie das Lenkrad aus Eiscreme umklammerte. Aber um zu zeigen, wie leer seine Hosentaschen waren, stülpte Noah sie um und begann, dem Jungen seinen Fall vorzutragen. »Nur ein kurzes Stück die Straße hinauf«, sagte er zu ihm. »Wir kommen zurück, um dich zu holen«, antwortete der Junge und ließ den Motor an, »aber dann musst du auch bereit sein.«

Sonntag

Am letzten Sonntag im August war in der Kirche Großelterntag, und in letzter Minute beschloss Noah, die anderen zu begleiten. »Weißt du überhaupt, wo's langgeht?«, fragte Maggie, bevor sie aufbrachen. Etwas an jenem Morgen veranlasste Colbert Prentiss, gegen Ende seiner Predigt von seinem vorbereiteten Text abzuweichen. Vielleicht waren es all die Großeltern, die er vor sich sah, all die Leute, die sich bis ins hohe Alter abgestrampelt hatten, nur um sich dann erneut als Eltern wiederzufinden. Clement Carson. Mr und Mrs Harrelson. Die Witwe Anderson. Colberts Schwester und Schwager. Mr und Mrs Apacka. Maggie und Noah Robinson. Alles genau die Sorte Menschen, auf denen der Prediger seinen Fels errichtet hatte. Die Welt war auf den Kopf gestellt, wenn reife Menschen genötigt waren, Dinge zu tun, die Sache der Jüngeren waren. In der Tat, es war August, warum also draußen keinen Schnee fallen lassen, sprach Colbert zu den Hunderten. Warum nicht den Blick zum Himmel heben und all die Schweine sehen, die auf Cherubimflügeln dahinflogen?

Er ließ die Großeltern und ihre Enkelkinder aufstehen und entschuldigte sich bei allen, die einen leichten Anfall von Schüchternheitsfieber haben mochten. Der versammelten Gemeinde erklärte er, die Leute, die aufgestanden seien, würden sie alle in einen besseren Tag geleiten. Die Leute, die sitzen geblieben waren, applaudierten.

Maggie half Elsa, sich auf die Kirchenbank zu stellen. Noah sah sich die Stehenden an. Clements drei Enkelsöhne trugen keine Anzüge, lediglich weiße Hemden mit Krawatte und dunkle Hosen. Sie alle waren größer als ihr Großvater. Er bemerkte, dass Mrs Andersons Enkelin auf der anderen Seite des Mittelgangs zu ihm herüberblickte, und lächelte ihr zu, aber sie lächelte nicht zurück. Sie zwinkerte einmal und schaute geradeaus. Noahs Sohn Caleb hatte es anstrengend gefunden, in der Kirche still zu sitzen, hatte sich dauernd umgedreht und alles um ihn her angestarrt. Noah blickte auf Adams Schopf hinab. Er hatte den gleichen Wirbel im Haar wie sein Sohn. Der Friseur hatte immer seine liebe Mühe damit gehabt, das widerspenstige Haarbüschel niederzumähen. »An sich sollte ich dir das Büschel Haar extra berechnen, Noah, aber vielleicht erlass ich dir's noch mal«, sagte der Friseur immer. Und Noah antwortete: »Du berechnest mir reguläres Geld für reguläres Haar. Für alle weiteren Kosten muss Caleb aufkommen.«

Die Gemeinde begann *The Blind Man Stood in the Road and Cried* zu singen. Das Spiritual endete, alles setzte sich wieder, und Adam sah zu Noah auf, da er die Augen seines Großvaters auf sich ruhen fühlte. Elsa rollte sich auf Maggies Schoß zusammen und schlief bald ein, den einen Arm zu der hölzernen Tasche auf der Rückseite der Bank vor ihnen ausgestreckt. Die Gemeinde sang *I Done Done What Ya Told Me to Do.* Ohne nachzudenken, zog Noah seinen Enkel dicht an sich heran, sie blickten auf die Worte im Gesangbuch, und Adam fing an zu weinen. Der Junge legte eine Hand auf den Rücken seines Großvaters und klammerte sich, so fest er konnte, an das Sakko an. Immer noch weinend, folgte er mit dem Finger den

Worten im Gesangbuch. Die alte List eines alten Knaben: Wenn man so tat, als läse man, merkten die anderen vielleicht nicht, dass man eigentlich gar nicht lesen konnte. Adam hielt Noahs Sakko fest, denn er wusste, es war möglich, dass Leute sich einfach erhoben und aus seinem Leben verschwanden. Damals konnte er noch nicht wissen, dass Noah Gott bereits gesagt hatte, er habe vor, ewig zu leben. Weshalb sollte das ewige Leben Bonsaibäumen vorbehalten bleiben? Weshalb sollten Menschen, die größte Zierde Gottes, Bäumen darin nachstehen? Noah legte seine Hand auf Adams, die den Worten im Buch folgte. Adam hielt den Sakko noch fester, und in diesem Augenblick beugte sich Noah, der sich leicht fühlte wie eine Blüte im Wind, nach vorn und drückte seine Lippen auf das widerspenstige Haarbüschel des Jungen.

Der Teufel durchschwimmt den Fluss Anacostia

Rund vierzehn Jahre, nachdem ihre Großmutter auf ihrem Weg zum Himmel in den Atlantischen Ozean hinausgewatet war, betrat Laverne Shepherd den Safeway-Supermarkt in der Good Hope Road, S. E., und stand zum ersten Mal dem Teufel von Angesicht zu Angesicht gegenüber. An diesem Vormittag hatte sie wie so viele Male zuvor gleich hinter der Eingangstür des Supermarkts einen Einkaufswagen genommen und ihn in den Gang geschoben, der am weitesten links lag. Sie näherte sich einem mannshohen Regal mit Feldbohnen in Dosen und warf einen kurzen Blick auf die Einkaufsliste, die sie der Tasche ihres Pullovers entnommen hatte, und als sie von der Liste mit vier oder fünf Sachen aufschaute, stand vor ihr der Teufel. Sie blieb stehen, nicht etwa aus Angst, sondern weil sie ihn, wenn sie weitergegangen wäre, mit dem Einkaufswagen angefahren hätte. »Er hat Sie beobachtet«, sprach der Teufel. Laverne betrachtete den Ehering an ihrer Hand, die auf dem Bügel des Einkaufswagens ruhte, und als sie die Augen hob, lüftete der Teufel seinen Hut mit jener theatralischen Geste, deren sich die Männer in alten Kinofilmen befleißigt hatten, um Frauen zu beeindrucken, die sich gar nicht erst beeindrucken zu lassen brauchten.

Der Teufel trug einen prächtigen grauen Gabardine-Anzug, und durch die Metallstäbe des leeren Einkaufswagens konnte Laverne sehen, dass er an seinen Füßen, die schmal waren wie die eines kleinen Mädchens, schwarz-weiße Lackschuhe trug. Der Knoten seiner violetten Krawatte saß links von seinem Adamsapfel, so als habe er sich angekleidet, ohne die Dienste eines Spiegels in Anspruch zu nehmen. Der leicht verschobene Knoten hatte fast etwas Knabenhaftes, und einen Moment lang glaubte Laverne, dass es für eine Frau, für jede Frau, die natürlichste Sache von der Welt gewesen wäre, hinüberzulangen, den Knoten gerade zu rücken und den Vorgang mit einem abschließenden Klopfen auf dem Knoten zu beenden. *So … So wird's schon eine Weile gehen* … Die Krawatte war mit einer rubinroten Spange, fast so groß wie ein feuriges Zimtbonbon, an seinem weißen Hemd befestigt.

»Er hat Sie beobachtet«, sprach der Teufel abermals, diesmal mit einem Lächeln. Alle Zähne in seinem Mund waren tadellos geformt, exquisite kleine Wunder, die ein ganz eigenes Kunstwerk darstellten. Eine Frau könnte ganze Tage damit zubringen, einfach nur dazuliegen und sie anzuschauen. *Dreh dich ein bisschen, lass mal sehen, wie das Licht auf sie scheint* … Ihre beiden Großmütter hatten den Teufel so gut gekannt, dass er sie, in allen seinen Erscheinungen, stets mit den Spitznamen ihrer Kindheit anredete. Zu verschiedenen Zeiten ihres Lebens hatten Lavernes Großmütter versucht, ihr beizubringen, woran sie den Teufel bei der ersten Begegnung erkennen würde. Du merkst es genauso, hatten sie ihr nach besten Kräften erklärt, wie du merkst, dass du Hunger oder Durst hast: Dein Körper wird's dir sagen, und du wirst es für bare Münze nehmen. Nur was sie sagen, was sie tun musste, hatten sie ihr nicht verraten: wegrennen oder auf ihn zueilen und ihn anfallen mit dem Zorn eines Engels, der Gottesarbeit verrichtet.

Der Teufel sagte ein weiteres Mal: »Er hat Sie beobachtet.« Er trat auf sie zu und ließ dabei den Arm mit dem Hut herabhängen. Der Filzhut war von demselben angenehmen Grau wie sein Gabardineanzug. Der Teufel selbst hatte die Farbe einer ganz alltäglichen braunen Papiertüte. Er stützte eine Hand auf den Einkaufswagen, kaum dreißig Zentimeter von ihrer Hand mit dem Ehering entfernt, und schwächte sein Lächeln um einige Grade ab, schwächte es ab aus Enttäuschung, so als habe er eine lange verschollene Freundin wiedergetroffen, und die Freundin streite ab, ihn zu kennen.

»Was?«, fragte Laverne. »Was?« Sie war in der neunten Woche schwanger, es war ihr zweites Kind, und sie fühlte sich rundum glücklich, glücklich in ihrem fünfundzwanzigsten Jahr.

Der Teufel antwortete: »Er ist den ganzen weiten Weg gekommen, den ganzen weiten Weg durch den Fluss, den ganzen weiten Weg durch den Anacostia. Ist den ganzen weiten Weg geschwommen, um ›Guten Tag‹ und ›Wie geht's?‹ zu sagen.«

Sie hatte noch immer keine Angst, sah sich jedoch um, erstaunt vor allem darüber, dass sie einander endlich begegnet waren, und ausgerechnet an einem so merkwürdigen und hellen Ort voller Lebensmittel und Leute und voller Sachen, mit denen man den Küchenboden scheuerte. *Bei Safeway finden Sie die günstigsten Angebote für Ihre Dollars* … Auf dem Schild vor der Auslage mit Feldbohnen in Dosen stand: *Acht Stück für einen Dollar.* Laverne kam der Gedanke, dass dies ein besonders günstiger Preis sein mochte, aber sie konnte sich nicht daran erinnern, ob ihr Mann oder ihr Sohn gern Feldbohnen aßen. Als sie ihren Blick wieder dem Teufel zuwandte, wehte sie dessen Geruch an, ein harmlos wirkender Duft, dem es nichts ausmachte, wenn er lange brauchte, um ihr in die Nase zu steigen. Es war ein betörendes, aber leichtes Eau de Cologne, das für Laverne schlichtweg alles einfing, was an Männern gut war. Der Mann in der Wohnung unter ihr verströmte zweifellos einen ähnlichen Duft, obwohl er, wenn er in T-Shirt und Shorts seinen Wagen wusch, nur nach Schweiß roch, zumindest bildete sie sich das ein, wenn sie hinter dem Vorhang zu ihm hinabspähte. *Schau herauf. Schau nicht herauf* … Sie war dem Mann aus der Wohnung unter ihr noch nicht nahe gekommen und konnte sich daher nur vorstellen, wie er roch, wenn er, schon wieder eine neue Frau am Arm, piekfein gekleidet aus seiner Wohnung trat und zu seinem Wagen ging, der Frau die Tür öffnete und zusah, wie sie sich, ganz Dame von Welt, Zeit ließ, um es sich auf seinem Schalensitz bequem zu machen. Ein letzter Blick zu dem Mann hinauf, ehe er die Tür zudrückte. Lavernes Ehemann war der Überzeugung, dass ein Mann sich nicht zu parfümieren brauchte, solange er jeden Tag badete. Das fehlte noch, dachte sie, wenn es heute kein Sonderangebot für

Dial-Seife gäbe. »Er hat Sie beobachtet«, sprach der Teufel, diesmal ganz leise, als sei er eingeweiht in das große Geheimnis ihres Lebens.

Laverne ließ den Teufel und den Einkaufswagen stehen und lief verstört aus dem Safeway-Supermarkt.

Mit weichen Knien ging sie anderthalb Straßenzüge die Good Hope Road entlang und ließ sich vor Cleopatra's Frisiersalon auf eine Bank fallen. Die linke Hand mit der zerknüllten Einkaufsliste ruhte auf der grünen Bank. Laverne gehörte wieder der Welt, wieder dem Leben an und war darüber so froh, dass sie am liebsten die Hand ausgestreckt und ein, zwei Menschen berührt hätte, die am Frisiersalon vorübergingen. Zwei Frauen betraten Cleopatra's, und eine von ihnen sagte, sie hätte so gern einen Pony, aber ihre Begleitung meinte, ein Pony würde ihr Gesicht breiter machen. »Aber ich möcht so gern einen Pony«, beharrte die erste Frau, bevor sie die Tür zum Frisiersalon hinter sich schlossen. Laverne schlug die Beine übereinander und ordnete mit den Fingerspitzen ihren Rock über den Knien. *Er hat Sie beobachtet* ... Zum dritten Mal an diesem Vormittag wünschte sie, sie hätte nicht mit Rauchen aufgehört. Es war fast zwölf Uhr.

Sie überlegte, ob sie ihre Mutter anrufen sollte oder die wohlhabende Mutter ihrer Mutter, die den Teufel nun schon seit fast sechzig Jahren kannte, meist in Gestalt einer alten Frau. Sie wandte den Kopf und warf einen Blick in das Schaufenster des Schönheitssalons. Gerade setzte sich die Frau, die die Ponyfrisur wollte, in den vom Fenster aus dritten Frisiersessel. In dem Sessel am Fenster saß eine alte Frau, deren schwarze Haare gerade aus hellblauen Lockenwicklern ausgewickelt wurden; neben der Frau stand ein kleines Mädchen, vielleicht die Enkelin der Frau. Das Haar des Mädchens war zu einer recht hübschen Frisur hochgesteckt, und sie schien die alte Frau und deren Haare im Auge behalten zu wollen, wie um sicherzugehen, dass man ihrer Großmutter dieselbe Sorgfalt angedeihen ließ. Die Frau, die die Ponyfrisur wollte, redete – redete wie ein Wasserfall – mit Cleopatra, die ihr mit den Fingern durchs Haar fuhr, um die anstehende Frisur vorzubereiten. Inzwischen musste Lavernes Mutter von der Beichte und der Messe zurück sein. Sie ging jeden Tag zur Kirche. Laverne sah sich schon aufstehen und in der Telefonzelle neben dem Schönheitssalon ein Zehncentstück einwerfen, sah sich schon die Nummer ihrer Mutter wählen und das vielversprechende Freizeichen hören, aber mehr konnte sie nicht sehen.

Seit der Geburt ihres Sohnes hatte sie sich bemüht, Gutes zu tun, um diesen Tag, den Tag ihrer ersten Begegnung mit dem Teufel, so lange wie möglich hinauszuzögern. Der Heilsarmee hatte sie Geld zukommen lassen. War jede Woche in die Kirche gegangen, bis all das Gesinge und Gepredige sie zu deprimieren begann. Hatte sich bemüht, unkeusche Gedanken zu verbannen. Und in der Straße, in der sie zuletzt gewohnt hatten, Maple View, hatte sie sich mit einem im Sterben liegenden Mann, Mansfield Harper, angefreundet und kurz vor seinem Tod, an dem Abend, als Mansfields Frau hinausgeschlüpft war, um eine Besorgung zu machen, sogar seine Hand gehalten. Gegen Ende hatten seine Finger gezuckt, und da sie von Mansfields Sünden nichts wusste, hatte Laverne geglaubt, das Zucken bedeute, dass er auf dem Weg zum Himmel sei. Doch all die guten Taten hatten den Tag nicht hinauszögern können.

Dem Gerede, wonach der Teufel eine besondere Zuneigung zu den Frauen ihrer Familie gefasst habe, eine Sache, die ihren Anfang mit Eva nahm, hatte sie nur wenig Beachtung geschenkt. Es hieß, alle Frauen in ihrer Familie wüssten dic Antwort auf ein Rätsel, die den Teufel zum Himmelsfürsten machen würde. Er brauchte das Rätsel nur auf die richtige Weise der richtigen Frau, ob lebend oder tot, aufzugeben, und die Antwort würde Gott von Seinem Thron stürzen und Ihn hinabschleudern zu dem schmalen Sockel, der in alle Ewigkeit für den Teufel bestimmt war. Und so hatte sich der Teufel sämtliche Frauen in ihrer Familie ausgespäht, jahrtausendelang Frauen vor Laverne ausgespäht, die sich in den Unwägbarkeiten des Lebens auskannten, es jedoch nicht vermochten, dem Teufel die Antwort auf seine uralte Frage zu geben. Die Großmutter von Lavernes Großtante hatte gemeint, wenn der Teufel die richtige Frau in die Hölle befördern könnte, stünde sie ihm dort in alle Ewigkeit – für ihn eine unbedeutende Zeitspanne – zur Verfügung, sodass er endlich fände, wonach er suchte. Tag für Tag, hatte die Großmutter gesagt, könnte er die Richtige dann auf ihrer glühenden Bettstatt wecken und sie nach der Antwort fragen.

Jetzt hatte der Teufel an ihre Tür gepocht.

Laverne besah sich die Einkaufsliste, dann steckte sie sie in die Tasche ihres Pullovers und klopfte darauf. Sie tanzte und feierte für ihr Leben gern, obwohl ihre Mutter sie gern daran erinnerte, dass sie nunmehr verheiratet war, ein Kind hatte und ein weiteres hinter den Kulissen wartete. An diesem Samstagabend wollte eine Freundin auf der anderen Seite des Anacostia im Nordwesten der Stadt eine Party geben, und seit Tagen hatte Laverne an nichts anderes denken können. Sie versuchte, sich nicht mitten in die Party hineinzuversetzen, wo sie sich, dafür war sie bekannt, ganz und gar dem Rhythmus überließ und herrlich ins Schwitzen geriet von all den Tänzen mit schwarzen Männern, die ganz dazu geschaffen waren, ihre Knie butterweich werden zu lassen. Auch ihr Mann war Tänzer, er hatte sie auf der Tanzfläche in der Wohnung eines andern kennengelernt, es jedoch längst aufgegeben, mit Laverne Schritt halten zu wollen. Er schickte sie los und ermunterte sie, sich zu amüsieren. Jetzt strengte sie sich an, sich auf den Tanzboden der heute Abend bevorstehenden Party zu versetzen, doch es wollte ihr nicht gelingen.

Ein Auto, das die Good Hope Road entlangfuhr, hupte sie an, aber sie hörte es nicht. Ihre Mutter sagte immer, ganz Anacostia scheine sie zu kennen. Nach mehreren Minuten schloss sie die Augen und fuhr in Gedanken selbst die Good Hope Road entlang, über die Brücke und aus Washington hinaus, der Atlantische Ozean war nur noch ein paar Meter entfernt, der mattblaue Horizont flirrte vor Hitze, und eine Möwe schwatzte mit einer andern. Sie trug das Badekostüm ihrer Cousine und saß, die Füße im Sand vergraben, am Strand, dicht angeschmiegt an ihre Großmutter väterlicherseits, die das Kleid trug, das sie jeden Sonntag nach dem Kirchgang anzog.

Und neben der Großmutter saßen Lavernes Brüder, acht und fünf Jahre alt. Lavernes Eltern waren zu einer Getränkebude in der Nähe des Parkplatzes gegangen, um Erfrischungen zu besorgen. Am Strand wimmelte es von Farbigen.

Laverne sollte nie in Erfahrung bringen, was ihre Großmutter vernahm, ehe sie dem inneren Zwang gehorchte aufzustehen, doch als ihre Großmutter aufgestanden war, konnten sämtliche Neger am Strand die Stimme deutlich hören. Aber nur ihre Großmutter, die sich ihre Schuhe angezogen hatte, bewegte sich auf das Wasser und auf die Stimme zu. Und wie auf einen stummen Befehl hin stiegen die Neger, die gebadet hatten, aus dem Wasser und blickten zum Horizont, wo die Stimme herkam. Und es geschah plötzlich ein Brausen, das aus dem Ozean aufzusteigen schien, und ein weiteres Brausen, das vom Himmel herabzusteigen schien, und in Ohrenhöhe verdichtete sich das Brausen zu Worten. Die Stimme, eindringlich, klar und unverkennbar, war weder weiblich noch männlich.

Lavernes Großmutter zauderte, blieb einen Meter oder so vor dem Wasser stehen, und die Stimme fragte die Großmutter ohne jeden vorwurfsvollen Unterton: »Bist du den ganzen weiten Weg gekommen, um deinen Glauben zu verlieren, um auf den Grund des Meeres zu sinken? Vor dir liegt das Wasser, und hinter dir kommt er? Hast du deinen Glauben verloren?«

»Nein«, antwortete die Großmutter. »Nein, ich steh auf meinen beiden Beinen.« Ehe sie weiterging, drehte sie sich um und entnahm ihrer Handtasche drei Zehndollarscheine. Jedem ihrer Enkel gab sie einen davon, höchst ungewöhnlich für eine Frau, die ihnen nie mehr als fünf Cent auf einmal geschenkt hatte, damit sie nicht korrumpiert würden. Lavernes jüngster Bruder, ein Junge, der schnell loskicherte, betrachtete den Zehndollarschein argwöhnisch: Er war noch in einem Alter, in dem man kein Vertrauen in Papiergeld hat. Es konnte reißen, es konnte verbrennen, es konnte im Wind davonfliegen. Aber er faltete den Schein so klein wie möglich zusammen und steckte ihn in die Tasche seiner Badehose. Lavernes Großmutter ging weiter, und der jüngste

Bruder sagte: »Granny, im Wasser wirst du dir deine hübschen Schuhe ruinieren.«

Leicht beunruhigt blickte die Großmutter auf ihre Füße, als müsste sie sich zwischen ihren 12,95-Dollar-Schuhen von Hahn und dem Gebot der Stimme aus dem All entscheiden. »Wir warten schon seit dem ersten Tag«, sprach die Stimme mit größter Langmut. »Wartest du nicht auch schon seit dem ersten Tag?«, sprach die Stimme mit größter Langmut. »Hast du nicht gemeinsam mit uns gewartet?« Lavernes Großmutter wandte sich um und betrachtete den Jungen, dunkelhäutig, knochig, schmerzlich vollkommen. Er winkte ihr zu, obwohl sie nur wenige Meter voneinander entfernt waren. Nach mehreren Augenblicken tat sie einen Schritt und stand jetzt dort, wo das Wasser auf den trockenen Sand schwappte. Sie hielt inne, an ihrem linken Arm hing ihre Handtasche aus braunem Kunstleder. Dann, nach wenigen weiteren Schritten, stand sie dreißig Zentimeter über dem Grund des Meeres. Sie ging weiter, einen unsicheren Schritt nach dem andern. Die Neger am Strand waren alle still, sodass, als die Stimme verstummte, das lauteste Geräusch das des Ozeans war, der plätschernd gegen den Strand schlug und sich wieder zurückzog.

Unterdessen waren Lavernes Eltern zurückgekehrt, gefolgt von einem Strandwächter, der sich suchend umsah, als sei da etwas, das mehr Sinn ergab als eine auf dem Wasser wandelnde alte Frau. Lavernes Vater beobachtete seine Mutter, bis sie etwa fünf Meter aufs Wasser hinausgegangen war, dann sagte er: »Mama.«

Zögernd wandte sich Lavernes Großmutter zum ersten und letzten Mal um. »Hab ich dir nicht stets gesagt, dass es noch einmal dazu kommen wird?«, sagte sie zu ihrem Sohn. »Nie hab ich etwas getan, das ich nicht am nächsten Tag in Ordnung bringen konnte. Und es war anstrengend, aber jetzt will ich los und mich bei jemand drüber beschweren. Danach werd ich für immer den Mund halten.« Dann sagte sie zu Lavernes Mutter: »Cheryl, versuch du's ihm zu erklären. Nur damit er Bescheid weiß. Ich hab was zu erledigen.« Lavernes Vater bewegte sich auf den Ozean zu. Er weinte, sagte aber nichts. Seine Frau gesellte sich zu ihm, und ihr folgte der Strandwächter. Die Kinder hatten sich nicht vom Fleck gerührt, seit ihre Großmutter ihnen das Geld ausgehändigt hatte.

Die Großmutter ging weiter. Die Neger am Strand konnten sehen, dass ihre Zuversicht mit jedem Schritt wuchs. Dennoch rief ihr der Strandwächter, als die Großmutter mehr als zwanzig Meter aufs Meer hinausgegangen war, voller Besorgnis zu: »Ma'am, alles in Ordnung bei Ihnen da draußen? Brauchen Sie Hilfe?« Er war achtzehn.

Ohne anzuhalten, hob die Großmutter den rechten Arm und wackelte mit den Fingern, um anzuzeigen, dass ihr nichts fehlte. Angesichts der Zielstrebigkeit und Bestimmtheit ihrer Schritte hätte sie ebenso gut die 7th Street zur St. Aloysius Catholic Church gehen können. Auf der Wasseroberfläche und am Horizont war außer der alten Frau nichts zu sehen: kein Boot, keine Boje, selbst die Möwen waren aus der Luft verschwunden. Als die Großmutter nur noch dreißig Zentimeter aus dem Wasser ragte, setzte sich ihr Sohn auf den Strand und weigerte sich, länger hinzusehen. Als die Großmutter nur noch drei Zentimeter aus dem Wasser ragte, ging Laverne an den Rand des Ozeans und hob eine Hand, um ihre Augen zu beschatten, ihr jüngster Bruder trat neben sie und legte seine Hand in ihre. Der andere Bruder stellte sich neben seinem Vater auf. Dann dauerte es nicht länger als ein Seufzer, und die Großmutter war ganz entschwunden.

Obwohl die Sonne hoch am Himmel stand, war der angebrochene Tag zu nichts mehr zu gebrauchen, und einer nach dem andern sammelten die Neger ein, was sie an den Strand mitgebracht hatten, und begaben sich wieder zu ihren Autos und Bussen. Hin und wieder trat ein Fremder auf Laverne oder ein Mitglied ihrer Familie zu. Die Fremden sagten nichts, sondern berührten nur voller Anteilnahme und Verständnis eine Schulter oder eine Hand. Laverne empfand keine Traurigkeit, und langsam stieg in ihr die Furcht auf, dass sie ihre Großmutter nicht so geliebt haben konnte, wie die alte Frau sie zu lieben beteuert hatte. Die Augen der Familie waren nach wie vor auf den Horizont gerichtet, wo die Großmutter verschwunden war, und Laverne und ihre Angehörigen harrten bis lange nach Sonnenuntergang am Strand aus, allein in Begleitung des Strandwächters, der sich verkühlt hatte, es jedoch für seine Pflicht hielt, bei ihnen zu bleiben.

Sie schlug die Augen auf und blickte sich um in der Welt von Anacostia. Eine Frau und ein Mann, die Händchen hielten, kamen an ihr vorbei. »Ich hab dir doch gesagt, du sollst die Sorte nicht kaufen«, sagte die Frau zu dem Mann. »Ich hab dir doch gesagt, du wirst's bereuen.« »Ich weiß nicht, was mich geritten hat«, sagte der Mann. »Ich muss nicht recht bei Trost gewesen sein.« Laverne war in Anacostia geboren und aufgewachsen. Nach ihrer Schulzeit auf der Anacostia High, nach ihrer ersten Stelle bei Woodward & Lothrop, hatte sie auf die andere Seite des Flusses ziehen wollen, wo, wie sie glaubte, all die Jahre über das echte Washington darauf gewartet hatte, dass sie endlich erwachsen wurde, herüberkam und eine Frau war, über die die Leute sich die Mäuler zerrissen. Sie würden wunderbare Dinge über sie sagen: dass eine Party keine Party sei, solange sie nicht auftauchte. Sie würden sagen, dass sie treu zu ihren Freunden stehe. Das waren so in etwa die wunderbaren Dinge, die die Leute über sie sagen würden. Ein Mann hatte sie darauf gebracht. Sie hatte sich in ihn verliebt. Er behauptete, mit ihr auf die High School gegangen zu sein, aber sie konnte sich nicht an ihn erinnern. Dieser Mann, Mason, wollte nicht auf die andere Seite des Flusses ziehen, und vor sechs Jahren, als sie geheiratet hatten, hatte sie gesagt, das sei ihr recht. Das Washington auf der anderen Seite des Flusses hatte freilich nicht aufgehört, auf sie einzureden: was ihr alles entgehe, weil sie in diesem Anacostia wohne, wo die Leute Melasse im Blut hätten. Die Leute warteten noch immer auf sie, um herrliche Dinge über sie zu sagen, raunte die Stadt.

Sie holte die Einkaufsliste hervor. Einige Kekse für ihren Sohn, Rasiercreme für ihren Mann, nicht mehr, als sie, ohne zu ermüden, den Hügel hinauftragen konnte. Etwas Zeit für sich an einem betriebsamen Samstag. Eine Autohupe ertönte, und eine Frau beugte sich aus dem Fenster und rief: »Vernie, Vernie. Ich seh dich heut abend.« Das Auto war verschwunden, ehe sie sagen konnte, ja-ja, heut Abend würden sie sich sehen. Ihre Familie würde bei Sears, Roebuck & Co. in der Alabama Avenue auf sie warten – schon wieder eine neue Hose für den Jungen, ein Schlips für ihren Mann, der als stellvertretender Leiter in Murphy's Billigwarenhaus arbeitete. Sie blickte auf ihren Bauch hinab. In ein paar Monaten würde sich die Rundung abzeichnen. Sollte sie sich neue Umstandskleider kaufen oder sich mit dem begnügen, was noch von ihrer ersten Schwangerschaft übrig war? »Wenn du schwanger bist, kommt's auf Stil nicht an«, hatte ihre Mutter einmal gesagt. Mit dem Tanzen wäre vorerst Schluss. Das würde ihr schwerfallen. Die beste Party hatte sie erlebt, als sie im dritten Monat mit ihrem Sohn schwanger war. Die Party hatte die ganze Nacht gedauert, sie hatte ihre Kleider durchgeschwitzt, und jeder der Männer, mit denen sie tanzte, hatte ihr gesagt, dass der Schweiß den Rhythmus nur noch beflügele. »Gib's mir, gib's mir«, hatte ein Mann gesagt, der betrunken war, es sich aber nicht anmerken ließ, und sie hatte den Kopf hin und her geschüttelt und ihm zugesehen, wie er die Augen schloss und den Mund öffnete, um ein paar Schweißtropfen aufzufangen. »Muttermilch«, hatte der Mann gesagt. Ihr Ehemann hatte eng umschlungen mit ihr getanzt, doch meist stand er nur auf dem Balkon der Gastgeber, blickte hinunter auf das Washington Monument und unterhielt sich mit einer Frau, deren Mund nach einem Unfall vernäht war. Laverne hatte geglaubt, ihr Sohn werde die Liebe zum Tanzen von ihr erben, aber er war genauso unbeholfen wie ihr Mann. Ihr Mann war mit Schwimmhäuten zwischen drei Zehen seines linken Fußes zur Welt gekommen. Wenigstens davon war ihr Sohn verschont geblieben.

Sie stand von der Bank auf, verärgert vor allem darüber, dass der Teufel ihr einen fast perfekten Tag vermasselt hatte: erst den Einkauf, dann die Party. Um eine Party zu genießen, musste man einen klaren Kopf haben, von allem Ballast befreit. Warum hatte er mit der Begegnung gewartet, bis sie fünfundzwanzig war? Die Großmutter väterlicherseits, die in den Atlantischen Ozean hinausgewatet war – sie war dem Teufel zum ersten Mal mit fünf Jahren begegnet. Mit einem Schulbuch unterm Arm war sie in Georgia auf eine Landstraße eingebogen, und da stand er, hässlich wie selbst gemachte Seife, mit fast zahnlosem Mund. Er hatte es gerade eben mit der Cousine ihrer Großmutter getrieben, und beide waren über und über mit rotem Straßenstaub bedeckt. »Ich war's einfach satt, dass er mich die ganze Zeit angebettelt hat«, sollte die Cousine später erklären. Und als ihre Großmutter mütterlicherseits dreizehn war, hatte er diese aufgesucht, eingehüllt in einen langen gelben Überwurf, der über den Schnee der nördlichen Provinz des Staates New York schleifte. Zu ihrer Mutter war er, soweit Laverne wusste, nie gekommen, doch sicher war sie sich da nicht, denn über den Teufel sprach ihre Mutter mit keiner der Frauen in der Familie. Der Gedanke an den Teufel ließ die Frauen nicht los, aber Laverne hatte sich bemüht, in einer anderen Welt zu leben. Sie unterdrückte ihren Ärger und wünschte sich, dass sie den einen oder anderen Trick gelernt hätte, um ihn zu vertreiben und für den Rest ihres Lebens unbehelligt zu bleiben.

Als sie wieder im Safeway war, stand er genau da, wo sie ihn zurückgelassen hatte, und winkte sie zu sich heran, sobald sie das Kaufhaus betrat. »Er hat gewartet«, sagte er. »Er ist den ganzen weiten Weg durch den Fluss Anacostia geschwommen.«

»Ich weiß. Das habt Ihr mir schon gesagt. Ich bin nicht taub.« Laverne holte sich einen Einkaufswagen. Die Großmutter und das Mädchen aus dem Schönheitssalon kamen nach ihr herein, und die Frau beauftragte das Mädchen, einen Wagen zu besorgen. »Achte drauf, dass er sich gut schieben lässt«, sagte die Frau. »Der vom letzten Mal ließ sich nicht gut schieben.« Sie gingen nach rechts davon.

»Nein, nein. Dessen würde er Sie niemals bezichtigen. Taub zu sein, blind zu sein«, sagte er und setzte seinen Hut wieder auf, »das würde er Ihnen nicht auf den Leib wünschen.« Ihr fiel auf, dass einer seiner Schneidezähne aus leuchtendem Gold war. Als kleines

Mädchen hatte sie geglaubt, Männer mit Goldzähnen hätten diese vom vielen Biertrinken bekommen. Niemand in ihrer Nachbarschaft wusste Gutes über solche Männer zu sagen.

»Ich will nichts von dem, was Ihr heut verkauft«, sagte sie.

»Er verkauft nichts«, entgegnete er und trat vor den Wagen, um ihre Aufmerksamkeit auf sich zu lenken. »Zurzeit kauft und verkauft er nichts. Nichts läge ihm ferner. Das können Sie mir ruhig glauben.«

Er hatte etwas Liebenswürdiges. Sie lenkte den Einkaufswagen nach links, zum Obst und Gemüse, und der Teufel folgte ihr im Gleichschritt. Die bunte Auslage an Naturprodukten kam ihr heute besonders verwirrend vor. Als ihr Sohn noch ein kleiner Purzel war, hatte sie ihn, wenn sie gemeinsam einkaufen gingen, gern die einzelnen Farben nennen lassen; er war leichter dazu zu überreden, Kürbis zu essen, wenn er im Safeway im Gang gestanden, den Kürbis an seinem grünen Stengel festgehalten und ihn wieder und wieder »denselben Gelben« genannt hatte. Jetzt sah sie ihren Sohn vor sich stehen, wie er, weich und braun, das Handtuch um sich geschlungen, nach dem Baden auf seine Küsse wartete. Sie drehte sich um und blickte über ihre Schulter, als könnte der Junge an der Hand seines Vaters draußen vor dem Schaufenster stehen. Sie blickte dem Teufel ins Gesicht, und dieser fragte: »Wann bekommen Sie Ihr Baby?« Sein Parfüm umwehte sie, und sie glaubte schon, dass er vielleicht doch nicht derjenige war, für den sie ihn hielt, sondern nur irgendein Mann mit winzigen Füßen, darauf aus, ihr den Hof zu machen.

»Was?«, fragte sie. Einige Männer mochten schwangere Frauen, konnten deren Zustand erahnen, selbst wenn er wie bei ihr noch gar nicht sichtbar war.

»Wann bekommen Sie Ihr Baby?«

»Was hat das mit Euch zu tun? Es ist nicht Euer Baby.«

»Er verbringt nur etwas Zeit mit einer schönen Frau, das ist alles. Darf er das nicht?«

»Er kann tun, wie ihm beliebt.« Sie kam ans Ende des Gangs, lenkte den Wagen nach rechts und hielt am Ende des Limonadenregals an. Gab es auf dem Weg zu dem Geschäft, wo ihr Mann und ihr Sohn auf sie warteten, vielleicht irgendeinen kleinen Laden? Safeway war ja nun wirklich nicht die einzige Einkaufsmöglichkeit weit und breit. Konnte sie weggehen und der Sache ein Ende bereiten? Aber sie sagte: »In sieben Monaten. Ich bekomme mein Baby in sieben Monaten.«

»Sehen Sie? War doch gar nicht so schwer«, sagte der Teufel. »Also ein Oktoberkind. Nichts bereitet ihm mehr Vernügen als ein Oktoberkind. Die sind so …« Er blieb stehen, und da sie wissen wollte, was er zu sagen hatte, blieb sie nach zwei Schritten ebenfalls stehen. »Die sind so entgegenkommend, die Oktoberkinder. Er hat noch nie ein Oktoberkind getroffen, das ihn nicht mochte. Oktober ist ein sehr entgegenkommender Monat, alle einunddreißig Tage lang.«

»Mein Kind wird niemandem entgegenkommen«, erwiderte Laverne und ging weiter.

»Muss es aber, Miss Laverne. Wenn es im Oktober geboren wird, muss es ihm entgegenkommen.«

»Es ist mir völlig schnuppe, was Ihr sagt.« Sie wusste, dass es in diesem Gang etwas gab, das sie brauchte, konnte sich aber nicht mehr erinnern, was. Sie blieb vor zwei Regalen mit Pepsi-Cola in Dosen und Flaschen stehen. Warum lag hier nicht wie sonst die Dial-Seife aus, damit sie die Nummer ihrer Mutter wählen und diese fragen konnte, ob ihr Mann und ihr Sohn gern Feldbohnen aßen? Schließlich bedeutete Dial Wählscheibe. Wer kannte sich besser mit Sonderangeboten bei Safeway aus als ihre Mutter? »Wollt Ihr damit etwa sagen, im Oktober geboren zu sein ist irgendwie was Schlechtes?«

»Das hat er nicht gesagt. Er hat nichts Schlechtes über den Oktober gesagt.«

»Mein Kind wird im Oktober zur Welt kommen, um glücklich zu werden, nicht um Euch oder sonstwem entgegenzukommen.« Sie nahm eine große Flasche Limonade in die Hand. Auf dem Preisschild stand fünfunddreißig Cent. Soll ich die kaufen? Wie viel hat sie letzte Woche gekostet?

»Das weiß er. Bitte. Bitte, Miss Laverne. Er will, dass alle Oktoberkinder glücklich sind. Er hat Ihnen doch gesagt, Oktoberkinder mögen ihn. Die verfluchen ihn nicht; die sagen nicht: Hebe dich hinweg, tritt zurück ins Glied, wie andere. Wie die Aprilkinder.«

»Warum tut Ihr mir das an?«

»Aprilkinder sind so respektlos. Der April hat dreißig Tage zu viel. April wäre ein perfekter Monat, wenn er nur einen einzigen Tag hätte. Und der Oktober sollte einunddreißig Tage mehr haben. Schlagen Sie dem Oktober sämtliche Apriltage zu und sehen Sie, was für eine herrliche Welt wir dann hätten, Miss Laverne.« Laverne stellte die Limonade wieder ins Regal. »Ist nicht Ihre Großmutter im Oktober zur Welt gekommen?«

Sie sah ihn an. Er sprach von der Mutter ihrer Mutter, der Frau in dem riesigen Haus in der Crittenden Street an der Goldküste, einem Haus, das Villa zu nennen sie den Leuten verübelte. Ihre Großmutter hatte zwei große Häuser abreißen lassen, die ursprünglich auf zwei großen Grundstücken gestanden hatten, und sich dann das größte Haus in der Gegend gebaut, zum Verdruss der wohlhabenden Schwarzen um sie herum, die gegen Protzerei normalerweise nichts einzuwenden hatten. Es gab im Haus vier Kamine, die das ganze Jahr über brannten, Tag für Tag.

»Er will damit lediglich sagen, dass sich der Oktober durch allerhand Gutes empfiehlt. Und bald wird er sich durch Lavernes neues Baby empfehlen. Mehr will er damit nicht sagen.« Er legte die Hand aufs Herz. »Bitte, Miss Laverne, wir wollen doch hier bei Safeway nicht den süßen Monat Oktober besudeln. Bitte, Miss Laverne.«

»Meine Großmutter hat damit nichts zu schaffen.« Sie ging weiter und bog in den Gang mit Konservendosen. »Ich bin nicht meine Großmutter.«

»Wenn Miss Laverne es sagt, dann sagt er es auch.« Er trat wieder dicht neben sie. »Welche, Miss Laverne?«

Sie ignorierte ihn. Ihr fielen wieder die acht Dosen Feldbohnen für einen Dollar ein. Konnte sie alle acht Dosen den Hügel hinauftragen? Ihrem Mann sähe es ähnlich, gleich nach der zweiten Dose der Bohnen überdrüssig zu werden. Eines Morgens, am Tag der Mülleimerentleerung, war sie mit ihrem Sohn hinausgegangen und hatte auf dem Gehsteig den Mülleimer des Mannes aus der Wohnung unter ihnen gesehen. Der Deckel war seitlich an den Mülleimer angelehnt. Obenauf hatte ein leeres Tablett mit rotem Fleisch, vielleicht einem Hamburger, gelegen. War er ein guter Koch?, hatte sie sich gefragt. Was war wohl seine Spezialität? Konnte er Lasagne machen? Im Mülleimer lag eine leere Packung Oreos, in einer Ecke waren noch ein paar schwarze Krümel zu sehen. Aus all dem Abfall ragte der Hals einer Alkoholflasche, und hätte sie ihren Sohn nicht zur Schule bringen müssen, sie hätte sie hervorgeholt, um herauszufinden, welche Sorte er trank.

»Er fragt, welche?«

»Ich will nur in Frieden gelassen werden«, sagte sie und ging schnell davon. Vor ihr stand jedoch ein Mann mit seinem Einkaufswagen, der das Etikett auf einer Dose studierte, und sie musste ihre Schritte verlangsamen, um an ihm vorbeizukommen. Der Mann hielt sich die Dose dicht vors Gesicht, und als sie sich ihm näherte, blickte er erst sie an, dann die Dose und danach wieder sie. Er schien sie um Hilfe bitten zu wollen, doch dann hielt er sich die Dose wieder vors Gesicht und entschied sich schließlich dafür, sie in seinen leeren Wagen zu werfen. Nachdem sie sich an dem Mann vorbeigezwängt hatten, hielt sich der Teufel wieder an ihrer Seite. Er begann zu summen, und mit jedem Ton wurde sie ruhiger, sodass sie, als sie das Ende des Gangs erreichten, gern gewusst hätte, was er da summte. Der Kamin im zweiten Geschoss des Hauses ihrer Großmutter, der der 16th Street am nächsten lag, war der gemütlichste, wie geschaffen für kalte Regentage, heißen Kakao und Geschichten von Menschen, die in einem Schneesturm dem Tod begegnet waren und überlebt hatten. Ihre Mutter hatte das Haus in der Crittenden Street nie zu Gesicht bekommen, nie ihr Porträt gesehen, das über dem Kamin im ersten Stock hing.

Sie bogen in einen weiteren Gang mit noch mehr Konservendosen, darunter Fruchtsäfte. »Welche?«, fragte er erneut. Sie hatte

Angst, schwach zu wirken, wenn sie die Einkaufsliste hervorkramte. »Er fragt, welche?«

»Was wollt Ihr?«

»Er will nur wissen, welche?«

»Welche?«, fragte Laverne.

»Welche Großmutter sind Sie nicht? Die mit all dem Geld und dem schönen Haus und den schönen Kleidern oder die, die ihn damals am Strand ausgetrickst hat? Die, die in Saus und Braus gelebt hat, oder die, die so getan hat, als könnte sie auf dem Wasser wandeln?«

»Das war kein Trick«, erwiderte Laverne. Jetzt fiel ihr wieder ein, dass ihr Sohn sich Kekse gewünscht hatte. Aber was für Kekse? Er konnte genauso wählerisch sein wie sein Vater. Sie selbst bevorzugte Vanillecremeplätzchen, aber letztes Mal hatte Safeway diese nicht vorrätig gehabt. »Wir werden dafür sorgen, dass wir sie das nächste Mal für Sie auf Lager haben, Ma'am«, hatte ein Verkäufer ihr versichert.

»Doch, es war ein Trick, Miss Laverne. Das wissen Sie selbst. Er weiß es. Und Ihre Granny weiß es auch, jetzt wo sie auf dem Grund des Meeres liegt.«

Sie blieb stehen. »Teufel noch eins, haltet endlich den Mund. Es war kein Trick. Ich war dabei. Ich weiß Bescheid.«

»Auch er war dabei, Miss Laverne. Er ist immer dabei.« Er tat einen Schritt nach vorn, sodass sie ihm direkt ins Gesicht sehen konnte. Die Krawatte war noch immer verrutscht, und sie wollte sie noch immer gerade rücken. Würde er ihre Hand ergreifen und sie küssen, wenn sie es täte? Würde er ihre Hand ergreifen und sie fragen, wie er Himmelsfürst werden könne?

»Nirgends wart Ihr.«

Der Teufel drehte sich um und nahm vom mittleren Regal gegenüber eine Dose Hi-C-Orangensaft. »Mit seinen Tricks hat er sie alle beherrscht. Nehmen Sie sich in Acht, dass er Ihnen nicht das Gleiche antut, Miss Laverne.« Ein Mann im Safeway-Kittel kam auf sie zu. Der Teufel hielt die Dose in der linken Hand, er sah Laverne an, hob die Rechte zehn Zentimeter über die Dose und berührte mit dem Zeigefinger den Deckel. »Tricks, Tricks, Tricks. Morgens, mittags und abends. Er hat all die Tricks satt. Er dachte, Sie wären klug genug, nicht an Tricks zu glauben, Miss Laverne.« Der Safeway-Mann blieb wenige Schritte von ihnen entfernt stehen. Der Teufel wackelte zweimal mit den Fingern, dann bohrte sich sein Zeigefinger ganz langsam durch den Deckel der Dose. Laverne und der Mann vom Safeway rührten sich nicht. »Tricks. Selbst ein neugeborenes Oktoberkind kann einen Trick anwenden.« Er zog den Finger wieder heraus und leckte den Saft ab, dann stieß er ihn abermals hinein, sodass neben dem ersten ein zweites Loch entstand. »Die Natur verabscheut das Leere.« Der Teufel zog seinen Finger wieder heraus und wischte ihn am Kittel des Mannes ab, direkt neben dessen Namensschildchen. Dann drehte er die Dose um, goss den Saft auf den Boden und reichte die Dose dem Safeway-Mann. »Sehen Sie zu, wie er auf dem Wasser wandelt, gestärkt von Vitamin C.« Er trat mehrmals in die Saftpfütze auf dem Boden. »So«, sagte er zu Laverne, »Sie können ihn Gott nennen. Schauen Sie ihm zu, wie er ein paar Gänge weiter die Fische und die Brote vermehrt. Schauen Sie ihm zu, Miss Laverne, dann verneigen Sie sich und beten Sie ihn an, Miss Laverne, wenn's nur der Tricks bedarf.«

»Sie hat keine Tricks angewendet«, entgegnete Laverne. Vorsichtig trat sie über den Saft hinweg. »Sie hatte ein gutes Herz, deswegen ist es ihr gelungen.«

»Junger Mann«, sagte der Teufel zu dem Safeway-Angestellten, »er ist von der Hauptverwaltung. Von der Hauptverwaltung in Oakland, Kalifornien. Was hat man Ihnen über Pfützen auf dem Fußboden eines Safeway beigebracht?« Der Mann nickte, ging an Laverne vorbei und zur Seitentür hinaus.

Laverne bog in einen Gang mit Keksen und anderen Süßigkeiten. Ihre Großmutter hatte sie geliebt, das hatte sie jedes Mal gesagt, wenn sie zusammen waren, zu Beginn eines Treffens und zum Ende. Jetzt versuchte sie, sich an die Stimme ihrer Großmutter zu erinnern, an die Zuversicht in ihrer Stimme, als sie ins Meer hinausgewatet war. Hatte sie Laverne auch an jenem Sonntag versichert, dass sie sie liebte? War sie ins Wasser hinausgewatet, bevor sie ihr sagte: »Ich liebe dich, Kind, vergiss das nie«? Nein, sie hatte es nicht gesagt. Hatte sie aufgehört, sie zu lieben, bevor sie aufbrach? War ihre Großmutter in den Himmel aufgebrochen, ohne Laverne mit ihrer Liebe zu segnen?

Jetzt fiel ihr ein, dass ihr Sohn gern Nilla-Waffeln aß. Waren diese Waffeln wirklich so vollkommen anders als die Vanillecremeplätzchen, die sie gern aß? Warum liebte ihr Sohn diese Waffeln und rümpfte die Nase über die Cremeplätzchen? Waren sie nicht aus ein und derselben Familie? Ich liebe dich, Grandma. Sie ging den Gang entlang, und auf halbem Wege spürte sie hinter sich den Teufel. Vor den Oreo-Keksen blieb sie stehen. Sie hatte sich schon oft gedacht, dass der Mann aus der Wohnung unter ihnen auf Oreos stand. Auch das Schwarz der Oreos barg ein Geheimnis. Eines Nachts vor nicht allzu langer Zeit war sie aufgewacht und hatte gehört, wie einer Frau Lust bereitet wurde, und sie wusste sofort, dass dafür der Mann aus der Wohnung unter ihnen verantwortlich war. Sie nahm eine Packung Oreos in die Hand und konnte die Frau stöhnen hören. Sie hatte still neben ihrem Ehemann gelegen und Angst gehabt, er könnte merken, wie heftig ihr Herz schlug, Angst gehabt, die stöhnende Frau könnte ihn wecken, und er würde sich zu Laverne umdrehen und wissen, was ihr Herz in diesem Augenblick ersehnte.

»Er träumt von Ihnen«, sagte der Teufel. »Jede Nacht hat er sich zu einer anderen Frau gelegt, doch in seinen geheimen Träumen gehen Sie an irgendeinem Strand auf ihn zu, und er widersagt allen außer Ihnen. Wussten Sie, dass er von Ihnen träumt? Er wohnt unten und hört, wie Sie über ihm herumlaufen und Ihr Leben leben, und er denkt und denkt, und wenn er schläft, sind Sie in seinen Träumen.«

»Das ist mir gleich«, sagte Laverne und stellte die Packung wieder ins Regal. »Das alles ist mir vollkommen gleich.«

»Wie kommt's dann, dass Sie, als Sie letzte Nacht gekommen sind, dabei an ihn gedacht haben? Wie kommt das wohl, Miss Laverne?«

»Ihr kennt mich doch gar nicht.« Sie griff nach den Nilla-Waffeln. Erst nahm sie die eine Schachtel, doch dann entschied sie, dass die identische Schachtel daneben besser wäre. Sie las die Beschriftung auf der Schachtel. Hergestellt von Nabisco. Nabisco weiß, dass ich meinen Mann liebe. Nabisco weiß, dass meine Großmutter mich liebt und dass das kein Trick ist. Ein bisschen Zauberei hier und da. Ehe du dich's versiehst, bis du den ganzen weiten Weg zum Himmel gelaufen. Du liebe Güte, Kind.

Sie legte die Schachtel Waffeln in den Einkaufswagen und sagte: »Ist das ein Trick? Dass Ihr behauptet, meine Gedanken lesen zu können, wenn ich bei meinem Mann liege?«

»Es gibt Tricks, und es gibt die Wahrheit. Er schließt Ihren Kopf auf, steht vor Ihnen und kann in Ihnen lesen wie in einem aufgeschlagenen Buch. Wollen Sie's wirklich auf Teufel komm raus wissen, Miss Laverne?«

Sie stellte fest, dass die Vanillecremeplätzchen vorrätig waren, und zuerst dachte sie, es wäre besser, welche zu kaufen, da es beim nächsten Mal zu spät sein mochte. Aber die Plätzchen standen nicht auf ihrer Liste. Was stand sonst noch auf der Liste? Der Teufel befeuchtete seinen Daumen und blätterte eine imaginäre Seite in einem imaginären Buch um. »Seite 138«, sagte er. Sie nahm die Plätzchen und legte sie neben die Waffeln.

»Wenn Ihr so wunderbar seid«, sagte sie, »warum habt Ihr damals den Bruder meiner Großmutter sterben lassen?«

»Er lässt niemanden sterben. Er hat nicht die Macht über Leben und Tod. Man stirbt, weil man sterben will. Man lebt, weil man leben will.« Der Teufel klappte das imaginäre Buch zu.

»Er ist ein ausgemachter Lügner.« Sie versuchte, sich auf den Namen ihres Großonkels zu besinnen, eines Mannes in der nördlichen Provinz des Staates New York, der noch vor ihrer Geburt gestorben war, versuchte, an jene sonntäglichen Besuche bei weiblichen Verwandten zurückzudenken, wenn das Gequassel vom Teufel an ihr vorbeirauschte, zum nächsten Fenster hinaus. Schließlich ging es nicht um Jungen oder neue Kleider, warum also richtig zuhören? *I kissed a boss boy named Freddy … Oh, willya, oh, willya, be my steady?* Und eine junge Frau, deren Namen gut aussehende Männer auf beiden Seiten des Anacostia kannten, eine Frau, die mühelos die Nächte durchtanzte, diese Frau konnte auf sich selbst aufpassen. Laverne kam zum Ende des Gangs mit Süßigkeiten und bog dorthin ab, wo Kaffee und Tee standen. Wie hieß der Tote noch gleich? Onkel, Onkel, verrat mir deinen Namen.

Der Teufel hinter ihr ging langsamer, und sie hoffte, dass er fürchtete, sie könnte sich auf den Namen ihres Großonkels besinnen und ihn ihm entgegenschleudern, so wie die Leute im Film Vampire mit Weihwasser bespritzen. Der Name würde ihn – puff! – in nichts auflösen. Vor dem Kaffee blieb sie stehen. Stand Maxwell House, der Lieblingskaffee ihres Mannes, auf der Liste? Das war ein Kaffee, der bis zum letzten Tropfen schmeckte, und um die Kunden davon zu überzeugen, war auf der blauen Dose eine geneigte leere Tasse abgebildet, an deren Rand ein letzter Tropfen Kaffee hing. Der Teufel flüsterte ihr ins Ohr: »Wie könnte er ihn sterben lassen, wenn er den Jungen noch nie gesehen hat?« Es gab eine Kaffeesorte, die sie schon seit langem hatte probieren wollen, die von der Frau im Fernsehen als himmlischer Kaffee besungen wurde, »ein besserer Kaffee ist für Geld nicht zu haben«.

»Meine Großmutter«, sagte Laverne, »würde mich nicht anlügen.« Das war die Großmutter mit dem Haus an der Goldküste, die Angst davor hatte, ohne Kaminfeuer zu leben, die allem Fleisch entsagt hatte. Der Bruder, acht Jahre alt, war auf dem Bauernhof in der nördlichen Provinz des Staates New York dahingesiecht, als er und seine ältere Schwester darauf warteten, dass ihre Eltern von einer Reise nach Albany zurückkehrten, einer Reise, die sie angetreten hatten, bevor auch nur eine Schneeflocke gefallen war. Vierzehn Tage lang hatte es dann ununterbrochen geschneit, da war der Teufel, als alte Frau verkleidet, die einen langen gelben Überwurf hinter sich herschleifte, über die Schneeberge heraufgekommen, so mühelos, als spazierte er einen Strand entlang. An jenen Sonntagen hatte Laverne sich immer angehört, was die Frauen über den sterbenden Jungen erzählt hatten: Dass er ein Tischbein angenagt hatte, habe ihn auch nicht mehr retten können, bis seine Eltern am sechzehnten Tag endlich zurückkehrten, die Arme voller Nahrungsmittel. »Sie würde mich nicht anlügen.«

»Dann täten Sie gut daran«, sagte der Teufel, »Ihrer süßen kleinen Großmutter auszurichten, sie soll die Geschichte richtigstellen und aufhören, ihn der Lügen zu bezichtigen. Er würde sie nicht belügen, dann sollte auch sie ihn nicht belügen.« Er schlenderte zwei Schritte weiter, dann drehte er sich zu ihr um und setzte seinen Hut auf.

Der Teufel sagte die Wahrheit, das wusste sie, auch wenn ihr das nur eine Stunde vorher noch herzlich egal gewesen wäre. Sie schob den Einkaufswagen am Teufel vorbei. Kein Kaffee. Kein Tee. Keine Zeit für sich, oje. »Nicht so hastig«, sagte der Teufel. »Ein großes Sonderangebot wartet auf Sie.«

Sie kam zu den Hygieneartikeln. Ihr fielen wieder die paar Sachen auf dem Einkaufszettel ein, Kekse für ihren Jungen, Rasiercreme für ihren Mann. Die Dose Burma-Rasiercreme stand direkt vor ihr. Sie nahm den Verschluss ab in der Hoffnung, dass der Duft sie an ihren Mann erinnern würde. Es roch nach nichts, und sie drückte auf den Knopf und sprühte sich etwas Creme auf die Fingerspitze. Jetzt stand er vor ihr, mit Schwimmhäuten und allem. Warum war ihr der Name des Onkels nicht eingefallen? Wog die Sünde weniger schwer, weil sie ihn nie gekannt hatte? Laverne hielt sich die Creme dichter vor die Nase und atmete ein, so tief sie konnte. Wog die Sünde weniger schwer? Obwohl die Großmutter drei Tage lang nichts Essbares gefunden hatte, war sie wieder aus dem Haus gegangen, um noch mehr Blätter, noch mehr Wurzeln zu suchen. Ihr Bruder lag im Wohnzimmer, dem Tode bereits näher als dem Leben.

Laverne verrieb die Creme zwischen ihren Fingern, schmierte sie sich auf den Amorbogen zwischen Oberlippe und Nase und atmete weiter ein, so tief sie konnte. Und über die Schneeberge war die alte Frau gekommen und hatte ihre Großmutter gegrüßt. »Nun schau einer guck«, sprach der Teufel zu ihr. »Dir hier draußen zu begegnen.« Der Schnee fiel so dicht, dass sie einander selbst aus einem Meter Abstand zeitweise nicht sehen konnten. »Wir haben Hunger«, sagte die Großmutter. Da holte die alte Frau aus ihrem Überwurf eine gebratene Hähnchenkeule, golden und fleischig, die, als sie sie aus dem Wachspapier auswickelte, noch immer Wärme abstrahlte. Laverne legte zwei Dosen Rasiercreme in den Wagen. »Darf ich sie mitnehmen und mit meinem Bruder teilen?«, fragte ihre Großmutter. »Bitte, Ma'am.« Der Teufel sagte dazu nicht nein. Der Teufel sagte: »Ach, Herzchen, es gibt noch mehr. Wo das herkommt, gibt's noch viel mehr. Iss nur. Nur zu. Es gibt reichlich.« Und die Großmutter aß, während der Schnee die Hähnchenkeule pfefferte und salzte. Die alte Frau verschwand wieder hinter den Schneebergen, und als der Schnee die Hähnchenknochen ganz bedeckt hatte, wartete die Großmutter, erst im Schnee und dann im Haus. Der Junge starb noch in derselben Nacht, nachdem das Hühnchen längst Teil ihres Körpers geworden war.

Laverne kam zum letzten Gang, dem mit Frischfleisch. Als sie um die Ecke bog, sah sie gerade noch, wie sich die alte Frau aus dem Schönheitssalon über den Teil der Vitrine beugte, wo die Hamburger auslagen. Die Frau nahm eine Packung heraus, und als sie sich umdrehte, um sie in ihren Wagen zu legen, stieß ein Mann mit ihr zusammen. »Du Arschloch«, fuhr die alte Frau ihn an, »kannst du nicht aufpassen, wo du deine Klumpfüße hinsetzt?«

»Sie brauchen nicht gleich so ausfallend zu werden, meine Dame«, erwiderte der Mann. »Tut mir leid. Es war ein Versehen.« Der Teufel stand wieder neben Laverne. Er hatte die Hände auf dem Rücken verschränkt und beobachtete den Mann und die alte Frau.

»So 'n beschissenes Versehen gibt's in der ganzen gottverdammten Welt nicht, du Arschloch!«

»Grandma, bitte«, sagte das kleine Mädchen, nahm der alten Frau das Fleisch ab und legte es in den Einkaufswagen. »Bitte, Grandma, lass uns gehen.«

»Tut mir leid«, sagte der Mann. »Tut mir aufrichtig leid.«

»Du bist ein Hornochse, hörst du?«, sagte die alte Frau. »Du und deine Maultier fickende Mutter!« Das kleine Mädchen begann zu weinen, aber der Teufel sah nicht zu ihm hin.

»Lasst sie zufrieden«, sagte Laverne zum Teufel.

»Ich habe keine Macht über sie«, sagte der Teufel. »Fragen Sie sie selbst.«

»Wenn das gottverdammte Maultier erschossen worden wär, bevor es sich an deine Mama rangemacht hat, hätte ich jetzt nicht dieses gottverdammte Problem.«

»Bitte, Grandma, lass uns gehen.«

Das Mädchen fasste seine Großmutter um die Taille und drückte sein Gesicht und seine neue Frisur in ihre Seite. Die alte Frau stieß sie von sich.

»Sie ist doch noch ein Kind«, sagte Laverne.

Der Teufel sagte: »Ein Püppchen, ein Bengel, ein dicker Schwengel. Was kümmert's Sie, Miss Laverne? Was kümmert's mich?«

Laverne ging zu dem Mädchen, kniete sich vor sie hin und zog sie an sich. Laverne sagte dem Mädchen, alles werde gut, und nach einer Weile hörte das Mädchen auf zu zittern und zu weinen. Aber es klammerte sich weiter an sie an, und Laverne versprach ihr, sie nie mehr allein zu lassen.

»Dafür gehören Sie hinter Gitter«, sagte der Mann zu der alten Frau, die ihm, als er davonging, weitere Verwünschungen nachrief.

Laverne stand auf und sah die alte Frau an. Die Frau zuckte mit den Augen, senkte den Kopf und starrte in den Einkaufswagen, dann blickte sie zu dem Mädchen, das sich wieder an ihre Seite geflüchtet hatte. »Einige Leute haben vielleicht Nerven«, sagte sie, ohne Laverne anzusehen, und ihre Worte wurden immer sanfter. »Komm, Schätzchen«, sagte sie, legte eine Hand des kleinen Mädchens auf den Einkaufswagen und ging davon.

Laverne drehte sich um. Des Teufels Anzug, Hut, Krawatte und schwarz-weiße Lackschuhe waren verschwunden. Jetzt trug er eine Baseballkappe, ein grünes T-Shirt, Shorts und Tennisschuhe.

»Richten Sie Ihrer Mutter aus«, sagte er, »dass ich sie nächsten Freitag sehen werde, wenn sie all ihren gut katholischen Fisch aufgegessen hat.«

»Lasst sie zufrieden«, sagte Laverne. »Sie ist krank und wird älter.«

»Krank und alt«, versetzte er, »aber noch nicht tot.« Er rückte die Kappe mit dem Logo der Washington Senators zurecht. »Sie und ich, wir sind noch nicht fertig miteinander. Es gibt noch allerhand zu bereden, angefangen damit, was Ihr Mann eigentlich davon hält, dass der Junge nicht seiner ist. Haben Sie darüber schon mal mit ihm gesprochen, Laverne?« Er stopfte sich das T-Shirt in die Shorts. Danach hob er den Arm und streckte den Oberkörper, dann reckte er den Hals. »Ach, die Männer in der Welt da draußen, die so gern in Josephs Fußstapfen treten. Heißt Ihr Mann Joseph, Laverne? Darf ich Sie Maria nennen, Laverne?« Er beugte sich vor und berührte dreimal seine Zehen. »Sie und ich, wir sprechen uns noch, aber jetzt wartet erst einmal Ihre Großmutter mit einem schönen Glas Brandy auf mich, in der Villa auf dem Hügel, die ein Vermögen gekostet hat. Und eine Seele.«

Er ging um sie herum und war verschwunden.

Laverne betrachtete ihren Einkaufswagen, die wenigen Waren darin. Sie schob sich durch die Kunden zum Ausgang des Safeway-Supermarktes. Der Onkel hatte einen Namen gehabt, aber je mehr sie ihn sich ins Gedächtnis zurückzurufen versuchte, desto mehr flatterte er außer Reichweite. Onkel Soundso, bitte verrate mir deinen Namen. Draußen stand die Sonne noch höher am Himmel, und die Good Hope Road war noch überfüllter. Sie schaute nach links, zur 11th Street Bridge. Warum waren sämtliche Männer in ihrer Familie von Tagen wie diesem verschont geblieben? Warum war der Himmelsschlüssel den Frauen überlassen worden? Dort, wo die Good Hope Road auf die Brücke stieß, konnte er gut in den Anacostia springen und ans andere Ufer schwimmen, zum anderen Teil Washingtons. Sie wandte sich nach rechts. Noch nie hatte es einen Samstag gegeben, an dem sie nicht geglaubt hätte, dass ihr Sohn und ihr Mann weiter oben die Straße hinauf auf sie warteten. Jetzt sagte ihr etwas mit äußerster Endgültigkeit, dass sie nicht da waren, dass der Junge nicht dastehen würde, an der Hand seines Vaters, mit klopfendem Herzen, nur weil er sie wiedersehen würde. Etwas flüsterte ihr zu, dass sie allein war. Laverne watete in die Menschenmenge, und der Strom der Farbigen war so dicht, dass er sie mitriss, die Straße hinauf.

Aus heiterem Himmel

Nachdem die weiße Frau, für die Roxanne Stapleton in Silver Spring arbeitete, sie in ihrem Auto über die nördliche Grenze nach Washington mitgenommen hatte, konnte Roxanne, ohne lange warten zu müssen, den D. C. Transitbus nehmen, der die 14th Street, N. W., hinunterfuhr. Der Bus, der die 11th Street entlangfuhr, hätte in der Nähe ihres Zimmers in der 10th Street gehalten, doch es war noch früh an diesem Freitagabend, die Vorstellung im Howard Theater fing erst um halb neun an, und bis Montag wäre die weiße Frau weit weg, in einer anderen Welt. Außerdem hatte es immer Glück gebracht, die 14th Street hinunterzufahren: Vor langer Zeit war sie in einem Bus in der 14th Street Cedric begegnet. Dem dunklen Cedric mit den grünen Augen. Dem Cedric der zweieinhalb Jahre. Einmal hatte sie in der 14th Street einen Zwanzigdollarschein im Bus gefunden. Da sie noch ausreichend Zeit hatte, nahm sie also den Bus, der die 14th Street hinunterfuhr.

Der Bus war halb voll, und es gelang Roxanne, den ersten Sitz hinter der Seitentür zu ergattern, ihren Lieblingsplatz. »Sieh zu, dass du ein schönes Wochenende hast, Roxanne«, hatte die weiße Frau, für die sie arbeitete, zu ihr gesagt. Seit vier Jahren sagte sie immer das Gleiche. Am Montagmorgen würde ihre weiße Frau sie vorwurfsvoll am Telefon fragen: »Hast du dich am Wochenende aus Versehen verletzt, Roxanne? Vielleicht bei einer deiner Negerveranstaltungen?« Die weiße Frau hatte ihre eigenen Vorstellungen von dem, was Schwarze mit ihrem Leben anstellten, namentlich an Wochenenden, und fast alles, was sie trieben, konnte ihrer Meinung nach zu Blindheit führen.

Als der Bus die Rittenhouse Street erreichte, setzte sich eine Frau neben Roxanne. Da hatte sich der Nebel bereits auf ihre Augen gelegt. Roxanne zwinkerte einmal mit den Lidern, und ihre Augen begannen aufzuklaren, aber dann zwinkerte sie noch zweimal, und alles war wie zuvor. Zwischen der Randolph Street und der Park Road kehrte der Nebel zurück und weigerte sich trotz abermaligen Zwinkerns, wieder abzuziehen. Es war Oktober, die Tage, die aufs Jahresende zueilten, wurden kürzer, und sie, stets eine arme Tochter des Universums, schrieb den Nebel der Tatsache zu, dass die Welt allmählich an Tageslicht verlor. Und sie war erschöpft. Ach, was für Streiche der Körper einem spielte, wenn er ermattet war. Werd dich ein bisschen erblinden lassen, Roxanne, damit du heut Abend im Harvard Theater die Bühne nicht sehen kannst. Wie wird sich Sam Cooke wohl anhören, wenn du blind bist, Kind? Das Universum legte ihr nahe, zu lächeln. Doch nachdem sie die Harvard Street überquert hatten und bevor sie zur Girard Street gelangten – mittlerweile gab es nur noch Stehplätze im Bus –, begann sie sich Sorgen zu machen, denn der Nebel blieb hartnäckig. Sie hielt sich für eine einigermaßen kultivierte Frau und sprach im Bus nicht einfach irgendjemanden an; indes war sie so besorgt, dass sie sich zu der Frau neben ihr wandte und fragte: »Miss, sehen Sie da was auf meinen Augen?« Roxanne beugte sich zu der Frau hinüber und riss, so weit sie konnte, die Augen auf.

»Lassen Sie mal sehen«, sagte die Frau, nahm Roxannes Kinn in die Hand und zog es zu sich. Manche Leute fanden nichts dabei, sich große Freiheiten zu erlauben, wenn eine kleine alles war, was die Situation erforderte. »Nein, die sehen mir ganz wie normale Augen aus. Haben Sie was in den Augen?«

»Irgendwas wächst mir über die Augen, das ist alles. Wie Gaze.«

»Gaze?«, fragte die Frau. Sie hatte einen so starken Südstaatenakzent, dass er Roxannes Ohren beleidigte. Sie war wesentlich älter, als Roxanne gewesen war, als sie mit ihrem eigenen Akzent nach Washington kam. Insofern würde die Frau vermutlich nie anders sprechen. Roxanne war das gelungen. »Was ist Gaze?« Und sie sprach lauter, als es in der Öffentlichkeit schicklich war.

»Ich kann einfach nicht so gut sehen wie sonst. Das will ich damit sagen.« Roxanne schloss die Augen und massierte mit den Zeigefingern ihre Schläfen. Entspann dich, sagte sie sich. Ihre katholische Freundin Agnes Simmons wusste für jedes Gebrechen ein Gebet zu irgendeinem Heiligen. Wer war der Heilige der Blinden, und war er selbst mit Blindheit geschlagen gewesen?

In der Clifton Street hielt der Bus eine Weile an, nachdem ein Mann zugestiegen war und die fünfundzwanzig Pennys, die er als Fahrgeld dabei hatte, fallen gelassen hatte. Nicht einer davon war in den Geldschacht gerutscht. Die Leute lachten, als der Busfahrer in den Fahrgastraum hinein sagte, mit Pennys zu zahlen gehöre verboten. »Mit diesen Pennys zahl ich Ihr Gehalt«, meinte der Mann zwischendurch, während er auf Händen und Knien am Boden kroch. Jedes Mal, wenn er einen Penny fand, stand er auf und warf ihn in den Schacht. »Sie zahlen mein Gehalt mit gar nichts«, sagte der Fahrer, der sich weiterzufahren weigerte, solange der Mann nicht den vollen Fahrpreis entrichtet hatte. »Und ob ich das tue. Hier. Hier ist noch 'n Teil davon«, und er stand auf und warf einen Penny ein. »Das reicht«, sagte ein Mann, der hinter dem Fahrer saß. Er hatte Rosen dabei, die er wie ein kleines Kind im Arm hielt. »Ich zahl sein gottverdammtes Fahrgeld, und Sie fahren endlich weiter.« Die Leute klatschten. Er beugte sich über den Penny-Mann am Boden und warf, noch immer die Rosen in den Arm geschmiegt, eine Vierteldollarmünze in den Schacht, und der Fahrer scherte wieder in den Verkehrsstrom ein. Der Mann mit den Pennys blieb auf dem Boden hocken, und der Busfahrer wies ihn an, sich hinter die weiße Linie zurückzuziehen, wie die Gesetze und Verordnungen von Washington D. C. es verlangten. »Auf dem Boden liegt mein Trinkgeld für Sie«, sagte der Mann und stand auf.

Roxanne, die sich daran zu erinnern versuchte, ob sie irgendwelche Weißen im Bus gesehen hatte, lachte nicht wie alle anderen. Sie hatte die Augen geschlossen gehalten, nachdem die Frau neben ihr hineingeschaut hatte, doch vor der Kreuzung Florida Avenue schlug sie sie wieder auf, und da war nichts als Dunkelheit. Der Mut verließ sie, und sie gab einen winzigen Aufschrei von sich.

»Gute Frau«, sagte sie zu der Frau neben sich, »ich glaube, ich bin blind. Ich weiß nicht, was ich tun soll.«

»Sie eine blinde Dame?« Ja, entschied Roxanne, der Akzent war für die Ewigkeit. »Wie lange sind Sie schon blind, meine Liebe?«

»Seit eben. Es ist eben gerade passiert. Sie müssen dem Busfahrer Bescheid geben, ich weiß nicht, was ich tun soll.«

»Sie und blind? Sie halten sich aber wacker. Ich würde mich nicht aus dem Haus wagen, wenn ich blind wäre, das kann ich Ihnen sagen.«

»Bitte, geben Sie dem Fahrer Bescheid. Sehend bin ich eingestiegen, und jetzt kann ich auf einmal nicht mehr sehen. Sagen Sie ihm das. Bitte.«

»Ach, Sie sind eben erst erblindet? Meinen Sie?«

»Ja, gerade eben. Den ganzen Tag über hab ich sehen können, aber jetzt kann ich's nicht.«

»Jesus auf dem Thron seines Vaters David!« Die Frau stand auf. »Fahrer, wir haben hier eine arme Blinde. Haben Sie gehört?«

Die Nachricht wurde nach vorn weitergetragen. »Wir haben eine Blinde, die aussteigen will, Fahrer«, begannen die Leute zu rufen, von Roxanne bis ganz nach vorn. »Fahrer, haben Sie nicht gehört?«, fragte der Penny-Mann. »Das sieht D. C. Transit ähnlich, eine blinde Frau aufzuhalten.«

Der Fahrer stoppte zwischen der Swann Street und der S Street. »Was ist denn das für ein Aufruhr?«, fragte er, nachdem er aufgestanden war und sich umgeschaut hatte. Wegen der stehenden Fahrgäste hatte er keine gute Sicht. »Jemand verletzt?«

»Hier ist eine blinde Frau, die aussteigen will«, sagte der Penny-Mann, der auf halbem Weg zwischen dem Fahrer und Roxanne stand. Seine Worte wurden wiederholt, bis sie Roxanne erreichten, die so laut, wie ihre Würde es gestattete, sagte: »Nein, bitte. Ich bin soeben erblindet. Als ich eingestiegen bin, hab ich noch sehen können, und jetzt kann ich's nicht. Ich bin soeben erblindet.«

»Sie ist in Ihrer Klapperkiste von einem Bus erblindet«, sagte eine Frau, die Roxanne gegenübersaß. »Ich hoffe, sie verklagt D. C. Transit und schröpft Sie gehörig.«

»Sie arbeiten jetzt für diese blinde Dame, Sie hohes Tier«, sagte der Penny-Mann zum Fahrer, der sich langsam einen Weg zu Roxanne bahnte. »Versuchen Sie nur, frech zu Ihrer neuen Chefin zu sein, und Sie werden sehen, wie lange Sie Ihren Job behalten. Feuern Sie ihn auf der Stelle, gute Frau. Er hat sie blind gemacht.«

Der Fahrer erreichte Roxanne. »Gute Frau, warum haben Sie mir nicht gesagt, dass Sie blind sind, als Sie eingestiegen sind? Sie hätten neben mir sitzen können, das hätte die Sache erleichtert.«

Roxanne glaubte, sich an sein Gesicht erinnern zu können, an den Schirm seiner Dienstmütze, der kecker hochgeschoben war, als es der Vorschrift entsprach, ein Gesicht, das zu weiblich war, um ihr zu gefallen. »Ist dein Kerl ein schöner Farbiger, Roxanne?«, hatte ihre weiße Frau sie einmal gefragt. »Das ist es ja gerade«, sagte Roxanne zu dem Fahrer. »Als ich eingestiegen bin, war ich noch nicht blind.« Und der Fahrer war zudem noch kleinwüchsig. Cedric und Ray und Casey und all die andern waren hochgewachsene Männer mit langen Schatten gewesen. Ihr neuer Freund Melvin war gut dreißig Zentimeter größer als sie. »Begreifen Sie denn nicht? Ich bin soeben erblindet.« Doch war es tatsächlich dieser Fahrer, der kleinwüchsig war, oder war das eher der von gestern gewesen? Von letzter Woche? Wie kann eine Blinde ihrem Gedächtnis trauen?

»Jetzt? Hier? In meinem Bus?«

»Ja. Als ich den Fahrpreis bezahlt hab, konnte ich noch sehen.« Sie seufzte, da ihre Worte und seine Worte endlich alles wirklich werden ließen, für sie selbst, für den gesamten Bus: Roxanne Stapleton war blind. »Ich hab sehen können«, sagte sie, ihre Stimme kaum lauter als das Flüstern, das sie in der Öffentlichkeit vorzog. Die Leute sagten, dass sie laut wurde, wenn sie etwas getrunken hatte, aber sie glaubte ihnen nicht. Ich bin nicht wie jede beliebige Farbige aus irgendeinem Winkel der Welt. »Ich kann nur jetzt nicht sehen.« Würde die Vorstellung im Howard Theater je wiederholt werden? War Sam Cooke die Art Mann, der auf eine blinde Frau warten würde?

»Möchten Sie ins Krankenhaus?«, fragte der Fahrer.

»Ich weiß nicht. Schmerzen hab ich nicht. Ich weiß nur, dass ich jetzt nach Hause will.«

»Wo wohnen Sie?«

»Siebzehn-null-acht, 10th Street.«

»Ich weiß, wo das ist«, sagte der Penny-Mann. Er war dem Fahrer durch die Menge der stehenden Fahrgäste gefolgt. »Um die Ecke von der Feuerwache in der R Street. Stimmt's?«

»Ja«, sagte Roxanne. Bitte Herr, lass jeden anderen mir helfen, nur nicht diesen Esel.

»Würden Sie sie nach Hause bringen?«, fragte der Fahrer.

Der Mann beugte sich vor und schaute zum Fenster hinaus, die 14th Street auf und ab. Als er sich wieder aufrichtete, klimperten in seiner Tasche Pennys. »Bis zu meiner Haltestelle ist es noch ein Stück«, antwortete er, »aber ich könnte sie nach Hause begleiten.«

»Möchten Sie, dass dieser Mann Sie nach Hause begleitet, gute Frau?«

Jeder andere wäre ihr lieber gewesen als dieser lächerliche Mann mit seinen Pennys, doch schließlich nickte Roxanne. »Ich wäre Ihnen wirklich sehr dankbar.«

Der Fahrer führte sie nach vorn und notierte ihren Namen, ihre Adresse und die Telefonnummer ihrer Freundin Agnes, denn Roxanne gab ihr Geld für Kleider aus statt für ein Telefon. »Tut mir alles sehr leid«, sagte der Fahrer und drückte ihr einen Zettel mit den Namen von Angestellten des D.C. Transit in die Hand, an die sie sich wenden könne. Dann öffnete er die Tür, und einige Leute sagten: »Viel Glück, gute Frau. Viel Glück, blinde Frau.« Der Mann stieg zuerst die Stufen hinunter, und bei jedem Schritt klirrten seine Pennys. Dann streckte er ihr seinen Arm entgegen, ergriff ihre Hand und geleitete sie die Stufen hinunter. Die Tür schloss sich wieder, der Bus fuhr davon, und der sich entfernende Motorenlärm war das traurigste Geräusch, das sie seit langem gehört hatte.

An der Kreuzung der S und der 14th Street fragte sie den Mann, wo sie waren. Seine Antwort erstaunte sie, glaubte sie doch, sie befänden sich noch immer auf der anderen Seite der Florida Avenue. Sie kannte die Gegend gut, den Spirituosenladen an der Ecke, hinter ihr an der Ecke zur Swann Street das Büro ihres berüchtigten

Vermieters Roscoe L. Jones, und in der S Street, auf der anderen Seite der 14th Steet, gab es ein kleines Restaurant, in das Melvin sie bei ihrem ersten Rendezvous ausgeführt hatte. Aber vielleicht war dies ja gar nicht das richtige Viertel. Vielleicht war dies der Südosten und jeder darauf aus, ihr etwas anzuhaben.

»Wenn Sie eine Nacht gut schlafen, kehrt Ihr Augenlicht vielleicht zurück«, sagte der Mann, nahm ihre rechte Hand und legte sie um seinen linken Oberarm. »Wie heißen Sie, gute Frau?«

Sie nannte ihm ihren Namen.

»Mein Name ist Lowell, und ich werde Sie sicher nach Hause bringen.« Er hörte sich nicht gerade wie ein Mann an, der so heruntergekommen war, dass er nur Pennys besaß.

»Ich bin Ihnen wirklich sehr dankbar, Lowell.« Zwei Wochen zuvor war eine Frau auf dem Heimweg von der Arbeit in der New Jersey Avenue beraubt und mit einer Pistole zweimal auf den Kopf geschlagen worden, das schlimmste Verbrechen, von dem viele seit langer Zeit gehört hatten. Roxanne merkte, dass Washington für Menschen wie sie immer unsicherer wurde. Für die Guten und Anständigen. Männer mit wenig Geld in den Taschen hatten die Stadt auf den Hund gebracht. »Ich habe Mr Shephard gesagt, dass wir es einfach nicht riskieren können, nach Einbruch der Dunkelheit in die Stadt zu fahren, Roxanne«, hatte ihre weiße Frau in Silver Spring einmal zu ihr gesagt. »Es ist keine Stadt für die Guten und die Anständigen mehr wie damals, als noch Mr Truman und General Eisenhower da waren. Es gibt jetzt neue Elemente hier.«

Lowell sagte: »Kein Problem. Als ich ein Junge war, in Anacostia, kannte ich eine blinde Frau. Nachdem ihr Mann auf dem Weg zur Arbeit gestorben war, musste sie ihre fünf Kinder allein großziehen. Die Lady konnte einem die Tasse bis zum Rand füllen, ohne einen einzigen Tropfen zu verschütten.«

Sie bogen ab und gingen die 10th Street hinauf. Schon nach wenigen Schritten konnten sie riechen, was noch von der in einem kleinen Laden untergebrachten Kirche übrig war, die erst am Sonntag davor niedergebrannt war. »Ich hoffe, es ist niemandem was passiert«, sagte Lowell, als er durch das Skelett des Baus nach hinten spähte. Es war ein furchterregendes Durcheinander, und der Mann war versucht, ihr zu sagen, sie könne sich glücklich schätzen, weil sie es nicht sah. Der Reverend der Gemeinde sollte noch in derselben Woche an Roxannes Tür anklopfen, als er erfahren hatte, was ihr zugestoßen war. Sie würde nur an der Tür mit ihm reden, ihn nicht in ihre Wohnung lassen, da sie dachte, er sei gekommen, um für den Wiederaufbau der Kirche eine Spende von ihr zu erbitten. Er würde es ihr am Gesicht ablesen können. »Ich bin nur gekommen«, würde Reverend Sanders sagen und ihr ein Körbchen mit Obst in die Hand drücken, »weil Gott mir nicht erlaubt, mich anders zu verhalten.«

Als sie an ihrem Haus, einem lindgrünen Backsteingebäude, angelangt waren, wollte sie wissen, ob im Untergeschoss Licht brenne, und als Lowell sagte, dies sei der Fall, bat sie ihn, hinunterzugehen und an die Tür zu klopfen. Dort wohnten Mary Benoit und ihre beiden Kinder. Mary trank nicht und ging nicht auf Partys, doch sie und Roxanne, eine Frau, die stets auf der Suche nach Vergnügen war, pflegten recht freundlichen Umgang miteinander. Jetzt wollte sie mit Menschen zusammen sein, die sie kannte, Stimmen hören, die ihr vertraut waren. Marys neunjährige Tochter Adele kam aus dem Haus. »Wie geht's, Miss Roxanne?«

»Ich bin blind, Liebling. Es ist soeben passiert.«

»Blind? O nein, Miss Roxanne. Wollen Sie, dass ich Ihnen helfe?«

»Ist deine Mutter schon zu Hause?« Bevor er anklopfte, hatte Lowell Roxannes Hand aufs Geländer gelegt, und nun nahm er ihre Hand und legte sie in die Hand des Mädchens.

»Meine Mama ist noch nicht zu Hause«, sagte Adele, »aber Taylor, der ist zu Hause.« Das Mädchen begann die Hand, die Lowell ihr übergeben hatte, zu reiben, zwischen ihren beiden Händen, wie sie es in Filmen gesehen hatte, wenn jemand kalte Hände hatte.

»Ich geh jetzt besser«, sagte Lowell. »Es sei denn, Sie brauchen mich noch.«

»Nein, nein«, sagte Roxanne. »Sie waren so gut zu mir. Darf ich Ihnen eine Kleinigkeit für Ihre Mühe geben? Ich weiß, dass Sie einen Umweg in Kauf genommen haben.« Sie wollte ihre Handtasche öffnen, aber er legte seine Hand auf ihre. »Ich brauche Ihr Geld nicht, gute Frau. Versuchen Sie nur, wieder gesund zu werden, das ist alles.« Er ging davon.

»Adele, Schätzchen, bringst du mich zu meiner Wohnung?« Ihr Zimmer lag im Erdgeschoss, wenige Schritte von der Eingangstür entfernt, ein großes Zimmer mit einem Waschbecken, einem Kühlschrank und einem Ofen sowie einem Bett, einer Frisierkommode und allem, was sie sonst noch benötigte, um komfortabel zu leben. Seit sechs Jahren wohnte sie dort. Adele schloss die Tür auf, Roxanne schaltete das Licht neben der Tür an und trat ein. Das Zimmer roch wie immer – nach Spic-and-Span-Reinigungsmittel, vermischt mit dem Parfüm, das sie am Morgen aufgetragen hatte, bevor sie weggegangen war, um das Haus ihrer weißen Frau zu putzen und ihr das Essen zu kochen. Als sie sich, beide Hände von sich gestreckt, mit kleinen Schritten ins Zimmer tastete, sah sie plötzlich den Augenblick vor sich, als sie bei Safeway in der 7th Street den Karton Spic and Span in die Hand genommen hatte, ihn von einem Regal, dem dritten von unten, genommen und den Preis studiert hatte, um ihn mit dem der größeren Packung im Regal darüber zu vergleichen. Nein, hatte sie sich gesagt, die kleinere Packung dürfte fürs Erste genügen. Der Preis hatte in blauen Ziffern auf einem winzigen weißen Aufkleber gestanden. Sie sah auch den Sonntag vor sich, als sie sich bei Peoples Drug an der Kreuzung 7th Street / M Street das Parfüm gekauft hatte. Sie war mit Melvin in den Laden gegangen; er hatte eine rote Schachtel Kondome gekauft, und sie war zum Parfümstand geschlendert. »Such dir eins aus, ich kauf's dir«, hatte er gesagt und sie von hinten auf die Schulter geküsst. Aber halt, war das Melvin gewesen oder Cedric von ganz früher, der Cedric der zweieinhalb Jahre?

Roxanne setzte sich aufs Bett. Adele half ihr dabei, ihren Pullover auszuziehen.

»Miss Roxanne, sind Sie wirklich blind?«

»Warum sollte ich bei so was lügen, Mädchen?« In ihrer Stimme lag eine gewisse Schärfe, und Adele, die diesen Ton von ihr nicht gewohnt war, hakte nicht weiter nach. »Warum sollte jemand lügen und dadurch schlechter dastehen, als es sich verhält?« Roxanne hatte eine Tochter, weit weg in Louisiana, fünfzehn hässliche Kilometer außerhalb von Baton Rouge. Allerdings hatte sie ihre Tochter nicht selbst großgezogen, und seit ihrem letzten Besuch in Antibes Nouveau vor zwei Jahren hatte sie sie nicht mehr gesehen. Diesen Ort hatte sie, ohne es vorher geplant zu haben, mit sechsundzwanzig Jahren mitten in der Nacht zusammen mit zwei Freunden für immer verlassen, während ihre dreijährige Tochter im Haus ihrer Eltern schlief. Als sie Rum und Cola tranken, hatten Roxanne und die beiden Männer nur den Plan gefasst, bis zum Morgengrauen vier Tanzschuppen aufzusuchen. Zum Frühstück bin ich zurück, hatte sie ihren Eltern gesagt, als sie ihnen abends um neun Uhr das Mädchen brachte. Aber ein Jahr lang sah sie weder Louisiana noch ihre Tochter wieder. Lange bevor sie zu dem zweiten Tanzschuppen kamen, hatte einer der beiden Männer, der Fahrer, vorgeschlagen, nach Washington zu fahren, wo die Leute sieben Tage die Woche Partys feierten. Von den dreien wusste nur Roxanne, wo Washington lag und wie weit es entfernt war, doch der Rum flüsterte ihr ein, dass sie nicht wusste, was sie zu wissen glaubte. Am dritten Tag, als sie bereits mehr als die Hälfte der Strecke zurückgelegt hatten – etwas nüchterner und inzwischen nur noch darauf aus, eine schlechte Idee einigermaßen zu retten –, sprach der Mann nicht länger von Partys, sondern von einem Cousin dritten Grades, der wisse, wie man an gut bezahlte Stellen in der Bundesverwaltung herankomme. Acht Tage, nachdem sie in Washington eine erbärmliche Verwaltungsstelle aufgetan hatte, schickte Roxanne ihren Eltern ein Telegramm. Diese hatten längst begonnen, sich darin zu üben, wie sie ihrer Enkelin beibringen sollten, dass ihre Mutter tot sei. *Werde Carolyn bald nachkommen lassen. Gebt mir ein paar Monate, um ihr Fahrgeld zusammenzusparen.* Als sie das Telegramm abschickte, hatte sie einen Kater, und wann immer sie im Lauf der Jahre von der Union Station aus ihre Heimatbesuche antrat, hatte sie einen Kater. Doch jedes

Jahr, wenn sie sich auf den Weg nach Antibes Nouveau machte, war Washington in ihrem Herzen und in ihrem Sinn noch immer eine neue Stadt, noch immer eine Stadt mit Männern, die »das Juwel von Louisiana« noch nicht kannten, noch immer eine Stadt, in der sie einfach leben musste.

Auf dem winzigen Tisch neben dem Bett in ihrem Zimmer stand ein Bild ihrer Tochter in einem goldfarbenen Metallrahmen; auf dem Bild war das Mädchen fünf Jahre alt, aber das war nun schon sechs Jahre her. Jetzt wandte sich Roxanne zu Adele, versuchte ein wenig Wärme in ihre Stimme zu legen und sagte: »Kleine, wärst du bitte so gut, meinen Pullover aufzuhängen?« In dem Zimmer gab es keinen Kleiderschrank, nur ein langes Holzgestell, auf das Roxanne alle ihre Kleidungsstücke hängte. Ihre Tochter hatte Washington nie zu Gesicht bekommen. »Ich glaube, ich komm da nicht ran, Miss Roxanne, oder ich muss mir einen Stuhl holen.« Während des Besuchs in Antibes Nouveau vor zwei Jahren hatte ihre Tochter sie anfangs gemieden, und dann, am Abend vor ihrer Rückreise nach Washington, hatte das Kind sie angefleht, nicht abzufahren.

Während Roxanne noch auf dem Bett saß, blieb Adele in der Nähe des Stuhls, was sonst gar nicht ihre Art war, wenn sie bei Roxanne war. Wenn die Erwachsenen Gemeinheiten von sich gaben, hielt sich das Kind am liebsten abseits.

»Adele?«

»Ma'am?« Neben dem Stuhl stand ein winziger Tisch, das Gegenstück zu dem neben dem Bett, und darauf stand ein Plattenspieler. Die Schallplatten waren in dem einzigen Regalfach darunter aufgereiht.

»Siehst du mich gerade an?«

»Ja, Ma'am, aber ich hab Sie nicht angestarrt oder so.« Sie war kein Kind, das log.

»Komm her. Ich bin immer noch dieselbe Miss Roxanne.« Sie öffnete die Arme, und das Mädchen legte den Kopf in den Schoß der Frau. Roxanne war nach Weinen zumute; vielleicht vermasselte es ihr ja nicht nur das Wochenende. Vielleicht war es für immer und ewig. »Geh wieder hinunter und sag deiner Mama, sie soll raufkommen, wenn sie wieder da ist.«

»Wenn Sie möchten, kann ich auch bei Ihnen bleiben. Ich bleibe bei Ihnen.«

»Nein.« Roxanne bat sie, das Schloss zu entriegeln und die Tür hinter sich zuzuziehen. Die Treppe zum Untergeschoss befand sich hinter ihrem Zimmer, und sie konnte hören, wie Adele hinabging. Vor langer Zeit hatte sie von einem Mann in einem fremden Land gehört, von einem Mann, den die Ärzte in eine Frau verwandelt hatten. Wenn sie das bewerkstelligen konnten, dann konnten sie ihr auch das Augenlicht wiederschenken. Diese Ärzte hatten eine äußerst schwierige Aufgabe, denn der Mann war niemals zuvor eine Frau gewesen. Bei ihr war es gewiss weniger schwierig, denn zuvor hatte sie ihr ganzes Leben lang sehen können.

Sie stand auf und streckte die Arme aus. So machen es die Blinden, dachte sie. So machen es all die armen Blinden. Am Spiegel über dem Waschbecken zwinkerte sie wieder und wieder voller Hoffnung. Sie hielt ihr Gesicht dicht an den Spiegel, so dicht, dass der Atem, den sie ausstieß, das Glas traf und, zurückgeworfen, ihre Nase wärmte. »Auf einen Mann, der sein ganzes Leben lang arm gewesen ist, wirkst du wie ein Sechser im Lotto«, hatte ein Freund einmal zu ihr gesagt, nicht lange nach ihrer Ankunft in Washington. Sie zog den Kopf zurück, hob die Hand und berührte den Spiegel. Sie war schön, das hatte ihr die Welt schon immer bestätigt. Der Freund war jetzt tot. Und angesichts der Tatsache, dass er tot war und sie blind: Wie viel Wahrheit enthielten seine Worte nun? Die bildhübsche Roxanne, das Schönste, was je aus Louisiana hervorgegangen war. »Du könntest eins der farbigen Models sein, die es bei euch geben soll«, hatte ihre weiße Frau zu ihr gesagt. Was würde jetzt aus ihrem schönen Gesicht werden? Sie klopfte gegen den Spiegel, dann betastete sie ihre Gesichtszüge. Was würde geschehen? Seit sie in Washington lebte, hatte sie nicht viel Bedeutsames über sich in Erfahrung gebracht, eines aber schon: Wenn sie nicht zuallererst in ihren eigenen Augen schön war, so war sie in niemandes Augen schön.

An der Kreuzung R Street/11th Street, N.W., stieg Agnes Simmons aus dem D.C. Transitbus aus und blieb an der Ecke vor Cohen's Lebensmittelladen stehen. Sie wusste, dass sie etwas besorgen musste, nur wusste sie nicht mehr, was. Brot, ja. Eier? Brauchte sie Eier? Sie kaufte Brot und sagte sich, dass sie eben wiederkommen musste, wenn sie keine Eier mehr hatte. Ihre Freundin Roxanne konnte man nicht gut anpumpen. *Für das, was ich habe, arbeite ich hart, Agnes* … Auf der Südseite der R Street lief sie zur 10th Street, um nachzusehen, ob die Tenth Street Baptist Church die Spruchtafel auf dem Vorhof ausgewechselt hatte. In den fast drei Jahren, die sie über Roxanne wohnte, hatte sie die kleinen Sprüche, die dort angebracht wurden, immer gern gelesen, auch wenn sie in letzter Zeit ziemlich zahm geworden waren. Vor einem Jahr hatte es den bislang besten Spruch gegeben: ICH WEINTE, WEIL ICH KEINE SCHUHE HATTE, BIS ICH EINEN TRAF, DER KEINE FÜSSE HATTE. Das hatte die katholische Seele in ihr gerührt, etwas, woran sie noch immer dachte, wenn sie die Augen schloss, den Mund öffnete und die Hostie entgegennahm. *Das ist mein Leib* … Sie war achtundzwanzig und noch nie verheiratet gewesen, seit vier Jahren hatte sie keinen festen Freund mehr gehabt, und dennoch litt sie nicht. *Das ist mein Leib* … Schon seit langem hatte ihr niemand mehr versichert, dass sie schön sei, nicht einmal ihr letzter Freund, der nur das eine gewollt hatte. Nimm dich in Acht vor Jungen, die nur das eine wollen, hatte ihre katholische Mutter sie gewarnt, als sie Agnes' ersten Büstenhalter kaufen gingen.

An diesem Abend zeigte die Spruchtafel vor der Kirche nur den Namen der Kirche und des Reverend und die Gottesdienstzeiten an. *Nehmet, esset* …

Sie klopfte an Roxannes Tür, und Roxanne sagte: »Herein.«

»Wo zum Teufel hast du gesteckt, Agnes? Ich hab auf dich gewartet und gewartet. Wo zum Teufel hast du gesteckt?«

»Wieso? Was ist los?«

»Ich bin erblindet, das ist los.« Roxanne saß im Sessel vor dem großen Fenster zur Straße.

Agnes lachte. »Ach, denk dir was andres aus, das zieht bei mir nicht.« Sie war in den katholischen Schulen Washingtons erzogen worden und arbeitete inzwischen in einem Geschäft gegenüber der Gasfirma in der 11th Street. Es verkaufte Knöpfe, Kurzwaren, Stoffe und alles, was eine Frau benötigte, um ein schönes Heim einzurichten. Nach fünf Dienstjahren war sie Geschäftsleiterin geworden. Einmal hatte Agnes, als sie aus dem Ladenfenster blickte, zwei Nonnen, ehemalige Lehrerinnen der Holy Redeemer Catholic School, vorübergehen sehen und war zu ihnen auf die Straße geeilt. Doch als sie ihre kräftigen Rücken sah, die gebügelte Makellosigkeit ihrer langen schwarzen Tracht, die überhaupt nicht hin und her zu schwingen schien wie die Kleider von Frauen, hatte sie nichts gesagt. Agnes' Mutter hatte stets dafür gebetet, dass ihre Tochter Nonne werden würde, aber ihre Mutter war tot, und so gab es niemanden, der ihr ein solches Leben wünschte. Ihr Vater war konvertiert, um ihre Mutter ehelichen zu können. Seine brave katholische Frau hatte bis zum letzten Atemzug ihres Lebens gelitten, und bei ihrer Totenmesse hatte der kniende Konvertit den gesenkten Kopf erhoben und ihn danach nie wieder gesenkt. »Agnes«, hatte er zu ihr gesagt, wann immer sie ihn fragte, ob er in der Messe gewesen sei, »du kannst jetzt für uns beide katholisch sein.«

»Ich sollte dir 'ne Ohrfeige geben!«, schrie Roxanne.

»Warum? Was hab ich getan, Roxanne?« Agnes trat ins Zimmer und stellte ihre Einkaufstüte und ihre Handtasche neben der Tür ab, was sie immer tat, um nur ja nichts zu vergessen, wenn sie wieder ging.

»Was hab ich getan, Roxanne? Was hab ich getan?« Roxanne stand auf und wäre beinahe gestürzt, und als sie einen Schritt tat, stieß sie gegen den kleinen Tisch neben dem Sessel. »›Was hab ich getan, Roxanne?‹ Du kotzt mich an! Ich sage dir, dass ich erblindet bin, und du kannst nur lachen.«

Agnes ging zu ihr. »Ich hab gedacht, du willst mich verkohlen,

Roxanne. Du weißt doch, wie du mich manchmal auf den Arm nimmst.« Agnes berührte ihren Arm.

»Diesmal verkohl ich dich aber nicht, du dumme Kuh.« Roxanne entzog sich. »Ich weiß nicht, warum ich mich überhaupt mit dir abgebe. Warum vergeude ich meine Zeit mit jemandem wie dir?«

»Tut mir leid, Roxanne. Tut mir wirklich leid. Komm, warum setzt du dich nicht? Bitte sag mir, was passiert ist. Jesus Maria.« Agnes bekreuzigte sich.

»›Jesus Maria. Jesus Maria.‹ Himmel noch eins!« Roxanne wollte sich wieder setzen, verschätzte sich jedoch, sodass sie sich auf der Lehne niederließ und auf den Sitz purzelte. »Hol mir ’nen Wodka aus dem Kühlschrank und füll ihn mit Orangensaft auf.« Warum hatte ausgerechnet sie ihr Augenlicht verloren und nicht Agnes? Und überhaupt: Was tat Agnes eigentlich den ganzen Tag mit ihrem Augenlicht? Ein paar Knöpfe hier verkaufen, ein paar Nadeln dort. Nicht mal genug Schminke im Gesicht, um Mitesser abzudecken.

Agnes brachte das Glas mit drei Vierteln Wodka und einem Viertel Orangensaft, so wie Roxanne es mochte. »Hier.« Sie wartete, bis Roxanne das Glas fest in der Hand hielt, und ließ es dann los. Mit einem großen Schluck trank Roxanne fast die Hälfte auf einmal aus. Beide hatten das Gesicht dem großen Fenster zur 10th Street zugewandt, und als Agnes hinabschaute, sah sie zwei Jungen auf dem Gehsteig, die Geld zählten, und Roxanne hörte zuerst ein Auto hupen, die ganze Straße hinauf bis zur R Street, gefolgt von einem Kleinlastwagen, der vor sich hintuckerte. Nach dem Kleinlastwagen kamen zwei Autos mit leise summenden Motoren. Roxanne horchte nach Melvins Wagen. Drei weitere Autos fuhren fast lautlos an ihrem Fenster vorüber. Es sah Melvin ähnlich, dass er zu spät kam, wo er doch wusste, dass sie ihn brauchte. Agnes erinnerte sich daran, dass man bald seine Uhr um eine Stunde zurückstellen musste. Im Herbst eine Stunde zurück, im Frühjahr eine Stunde vor, so lautete die Regel der in Schwarz gekleideten Nonnen. *»Schwarz steht mir nicht, Mama.« »Schwarz steht jeder, Agnes.«*

An der Tür war ein verspieltes Klopfen zu hören, und Roxanne rief: »Melvin? Melvin? Bist du’s?« Melvin Foster kam herein und begann, ein Potpourri von Sam-Cooke-Liedern zu singen. »Wenn er heut nicht kommen kann«, sagte Melvin, »steig ich auf die Bühne und spring für ihn ein.« Agnes sah, dass er einen dunkelblauen Anzug und eine hellgraue Krawatte trug und an den Füßen schwarze Swiss Ballys, die mit den anmutigen Verzierungen vorn. Als sie in der Mittagspause umherspaziert war, hatte sie im Schaufenster von Rich's in der F Street solche Schuhe gesehen.

»Ach, Melvin«, sagte Roxanne, »wo hast du nur gesteckt, Süßer?«

»Ich komm doch richtig früh«, sagte er, »also keine Standpauke bitte.«

»Sie ist blind, Melvin.«

»She's blind, she's blind as a bat«, sang Melvin. Als keine der beiden Frauen reagierte, hielt er inne, nahm seinen Hut ab und hängte ihn an einen Haken des Holzgestells. Was man auch sonst gegen ihn vorbringen mochte, er war ein Mann, der das betretene Schweigen von Frauen ernst nahm. »Vorübergehend, vorübergehend«, sagte er, nachdem Roxanne erzählt hatte, was ihr widerfahren war. Er saß, den Arm um Roxanne gelegt, auf der Lehne des Sessels, während sie einen zweiten Wodka trank. »Der Scheiß ist nur vorübergehend, Schatz.« Agnes stand nur wenige Schritte von der Tür entfernt. Ihm fiel ein, wie fromm Agnes war, und er sah sie an und sagte: »Nur vorübergehend.«

Schließlich schlug er ihr vor, ins Freedman's Hospital zu fahren, und Agnes fragte, ob sie sie begleiten solle.

»Natürlich sollst du das«, sagte Roxanne. »Was für eine blödsinnige Frage.«

»Lass sie in Ruhe, Roxanne. Schließlich ist sie nicht dafür verantwortlich«, sagte Melvin.

In dieser Oktobernacht fielen sechs Zentimeter Schnee, und die Leute sagten, das sei was fürs Buch der Rekorde.

Während der Herbst- und Wintermonate suchte Roxanne unzählige Augenärzte, Neurochirurgen und Psychiater vom Freedman's Hospital bis zum D. C. General auf, und keiner konnte ihr erklären, weshalb sie ihre Sehkraft eingebüßt hatte. »Es ist durchaus möglich, Miss Stapleton«, sagte eine Psychiaterin eines späten Vormittags in einem abgedunkelten Praxisraum im D. C. General zu Roxanne, während Agnes auf einem Stuhl vor der Tür saß, »dass Sie morgen früh aufwachen, und Ihr Augenlicht ist wiederhergestellt.« Die Frau, die von der Georgetown University hierher berufen worden war, war selbst gerade dabei, das Augenlicht zu verlieren, obwohl keiner ihrer Patienten – viele von ihnen Häftlinge des Gefängnisses von D. C. neben dem Krankenhaus – davon unterrichtet worden war. An diesem Morgen sprach sie fünfundvierzig Minuten lang allein mit Roxanne und bat dann Agnes herein, die ihre Freundin bei zahlreichen Arztbesuchen begleitet hatte. Und wenn Agnes nicht mitkommen konnte, war Melvin bei ihr gewesen. Zu vielen ihrer Freundinnen, mit denen zu feiern ihren Lebensinhalt ausgemacht hatte, hatte Roxanne den Kontakt verloren. Sie hätten sich an ihrer Blindheit anstecken können, und Blinde konnten nicht gut tanzen, und sie hatten gewiss nicht den Ruf, besonders eifrige Partygänger zu sein. »Oder es könnte sein«, fuhr die Psychiaterin fort, »dass Sie, wenn Sie sechzig, siebzig oder achtzig sind, aufwachen und wieder sehen können.« Ein Sozialarbeiter an der Howard University hatte gehofft, eine Psychiaterin, die selbst dabei war, zu erblinden, würde die richtigen Worte für eine Frau finden, die bereits blind war. »Allerdings könnte es auch sein, dass Sie sterben, ohne jemals wieder sehen zu können.« Einige der Häftlinge, die wussten, was ihnen niemand verraten hatte, nannten sie hinter ihrem Rücken Fledermaus, andere Maulwurf. Das sah Gott ähnlich, einer Farbigen so was anzutun, sagten die Häftlinge – sie mit der einen Hand zur Ärztin zu machen und mit der anderen zur Blinden.

»Dieses fiese Miststück von Ärztin!«, beklagte sich Roxanne, als Agnes sie in die Eingangshalle des D. C. General führte, wo Melvin, der sie hergefahren hatte und draußen rauchte, wieder abholen sollte. »Dieses fiese, nichtsnutzige Miststück!«

»Irgendwo gibt's immer Hoffnung«, sagte Agnes leise.

»Zum Teufel, lass mich!« Roxanne zog ihren Arm weg. »Du bist noch schlimmer als die, du Arschgeige. Nimm deine Hoffnungsscheiße und schieb sie einem Priester in den Arsch!« Die Leuten blieben stehen und starrten sie an, aber das wusste Roxanne nicht.

Agnes stand mit herabhängenden Armen da, und als Roxanne keine Reaktion vernahm, schlug sie auf die Stelle ein, wo sie Agnes zuletzt hatte sprechen hören. »Du bist schlimmer als nichts!« So oder so ähnlich stand es schon seit geraumer Zeit zwischen ihnen, obwohl der Versuch, Agnes zu schlagen, das Ende einer langen Entwicklung markierte, was beiden Frauen aber noch nicht klar war. Agnes duckte sich nach links, und Roxanne schlug ins Leere, dann strauchelte sie und konnte sich gerade noch fangen, ehe sie stürzte.

»He! He!« Roxanne hörte, wie Melvin sich näherte. »Was zum Teufel tust du da, Roxanne? Wieso machst du so einen Ärger?«

»Ach, Melvin, Süßer, ich hab die Nase voll von ihrem dummen Zeug, von ihr und all den andern.« Er nahm sie zärtlich beim Arm und führte sie zur nächsten Wand.

»Ich weiß«, sagte er. »Ich kann nur ahnen, dass ich es weiß.« Für einen Moment umfasste er ihre Schulter, dann drehte er sich um und sah Agnes ins Gesicht. Sie hatte eine Miene aufgesetzt, die er nicht ergründen konnte. Er streckte den Arm aus und berührte mit dem Handteller ihre Wange. Die Umstehenden beobachteten die beiden. Soweit Melvin oder Agnes sich erinnern konnten, war dies das erste Mal, dass sie sich auf diese Weise berührten. Agnes schloss die Augen und schmiegte sich in seine Hand.

Es war Ende April. Bis dahin hatte sich der Frühling nicht unfreundlich gegen Washington gezeigt. So blieb es bis Mitte Juni, als plötzlich die Luftfeuchtigkeit zuschlug, schwül, scheußlich, gnadenlos, und normale Menschen, die ein normales Leben führten, mussten sich durch sie hindurchschleppen, in einen noch schrecklicheren August, in dessen Verlauf sie jeden Tag wähnten, der September würde ihnen Erleichterung verschaffen. Aber dem sollte nicht so sein.

»Manchmal denk ich, ich verlier den Verstand«, sagte Roxanne jetzt, und Melvin wandte sich wieder ihr zu.

»Du bist aus besserem Holz geschnitzt«, sagte Melvin. Agnes ging auf die Tür zu; er konnte in ihrem Gang nichts Negatives ausmachen, keinen Hass, keine Bitterkeit und nicht einmal Missgunst. Da war lediglich – oder so wollte es ihm vorkommen, als er sie auf die Gummimatte vor den elektrischen Schiebetüren treten sah und beobachtete, wie sich erst die eine, dann die andere vor ihr öffnete – da war lediglich ein halbwegs schöner Tag draußen vor der Tür, den sie genießen wollte, bevor sie wieder viele Stunden im Laden verbringen musste.

»Das hab ich mal geglaubt, Süßer«, sagte Roxanne. »Das hab ich tatsächlich mal geglaubt.«

Wochen zuvor, im März, nachdem die Leute von der Stadtverwaltung sie offiziell als »blinde Person ohne Anzeichen von Schwachsinn« deklariert hatten, verhalfen der Sozialarbeiter von der Howard University und einige Leute in der Stadtverwaltung Roxanne zur Teilnahme an einem Kurs, der Behinderten, besonders Sehbehinderten, dabei helfen sollte, so zu leben wie alle anderen auch. Jemand kam für jeweils drei Tage zu den fünf blinden Kursteilnehmern nach Hause, um ihnen zu zeigen, wie sie sich in ihrem »Wohnraum« zurechtfinden konnten. Anschließend erlernten Roxanne und die vier anderen Blinden die Grundbegriffe der Buchhaltung und wie sie kleine Kioske führen konnten, die sich in mehreren Amtsgebäuden der Bundesregierung in verschiedenen Stadtteilen befanden. In den Läden wurden Erfrischungen, Zigaretten, Zeitungen und kleine Päckchen mit Papiertaschentüchern verkauft, die man in einer Damenhandtasche diskret verstauen konnte. Die Kursleiterin, eine Buchhalterin mit einem blinden Ehemann, der seinen eigenen kleinen Laden im Justizministerium betrieb, erklärte den Teilnehmern am Ende des ersten Tages, dass die Bundesregierung Leute beschäftige, die größtenteils ehrliche Kunden seien, dass es jedoch einige gebe, die keine wahre Furcht des Herrn kannten. »Die geben Ihnen einen Dollar und schwören bei ihrem diebischen und unnützen Gott, es seien fünf Dollar gewesen«, sagte sie. »Doch unser allsehender Gott ist ein Gott des Geldes und kennt sich mit Geld bestens aus. Er wird Sie leiten.«

Der Kiosk, den man Roxanne schließlich anvertraute, lag in der sechsten Etage eines zehnstöckigen Gebäudes am Thomas Circle, mit einem großen Fenster zur Vermont Avenue hinaus. Im siebten Stock befand sich eine Außenstelle der Atomenergiebehörde mit Leuten, die nichts anderes taten, als Berichte von Wissenschaftlern – und nur von diesen – zu lesen, die in Nevada, Utah und im südöstlichen Teil von North Dakota ansässig waren. Als die Leute sie mit der Zeit kennengelernt hatten, traten sie immer in ihr Lädchen und frotzelten, sie würden Roxanne mitsamt ihren Doughnuts »atomisieren«, falls diese altbacken und nicht frisch genug seien. Im fünften und bei ihr selbst im sechsten Stockwerk waren Außenstellen des Bundesfinanzamts und des Wirtschaftsministeriums untergebracht. Die Angestellten waren in der Hauptsache stille Zeitgenossen, mit Ausnahme der Neger, die mit Roxanne lachten, wenn sie sich darüber beschwerten, dass jegliche Nervennahrung von der Bundesregierung gesetzlich verboten sei. Ein großer Teil des restlichen Gebäudes beherbergte Angestellte der Stadtregierung von D. C., und obwohl sie den ganzen Tag über kamen und gingen und ebenso freundlich waren wie die Leute von der Bundesverwaltung, wussten von diesen nur wenige, was genau sie eigentlich machten.

Es war gar kein so schlechtes Leben, das Leben einer Kioskfrau, und Anfang August war Roxanne überzeugt, dass sie ihre Blindheit überwinden oder zumindest lernen würde, damit zu leben. Die Vorstellung, ein Nichts zu sein, ein Nichts, das allein und mittellos im All umherschwebte, hatte sie stark beunruhigt. Sie hatte sich bereits ausgemalt, so wie der blinde Mann mit den milchig grauen Augen zu werden, den sie immer auf einem hölzernen Klappstuhl an der Ecke der 9th Street und der F Street, N. W., hatte sitzen sehen, vor sich auf einem grünen Taschentuch sein Weckglas mit gespendeten Scheinen und Münzen. Wenn er keine Selbstgespräche führte, blies er auf einer silbernen Mundharmonika. »Ein Blinder hier, ein Blinder hier, ein Blinder, der sich durchschlagen muss«, sang er den Passanten zu.

Am Montagabend der zweiten Augustwoche lud die Buchhaltungslehrerin Roxanne zum Abendessen in Scholl's Cafeteria unweit ihrer Arbeitsstelle in der Vermont Avenue ein und brachte sie anschließend nach Hause. »Ich bin so stolz auf Sie, Roxanne«, sagte die Frau. »Ich auch«, sagte Roxanne, bevor sie aus dem Wagen stieg und ihren verlängerbaren Blindenstock auszog. Als sie in ihrem Zimmer war und den Ventilator eingeschaltet hatte, klopfte sie mit einer Stange, die zum Öffnen hoher Fenster bestimmt war, an die Zimmerdecke, damit Agnes zu ihr herunterkäme. Die Stange hatte ihr Melvin geschenkt, damals, als die Blindheit noch etwas Neues für sie alle darstellte. Roxanne klopfte fünfmal gegen die Zimmerdecke und wartete, aber Agnes kam nicht. Sie wartete noch ein paar Minuten und klopfte abermals gegen die Decke. Sie glaubte, über sich Schritte gehört zu haben, doch mittlerweile wusste sie, dass die Blindheit ihren übrigen Sinnen Streiche spielte. Sie holte ein Bier aus dem Kühlschrank und setzte sich in Shorts und mit einem alten Dr.-Ben-Casey-Hemd von Melvin in ihren Sessel. Der sich drehende Ventilator blies abwechselnd sie an, dann das Nichts zu beiden Seiten von ihr.

Oben saß Agnes auf ihrem Bett. Auch sie hatte nur ein Zimmer, doch im Unterschied zu Roxanne hatte sie auch noch eine kleine Küche. Sie war in ihrer Wohnung umhergelaufen, doch beim ersten Klopfen hatte sie sofort innegehalten und sich dann, leise wie eine alte Diebin, auf Zehenspitzen zum Bett geschlichen. Nun saß sie dort und lauschte auf die zweite Klopfrunde. »Ich möchte, dass du einen Brief an meine Eltern schreibst, wenn ich heute Abend nach Hause komme«, hatte Roxanne ihr am Morgen gesagt. Jetzt betrachtete Agnes den roten Nagellack auf ihren Fingern, den sie zwei Abende zuvor aufgetragen hatte. Es hatte sie mehr als eine Stunde gekostet. Vor langer Zeit hatte sie gesehen, wie Roxanne ihre Fingernägel in weniger als zehn Minuten lackierte. Agnes berührte die Nägel, die Röte, die Glätte. Einem zweckmäßigen Leben zuliebe waren sie kurz geschnitten. »Ist das nicht Hochmut vor dem Fall?«, sagte sie über den Nagellack und wartete darauf, dass die Stange erneut gegen ihren Fußboden stieß. Am Morgen hatte sie Lippenstift auftragen wollen, doch das Gesicht mit dem Lippenstift, das sie im Spiegel sah, war ihr so fremd erschienen, dass sie sich genötigt fühlte, ihn wieder abzuwischen. Zwei Abende zuvor hatten die drei, Agnes, Roxanne und Melvin, auf der Veranda gesessen und den Anblick und Lärm von Kindern genossen, die auf der 10th Street spielten. Roxanne war aufgestanden und nach oben gegangen, zur einzigen Toilette im Gebäude. Trotz der Straßengeräusche konnten Agnes und Melvin hören, wie sich Roxannes Hände an der Wand hinter ihnen nach oben tasteten. Kaum stieg Roxanne die Treppe zum Obergeschoss hinauf, da blickte Melvin Agnes an, wortlos, für lange Zeit. Sie errötete und senkte den Blick in ihren Schoß. »Ich glaub, ich mach mal einen Spaziergang. Bitte sag's Roxanne«, sagte Melvin und stand auf. Er stieg die beiden Stufen zum Gehsteig hinab, wandte sich um und blickte zu ihr hinauf. Weniger als eine Viertelstunde vorher hatte Roxanne zu Agnes gesagt: »Holst du mir noch ein Bier?« »Ich hol's dir«, hatte Melvin gesagt. »Nein, ich habe Agnes gebeten, Süßer.« Auf dem Gehsteig blickte Melvin abermals hinauf zu Agnes und fragte: »Warum hast du eigentlich Angst, Lippenstift aufzutragen?« Es schien ihn zu kränken. Er ging, ohne eine Antwort abzuwarten. Und als Agnes hörte, wie Roxanne sich wieder heruntertastete, nahm sie das Bier, das trotz der erdrückenden Hitze überall noch kalt war, und fragte sich, wer es wohl merken würde, wenn sie hineinspuckte. An diesem Samstag war sie zur Beichte gegangen und mit einer glimpflichen Buße von nur zwei Vaterunser und zwei Ave Maria davongekommen. »Gehe hin in Frieden«, hatte der Priester ihr gesagt. Sie stellte die Dose wieder zurück.

Jetzt stand Agnes vom Bett auf und ging in die Küche, unbekümmert darum, was für Geräusche sie auf dem Fußboden machte. Eine dritte Klopfrunde setzte ein, aber sie ignorierte sie und bereitete das Abendessen vor. Auf der anderen Seite der Stadt, in der North Capitol Street, saß Melvin in einem Beichtstuhl eigener Art bei Mojo's und sinnierte, wie schön es wäre, noch ein Bier zu trinken. Roxanne hatte er gesagt, er müsse für ein paar Tage einen kranken Verwandten in Arlington besuchen, allerdings wusste sie nicht, dass seine sämtlichen Angehörigen dort schon vor langer Zeit gestorben waren. Er ließ sich Zeit mit zwei weiteren Bierchen, und dann, kurz vor Mitternacht, stieg er in seinen Wagen und fuhr zur S Street, N. W., zwischen der 10th und der 11th Street. Er parkte und ließ die Zeit verstreichen, bis es beinahe halb zwei morgens war. In wenigen Stunden würde er zur Arbeit müssen, aber er war liebeskrank, und jetzt zählte im ganzen Universum keine Arbeit mehr. Das Bier hatte ihn in diesen Zustand versetzt, doch während er im Auto saß und Zigaretten rauchte, ließ die Wirkung des Biers nach, und er wurde zu einem Mann, der an eine dünne Frau dachte, nicht besonders attraktiv mit ihrer Brille, den ungeschminkten Lippen und der Angewohnheit, sich zu bekreuzigen, wann immer der Name eines verstorbenen Menschen fiel.

Melvin stieg aus, ging um die Ecke und die 10th Street entlang, dorthin, wo Roxanne und Agnes wohnten. Langsam, Stufe für Stufe, stieg er die Außentreppe hinauf, an Roxannes Tür vorbei. Nach dem dritten Klopfen machte Agnes ihm auf. Den Morgenrock eng ums Nachthemd gewickelt, den gebauschten Stoff an den Hals gepresst, stand sie vor ihm. Das sieht dir ähnlich, dachte sich Melvin, bei diesem Wetter einen Morgenrock anzuhaben. Ohne ihre Brille musste sie blinzeln. Sie führte ein Leben, das ohne größere Überraschungen dahinplätscherte, und auch jetzt war in ihrem Gesicht keine Überraschung zu entdecken. Es war, als habe er ihr über viele Jahre hinweg jeden Tag gesagt: »In der und der Nacht werde ich an deine Tür klopfen, und ich will, dass du mir, ohne lange nachzudenken, aufmachst.«

»Es ist spät«, sagte er zu ihr, als sie in der halb geöffneten Tür stehen blieb.

»Ich weiß«, sagte sie. Sie flüsterten nicht, dabei war es beinahe zwei Uhr morgens. Nach etwa einer halben Stunde hatte Roxanne aufgehört, gegen die Zimmerdecke zu klopfen, und auch niemanden geschickt, um Agnes zu holen.

»Du kannst mir die Tür vor der Nase zuschlagen, und ich werde kehrtmachen und wieder gehen«, sagte er.

»Gehen? Wieder nach unten gehen?«, fragte sie. So, von Mann zu Frau und von Frau zu Mann, hatten sie noch nie miteinander geredet, aber darauf wäre niemand verfallen, der sie gehört hätte.

»Ich komme nicht von unten.«

Als er im Zimmer war und an dem kleinen Tisch am Fenster Platz genommen hatte, setzte sie ihre Brille auf und brühte ihm eine Tasse Kaffee, und wieder bewegte sie sich in ihrer Wohnung, ohne auch nur ein Mal an die Frau unter ihr zu denken. Die Welt vor ihrem Fenster nahm sich in Melvins Augen anders aus als vom unteren Stockwerk.

»Ich hab daran gedacht, von hier wegzuziehen«, sagte sie, nachdem sie ihm Tasse und Untertasse hingestellt und ihm gegenüber Platz genommen hatte.

Er sagte: »Ich würde dich vermissen. Es wäre wie alle Schmerzen dieser Welt, wenn ich dich nicht wiedersehen könnte.«

Der Priester, der ihn im katholischen Glauben unterweisen sollte, würde ihm sagen, er müsse sich einen zweiten Vornamen aussuchen. »Warum?«, würde Melvin ihn fragen. »Weil es keinen Heiligen namens Melvin gegeben hat, und weil Gott will, dass du den Namen eines Heiligen trägst.« Agnes' Vater, der kein Katholik mehr war, würde ein kleines Buch aufstöbern, in dem die Namen aller Heiligen enthalten wären und der Grund ihrer Heiligsprechung. »Such dir einen aus«, würde sein künftiger Schwiegervater sagen. »George. Sebastian. John. Such dir einen aus … Aber von Xavier lass die Finger. Ich weiß nicht mehr, was der getan hat, aber gefallen hat mir der Name noch nie.«

Wochenlang taten Agnes und Melvin nichts weiter, als nachts, wenn die Menschen im Gebäude alle in Schlaf versunken waren, miteinander zu reden. Und wenn es mit dem Reden, manchmal erst kurz vor dem Morgengrauen, ein Ende hatte, stand er auf, streckte sich, trank den Rest seines Kaffees und ging zur Arbeit. Einmal jedoch, spät nachts im Oktober, ein Jahr nach ihrer Erblindung, stand Roxanne auf, um nach oben zur Toilette zu gehen.

Melvin hatte ihr gesagt, er wäre an diesem Tag wieder einmal weg. Noch bevor sie den oberen Treppenabsatz erreicht hatte, hörte sie aus Agnes' Wohnung ein höchst ungewöhnliches Geräusch – das Geräusch einer vor Lust stöhnenden Frau. Sie kannte die Geräusche, die Melvin von sich gab, wenn er mit einer Frau schlief, aber sie brauchte ihn gar nicht erst zu hören, um zu wissen, dass er bei Agnes war. Alles, was ihr Leben in diesem Augenblick ausmachte, sagte ihr, dass er sich in ihrer Wohnung aufhielt. Und dieses Leben, soweit davon die Rede sein konnte, entwich ihr, sie taumelte rückwärts und musste sich festhalten, um nicht die Treppe hinunterzufallen. Sie ging vier Stufen hinab und verspürte einen solchen Schmerz, dass sie sich setzen musste. Sie wollte laut losweinen, konnte sich jedoch daran hindern, indem sie sich den Ärmel ihres Nachthemds in den Mund stopfte. Ich muss wieder in mein Zimmer, sagte sie sich, obwohl sie wusste, dass ihr die Kraft dazu fehlte. Melvin war immer ein so herzensguter Mann gewesen, selbst als sie ihm einige Male untreu gewesen war. Was ging nur in ihm vor? Mit so einer Jammergestalt von Frau zusammen zu sein? Vielleicht, dachte sie nach einiger Zeit, vielleicht war all die Jahre über nicht *sie* schön gewesen, sondern schon immer Agnes.

Drei Tage später kam er zu ihr in der Absicht, ihr mitzuteilen, dass er seinem Leben eine andere Richtung geben wolle, allerdings ohne zu wissen, dass sie Agnes und ihn gehört hatte. Er zog den Stuhl unter dem Holzgestell hervor und setzte sich Roxanne gegenüber, die im Sessel saß. Er redete ununterbrochen, aber nichts davon enthielt die richtigen Worte, und als sie oben Agnes umhergehen hörten, begann Roxanne schließlich, ihm Vorwürfe zu machen, und er musste den Blick abwenden, weil ihre Augen wie immer aussahen – nicht etwa milchig und leer wie die anderer blinder Frauen. Sie waren voller Leben wie eh und je, und sie verrieten ihm, dass Roxanne wie früher alles sah. Eine Zeit lang schwiegen sie. »Du gehst jetzt besser«, sagte Roxanne, »deine Hure wird dich rufen.« »Du hast kein Recht, sie so zu nennen.« »Ich habe alles Recht der Welt«, und das war die letzte Begegnung des Paares.

Im darauf folgenden Monat zog Agnes aus. Und eine Woche später betrat eine Frau namens Mercy Roxannes Kiosk, eine Frau, die sie aus ihrer Partyzeit kannte, aber lange nicht mehr gesehen hatte. »Du siehst genauso gut aus wie immer«, sagte die Frau. »Ach geh, das glaubst du doch selbst nicht«, sagte Roxanne. Es waren die besten Worte, die sie gehört hatte, seit jener Nacht, als sie zur Toilette gehen wollte. »Ich mein's wirklich so, Mädchen. Ich treffe immer noch Männer, die sich deinetwegen gar nicht einkriegen können. ›Roxanne dies, Roxanne das.‹« Sie lud Roxanne zu einer Party am Samstagabend ein, und als sie der Frau das Wechselgeld herausgab, sagte Roxanne: »Warum nicht? Warum zum Teufel nicht?« Es tat so gut, sich mit Mercy zu unterhalten, dass Roxanne sie aufforderte, sich zu nehmen, was immer sie wollte, und Mercy griff nach drei Schachteln Zigaretten, einer Packung Doughnuts und zwei Limonaden, obwohl sie Roxanne vormachte, sie habe nur eine Limonade und keine Zigaretten genommen.

Roxanne amüsierte sich blendend auf der Party – ihre erste, seit Melvin aus ihrem Leben verschwunden war. Die Musik, der Zigarettenrauch, die Stimmen, eine Frau am anderen Ende des Zimmers, die vor Lachen kreischte – all das war vertraut und entsprach ganz ihrem Wesen. Blind zu sein war vielleicht gar nicht einmal so schlimm. Am Montag rief sie ein Typ, den sie bei der Party kennengelernt hatte, auf der Arbeit an und lud sie zum Mittagessen ein, aber sie gab ihm einen Korb. Seine Stimme hatte sie nicht gefesselt, und beim Slow-Drag-Tanzen hatte er sie umklammert, wie die Verzweifelten unter den Männer es taten, die es nötig hatten – als wollte er seinen Körper mit ihrem verschmelzen. Zwei Tage nach seinem Anruf bekam sie einen Brief von ihren Eltern, die nun schon zum zehnten Mal in diesem Jahr anfragten, ob sie nicht zu ihr hinauffahren sollten. »Kämpf nicht allein«, schrieben ihre Eltern. »Das sähe dir ähnlich.« Und sie teilten ihr mit, Roxannes Tochter – der man erst im Oktober, einen Monat vorher, anvertraut hatte, was ihrer Mutter zugestoßen war – habe darüber nachgegrübelt, was sie ihr schreiben könnte. »Sie braucht Zeit, um es zu begreifen«, hatten ihre Eltern in dem eine Seite langen Brief geschrieben. Roxanne beauftragte Adeles Bruder Taylor, einen Antwortbrief aufzusetzen und ihnen für die Bahnfahrkarten nach Washington zu einem ausgedehnten Weihnachtsbesuch eine Bankanweisung zu besorgen. Wäre die Party nicht gewesen, und hätte Mercy nicht allen Partygästen erzählt, das Juwel von Louisiana sei wieder da und in besserer Verfassung denn je, so hätte sie ihm vielleicht diktiert: »Mein Freund hat mich verlassen. Und ich bin total einsam.« »Total« war eines der Lieblingswörter eines frühen Freundes gewesen, mit dem sie kurz nach ihrer Ankunft in Washington zusammen gewesen war. *»Ich schäme mich total, Süße.« »Ich bin total hungrig.« »Er war total tot.«*

Als Taylor den Brief beendet hatte, blieb er auf dem Stuhl unter dem Holzgestell sitzen und musterte eingehend die Briefmarke auf dem Umschlag, um sicherzustellen, dass auch wirklich alle Ecken festklebten. Und nachdem er sich vergewissert hatte, dass sich die Briefmarke auf ihrem langen Weg nach Antibes Nouveau nicht lösen würde, fragte er: »Tut es weh, blind zu sein, Miss Roxanne?« Die Beziehung zu ihm, seiner Schwester und ihrer Mutter war enger geworden, aber der Junge konnte einem wahrhaftig Löcher in den Bauch fragen. Vielleicht kam es daher, dass er eine Mutter hatte, die keinen Tropfen Alkohol anrührte. Die auf keine Partys ging. Ein Leben, das ausschließlich ihren Kinder gewidmet zu sein schien. Ein Junge mit einer solchen Mutter brauchte keine Angst davor zu haben, Erwachsene mit Fragen zu löchern.

»Was meinst denn du, Taylor?« Sie stand am Waschbecken und hielt sich einen feuchten Waschlappen vors Gesicht.

»Ich denke, ja, aber Mama sagt nein. Es schmerzt auf andere Weise.«

Mit dem Waschlappen berührte sie ihre Kehle. Der Lappen war kühl, aber sie wusste, dass ihr Körper ihn im Nu erwärmen würde. »Deine Mama hat recht, Taylor.« Sie wandte sich zum Spiegel und sah Dunkelheit, dann drehte sie sich wieder um und konnte im Zimmer einen schwachen Lichtschimmer erkennen. Ob ihre Tochter wohl wie dieser Junge war? Fragen, Fragen, immer nur Fragen. Blinde, so erinnerte sie sich aus der Zeit, als sie noch sehen konnte, ließen ihre Augen immer umherspringen, und sie fragte sich, ob dies auch bei ihr eintreten würde. Ein weiterer Schlag für ein schönes Gesicht. Erst vor zwei Tagen hatte Adele ihr versichert, ihre Augen sähen aus wie normale Augen. Aber was konnte das bedeuten? »Ich denke, blinde Menschen haben Schmerzen, die du noch nicht verstehst, Taylor.« Vielleicht bekamen nur Menschen, die schon sehr lange blind waren, diese Springkrankheit, Leute, die nicht gelernt hatten, ihren Augen beizubringen, so zu tun, als könnten sie sehen. Allmählich begriff sie, dass es nicht die Fragen waren, sondern die Angst, nicht die richtigen Antworten zu wissen, sondern nur Antworten, die die Probe nicht beständen. Wenn schon Taylor so war, wie viel schlimmer wäre es dann wohl mit ihrer eigenen Tochter? Wer wusste, was für eine Sorte Mädchen aus ihr geworden war? »Ist es vielleicht wie Nadelstiche im Arm oder so?«, fagte der Junge. »Oder wie wenn man von einem Luftgewehr getroffen wird?«

Schließlich lenkte sie ihn ab, indem sie ihn aufforderte, eine Platte aufzulegen, die Taylors Mutter ihr zu Thanksgiving geschenkt hatte. Es war eine 45er-Platte, auf der ein Puertorikaner die Erde als einen Apfel besang, der sich geräuschlos durch den Weltraum bewegt. »Ich liebe seine Stimme«, hatte Mary gesagt, »und ich dachte mir, du vielleicht auch.« Erst sehr viel später hatte Roxanne von jemandem auf der Arbeit erfahren, dass der Sänger blind war.

In der zweiten Dezemberwoche nahm Mercy sie zu drei Büropartys mit. Am Morgen nach der dritten konnte sich Roxanne, verkatert, kaum aus dem Bett aufrappeln, um sich für die Arbeit fertig zu machen. Gegen Ende ihres Arbeitstages kam Mercy an ihrem Kiosk vorbei und sagte lachend, Roxanne werde noch aus der Blindenvereinigung fliegen, weil sie mehr Spaß habe, als blinden Menschen erlaubt sei. Eine Party, die an dem Samstag drei Tage, bevor ihre Eltern ankommen sollten, stattfand, war die beste seit Jahren. Gleich zu Anfang war sie einem Mann vorgestellt worden, den Mercy als Cousin dritten Grades eines Elternteils ausgab. Roxanne wollte ihn davon abhalten, sie mit Beschlag zu belegen.

Trotzdem, er hatte eine wunderbare Art. Die Festivität in der Kearney Street, N. E., wurde gegen Mitternacht vorzeitig abgebrochen, weil es zu schneien begonnen hatte, und obwohl das Haus, in dem die Party stattfand, recht gemütlich war, hätte es den etwa fünfzig Gästen nicht genügend Platz für ein eingeschneites Wochenende geboten.

Roxanne, Mercy, deren Freund und der Cousin dritten Grades kehrten kurz vor halb eins in die 10th Street zurück. Der Cousin hatte einen äußerst schwachen Magen und ernährte sich fast ausschließlich von Säuglingsnahrung, sodass er der Einzige war, der nicht getrunken hatte. Während der Fahrt von der Kearney Street hatte er seine Hand auf Roxannes Knie gelegt, aber sie hatte keine Einwände erhoben. Eigentlich hatte sie es sogar ganz angenehm gefunden.

Der Freund parkte den Wagen nur zwei Türen von Roxannes Wohnung entfernt, sie stiegen aus und tanzten kichernd durch den nur noch spärlich fallenden Schnee. Gleich hinter der Eingangstür, im Hausflur, begann der Cousin Roxanne zu küssen, und dann begann der Freund Mercy zu küssen. »Ah, was ist denn das?«, lachte Roxanne. »Ein vorzeitiges Weihnachtsgeschenk?« »So fühlt es sich für mich an«, sagte Mercy. »Na ja«, sagte Roxanne, »wenigstens einen Mistelzweig könntet ihr uns besorgen.«

»Sei still und genieß es«, sagte der Cousin und presste seinen offenen Mund ungestüm auf ihre Lippen, sodass sein Atem ihren Körper durchströmte. Er stieß seine Zunge tief in ihren Rachen. Sein Mund bildete mit ihrem einen Winkel, so wie man es Jungen beigebracht hat, doch in seinem Ungestüm bedeckte der Mund auch eines ihrer Nasenlöcher, und das freie Nasenloch war ihre einzige Möglichkeit, Atem zu schöpfen, doch dazu kan sie kaum. Sie hatte das Gefühl zu ertrinken. Sie rang nach Luft und nach Freiheit aus der Haft seines Körpers. Dann schob er ihr seine Hand zwischen die Beine, und das schien sie vor dem Ertrinken zu bewahren. Endlich konnte sie ihm ihr Gesicht entwinden und einen kleinen Schrei ausstoßen. »Hör auf! Hör auf!« Sie dachte: *Das hab ich doch schon mal erlebt. In dem Stück war ich doch schon mal.*

»Ach, Roxanne«, sagte Mercy, »lass dich doch einfach fallen und genieß es. Himmel noch mal, es ist Weihnachten. Es ist Weihnachtszeit.«

Roxanne fing an, auf den Rücken des Cousins einzutrommeln. Die geballte Ladung Schläge musste ihm etwas verdeutlicht haben, denn er wich zurück und sagte zu ihr: »Du blinde Schlampe! Solltest froh sein, dass ein Mann wie ich so was wie dich überhaupt grüßt.« Mit der geöffneten Hand, derselben, die er zwischen ihre Beine geschoben hatte, versetzte er ihrem Unterkiefer einen Klaps. Sie schlug ihm auf den Hinterkopf, und wieder drückte er seinen Mund auf ihre Lippen. *Ich kann mich nicht erinnern, dieses Lied schon mal gesungen zu haben. Diesen Tanz schon mal getanzt zu haben …* Seine Hand kehrte wieder zu der Stelle zwischen ihren Beinen zurück.

Roxanne hörte ein zweimaliges Jaulen, dann rief eine dünne Stimme ihren Namen. »Agnes«, sagte Roxanne, »bist du das da draußen? Bitte, Agnes, bist du's? Agnes?« Adele fragte: »Miss Roxanne, alles in Ordnung bei Ihnen?« Roxanne nahm sich selbst durch die Augen des Kindes wahr – eine blinde Frau, die in einem Hausflur bedrängt wurde. Von einem Mann, bei dem sie eine Stunde vorher noch weiche Knie bekommen hatte. War auch die Verzweiflung sichtbar? In einem Hausflur mit zwei Betrunkenen, die etwas taten, was kein Kind sehen sollte. *Ich habe diesen Tanz schon mal getanzt und dieses Lied schon mal gesungen … Dies ist, was am Ende mit Blinden geschieht.* »Sie sollten Miss Roxanne lieber in Ruhe lassen«, sagte Adele. Im Hausflur war außer der schwachen Stimme des Kindes kein Geräusch zu hören. Der Cousin dritten Grades ließ von ihr ab. Im trüben Licht des Hausflurs stand Adele in ihrem Nachthemd da und hielt den Welpen im Arm, den ihre Mutter den Kindern vorzeitig zu Weihnachten geschenkt hatte. »Ruf Mr Young für mich, Schätzchen«, sagte Roxanne. »Ruf ihn. Ruf deine Mama.«

Der Cousin trat einen Schritt zurück. Er drehte sich zu Mercy und ihrem Freund um, die nicht aufgehört hatten, sich zu küssen, und sagte: »Kommt, wir verduften.« Als sie verschwunden waren, drehte sich Roxanne zur Wand und begann zu weinen. Noch immer nahm sie wahr, was Adele sah. Sie hatte sich noch nie so verletzlich gefühlt, noch nie so klein. Das Kind setzte den Welpen auf den Boden und blieb stehen, und der Hund lief zu der Frau. »Wenn es eine Puppe oder ein Fahrrad wäre«, hatte Adeles Mutter Roxanne eine Woche zuvor erklärt, »könnte ich das Geschenk bis Weihnachten vor ihnen verstecken. Aber es ist ein Welpe. Etwas Lebendiges, und das kann ich ihnen nicht vorenthalten.« Das Hündchen schnüffelte an Roxannes Absätzen, und dann kam Adele zu ihr. »Ich wollte auf die Toilette«, sagte das Mädchen. »Groß. Ich wollte, dass er unten bleibt, aber er ist noch ein Baby und hört nicht auf mich.« Adele hob den kleinen Hund wieder auf. Roxanne wandte sich um und streckte die Hand nach dem Kind aus, und der Welpe leckte ihre Hand. »Möchten Sie, dass ich bei Ihnen bleibe, Miss Roxanne? Wir alle vermissen Miss Agnes.«

Gegen sechs Uhr morgens kroch sie aus dem Bett. Sie stand da und spürte das kostbare Leben, das die schlafende Adele war. Der kleine Hund krabbelte aus seinem Deckenlager, kam auf sie zugelaufen und schnupperte an ihren Füßen. »Wir müssen etwas für dich tun, sonst pinkelst und scheißt du mir noch das ganze Haus voll«, sagte sie zu ihm. Sie trat ans Fenster. *Ich hätte dir schreiben und dir sagen sollen, was dich erwartet, wenn du hierherkommst. Eine Tochter hat das verdient …* Während der Nacht war Schnee gefallen. Kaum der Rede wert, aber nachdem Roxanne das Fenster leicht angehoben hatte, konnte sie riechen, dass schon bald viel, viel mehr fallen würde. Sie fragte sich, was jemand, der zum Fenster hineinschaute, wohl sah – würde er eine blinde Frau sehen, die versuchte, den Rest ihres Lebens zu bewältigen? Sie begann, das Lied des blinden Puertorikaners zu summen, das Lied über die Erde, einen Apfel, der sich leise durchs Weltall bewegt. In ihrer Fantasie bewegte sich die Welt jetzt durch dichten Schnee. Sie kochte Wasser und wartete darauf, dass der Schnee in ihrer beider Leben trat. Als der Kaffee fertig war, nahm sie die Tasse mit beiden Händen, pustete darauf und nahm einen Schluck. Zu viel Zucker, aber genau die richtige Menge Sahne. Sie setzte sich in den Sessel. *Ich bin Deine Mutter. Das ist das Erste,* hätte sie Taylor schreiben lassen sollen. *Bevor es auf der Welt irgendetwas anderes für Dich gab, war ich Deine Mutter …*

Der Schnee kam, und sie spürte, wie er die Welt bedeckte und stiller machte. Sie nahm einen weiteren Schluck Kaffee, und schon wurde der Schneefall heftiger. Ob ihre Tochter Pfannkuchen mochte? Sie schloss die Augen. Adele wälzte sich im Schlaf. *Im Anfang, noch bevor in deinem Körper Atem war, hattest Du Deine Mutter …* Der kleine Hund kam zu ihren Füßen gelaufen und drehte sich mehrfach im Kreis, bis er ein bequemes Plätzchen neben ihr gefunden hatte. Sie streckte die Hand nach ihm aus und tätschelte seinen Rücken. *Ich bin blind, das ist alles, was dazu zu sagen ist.* Mit geschlossenen Augen lauschte sie auf den fallenden Schnee, jede Flocke lieferte einen Ton zu einem langen, wunderbaren Lied, und binnen kurzem, während weiter das Lied erklang, saß sie auf dem riesigen Apfel, der die Erde war und sie durch das verschneite All trug. Sie bewegten sich von der Sonne weg, weil sie alle Wärme hatte, die sie brauchte, sodass es keinen Grund gab, in diese Richtung zu fliegen. Sie lehnte sich gegen den Stiel des Apfels, der die Erde war. Als sie und der Apfel sich dem Mars näherten, wandte sie sich nach rechts und erblickte den kleinen Hund, aber er war schon ausgewachsen, ein Hund, den sie in ihrer Heimat gekannt hatte, als sie noch ein Mädchen war, nicht größer als Adele, nicht größer als ihre Tochter auf dem Bild, das neben dem Bett auf dem Tisch stand. Sie wies zum Mars, da sie wusste, dass der Hund, schlau wie er war, den Anblick zu schätzen wissen würde, und als sie die Hand wieder senkte, sah sie auf dem Apfel, der die Erde war und sich durchs Weltall bewegte, links von sich Adele sitzen.

»Ist dir kalt?«, fragte Roxanne das Mädchen.

»Nein, Ma'am«, antwortete das Kind. »Der Schnee ist warm, Miss Roxanne.«

Die Frau, das Mädchen und der Hund betrachteten den Mars, und nach einer langen Zeit waren sie an ihm vorbeigeflogen, und das Mädchen seufzte, dass der Mars jetzt nicht mehr da sei, aber

Roxanne versprach ihr, dass sie ihn wiedersehen würden. Die drei waren noch ein gutes Stück vom Jupiter entfernt, als Roxanne sich Sorgen zu machen begann, dass sie sich nicht an die richtige Ordnung der Planeten erinnern würde. Konnte sie ihrem Gedächtnis trauen? Sie wusste mit Sicherheit, dass als Nächstes Jupiter kam, aber kam danach Uranus oder Saturn? Früher einmal hatte sie all das gewusst, hatte, fünfzehn hässliche Kilometer von der Hauptstadt Louisianas entfernt, vor der Klasse stehend, die Ordnung der Planeten aufzählen und bestimmen können, wie weit sie von der Sonne entfernt waren. Was wusste sie jetzt? Auf dem Apfel, der noch immer geräuschlos durch das Weltall reiste, schlug sie an den Fußgelenken die Beine übereinander und wackelte mit den Zehen des oberen Fußes. Dann, als sich Hunderte und Aberhunderte von Tausenden von Kilometern entfernt Jupiter zeigte, zog sie das Mädchen und den Hund näher zu sich heran, und aus dem Stiel des Apfels wuchs eine Decke, so weich wie der Bezug ihres Sessels. Wenn sie es so wollte, würde als Nächstes Uranus kommen. Sie würde ihn mit Ringen versehen und ihm eine Million Monde zur Seite geben, jeden in einer anderen Farbe. Konnte sie ihrem Gedächtnis trauen? Vielleicht war das Gedächtnis das, was man daraus machte. Sie schaute auf, und der Hund nickte: Ja, Ma'am, das Gedächtnis ist das, was man daraus macht. Also gut: Ringe um Uranus und Neptun. Und auf Pluto, der noch hundert Millionen Kilometer entfernt war, würde sie die besten Sänger und die besten Tanzkapellen holen, und an der Außenseite dieses Planeten, in blauen und orangenen Neonlettern, die selbst von Geburt an Blinde lesen könnten, würde sie ein Schild anbringen, auf dem stünde, dass Pluto für alle Kinder Gottes durchgängig geöffnet sei. Ja, geöffnet selbst für die Geringsten unter ihnen.

Ein reicher Mann

Horace and Loneese Perkins – ein Kind, ein Enkelkind – lebten mehr als zwölf Jahre lang unglücklich im Apartment 230 von Claridge Towers, einem Haus für ältere Mitbürger in der Nr. 1221 M Street, N. W. Sie waren 1977 dort hingezogen, in demselben Jahr, in dem sie ihren vierzigsten Hochzeitstag gefeiert hatten, dem Jahr, in dem sie zum letzten Mal miteinander geschlafen hatten – Loneese führte eine Art Tagebuch, und diese Tatsache wurde an einem Wochentag vermerkt, an dem sie sonst nichts notierte. »Er hat mich berührt«, schrieb sie, was stets ihr Tagebuch-Euphemismus für Sex gewesen war. Es war dasselbe Jahr, in dem sie beide in den Ruhestand getreten waren, sie als Sekretärin einer Schreibstube des Wirtschaftsministeriums, wo sie einen Geliebten gehabt hatte, er als ziviler Angestellter des Pentagons, als Leiter des Veteranenarchivs.

Bevor er die Leitung des Archivs übernahm, war er zehn Jahre lang Sergeant in der Armee gewesen; an dem Tag, als er in Rente ging, hatte ihm der Verteidigungsminister eine Erinnerungstafel überreicht, die so groß wie sein Brustkorb war, und er, der Verteidigungsminister und Loneese waren zusammen fotografiert worden. Das Bild hing die ganzen zwölf Jahre über im Wohnzimmer von Apartment 230, an der Wand rechts neben der Heizungs- und Klimaanlage.

Einen Monat vor ihrem Einzug fuhren sie in ihrem weinrot-goldenen Cadillac von ihrem kleinen Haus in der Chesapeake Street im Südosten der Stadt zu einem Union-Station-Restaurant und versprachen sich gegenseitig, dass Claridge Towers ein Neuanfang für sie sein würde. Bei geschwärztem Wels und einer Pfirsichpastete, die ihrer beider Meinung nach hätte besser ausfallen können, kamen sie überein, sich ganz einander zu widmen und noch bessere Großeltern zu werden. Von dem Geliebten im Wirtschaftsministerium hatte Horace längst gewusst. Loneese hatte ihm 1969, zwei Monate, nachdem sie die Beziehung beendet hatte, von dem Mann erzählt. »Er hat in der Poststelle gearbeitet«, gestand sie ihrem Ehemann während eines Spaghetti-Abendessens, das sie in ihrem Haus in der Chesapeake Straße zubereitet hatte. »Er hat mich im Motelzimmer berührt«, schrieb sie in ihr Tagebuch, »und hinterher hat er mich angefleht, mit ihm nach Florida zu gehen. Aber ich musste immerzu daran denken, dass Florida etwas für alte Leute ist.«

Bei diesem Spaghetti-Abendessen hatte Horace die Dutzende von Geliebten, die er während ihrer Ehe gehabt hatte, unerwähnt gelassen. Sie wusste, dass es viele gewesen waren, wusste es, weil sie ihm in den frühen Jahren ihrer Ehe ins Gesicht geschrieben waren und weil er sich in späteren Jahren gar nicht bemüht hatte zu verbergen, was er trieb. »Bin gleich wieder da. Hab was zu erledigen«, sagte er immer. Nicht einmal die Geliebte hatte er erwähnt, mit der er noch am Tag vor dem Spaghetti-Abendessen geschlafen und von der er sich mit einem »Sei brav und sei süß« verabschiedet hatte. Zuvor hatte er ihr erklärt, er beabsichtige, ein neuer Mensch zu werden und sein Ehegelübde zu halten. Die Frau, eine magere Schulbusfahrerin mit klimpernden Armreifen bis zu den Ellbogen, prustete vor Lachen, weshalb Horace ihr eine Ohrfeige geben wollte, denn er war es gewohnt, dass man ihn ernst nahm. »Vergiss es«, sagte Horace beim Hinausgehen. »Ich wollte mich nur taktvoll von dir trennen.«

Während eines weiteren Spaghetti-Abendessens zwei Wochen vor dem Umzug wiederholten sie, was sie während des Abendessens mit geschwärztem Wels gesagt hatten, erledigten gemeinsam den Abwasch und gingen als Mann und Frau zu Bett. In den Tagen danach verkauften sie fast alle Möbel aus der Chesapeake Street. Was sie behielten, gehörte hauptsächlich Horace, angefangen mit einer Sammlung von sechshundertneununddreißig Schallplatten, darunter viele seiner geliebten 78er-Scheiben. Hatte eine halbwegs passable Band zwischen 1915 und 1950 eine Platte herausgebracht, brüstete er sich, so befand sie sich in seinem Besitz. Nach 1950, sagte er, seien die Bands schludrig geworden, und er habe nicht mehr weitergesammelt. Horace behielt auch den Cadillac, den er einer Footballmannschaft zu Ehren in den Farben des Vereins hatte spritzen lassen, und zahlte, um den Wagen in der unterirdischen Garage abstellen zu können. Claridge Towers war ursprünglich als Luxusdomizil gedacht gewesen, doch nach der Hälfte der Bauzeit war den beiden Bauunternehmern, Freunden von Mitgliedern des Stadtrates, das Geld ausgegangen, und Letztere hatten dafür gesorgt, dass die Leute von der Stadtverwaltung den Bauunternehmern den Wohnblock abkauften. Die Leute von der Stadtverwaltung ließen Claridge Towers, mit seinen winzigen Zimmerchen, fertigstellen, und nachdem ein Stadtrat im Südwesten der Stadt eine Rede darüber gehalten hatte, dass man sich um das Wohl der Alten kümmern müsse, kamen einige Vertreter der Stadtverwaltung im Nordosten auf die Idee, dass die Alten vielleicht gerne in Claridge Towers, im Nordwesten, wohnen würden.

Drei Wochen, nachdem Horace and Loneese eingezogen waren, ging Horace eines Samstagnachmittags in die Eingangshalle, um den Briefkasten zu leeren, und sah dabei zufällig Clara Knightly, die ebenfalls ihre Post holte. Sie wohnte im Apartment 512. »Sie haben die Wohnung wirklich hübsch eingerichtet«, sagte Horace etwas weniger als eine Stunde nach ihrer ersten Begegnung über das Apartment 512. »Aber schon an Ihrer Körperhaltung hab ich gesehen, dass Sie einen guten Geschmack haben. Das hab ich Ihnen sofort angesehen.« »Mit Ihrem Gerede bewirken Sie nur, dass ich meinen Kopf noch höher trage, Mr Perkins«, sagte Clara, während sie ihm Kaffee anbot, den er ausschlug, da solche Augenblicke nach stärkeren Getränken verlangten. »Wozu soll der Kopf einer Frau gut sein, wenn ein Mann nicht von Zeit zu Zeit dafür sorgt, dass sie ihn noch höher trägt? Sagen Sie mir das, Clara. Sagen Sie mir das.« Clara war fünfundfünfzig, etwas jünger als die meisten Bewohner von Claridge Towers, aber wesentlich älter als alle früheren Geliebten Horaces. Sie entsprach durchaus nicht dem, was die Leute von der Stadtverwaltung unter »älteren Mitbürgern« verstanden, litt jedoch unter einer Vielzahl von Beschwerden, von hohem Blutdruck bis Diabetes, und deshalb hatte die Stadtverwaltung sie einziehen lassen.

Trotz der Versprechen war die Ehe, oder was davon noch übrig war, am Ende. »Ich werde mich selbst glücklich machen«, vertraute Loneese ihrem Tagebuch an, einen Monat, nachdem er sie zuletzt berührt hatte. Loneese und Horace hatten es sich bequem in ihrem Apartment eingerichtet, und keiner der beiden wollte es dem andern abtreten. Sie wollte dem Mann, der ihr so viel Kummer bereitet hatte, ein letztes Mal Widerstand leisten, dem Mann, der ihr sechs Monate nach ihrem Geständnis gesagt hatte, was für eine Hure sie gewesen sei, mit dem Mann in der Poststelle des Wirtschaftsministeriums geschlafen zu haben. Mit sechzig hatte Horace sich nie sonderlich viel aus Frauen über fünfzig gemacht, doch Clara – und nach ihr Willa im Apartment 1001 und Miriam im Apartment 109 – hatte etwas in ihm ausgelöst, und er kam zu der Auffassung, dass Frauen über fünfzig doch gar nicht so übel waren. In Claridge Towers lebten Dutzende solcher Frauen, viele von ihnen attraktive Witwen, viele voller Verlangen nach dem freundlichen Wort eines pensionierten Sergeant der Armee, der mehr Medaillen und Ordensbänder besaß, als er auf seinem Uniformrock unterbringen konnte. Soweit er sah, war er der Hahn im Korb: Viele der Männer in Claridge Towers litten an Krankheiten, von denen Horace bislang verschont geblieben war, oder sie waren nicht so ansehnlich oder so schlank wie er oder durch Ehefrauen behindert, die sie liebten. In Claridge Towers war er ein reicher Mann. Warum also sollte er ausziehen und dieser Hure Genugtuung verschaffen?

Auf begrenztem Raum, nur ein Viertel der Wohnfläche, die sie in der Chesapeake Street gehabt hatten, führte jeder von ihnen sein eigenes Leben. Im Wohnblock kannte man sie schließlich als das Ehepaar von 230, das sich nicht ausstehen kann. Die Leute redeten über die Perkinses mehr als über jeden anderen. Für Loneese, die in dem Glauben erzogen worden war, dass Familienangelegenheiten innerhalb der Familie bleiben sollten, war dies besonders verstörend. »Herrje, was haben die beiden denn jetzt schon wieder?« »Die balgen sich ja wie Hund und Katze.« »Mit wem hat er denn jetzt wieder was?« Jeder von ihnen kaufte bei Richfood in der 11th Street oder in dem kleinen Laden in der 13th Street seine eigenen Lebensmittel ein, und wenn die Einkäufe des einen vom anderen angerührt oder aufgegessen wurden, konnten sie garstig werden. 1984 und 1985 sprach Loneese neun Monate lang nicht mit Horace, nachdem sie festgestellt hatte, dass ihr Kürbiskuchen etwas kleiner geworden war, seit sie das letzte Mal ein Stück davon abgeschnitten hatte. »Ich hab deinen verdammten Kuchen nicht angerührt, du verrückte Alte«, erwiderte er auf ihre Anschuldigungen. »Wie lange bist du mit mir eigentlich schon verheiratet? Du weißt genau, dass ich mir nicht das Geringste aus Kürbiskuchen mache.« »Du hast gut reden, Horace, aber wieso fehlt dann was? Vielleicht machst du dir nichts draus, aber ich kenn dich. Ich weiß, in der Not frisst der Teufel Fliegen. Das ist nun mal deine schäbige Art.« »Meine Art ist auch nicht schäbiger als deine.«

Nach diesem Vorfall kaufte sie sich einen kleinen Kühlschrank für das Schlafzimmer, in dem sie schlief, obwohl sie größere Lebensmittel weiterhin im Küchenkühlschrank aufbewahrte. Er ließ einen zweiten Telefonanschluss legen, weil er sich darüber beschwerte, dass sie ihm die Nachrichten seiner »Gefährtinnen« nicht weitergab. »Eine Sekretärin für Huren war ich noch nie«, sagte sie, während sie ihm zusah, wie er neben dem Couchbett, auf dem er schlief, einen automatischen Anrufbeantworter aufstellte. »Ach, komm mir bloß nicht mit Huren. Darüber könntest du doch ein Handbuch schreiben.« »Aber nur, wenn du es mir diktierst.«

Ihr einziger Sohn, Alonzo, lebte mit Frau und Sohn in Baltimore. Er hatte schon seit geraumer Zeit kein enges Verhältnis mehr zu seinen Eltern, konnte jedoch den Grund dafür seiner Frau gegenüber nicht in Worte fassen. Ihr Sohn, Alonzo junior, der zwölf Jahre alt war, als seine Großeltern in Claridge Towers einzogen, liebte es, sie zu besuchen. Wenn der Junge zu Besuch kam, zog Horace den

Stecker aus der Buchse und versteckte sein Telefon. Und Loneese und Horace schliefen wieder in ihrem gemeinsamen Schlafzimmer. Auf dem Doppelbett stopfte sie ein Kissen zwischen sich und ihn, um sich daran zu mahnen, nicht auf seine Seite zu rollen.

Als der Enkel ins Teenageralter kam, besuchte er sie immer seltener, und als er in Ohio aufs College ging, rief er sie nur noch alle paar Wochen an, und zwar auf dem Anschluss, den sie auf den Namen Horace und Loneese Perkins angemeldet hatten.

1987 begann Loneeses Herz den Countdown zu seinem letzten Schlag, und sie verbrachte mehr Zeit im George Washington University Hospital als in ihrem Apartment. Horace besuchte sie nie. Sie starb zwei Jahre später. In der letzten Nacht im Krankenhaus wachte sie auf und schlurfte den Korridor entlang zur Schwesternstation, konnte jedoch nirgendwo eine Krankenschwester auftreiben, die ihr hätte sagen können, wo sie sich befand oder warum sie dort war. »Seit wann müssen die Patienten das Krankenhaus selbst leiten?«, fragte sie die Wände. Sie kehrte in ihr Zimmer zurück, und dann fiel ihr ein, weshalb sie hier war. Es war fast drei Uhr morgens, doch sie versuchte es erst mit ihrem eigenen Anschluss und wählte dann Horaces Nummer. Er nahm ab, aber sie sagte kein Wort. »Wer spielt da mit meinem Telefon?«, fragte Horace immer wieder. »Wer ist da? Ich lasse es nicht zu, dass Leute mit meinem Telefon spielen.« Sie hängte ein, ging wieder zu Bett und sprach ihr Nachtgebet. Nach dem Einzug in Claridge Towers hatte sie sich einen weiteren Geliebten zugelegt, einen Mann von der Vermont Avenue Baptist Church, die sie von Zeit zu Zeit aufsuchte. Er war ebenfalls pensioniert. Sie schrieb in ihr Tagebuch, dass er kein großer Esser war und dass ihm seine »edlen Teile« fehlten.

Loneese Perkins wurde in einer Grabstelle auf dem Harmony Cemetery beigesetzt, die sie und Horace erworben hatten, als sie noch jünger waren. Das Grab bot Platz für Horace und für ihren Sohn, doch Alonzo plante schon seit längerem, sich auf einem Friedhof außerhalb von Baltimore beerdigen zu lassen.

Horace beließ das Apartment mehr oder weniger in demselben Zustand wie an dem Tag, als Leoneese sich zum letzten Mal darin aufgehalten hatte. Ihr Sohn, ihre Schwiegertochter und ihr Enkel spendeten einen Teil ihrer Kleidung einem Wohltätigkeitsverband, den Rest schenkten sie anderen Frauen im Wohnblock. Es gab Souvenirs aus Ländern, die Loneese und Horace als Mann und Frau bereist hatten – eine ghanaische Holzschnitzerei mit Männern, die einen von ihnen erlegten Leoparden umstanden, einen siebenarmigen Messingleuchter aus Israel, eine Schneekugel vom Fudschijama, bei der einige Schneeflocken für immer an der Kuppel festklebten. Diese Gegenstände bedeuteten Alonzo nicht viel, doch er kannte seinen Sohn und wusste, dass Alonzo junior sie eines Tages hoch schätzen würde.

Horace versuchte, im Ehebett zu schlafen, doch in seinen zwölf Jahren auf dem Couchbett war er nicht unglücklich gewesen. Er wurde das Ehebett los und rückte das Couchbett ins Schlafzimmer, wo er es aufgeklappt stehen ließ.

Nach Loneeses Tod fielen ihm zwei Dinge auf: Seine eigenen »edlen Teile« hatten sich verjüngt. Er hatte nie mit Problemen zu kämpfen gehabt, wie andere Männer sie haben, obwohl er im Lauf der Zeit, wie nicht anders zu erwarten war, hin und wieder versagt hatte. Jetzt, wo er auf seinen dreiundsiebzigsten Geburtstag zusteuerte, fühlte er sich zunehmend kräftiger, ja potenter. Gott ist ein merkwürdiger Gesell, dachte er, als er eines Abends vor dem Ausgehen an einem Chivas Regal nippte: Er nimmt einem Mann die Frau und gibt ihm stattdessen einen neuen Penis.

Außerdem fiel ihm auf, dass er sich mehr und mehr von jüngeren Frauen angezogen fühlte. Als Loneese starb, hatte er mit einer einundsechzigjährigen Frau verkehrt, mit Sandy Carlin aus Apartment 907. An einem Tag im Februar, neun Monate nach Loneeses Tod, kam Jill, eine von Sandys Töchtern, mit einer Freundin, Elaine Cunningham, zu Besuch. Beide waren fünfundzwanzig Jahre alt. Kaum waren sie zu Sandys Tür hereingekommen, begann Horace, ihnen Komplimente zu machen – über ihr Haar, die Farbe ihres Nagellacks, die scharfe Falte in Jills Hose (»Haben Sie die selbst gebügelt?«), ja sogar über die »raffinierte Art«, wie Elaine die Beine übereinanderschlug. Die jungen Frauen kicherten, was ihn beglückte und in seiner Selbstzufriedenheit bestärkte, und Sandy saß auf ihrem Platz auf der Couch. Als das Eis in der Pepsi-Cola schmolz, die sie in der linken Hand hielt, wurde ihr erneut klar, dass Gott ihr nie einen Mann versprochen hatte, der bis zur Stunde ihres Todes bei ihr bliebe.

Als die Mädchen gegen drei Uhr nachmittags gingen, bot Horace ihnen an, sie nach unten zu begleiten, »um ihnen all die schlechten Männer vom Leib zu halten«. In der Eingangshalle, die Sicherheitsbedienstete am Empfang spitzte gleich die Ohren, ließ er sie wissen, dass er nichts dagegen hätte, wenn sie einmal bei ihm vorbeischauten. Die Frauen sahen einander an und kicherten wieder. Sie hatten vorgehabt, an diesem Abend in einen Club im Südwesten der Stadt zu gehen, doch der alte Mann amüsierte sie mit seinem Gequatsche, wie er sie in den Himmel hob und all so 'n Scheiß – sagte Jill Wochen später zu einer anderen Freundin. Und als er sah, wie empfänglich sie waren, fragte er, weshalb sie nicht gleich heute Abend zu ihm kämen, denn was soll's, heute ist nur ein Mal. Jill meinte, das habe er wohl aus einem Song, aber das bestritt er; den Spruch habe er schon von sich gegeben, ehe sie überhaupt geboren seien, und Elaine bestätigte, das sei wohl wahr, und die Frauen kicherten abermals. Er sagte, ich will nicht leugnen, dass ich ein gut abgehangener Kerl bin, und dann stimmte er in ihr Gekicher ein. Jill schaute Elaine an und fragte: Willste? Und Elaine sagte: Was ist mit deiner Mom? Und Jill zuckte mit den Schultern, und Elaine sagte: Na schön. Sie hatte gerade mit einem Mann Schluss gemacht, dem sie in einem anderen Club begegnet war, und sie brauchte etwas, das ihr den Schmerz nahm, bis sie einen anderen Mann fand, vielleicht in einem besseren Club.

Gegen halb zwölf ging Jill mit beschwipstem Kopf hinaus in die Nacht, und Elaine blieb und wurde weinerlich – wegen des Mannes aus dem nicht ganz so guten Club, wegen zweier Abtreibungen und weil sie mit siebzehn nach einem Streit mit ihrem Vater von zu Hause ausgerissen war. »Ich hab ihn einfach schlafend auf der

Couch liegen gelassen«, sagte sie und rekelte sich auf Horaces neuer Wohnzimmercouch. Sie hatte ihre Schuhe ausgezogen und sich eine von Loneeses Wolldecken über die Füße geworfen. Horace saß im Sessel ihr gegenüber. »Soweit ich weiß, liegt er heut noch auf der Couch.« Noch bevor sie auf ihren Vater zu sprechen kam, noch vor den Abtreibungen wusste er, dass er in dieser Nacht mit ihr schlafen würde. Dazu brauchte er ihr nicht einmal ein drittes Glas einzuschenken. »Er war ein fetter Mann«, sagte sie über ihren Vater. »An sehr viel mehr kann ich mich nicht erinnern.«

»Hör mal«, sagte er, als sie über ihren Vater sprach, »es wird schon alles wieder in Ordnung kommen.« Er wusste, je positiver ein Mann in diesem Stadium der Verführung auftrat, desto reibungsloser verlief diese. Es wäre nicht angegangen, ihr zu raten, sie solle ihren Daddy vergessen, sie habe recht daran getan, diesen fetten Soundso zu verlassen; besser war es, das Augenmerk auf die Zukunft zu richten und ihr zu versichern, dass die Welt am Morgen sonniger aussehen werde. Er ging zur Couch, und bevor er sich auf die Kante des Couchtischs setzte, zog er sich mit den Fingerspitzen ein wenig die Hosenbeine hoch, und als sie das sah, fühlte sie sich undeutlich an etwas Wunderbares erinnert. Die Jungs im Club hatten es damit jedenfalls nicht. Er nahm ihre Hand und küsste deren Innenfläche. »Es wird schon alles wieder gut«, sagte er.

Als Elaine Cunningham am Morgen aufwachte, schlief Horace ruhig neben ihr. Sie machte sich keine Vorwürfe und betrachtete ihn auch nicht voller Entsetzen über das, was sie getan hatte. Sie seufzte, legte den Kopf zurück auf das Kissen und dachte daran, wie sehr sie noch immer den Mann aus dem Club liebte, doch es gab nichts, was sie noch hätte tun können: Nicht einmal die Lederjacke für fünfhundert Dollar, die sie dem Mann gekauft hatte, vermochte ihn für sie einzunehmen. Zwei Jahre, nachdem sie ausgerissen war, war sie zu dem Haus zurückgekehrt, in dem sie mit ihren Eltern gelebt hatte, doch diese waren umgezogen, und niemand wusste, wohin. Aber jeder erinnerte sich an sie, an Elaine. »Wie erwachsen du geworden bist, Elaine«, sagte eine alte Frau. »Ich hätte dich nicht erkannt, wenn du mir nicht gesagt hättest, wer du bist.« »Soll sie der Teufel holen«, sagte sie zu den Freundinnen, die sie hingebracht hatten. »Sollen sie alle zur Hölle fahren.« Im Auto, auf dem Weg nach Capitol Heights, wo sie wohnte, fügte sie hinzu: »Vielleicht nicht meine Mutter. Das war 'ne gute Frau.« »Dann soll also nur dein Daddy zur Hölle fahren?«, fragte das Mädchen auf dem Rücksitz. Elaine dachte darüber nach, als sie die Rhode Island Avenue entlangfuhren, und kurz bevor sie in die New Jersey Avenue einbogen, sagte sie: »Ja, nur mein Daddy soll zur Hölle fahren. Der fette Arsch.«

Sie erhob sich von Horaces Bett und versuchte, die Trockenwüste in ihrem Mund zu befeuchten, während sie in seinem Kleiderschrank nach einem Bademantel suchte. Sie verwarf den blauen und den mit dem Paisleymuster und wählte stattdessen einen dunkelgrünen, der sie an etwas Wunderbares erinnerte, so wie sie sich an etwas Wunderbares erinnert gefühlt hatte, als Horace sich die Hosenbeine hochzupfte. Nachdem sie ihn übergezogen hatte, schnupperte sie an den Ärmeln, aber die rochen nur nach Waschmittel.

Sie stand in der abgeteilten Zimmerhälfte, die als Küche diente, und trank fast den ganzen Zweiliterkarton Orangensaft aus. »Also, das war nun wirklich blöd, Mädchen«, sagte sie. »Du weißt doch, du hättest Wasser trinken sollen. Besser für den Durst.« Sie stellte den Karton zurück in den Kühlschrank und bestaunte all die Lebensmittel. »Verdammt!«, sagte sie. Sie ließ die Kühlschranktür offen und trat ins Wohnzimmer, wo sie Horaces Besitztümer zur Kenntnis nahm. Dabei dachte sie, dass es sich hier gut leben ließe, wenn man es richtig anstellte. Sie pennte bei einer Freundin im Nordosten der Stadt, und die Mutter der Freundin hatte Andeutungen gemacht, dass es Zeit für sie sei, sich nach einer neuen Bleibe umzuschauen. Selbst wenn sie Arbeit hatte, so besaß sie doch nur selten ihre eigenen vier Wände. »Hmm«, machte sie, während sie den Kühlschrank nach etwas Eßbarem durchsuchte. »Ficken für Kost und Logis. Logis und Kost. Ficken. Du hättest in der Schule bleiben sollen, Mädchen. Da unterrichten sie so was. Kochen und Haushalten im ersten Halbjahr. Ficken im zweiten Halbjahr.«

Doch wie sie so ihre Eier, ihren Frühstücksspeck und ihre Hungry-Man-Kekse verzehrte, wusste sie, dass sie nicht mehr allzu oft mit Horace schlafen wollte, selbst wenn er einen kleinen Palast hatte. Er war zu groß, und große Männer hatte sie noch nie attraktiv gefunden, ob sie nun alt waren oder nicht. »Verdammt! Warum kann er nicht derjenige welcher sein und dazu noch 'ne schöne Wohnung haben?« Als sie mit der letzten Hälfte des letzten Kekses das letzte bisschen Eigelb auftunkte, musste sie an ihre beste Freundin Catrina denken, die Frau, bei der sie zurzeit pennte. Catrina Stockton war achtundzwanzig und früher heroinsüchtig gewesen, seit einem Jahr aber war sie clean, und ihr Gesicht und ihr Körper zeugten nicht von einer Frau, die ein schlimmes Leben auf der Straße geführt hatte, sondern von einer hübschen Frau aus Virginia, die mit siebzehn geheiratet, von einem Fernfahrer drei Kinder bekommen und in einem McDonald's in Fredericksburg einen Mann getroffen hatte, der ihr versicherte, Frauen wie sie könnten es in D. C. zu Königinnen bringen.

Ja, dachte Elaine, als sie sich über die Couch beugte und das Foto von Horace, Loneese und dem Verteidigungsminister betrachtete, Catrina sagt immer, wie sehr sie sich nach Liebe sehnt, dass es nicht drauf ankommt, wie ein Mann aussieht, solang er gut zu ihr ist und sie morgens, mittags und abends liebt. Der Verteidigungsminister stand zwischen den beiden. Sie wusste nicht, wer er war, nur, dass sie ihn irgendwo schon einmal gesehen hatte, vielleicht im Fernsehen. Horace hielt die Erinnerungstafel leicht nach links, weg vom Minister. Elaine beugte sich vor und entfernte mit der Fingerkuppe ein Staubkorn von dem Foto, und bevor sie es wegschnippen konnte, sagte eine Frau ihren Namen. Erschrocken blickte sie sich um.

Sie ging ins Schlafzimmer, um sich zu vergewissern, dass die Stimme nicht der Tod gewesen war, der ihr auftrug, nach Horace zu schauen. Sie sah Horace auf dem Bett sitzen, er gähnte und streckte sich. »Gut geschlafen, Zuckerpüppchen?«, fragte er. »Und wie, Süßer«, sagte sie und sprang durchs Zimmer, um ihn zu umarmen. Ein Frühstück wie das, welches sie eben zu sich genommen hatte, würde in D. C. oder Maryland mindestens vier Dollar kosten. »Oh, das gefällt Papa aber«, sagte Horace. Und selbst die billigsten Motels draußen auf der New York Avenue, in denen Rauschgiftsüchtige und Prostituierte abstiegen, verlangten mindestens fünfundzwanzig Dollar die Nacht. Was war da schon eine Umarmung? Außerdem mochte sie ihn mehr, als sie gedacht hatte, und die Frage ihres gemeinsamen Einzugs mit Catrina musste zartfühlend gehandhabt werden. »Na, dann lass dich noch ein bisschen länger umarmen.«

Junge Dinger sind junge Dinger, dachte Horace, als Elaine zum ersten Mal Catrina mitbrachte und diese ihm einen Kuss auf die Wange gab und sagte: »Nach allem, was Elaine mir über dich erzählt hat, hab ich das Gefühl, dich schon lange zu kennen.« Das war Anfang März.

Anfang April lernte Elaine in einem neuen Club in der F Street, N. W., einen anderen Mann kennen und verliebte sich in ihn, so wie sich Horace in Catrina verliebte, obwohl diese nach mehreren Jahren auf der Straße wusste, dass ihre Empfindungen zwar in der Nachbarschaft der Liebe wohnten, aber nicht im gleichen Haus. Sie und Elaine erzählten Horace die traurigsten Geschichten über den Mann, den Elaine im Club kennengelernt hatte, und noch bevor der April vorüber war, schlief er in Horaces Wohnzimmer auf dem Fußboden. Es half, dass der Mann, Darnell Mudd, den Weg zum Herzen eines jeden kannte, ob Mann oder Frau, und dass er behauptete, sein Vater sei im Koreakrieg ein Held gewesen. Er kannte sogar den Namen des Verteidigungsministers auf dem Foto und wusste, wie lange er im Kabinett gedient hatte.

Schon Mitte Mai hielten sich in Horaces Wohnung zu jeder Zeit bis zu fünf andere Personen auf, Freunde der drei jungen Leute. Ihm war ganz schwindlig von Catrina, den Zigarrenjoints und den anderen Frauen, die sich mit ihm in ein Zimmer des Motels in der 13th Street schlichen. Anfang Juni waren mehr als hundert seiner alten Schallplatten gestohlen und zum Pfandleiher gebracht worden. »Lasst die Finger von seinen Sachen«, sagte Elaine zu Darnell und dessen Freunden, als sie, jeder zehn Platten unterm Arm, zur Tür hinausgingen. »Klaut ihm nicht seine Sachen. Er liebt die Dinger.« Es war elf Uhr morgens, und alle anderen in der Wohnung, einschließlich Horace, schliefen noch. »Scht«, sagte Darnell. »Der hat so viele davon, dass er's gar nicht merken wird.« Und das stimmte. Horace hatte sich seit Monaten keine Platten mehr angehört. Er besaß zwei Säbel, die ursprünglich an der Wand gegenüber der Heizungs- und Klimaanlage gehangen hatten. Beide hatten deutschen Offizieren gehört, die im Zweiten Weltkrieg gefallen waren. Wenn er high war, sah Horace gerne zu, wie die jungen Männer mit ihnen fochten. Am nächsten Tag jedoch, wenn er wieder nüchtern war, versteckte er sie unten im Kleiderschrank, nur um sie wieder hervorzuholen, sobald der Fez begann, gegen vier Uhr nachmittags.

Seine Nachbarn, besonders diejenigen, die der Meinung waren, in seiner Ehe sei Loneese die Leidgeprüfte gewesen, beschwerten sich bei der Hausverwaltung über den Radau, doch in seinem Mietbuch konnten die Leute von der Stadtverwaltung nachlesen, dass Horace vor nicht allzu langer Zeit seine Frau verloren hatte, und erklärten den Nachbarn, es handele sich wohl um eine Art Trauerarbeit. In Claridge Towers wagten sich die Leute von der Stadtverwaltung nie höher als bis in den ersten Stock. »Er ist ein Veteran, der erst vor kurzem seine Frau verloren hat«, erklärten sie den Leuten, die zu dem Glasbüro im ersten Stock kamen. »Warum gönnt ihr es ihm nicht?« Doch nachdem ein Wartungstechniker ihn gewarnt hatte, auf der Hut zu sein, versuchte Horace, die Dinge in den Griff zu bekommen. Das war etwa zu derselben Zeit, als einer der Säbel zerbrochen war und er sich beim besten Willen nicht daran erinnern konnte, wie es dazu gekommen war. Eines Nachmittags fand er die beiden zerbrochenen Teile im Gemüsefach des Kühlschranks.

Die Lage beruhigte sich etwas, doch die jungen Frauen kamen auch weiterhin vorbei, und Horace hatte seinen Spaß mit ihnen. Catrina nannte ihn Papa und tat so, als sei sie betroffen, wenn sie ihn ein anderes Mädchen küssen sah. »Papa, was soll ich nur tun mit dir und deinen Flittchen?« »Papa, versprich mir, dass du nur mich liebst.« »Papa, ich brauch neue Klamotten. Du hilfst mir doch, nicht wahr?«

Kurz nachdem sie Darnell kennengelernt hatte, war Elaine schwanger geworden. Er hatte sie darin bestärkt, das Kind zu behalten, er habe schon immer einen Sohn haben wollen, der seinen Namen weitertrage. »Wir können ihn Junior nennen«, sagte er. »Oder Little Darnell«, sagte sie. Als die Schwangerschaft sichtbar wurde, machten sich Horace und Catrina zunehmend Sorgen um sie. Horace erinnerte sich daran, wie fürsorglich er während Loneeses Schwangerschaft gewesen war. Damals hatte er sich noch keine Geliebte zugelegt, und als sie runder und runder wurde, nicht einmal an eine andere Frau gedacht. Er verbot Elaine bis zur Geburt des Kindes Drogen- und Alkoholgenuss und versuchte, sie davon zu überzeugen, zu einer vernünftigen Zeit zu Bett zu gehen, doch angesichts der vielen Leute im Wohnzimmer erwies sich das häufig als schwierig.

Im Dezember rief Horaces Enkel an, der ihn besuchen wollte, doch Horace sagte ihm, es sei besser, sich irgendwo in der Stadt zu treffen, in seinem Apartment herrsche das reinste Durcheinander. Seit Loneeses Tod habe er kaum geputzt. »Das stört mich nicht«, sagte Alonzo Junior. »Mich aber«, sagte Horace. »Du weißt doch, wie ich in diesen Dingen sein kann.«

Ende Dezember brachte Elaine einen Sohn zur Welt, mehrere Wochen zu früh. Sie nannten ihn mit zweitem Vornamen Horace. »Schau«, sagte Darnell eines Tages, als er das Baby auf der Couch hielt. »Das ist dein Großvater. Sie haben doch nichts dagegen, dass ich Sie seinen Großvater nenne, Mr Perkins? Sie haben doch bestimmt nichts dagegen?« Die Leute vom Wohnungsamt, das inzwischen einen neuen Leiter hatte, der die Vorschriften ernst nahm, vermerkten, dass der alte Mann in Apartment 230 ein Kleinkind und dessen Eltern bei sich wohnen hatte und nicht einer von ihnen mit ihm verwandt war. Dabei hätte er selbst dann gegen die gesetzlichen Bestimmungen für Mieter verstoßen.

Ende Februar hatte ein verdeckter Ermittler jemandem im Apartment zwei Päckchen Crack abgekauft. Erst erzählte er seinen Vorgesetzten, es sei eine Frau gewesen, und so hatte er es auch in seinem Bericht festgehalten, doch in einem späteren Bericht behauptete er, den Stoff von einem Mann gekauft zu haben. »Fang noch mal von vorn an«, sagte einer seiner Vorgesetzten, der mit dem zahlenbewussten neuen Bürgermeister einmal im Monat zu Abend aß, und so suchte der verdeckte Ermittler im März erneut die Wohnung auf, um mehr Stoff zu kaufen.

Es war an einem warmen Samstagabend im April, als Elaine vom Knacken eines Walkie-Talkies vor der Wohnungstür geweckt wurde. Sie hatte Darnell seit mehr als einem Monat nicht gesehen, und irgendetwas riet ihr, schleunigst aus dem Apartment zu verschwinden, denn die guten Zeiten würden wohl bald vorbei sein. Sie dachte an Horace und Catrina, die im Schlafzimmer schliefen. Zwei Männer und zwei Frauen, die sie nicht sonderlich gut kannte, schliefen an verschiedenen Stellen im Wohnzimmer; mit dem Bruder einer der Frauen hatte sie vor drei Jahren eine Beziehung gehabt. Einer der Männer behauptete, ein Cousin von Darnell zu sein, und um es ihr zu beweisen, hatte er ihr, als er am Abend an die Wohnungstür klopfte, eine Polaroid-Aufnahme von sich und Darnell in einem Club gezeigt. Sie hielten sich in den Armen, und ihre Augen waren rot, da die Kamera billig gewesen war und das Foto nur zwei Dollar gekostet hatte.

Sie stand von der Couch auf und spähte in das Kinderbettchen. In der Dunkelheit konnte sie eben ausmachen, dass ihr Sohn wach war. Er strampelte mit den Beinen und gab außer einem zufriedenen Glucksen keinen Laut von sich. Das Knacken des Walkie-Talkies vor der Tür hörte nicht auf. Schon sah sie die Fernsehnachrichten vor sich: »Dealende Mutter hinter Gittern. Baby bei Pflegeeltern.« Sie stieg über den Mann hinweg, der behauptete, Darnells Cousin zu sein, und stieß die Tür zum Schlafzimmer auf. Catrina war gerade am Aufstehen. Horace schnarchte. Er hatte noch nie in seinem Leben geschnarcht, doch die Kombination von Drogen und Alkohol hatte seine Atemwege beeinträchtigt.

»Hörst du das?«, flüsterte Elaine, als Catrina auf Zehenspitzen zu ihr kam.

»Allerdings«, antwortete Catrina. Wer auf der Straße schlief, musste stets ein Auge und beide Ohren offen halten. »Ich will nicht wieder in den Knast wandern.«

»Scheiße. Ich auch nicht«, sagte Elaine. »Was ist mit dem Fenster?«

»Da raus und zwei Stockwerke runter? Mit 'nem Baby? Verdammt!«

»Das schaffen wir«, sagte Elaine und blickte über Catrinas Schulter zu dem dunklen Klumpen hinüber, dem im Schlaf brummelnden Horace. »Und was ist mit dem?«

Catrina wandte den Kopf ab. »Der ist alt. Dem werden sie schon nichts tun. Ich frage mich nur, wie wir das mit dem Baby schaffen wollen.«

»Also, eins ist todsicher: Ich geh nicht ohne mein Kind.«

»Ich hab nicht gesagt, dass wir das sollen«, zischte Catrina. »Zwei Stockwerke sind nicht leicht, das ist alles.«

»Das schaffen wir«, sagte Elaine.

»Das schaffen wir«, sagte Catrina. Auf Zehenspitzen schlich sie zu dem Stuhl am Bettende und durchsuchte Horaces Hosentaschen. »Hier sind fast fünfzig Dollar«, flüsterte sie, als sie zurückkam. »Ich hab schon an die dreihundert.«

»Hast du ihn etwa bestohlen?«, fragte Elaine. Der Klumpen auf dem Bett drehte sich herum und stöhnte, dann begann er wieder zu schnarchen.

»Gott hilft denen, die sich selbst helfen, Elaine. Nichts wie weg.« Catrina hielt ihre Kleider in den Händen und ging an Elaine vorbei, die zusah, wie der Klumpen auf dem Bett sich abermals herumdrehte und dabei weiterschnarchte. Auf Wiedersehen, Horace. Auf Wiedersehen. Wir sehen uns.

Der Polizist in dem zivilen Streifenwagen, der auf der anderen Seite der 12th Street parkte, beobachtete, wie Elaine am Rand des Balkons stand und sprang. Eine Sekunde lang verdeckte sie die schwache Leuchte über dem Eingang und landete dann auf der abschüssigen Einfahrt der unterirdischen Garage. Der Polizist würde in fünf Jahren in Rente gehen, und er regte sich nicht, denn von seinem Sitz aus hatte er eine recht gute Sicht. Sein Kollege, der erst seit drei Jahren im Dienst war, schlief auf dem Beifahrersitz. Der Altgediente glaubte schon, dass die Frau sich bei dem Sprung verletzt hatte, da sie sich mehrere Minuten lang nicht rührte. Ich würd's nicht tun, dachte der Mann, nicht für alles Geld der Welt. Dann rappelte die Frau sich auf, doch noch bevor sie das tat, sah er, wie sich eine andere Frau über die Balkonbrüstung beugte und ein Bündel herabbaumeln ließ. Drogen?, fragte er sich. Nee. Kleidungsstücke? Schon eher. Das Bündel hing an einem langen Seil oder einer Schnur – der Mann war zu weit entfernt, um es genauer erkennen zu können. Die Frau auf dem Balkon beugte sich ganz weit hinaus, und die Frau auf dem Boden streckte ihr die Hände entgegen, so hoch sie konnte, doch das Bündel war noch immer einen guten halben Meter von ihren Händen entfernt.

Lass die Klamotten doch einfach fallen, dachte der Polizist. Dann ließ Catrina das Bündel los, und Elaine fing es auf. Gut gefangen. Wie die wohl bei Licht aussieht? Catrina sprang, und der Polizist sah, wie sie einen Augenblick lang die Leuchte verdeckte, dann musterte er seinen Kollegen. Er selbst hatte nichts dagegen, die Formulare auszufüllen, sein Kollege schon. So ließ er ihn weiterschlafen. Ich werd bald an 'nem See angeln, bis mir der Hintern abfällt, und du wirst dich immer noch mit so was rumschlagen. Als er sich umsah, kam die erste Frau mit dem Bündel in den Armen die steile Einfahrt herauf, und die zweite humpelte hinter ihr her. Wie die wohl bei hellem Licht aussieht? Auf dem Gehweg angekommen, schauten beide Frauen erst nach links, dann nach rechts und gingen die 12th Street entlang. Der Polizist gähnte und sah in seinem Außenspiegel, wie die Frauen die M Street überquerten. Er musste von neuem gähnen. Auch um drei Uhr morgens gingen die Leute verkehrswidrig über die Straße.

Der Mann, der Darnells Cousin war, trat gerade aus dem Badezimmer, als die Polizei die Wohnungstür aufbrach. Er bekam es immer schnell mit der Angst zu tun, und obwohl er seine Blase soeben erst entleert hatte, pinkelte er erneut, als die Tür aufging und aus dem Flur Licht und laute Männer über ihn und seine schlafenden Gefährten hereinbrachen.

Kaum hatte man Horace in eine Zelle gesteckt, begann er nach Catrina, Elaine und dem Baby zu fragen. Es dauerte einige Zeit, bis er einen klaren Kopf bekam und begriff, was ihm widerfahren war. Er drückte das Gesicht gegen die Gitterstäbe, versuchte sich zurechtzufinden und ignorierte alles, was sich hinter ihm in der Zelle befand. Den Mund schob er, so weit er konnte, zwischen den Stäben hindurch und rief nach jemandem, der ihm sagen konnte, ob die junge Frau und das Baby wohlauf waren. »Das sind doch nur Frauen«, rief er fast fünf Minuten lang ununterbrochen. »Die würden keiner Fliege was zuleide tun. Männer, bitte. Bitte, Männer. Was ist mit ihnen passiert? Und das Baby … Das Baby ist so unschuldig.« Es war kurz nach sechs Uhr morgens, und zu beiden Seiten des Gangs brüllten die Männer, er solle die Schnauze halten, sonst würden sie ihm den Mund mit dem größten Schwanz stopfen, den er je gesehen hätte. Er war erschüttert und wurde tatsächlich ruhiger, denn obwohl er von den jungen Männern, die in seinem Apartment ein und aus gingen, Gossensprache gewohnt war, hatte man ihn selbst noch nie mit schlimmen Worten bedacht. Sie schwätzten das dümmste Zeug in der unflätigsten Sprache daher, die er je gehört hatte, aber immer wieder luden sie ihn ein, ein Wörtchen mitzureden und ihnen zu sagen, »wie es sich in Wahrheit verhält«, ihnen von dem Verteidigungsminister und dem Bürgermeister zu erzählen, mit denen er bekannt war. Nach dem zweiten Zigarrenjoint beteiligte er sich meist an ihrem Geschwafel. Nun hatte jemand gedroht, ihm genau das anzutun, was er und die jungen Männer einer Frau anzutun drohten, die ihnen dumm kam.

Schließlich drehte er sich um und betrachtete die drei Männer, mit denen er sich die Doppelzelle teilte. Die Leute vom Stadtgefängnis wollten sich so wenig Arbeit wie möglich machen, und wenn die Zellen aus allen Nähten platzten, hatte man es mit weniger Türschlössern zu tun. Neben den metallenen Stockbetten saß ein Mann in Decken gehüllt auf dem Fußboden. Der Mann, der im oberen Bett schlief, ließ ein Bein über die Kante baumeln, und da er ein hochgewachsener Mann war, baumelte es eine knappe Handbreit über dem Gesicht des Mannes im unteren Bett. Dieser Mann war wach und lag auf dem Rücken. Er bohrte in der Nase und starrte Horace an. Die andere Hand hatte er unter der Decke, im Schritt seiner Hose. Was der Mann aus seiner Nase herauspulte, schnipste er gegen die Unterseite des Bettes über ihm. Während er ihm zusah, erinnerte sich Horace daran, dass Loneese vor sehr langer Zeit, noch bevor sie in das Haus in der Chesapeake Street gezogen waren, immer seine Taschentücher gebügelt und sie stets vierfach zu einem perfekten Quadrat gefaltet hatte.

»Daddy«, sagte der Mann, »hast du meine Kippen?«

»Wie bitte?«, fragte Horace. Er erinnerte sich daran, wie er gegen zwei oder drei Uhr morgens mit Catrina geschlafen, sich dann zur Seite gerollt und weitergeschlafen hatte. Auch daran erinnerte er sich, wie er in seinen Träumen Fliegen verscheucht hatte, Fliegen, so groß wie Polizistenhände.

Der Mann schien einen unerschöpflichen Vorrat an Popeln zu haben, und je länger er in der Nase bohrte, desto stärker drehte sich Horace der Magen um. Er hatte immer gedacht, wie schade es war, die Taschentücher auseinanderzufalten, so wundersam waren die Quadrate. Der Mann stöhnte, als Horace »Was?« fragte, und klebte etwas aus seiner Nase an den großen Zeh des schlafenden Mannes über ihm. »Ich hab gefragt, ob du meine Kippen hast.«

»Ich führe meine Zigaretten nicht bei mir«, antwortete Horace. Er versuchte, sich im besten Englisch des weißen Mannes auszudrücken, das ihm zu Gebote stand. Ein Freund, der in Deutschland mit ihm zusammen in der Armee gedient hatte, hatte ihm erklärt, dass man damit nicht nur Weißen imponieren konnte, sondern auch Schwarzen, die es im Leben zu nichts gebracht hatten. »Ich habe meine Zigaretten zu Hause gelassen.« Seine Beine taten ihm weh, und er wollte auf dem Boden sitzen, doch die einzige freie Stelle befand sich in seiner unmittelbaren Umgebung, und da blieb jedes Mal, wenn er die Füße hob, etwas an seinen Schuhen kleben. »Ich wünschte, ich hätte meine Zigaretten dabei, um dir eine abzugeben.«

»Ich hab dich nicht nach *deinen* Zigaretten gefragt. Die will ich nicht rauchen. Ich hab dich nach *meinen* Zigaretten gefragt. Ich will wissen, ob du *meine* Zigaretten mitgebracht hast.«

Vier Zellen weiter schrie jemand auf und brüllte im Schlaf: »Irene, wie konntest du mir das antun? Irene, ist Liebe denn gar nichts mehr wert?« Ein anderer riet ihm, die Schnauze zu halten, oder er würde ihm den Mund mit einem Monsterschwanz stopfen.

»Ich habe dir doch gesagt, dass ich keine Zigaretten habe«, sagte Horace.

»Weißt du was, du bist nicht mal 'n Stück Scheiße wert«, sagte der Mann. »Das ist ja wohl das Letzte. Mir die Sache so zu versauen. Wirklich. Hast doch gewusst, dass du in den Knast kommst, wieso hast du mir dann nicht meine gottverfluchten Kippen mitgebracht? Verdammt, nennst du das etwa Rücksicht?«

Horace beschloss, gar nichts zu sagen. Er hob zuerst das eine Bein, dann das andere und schüttelte sie aus in der Hoffnung, so die Schmerzen zu lindern. Langsam drehte er sich zu den Gitterstäben um. Niemand hatte ihm gesagt, was ihn erwartete. Er kannte einen Anwalt, wusste aber nicht, ob er noch praktizierte. Er hatte Freunde, wollte aber nicht, dass irgendeiner von ihnen ihn im Gefängnis sah. Er hoffte, dass der Mann endlich einschlafen würde.

»Kehr mir bloß nicht deinen verdammten Rücken zu, nach allem, was wir einander bedeuten«, sagte der Mann. »Jetzt haben wir schon so 'ne lange Beziehung, und du tust mir das an. Was ist nur mit dir los, Daddy?«

»Hör mal«, sagte Horace und wandte sich wieder dem Mann zu. »Ich hab dir doch gesagt, dass ich keine Kippen hab. Ich habe *deine* Kippen nicht. Ich hab *meine* Kippen nicht. Ich habe gar keine Kippen nicht. Wann kapierst du das endlich?« Ihm war klar, dass er sich vom besten Englisch des weißen Mannes verabschiedete, doch er wusste, dass sein Freund aus Deutschland zu Hause war und sicher in seinem Bett schlief. »Ich kann dir nicht geben, was ich nicht habe.« Im Gefängnis von D. C. wurden Männer ermordet, zumindest laut *Washington Post.* »Begreifst du nicht, was ich sage?« Er drückte den Rücken, so dicht er konnte, gegen die Gitterstäbe. Wer war diese Irene, fragte er sich, und was hatte sie getan, dass sie so in die Träume eines Mannes eindrang?

»Aha, Daddy, so ist das also?«, sagte der Mann, hob den Kopf und stieß den Fuß des Mannes im oberen Bett aus dem Weg, um Horace besser sehen zu können. Er nahm die Hand aus der Hose und zeigte auf Horace. »Du willst wohl 'n Petrus-und-Jesus-Ding mit mir drehn und mich verleugnen, was? Ist das etwa dein Plan, Daddy?« Er legte den Kopf wieder auf das schwarz-weiß gestreifte Kissen zurück. »Ich bin schon ziemlichen Drecksäuen begegnet, aber du bist die Übelste von allen. Nach unsrer langen Beziehung und allem.«

»Ich habe dich noch nie in meinem Leben gesehen«, sagte Horace und umklammerte mit beiden Händen die Stäbe hinter sich, wiederum auf Linderung hoffend.

»Das werd ich nicht vergessen, und du weißt, wie lang mein Gedächtnis ist. Erst bringst du mir meine Kippen nicht mit, obwohl du genau weißt, dass du das solltest. Dann leugnest du unsere gemeinsame Vergangenheit. Schlaf hier drin bloß nicht ein, Daddy, mehr sag ich nicht.«

Horace musste an Reilly Johnson denken, einen Mann, mit dem er im Pentagon zusammengearbeitet hatte. Reilly hielt sich für einen Fotografen. Er hatte das Foto von Horace und dem Verteidigungsminister aufgenommen. Wie hoch würde wohl die Kaution sein? Würde Reilly an einem Sonntagmorgen zu Hause sein, um seinen Anruf entgegenzunehmen? Würden sie ihn überhaupt gegen Kaution auf freien Fuß setzen? Der Polizist, der ihn aus dem Bett geholt hatte, hatte ihm ins Gesicht gesagt: »So was aber auch! Mit Drogen handeln und junge Leute verderben.« »Ich wusste nichts davon, Herr Wachtmeister. Bitte.« »So was aber auch. Ein alter Mann wie Sie.«

»Die Welt ist nicht groß genug, dass du dich vor meinem gerechten Zorn verstecken könntest, Daddy. Und du weißt, wie gerecht ich sein kann, wenn ich erst mal in Fahrt gerate. Die Welt ist nicht groß genug und das Gefängnis hier schon gar nicht.«

Horace drehte sich wieder zu den Gitterstäben um. War ein Schlag in den Rücken genauso schlimm wie ein Schlag in den Magen? Er fasste sich ans Gesicht. Selten, nicht einmal in den letzten Monaten mit Catrina, hatte er es versäumt, sich morgens zu rasieren. Das zivilisierte Verhalten eines Mannes begann mit der morgendlichen Rasur, das hatte ihm schon vor tausend Jahren sein Sergeant im Ausbildungslager beigebracht.

Der Mann in der benachbarten Zelle begann wieder nach Irene zu rufen. Irene, rief Horace innerlich. Irene, bist du da draußen? Niemand ermahnte den Mann, still zu sein. Es war gegen sieben, das ganze Gebäude erwachte, und der nach Irene rufende Mann war nicht mehr das lauteste Geräusch in der Welt.

»Daddy, hast du meine Kippen? Könnte meine Kippen jetzt echt gebrauchen.«

Horace, unfähig länger zu stehen, sank langsam zu Boden. Dort fand er etwas Linderung. Je länger er dasaß, desto mehr ließ er sich die Umstände seiner Festnahme durch den Kopf gehen. Als er sich am Abend vorher die Hose ausgezogen hatte, hatte er Geld in der Hosentasche gehabt, aber als man ihn festnahm, war das Geld nicht mehr da. Und wo waren Catrina und Elaine gewesen, als die Polizei ihn aus dem Apartment zum Gefängniswagen abführte, während die Sicherheitsbedienstete von Claridge Towers mit einem »Hab-ich's-nicht-schon-immer-gewusst«-Blick hinter ihrem Pult stand? Wo hatten die gesteckt? Er hatte sie nicht gesehen. Er streckte die Füße aus, und sie berührten die Füße des auf dem Boden schlafenden Mannes. Der Mann wachte auf. »Liebe ist einen Scheißdreck wert«, sagte der Mann im unteren Bett laut genug, um den Mann auf dem Boden ganz aufzuwecken. Der setzte sich auf, bedeckte die Brust mit seiner Decke, schaute Horace an und zwinkerte und zwinkerte, und je länger er zwinkerte, desto deutlicher sah er Horace vor sich.

Reilly kam erst in der Mitte des Montagnachmittags zu ihm. Jemand öffnete die Zellentür, und zunächst glaubte Horace, der Polizist sei gekommen, um einen seiner Zellengenossen abzuholen.

»Horace Parkins«, sagte der Mann mit den Schlüsseln. Eigentlich sollten sich die Türen elektronisch öffnen, aber der Mechanismus funktionierte schon seit langem nicht.

»Das bin ich«, sagte Horace und stellte sich auf die Beine. Während er und der Mann mit den Schlüsseln an den anderen Zellen vorbeigingen, sagte jemand zu Horace: »He, Pops, du bist nicht zu alt, um zu lernen, wie man 'n Schwanz lutscht.« »Weitergehen«, sagte der Mann mit den Schlüsseln. »Pops, ich zeig dir, wie's geht, wenn du zurückkommst.«

Als sie seine Habseligkeiten aus einem großen braunen Umschlag schütteten, tuschelten die beiden Wärter hinter dem Pult und lachten. »Alles da«?, fragte einer von ihnen Horace. »Ja.« »Also, gut«, sagte der Wärter. »Ich schätze, wir sehen dich bei deinem nächsten Besuch.« »Ach, lass den alten Mann in Ruhe. Der ist doch schon Großvater.« »Wenn sie so alt anfangen«, sagte der erste Mann, »geht's ihnen ins Blut über, und sie können nicht mehr aufhören. Hab ich recht, Pops?«

Er und Reilly sprachen nicht viel miteinander, nachdem Reilly gesagt hatte, wie überrascht er gewesen sei, von Horace zu hören; er habe sich schon gefragt, wie es ihm nach Loneeses Tod wohl ergangen sei. Horace erwiderte, er werde Reilly ewig dankbar sein, dass er seine Kaution bezahlt habe, das alles sei ein Irrtum und eine lange Geschichte obendrein, die er ihm demnächst einmal erzählen werde. Im Claridge Towers wollte Reilly ihn zum Essen einladen, doch Horace erwiderte, er brauche erst einmal ein wenig Muße. »Muße?«, sagte Reilly lächelnd. »Ich dachte, das sagt man schon lange nicht mehr.«

Der Wohnungsschlüssel funktionierte wie sonst auch, doch irgendetwas blockierte die Tür, und er musste seine ganze Kraft aufbieten, um sie aufzudrücken. Im Apartment bot sich ihm ein Bild der Verwüstung, wo er auch hinschaute. Auf der Kleidung und den

Erinnerungsstücken seines Lebens, verstreut über Tisch, Couch und Fußboden lagen Hunderte und Aberhunderte zerbrochener Schallplatten. Er tat drei Schritte ins Zimmer und begann zu weinen. Immer wieder schaute er sich um in der Hoffnung auf irgendein Zeichen, dass es vielleicht doch nicht so schlimm war, wie der erste Augenschein erwarten ließ. Doch es gab wenig Hoffnung – Salz- und Pfefferstreuer waren unberührt, die Vorhänge vor der Glastür unbeschädigt. Ansonsten gab es nur wenig, woran er sich klammern konnte.

Er dachte sofort an Catrina und Elaine. Womit hatte er das verdient? Hatte er sie nicht immer gut und freundlich behandelt? Er barg die Augen in den Händen, doch das schien den Tränenfluss nur noch zu vermehren, und als er die Hände wieder senkte, sah er durch einen Tränenschleier hindurch das Zimmer tanzen. Um sich abzustützen, legte er beide Hände auf den Tisch, der voller Pulverkaffee und Zucker war. Von dem Sessel neben sich fegte er Glasscherben und setzte sich. Er hatte nicht jeden Splitter erwischt und spürte die restlichen durch Hose und Unterwäsche.

Er wollte sich umschauen, doch sein Blick blieb an dem Bild mit dem Verteidigungsminister hängen. Die Glasscheibe wies zwei Risse auf: Der eine verlief von Norden nach Süden, der andere von Nordwesten nach Südosten. Das Foto selbst war verrutscht, und etwas sagte ihm, dass es nicht ganz so schlimm wäre, wenn er das Foto wieder gerade rücken könnte. Noch immer weinend, streckte er eine Hand aus, konnte sich aber nicht aus dem Stuhl hochraffen.

So blieb er den ganzen Nachmittag und bis spät in den Abend sitzen und rührte sich kein einziges Mal aus dem Sessel, auch wenn die Tränen gegen fünf Uhr versiegten. Es wurde Nacht, und er regte sich noch immer nicht. Mein Name ist Horace Perkins, dachte er, als die Sonne unterging. Mein Name ist Horace Perkins, und ich habe so manches Jahr im Pentagon gearbeitet. Im Apartment wurde es dunkel, aber er fand den Mut nicht, das Licht anzuknipsen.

Es hatte schon mehr als zehn Minuten lang geklopft, als er es endlich hörte. Er stand auf, stolperte durch das Durcheinander und öffnete die Tür. Vor ihm stand Elaine, in ihren Armen Darnell Jr.

»Horace, ist alles in Ordnung? Ich hab ein paarmal vorbeigeschaut. Hab mir Sorgen um dich gemacht, Horace.«

Er sagte nichts, öffnete die Tür aber weit genug, dass sie mit dem Baby eintreten konnte.

»Es ist dunkel, Horace. Wie wär's mit etwas Licht?«

Er richtete die Tischlampe auf und schaltete sie an.

»Gott im Himmel, Horace! Was ist passiert? Gütiger Jesus! Ich kann's nicht fassen.« Aufgeschreckt von den Worten seiner Mutter, fing das Baby an zu weinen. »Schon gut«, sagte sie zu ihm, »schon gut«, und allmählich beruhigte sich das Baby wieder. »Ach, Horace, das tut mir ja so leid. Wirklich. Das ist das Schlimmste, was ich je in meinem Leben gesehen hab.« Mit der freien Hand berührte sie seine Schulter, doch er schüttelte sie ab. »Du lieber Gott! Wer könnte das gewesen seid?«

Sie ging zur Couch und schob das Gerümpel beiseite, um das Baby darauflegen zu können. Aus der Tasche ihres Pullovers zog sie einen Schnuller, steckte ihn kurz in den Mund, um die Fusseln abzulutschen, und stopfte ihn dann dem Säugling in den Mund. Er schien zufrieden und lehnte sich auf der Couch zurück.

Sie ging auf Horace zu, und er packte sie sofort an der Kehle. »Heut Nacht bring ich dich um!«, schrie er. »Ich wünschte nur, dass dieses Miststück Catrina auch hier wäre, damit ich sie auch umbringen kann.« Elaine sträubte sich und stotterte ein »Bitte« hervor, bevor er fester zudrückte. Sie schlug ihm auf die Arme, aber das schien ihm nur noch mehr Kraft zu verleihen. Sie begann zu weinen. »Heut Nacht bring ich dich um, Mädchen, und wenn's das Letzte ist, was ich tue.«

Das Baby fing an zu schreien, und sie wandte ihren Kopf nach ihm um. Da schlug Horace ihr zweimal ins Gesicht, sie taumelte, und er zog sie wieder zu sich hoch. Diesmal umklammerte er sie noch fester. Sie konnte gerade noch sagen: »Bring mich nicht vor den Augen meines Sohnes um, Horace.« Er lockerte seinen Würgegriff. »Bring mich nicht vor den Augen meines Jungen um, Horace.« Tränen liefen ihr übers Gesicht und auf seine Hände. »Er hat's nicht verdient, mich sterben zu sehen. Das weißt du, Horace.«

»Wo dann?«

»Überall, nur nicht vor seinen Augen. Er ist an allem unschuldig.«

Er ließ sie los und wich zurück.

»Ich hab nichts getan, Horace«, flüsterte sie. »Ich geb dir mein Wort, ich hab nichts getan.« Das Baby schrie, und sie ging zu ihm hinüber und nahm es in die Arme.

Horace setzte sich auf denselben Stuhl, auf dem er zuvor gesessen hatte.

»Ich könnte dir so was nicht antun, Horace.«

Er sah erst sie an, dann das Baby, das ihn nicht aus den Augen ließ, selbst durch seine Tränen nicht.

Dem Baby schien ein Schrei im Hals stecken zu bleiben, und um ihn loszuwerden, hob es ein Fäustchen und schlug damit in die Luft, und schließlich löste sich der Schrei. Wie fängt ein Mann aus dem Nichts von vorn an?, fragte sich Horace. Elaine trat auf ihn zu, und das Baby, dessen Schreien nachließ, starrte ihn noch immer an. Wie fängt ein Mann wieder ganz von vorn an?

Er beugte sich vor, hob einige der zerbrochenen Alben auf und las die Aufschriften. »Ich würde dir um nichts in der Welt wehtun, Horace«, sagte Elaine. Okeh Phonograph Corporation. Domino Record Co. RCA Victor. Darnell Jr hörte auf zu schreien, blickte aber weiterhin auf Horaces Kopf herab. Cameo Record Corporation, N. Y. »Du bist viel zu gut zu mir gewesen, als dass ich dir wehtun könnte, Horace.« Er ließ die Schallplatten eine nach der andern fallen: *It Takes an Irishman to Make Love. I'm Gonna Pin a Medal on the Girl I Left Behind. Ragtime Soldier Man. Whose Little Heart Are You Breaking Now. The Syncopated Walk.*

Schlechte Nachbarn

Selbst vor der Auseinandersetzung mit Terence Stagg konnten die Leute zu beiden Seiten von Block 1400 in der 8th Street, N. W., sehen, was für Leute die Benningtons in Wirklichkeit waren. Erstens zog die Familie nicht an einem Samstag oder Wochentag ein, sondern an einem Sonntag, trotz allem immer noch der Tag des Herrn, auch wenn die Kirche für viele nur noch eine Stätte war, die man zu einer Hochzeit oder Beerdigung aufsuchte. Vielleicht zu Ostern oder zu Weihnachten. Und diejenigen, die an diesem Sonntag zuschauten, durch diskret auseinandergeschobene Brokatvorhänge und von Veranden aus, die nur selten zu etwas anderem dienten, als in den Häusern ein und aus zu gehen, mussten sich fragen, weshalb die Benningtons sich überhaupt die Mühe machten, ihre Möbel mitzubringen. Sie besaßen eine Gerümpelsammlung, die aus einer besudelten Doppelmatratze, einem Esstisch mit drei Beinen, einem Spiegel, dem in einer Ecke ein großes Stück fehlte, sowie einem auf beiden Seiten eingedellten Kühlschrank bestand. Ein Nachbar, bereits die zweite Tasse Morgenkaffee in der Hand, witzelte zu seiner Frau, der Kühlschrank der Benningtons funktioniere vermutlich nur mithilfe eines großen Eisblocks, der den Inhalt kühle. Während des Einzugs waren die halb bekleideten kleinen Benningtons damit beschäftigt, zwischen den beiden mittelgroßen Möbelwagen und dem Haus hin und her zu rennen und Kleidungsstücke herbeizutragen, die während der Fahrt von welcher ländlichen Bretterbude auch immer aus den überfüllten Pappkartons herausgefallen waren. Im Lauf der nächsten beiden Wochen wurde klar, dass das Haus Nr. 1406 8th Street mit seinen drei Schlafzimmern wenigstens zwölf Personen beherbergen würde, obwohl die Zahl stets schwankte, sodass die Nachbarn zu beiden Seiten nie genau nachzählen konnten und nie wussten, wer mit wem verwandt war.

Sie kamen Mitte Oktober, die Benningtons, und brachten einen Trupp Kinder mit – etwa fünf an der Zahl, von einem Zweijährigen bis zu einem Mädchen kurz vor dem Teenageralter. Kinder, die an einem Freitag- oder Samstagabend manchmal bis mindestens halb zehn draußen spielten. Und es waren laute Kinder, laut in einem Wohnviertel, in dem die meisten Kinder mittlerweile Teenager waren und nichts Schlimmeres anstellten, als ihre Kofferradios voll aufzudrehen, wenn sie die Autos ihrer Eltern wuschen. Und die Benningtons kamen mit ein paar Männern, die auf einer Couch ohne Beine und mit einer billigen Tagesdecke auf der Veranda saßen und aus Behältern in Papiertüten tranken. Grace Bennington schien die Matriarchin zu sein; sie mochte fünfzig Jahre zählen, doch bei ihrer Leibesfülle und ihrem grauen Haar konnte man sich da nicht sicher sein. An einem guten Tag hätten ihre Nachbarn in der 8th Street sie auf vierzig oder fünfundvierzig schätzen können, doch an einem schlechten Tag, und die Benningtons schienen nicht wenige schlechte Tage zu haben, wäre fünfundsiebzig keine ungerechte Schätzung gewesen. Nur eines stand fest: Man sah ihr an, ihrem Gesicht und ihrem Körper, dass sie harte Arbeit gekannt hatte. Sie bewegte sich auf kurzen Beinen und bevorzugte beim Gehen die Außenseite ihrer Füße, sodass die Sohlen ihrer Schuhe auf dieser Seite alle verschlissen waren. Auf der Innenseite dagegen waren sie fast so neu wie an dem Tag, als sie sie aus dem Geschäft getragen hatte. Es gab da einen Mann – er brachte stets Lebensmittel ins Haus –, der wesentlich älter war als Grace, ziemlich hochgewachsen, weniger auffällig gekleidet als die restlichen Männer in der Familie; er kam und ging stets in der Uniform eines Mannes, der auf einem Rangierbahnhof arbeitete. Eine andere Frau, die ein wenig jünger als Grace sein mochte, sah man nur selten, und wenn man sie sah, hielten die Kinder sie an der Hand und führten sie spazieren. Sogar am wärmsten Tag des Jahres trug sie Mantel und Pullover, und dieser Herbst und Winter hatte viele Sonnentage. Sie mochte schön sein, doch das konnte niemand mit Bestimmtheit sagen, da sie stets eine Sonnenbrille und einen Schal trug, der einen Großteil ihres Gesichts verdeckte. Und dann gab es da noch Amanda, nicht älter als siebzehn, Amanda in ihren hautengen Bluejeans. Der älteste Mann, den die Nachbarn am häufigsten zu Gesicht bekamen, war Derek, Anfang zwanzig, ein muskulöser und allzu häufig hemdloser Maulheld, der wegfuhr, vielleicht zu irgendeiner Arbeit, wann immer er seinen neunzehn Jahre alten Ford starten konnte, ein Modell, das die meisten Männer in der Nachbarschaft irgendwann einmal auf dem Weg zu ihrem jetzigen Lebensstandard besessen hatten. Es gab zwei oder drei weitere Männer in der Familie, aber auch diese kamen und gingen. Nur Derek war immer da.

Es war Neil Benningtons ruhige Art, die Sharon Palmer – sein Benehmen in diesen ersten Wochen nach dem Einzug der Sippe war ihr selbst auf der anderen Seite der 8th Street aufgefallen – dazu bewog, sich ihm an seinem Spind in der Eingangshalle der Cardozo High School vorzustellen. Er ging in die zehnte Klasse, war zu klein für sein Alter und anders als sein Bruder Derek ein wenig unbeholfen. Sharon Palmer, die in Nr. 1409 8th Street den Benningtons direkt gegenüber wohnte, sollte Zeugin der Auseinandersetzung zwischen Derek und Terence Stagg werden, und als sie der Prügelei zusah, die diese Bezeichnung in Wirklichkeit kaum verdiente, sollte sie zu der Überzeugung gelangen, dass ihr Vater und die meisten ihrer Nachbarn sich in ihrer Einschätzung der Benningtons nicht sehr geirrt hatten. Zu diesem Zeitpunkt hatte sie sich bereits zum dritten Mal mit Terence verabredet, und er hatte sie fünfmal geküsst, wobei er sie zweimal damit überraschte, dass er ihr seine Zunge in den Mund schob. Was sie in diesem Moment empfand, hielt sie fälschlicherweise für erblühende Liebe.

Als Mädchen in der Oberstufe, in der elften Klasse, hatte Sharon ihre Wirkung auf Jungen bemerkt – auf fast alle Jungen (Terence Stagg, auf den sie schon längst ein Auge und ein Herz geworfen hatte, sollte sie erst etwa eine Woche später mit Aufmerksamkeit bedenken). Und Sharon, die sich ihrer Weiblichkeit recht spät bewusst geworden war, hatte langsam begonnen, Vergnügen daran zu finden, wenn die Jungen in ihrer Nähe dahinschmolzen, wenn sie nahe genug waren, um das Mysterium zu riechen, das nichts mit Parfüm zu tun hatte, und ihr in die funkelnden braunen Augen zu schauen, die sie von einer Großmutter geerbt hatte, die ihr Leben lang nichts anderes gesehen hatte als den Morgen, den Nachmittag und den Abend eines Baumwollfeldes.

Neil beugte sich gerade in seinen Spind, und als sie Hallo sagte, richtete er sich langsam auf, als sei er nur allzu vertraut mit Missgeschicken, die jähe Bewegungen auslösen können. Nachdem sie sich vorgestellt hatte, schien er von ihrer Weiblichkeit eher verwirrt als entzückt, und seine Unschuld bewirkte bei ihr den Wunsch, das Mysterium, das Jungen in Trottel verwandelte, dieses eine Mal abschwächen zu können. Er schielte und blinzelte, und mit jedem Blinzeln schien er genauer zu wissen, wer sie war. Und während das kurze Gespräch seinen Verlauf nahm, kam ihr in den Sinn, wie sehr er einem ihrer jüngeren Brüder ähnelte – Neil und ihr Bruder hatten das Aussehen wahrer Gläubiger, die jeden Morgen aufs Neue lernen müssen, dass es den Osterhasen und den Weihnachtsmann nicht gibt.

Am Tag ihrer ersten Unterhaltung sah sie ihn nach der Schule allein die 11th Street hinuntergehen, und sie trennte sich von ihren Freundinnen, um ihn für den Rest des Heimwegs zu begleiten. Sie fand Neil ebenso hinreißend wie ihren Bruder – ein Wort, das sie erst kurz nach Neujahr zu verwenden begonnen hatte. Ihr Vater, Hamilton Palmer, sah die beiden aus der P Street kommend um die Ecke biegen und dachte sich nichts dabei. Als Leiter der Vor- und Nachmittagsschicht im Hauptpostamt in der North Capitol Street war er an den meisten Tagen schon um halb vier zu Hause. Er goss gerade die Blumen auf seiner Veranda, Neil verabschiedete sich von seiner Tochter, und Hamilton öffnete das kleine Tor zur Veranda, das vor einer Ewigkeit angebracht worden war, als seine Kinder und das Hündchen noch zu klein waren, um einzusehen, wie mannigfach die Welt jenseits des Tores ihnen Schaden zufügen konnte.

Drei Wochen später, mehr als einen Monat nach dem Einzug der Benningtons, hatte Sharons Vater Hamilton das Gefühl, dass irgendetwas nicht stimmte. Thanksgiving war gekommen und gegangen, und überall in Washington beklagten sich die Leute, das Wetter mute nicht weihnachtlich an. Wer dachte schon an Weihnachten, wenn die Leute noch ihre Herbstpullover trugen und die Bäume erneut Knospen zu treiben drohten? Wieder einmal bogen Neil und Sharon um die Ecke, diesmal begleitet von drei anderen Schülern, die weiter unten in der 8th Street wohnten. Bevor die vier Sharon vor ihrem Haus zurückließen, berührte Hamiltons Tochter Neils Schulter, und der Junge lächelte. Hamilton störte sich weniger an der Berührung als an dem Lächeln. Er hatte immer gedacht, in einigen Jahren, nach Abschluss ihrer Ausbildung, würden seine Sharon und Terence Stagg ein hübsches Paar abgeben. Zum ersten Mal fiel ihm auf, dass Derek von der anderen Straßenseite aus alles genau beobachtete. Hamilton war sich nicht sicher, glaubte aber doch zu sehen, dass Derek Bennington süffisant grinste.

Zwei Tage später wurde in das Haus der Prevosts, Nr. 1404, eingebrochen. Das Wertvollste, das entwendet wurde, war ein Fernsehgerät. Niemand sagte etwas, aber die Nachbarn wussten, dass es Derek gewesen sein musste. In der Woche darauf wurde den Thorntons aus Nr. 1414 das Auto gestohlen. Zwar war es nur ein Chevrolet, fünf Jahre alt, doch darum gehe es nicht, sagte Benningtons Nachbar Bill Forsythe in Nr. 1408. Seine Frau Prudence hatte sich darüber beschwert, was für ein scheppernder Schrotthaufen das Auto der Thorntons sei, und es sei gut, dass das Wohnviertel endlich seine Ruhe habe. Das Eigentum eines Menschen sei nun mal sein Eigentum, widersprach Bill, und wenn es nur ein Rollschuh mit drei Rädern sei. Nach dem Diebstahl des Autos rief jemand die Polizei, und die Beamten kamen und sprachen etwa eine Viertelstunde lang mit den Benningtons in deren Haus. Niemand wusste, was vorgefallen war, da die Polizei das Haus verließ, ohne mit irgendeinem der Nachbarn zu reden. Wenig später trat auch Derek aus dem Haus und blieb, eine Zigarette rauchend, auf der Veranda stehen. Er war eine ganze Weile allein, dann kam seine Mutter Grace und sagte etwas, das ihn veranlasste, seine Zigarette in einem Aschenbecher auszudrücken. Sie sprach weiter mit ihm, und zu allem, was sie sagte, nickte er leicht mit dem Kopf.

Mehr als einen Monat vor der Auseinandersetzung zwischen Derek und Terence Stagg im Januar wollte Sharon Palmer ein Buch zurückbringen, das sie sich von Neil geliehen hatte. Es war ein Samstagnachmittag, und sie stieg die Stufen zum Haus der Benningtons, Nr. 1406, hinauf. Sie sah, dass die Fliegengittertür geschlossen war, die Haupteingangstür jedoch offen stand. Von der Schwelle aus konnte sie niemanden sehen, und sie rief »Hallo« und »Neil«; als ihr nach einigen Momenten niemand öffnete, klopfte sie an das Holz der Fliegengittertür. Radio und Fernseher liefen gleichzeitig. Sie wagte es nicht zu denken, hatte jedoch das Gefühl, dieser Umstand sage etwas über sie aus, vielleicht nicht über Neil, aber doch über den Rest der Familie. Sie wartete etwa zwei Minuten, und nachdem sie erneut nach Neil gerufen hatte, öffnete sie die Fliegengittertür und trat ins Haus, wobei sie ständig »Hallo, Hallo, Hallo« sagte. Die Frau mit der Sonnenbrille beobachtete sie von der Couch aus, und als Sharon sich nach Neil erkundigte, gab ihr die Frau keine Antwort. Zu beiden Seiten von ihr saßen je zwei kleine Kinder und sahen fern. Es war ein Schwarz-Weiß-Apparat. Sharon musste sofort an den Fernseher der Prevosts denken, wusste aber nicht, ob es sich dabei um ein Farb- oder ein Schwarz-Weiß-Gerät handelte.

»Auf mein Klopfen hat niemand aufgemacht«, sagte Sharon. »Ist Neil da? Ich wollte ihm sein Buch zurückbringen.« Die Frau legte den Kopf schief, wie um besser abwägen zu können, was sie gehört hatte. »Ist er da?« Die Kinder sagten kein Wort, ihre Augen waren so groß, als wäre Sharon ein Wesen, das sie noch nie zuvor gesehen hatten. Sharon sagte der Frau abermals, sie wolle Neil sprechen. Es wäre besser, dachte Sharon, wenn ich ihre Augen sehen könnte. Schließlich drehte die Frau ihr Gesicht zum Nachbarzimmer hin.

»Danke.«

Im Esszimmer wimmelte es von Kartons; so musste es schon seit dem Tag ihres Einzugs ausgesehen haben. Das fehlende Bein des Esstischs war durch ein anderes ersetzt worden, das erst noch in der Farbe des restlichen Tisches gestrichen werden musste.

»Hallo, Neil? Neil?« Sie trat in die Küche, und der Anblick traf sie unvorbereitet. Die Küche war makellos, ein Raum, in dem ihre Mutter sich wohlgefühlt hätte. »Hallo?« Der Fußboden war sauber, die Arbeitsflächen waren sauber, der Herd war sauber, der winzige Tisch und die drei Stühle um ihn herum waren sauber. »Hallo?« Sie wandte sich um und blickte sich mit großer Neugier im Zimmer um. Als sie sich wieder umdrehte, stand Derek an der offenen Fliegengittertür zum Hinterhof und musterte sie.

»Hast du dich verlaufen?«

»Nein, tut mir leid. Auf mein Klopfen hat niemand aufgemacht.«

»Es klapperten die Klapperschlangen, bis ihre Klappern schlapper klangen«, sagte Derek, ohne zu lächeln. »Deshalb hat dir niemand aufgemacht.«

»Ich wollte nur Neils Buch zurückbringen. Ist er da?«

Derek rief zweimal nach Neil. »Leg's einfach auf den Tisch, Fräulein von gegenüber.«

»Er hat gesagt, ich könnt mir noch eins leihen. Ein Buch mit irischen Kurzgeschichten, das es in der Bücherei nicht gibt.«

Er rief nochmals nach Neil, und als sie seine Stimme durchs Haus donnern hörte, fiel ihr das kleine Bücherregal neben dem Kühlschrank auf. Vier Bretter, von denen jedes etwas mehr als sechzig Zentimeter lang war. Er sah, wie sie es betrachtete. »Leg's einfach auf den Tisch. Der Büchernarr wird's schon finden.«

»Ich kann's mir ja ein andermal holen.« Sie legte das Buch auf den Tisch.

»Um welches Buch geht's denn?« Er trug ein Unterhemd, das ihm wie angegossen saß, aber nicht bedrohlich wirkte wie bei anderen Männern. Seine nackten muskulösen Arme waren einfach nackte muskulöse Arme, keine potenziellen Waffen. Der Moment in der Küche war nur von kurzer Dauer, doch Jahre später sollte sie sich an diese Arme erinnern, als sie nackt dastand und im roten Licht der kostspieligen deutschen Uhr auf die nackten Arme ihres Ehemanns hinabblickte. Eine Nachtleuchte.

»Ein Buch mit Kurzgeschichten – Mary Lavins *Unter irischem Himmel.* Meine Lehrerin hat mir zwei davon vorgelesen, und ich bin richtig süchtig danach.«

»Süchtig sein ist gut, außer nach Stoff; da kannst du jeden Junkie fragen«, sagte Derek, und er schaute hinüber zum Bücherregal. »Vielleicht hat's die Leseratte ja oben oder in irgendeiner Kiste liegen. Dem seine Rattenscheiße ist über den ganzen Puff verstreut.«

Rattenscheiße, Puff, dachte sie. Rattenscheiße, Puff. Mit wenigen leisen, raschen Schritten stand er am Tisch. Er nahm das Buch in die Hand, schaute auf den Buchrücken und zog das Gesicht in Falten. »Süchtig, süchtig«, sagte er. Dieselben raschen Schritte trugen ihn zum Bücherregal. Er kniete sich hin, besah sich kurz die Bücherreihen und stellte das Buch auf das zweite Regal von unten zwischen zwei grüne Bücher. »L wie Lavin«, sagte Derek und fand das Buch. »M wie Mary.« Er betrachtete die Buchdeckel. »Eins weiß ich mit Sicherheit: Er liebt die Bücher dieser Frau, also verlierst du es besser nicht. Ich glaube, der Herr Büchernarr ist halber Ire und weiß es nur nicht.« Mit zwei weiteren Schritten stand er vor ihr, und sie nahm das Buch und versprach, es in demselben Zustand zurückzubringen. Es war nichts Ungehöriges in seinem Gesicht, nur Begierde und Hunger wie bei allen Jungen außer Neil, Jungen mit und Jungen ohne Pickel. Er lächelte nicht und sah ihr nicht in die Augen, in die funkelnden braunen Augen. Er wandte sich ab, ging zum Kühlschrank und öffnete ihn. »Weißt du«, sagte er mit dem Rücken zu ihr, den Kopf in den Kühlschrank gebeugt und vom Licht des Kühlschranks beschienen, »du solltest keine Angst davor haben, Blau zu tragen.« Er holte ein Bier hervor und schloss vorsichtig den Kühlschrank. »Rot kannst du vergessen. Du trägst zu viel Rot.« Er drehte sich nicht um, sondern fand auf der Arbeitsfläche neben dem Kühlschrank einen Öffner für das Bier.

»Was?«

Neil kam herein, und Derek zeigte auf ihn. »Wo hast du gesteckt, Junge?«, sagte Derek. »Deine Freundin hat auf dich gewartet. Du bist echt der beschissenste Freund der Welt.«

»Sie ist nicht meine Freundin«, sagte Neil und hob die Hand zum Gruß.

»Mann, ich hab deiner Freundin eins von Lavins Büchern gegeben.«

»Ich hab dir doch gesagt, sie ist nicht meine Freundin, Dee.«

»Meinetwegen, Junge.« Er hatte sich immer noch nicht umgedreht und trank von dem Bier, noch während er auf die Hintertür zuging. »Du solltest deiner Freundin sagen, dass ihr Rot nicht steht. Mir will sie's nicht glauben, aber vielleicht hört sie ja auf ihren Freund.« Er ging durch die Fliegengittertür hinaus, und Neil begleitete sie zur Vorderseite.

Drei Nachbarn sahen, wie Sharon Palmer an diesem Tag das Haus der Benningtons verließ – ihr Vater Hamilton aus seinem Schlafzimmer im ersten Stock, Terence Stagg im Nebenhaus und Prudence Forsythe, die Nachbarin der Benningtons. Dies war etwas mehr als einen Monat vor dem Vorfall zwischen Terence und Derek im Januar. Terence stand am Fenster seines Wohnzimmers und sah, wie Sharon mit einem Buch in der Hand die Stufen der Benningtons herabstieg. Neil Bennington war ein schmächtiges Bürschchen, der Aufmerksamkeit eines jungen Mannes wie Terence nicht wert. Doch Terence hatte Derek gesehen, und wie die meisten Männer in der 8th Street hielt er nicht viel von ihm. Männer wie Derek hatten die Howard University, wo Terence im zweiten Jahr studierte, noch nie von innen gesehen und würden sie auch nie von innen sehen. Als Sharon darauf wartete, dass die wenigen Autos, die die 8th Street befuhren, endlich passierten, senkte sie ihren Kopf auf eine Art, die ihn bezauberte, senkte ihn nur eine Sekunde lang, als sinne sie über etwas nach, und Terence konnte sehen, dass Sharon fülliger geworden war. Sie füllte ihren rosa Pullover aus, und ihre Jeans waren zwar nicht flittchenhaft eng, aber doch eng genug, um einen Mann merken zu lassen, ob er sich mit ihr abgeben sollte oder nicht. Seit er sie das letzte Mal gründlicher besehen hatte, und das lag länger zurück, als er sich erinnern konnte, war sie deutlich fülliger geworden.

Am selben Abend stand Terence vor ihrer Haustür und fragte einen strahlenden Hamilton Palmer, der ebenfalls an der Howard University studiert hatte, wie's ihm in diesen warmen Tagen so gehe, und dann fragte er, ob er sich ein wenig mit seiner Tochter unterhalten könne. Er und Sharon traten auf die Veranda, und Terence lud sie für Freitagabend ins Kino und ins Restaurant ein. Sie hatte bereits zwei Rendezvous hinter sich – eines davon mit einem Bruder des Mannes ihrer Cousine. Sharon war nicht der Typ Mädchen, der ein Tagebuch führte, doch wenn sie eins geführt hätte, so hätte das nur wenige Minuten währende Treffen mit Terence mindestens zwei Seiten in Anspruch genommen.

Terence ging wieder ins Haus zurück und rief Hamilton Palmer, der mit Sharons Mutter aus der Küche kam, einen Abschiedsgruß zu. Die Eltern sagten, sie hätten ihn in letzter Zeit kaum gesehen, und wollten wissen, wie es um sein Studium stehe, und Terence antwortete, sehr gut, er komme spielend voran. Eigentlich ging er mit einer Kommilitonin an der Howard University aus, doch den Studenten, die nicht aus D. C. stammten, wurde vom ersten Tag an beigebracht, sich nur in solche Stadtteile von Washington zu wagen, wo die besseren Leute lebten, womit gewöhnlich Weiße gemeint waren, sodass das Mädchen aus Newark niemals von der 8th Street erfahren würde. Das Mädchen an der Howard University war so anhänglich, stets hieß es Terence dies und Terence das. Und als er Sharon beim Überqueren der 8th Street zusah, war ihm ein Spruch eingefallen, den sein Vater Lane vor einiger Zeit von sich gegeben hatte: Du bist jung, und die Welt liegt dir zu Füßen. Nutze sie, statt dich von ihr nutzen zu lassen. Was würde Derek je nutzen? Das sei ja prima, sagte Hamilton dazu, dass Terence spielend vorankomme, und eilte ihm mit ausgestreckter Hand durchs Wohnzimmer entgegen. Und er fügte hinzu, dass Terence der Konkurrenz weit voraus sei, denn, bei Gott, richtig vorangekommen sei er selbst erst im dritten Jahr, stimmt's, Liebste? Und seine Frau lächelte nur.

Hingerissen, wie sie war, kam Sharon nicht dazu, an diesem Abend wie geplant Mary Lavins *Unter irischem Himmel* zu lesen. Sie konnte an nichts anderes denken als an einen Abend mit Terence. Sie versuchte zu schlafen, jedoch vergebens, und so stand sie auf und saß im Dunkeln an ihrem Fenster, das wie das Schlafzimmerfenster im Haus ihrer Eltern auf die 8th Street ging. Drei Nächte vor Weihnachten würde sie kurz vor Mitternacht ebenfalls am Fenster sitzen und sehen, wie Neil Bennington mit einem kleinen Päckchen, das selbst im Dunkeln hell leuchtete, über die Straße zu ihrem Haus flitzte, zwei Stufen auf einmal nahm und dann wieder über die Straße zu seinem Haus flitzte, diesmal offenbar mit leeren Händen. Es war eine für diesen Dezember ungewöhnlich kalte Nacht, und sie war versucht, nicht nach unten zu gehen. Aber dann tat sie es doch. Sie öffnete die Haustür, und auf der Schwelle zwischen Haustür und Sturmtür entdeckte sie ein kleines in Geschenkpapier eingeschlagenes Päckchen, auf dem ihr Name stand. Mit unruhigen Fingern riss sie, kaum im Wohnzimmer, das Glanzpapier auf und fand in einem mit Samt ausgeschlagenen Kästchen eine Figur aus braunem Holz, fast makellos geschnitzt, kaum vier Zentimeter hoch, die Figur eines kleines Mädchens in einem Kleid, das ihm bis zu den Füßen reichte. Auf dem Kopf trug es eine Haube. Als Sharon die Figur gegen das Licht der Lampe auf dem Wohnzimmertisch hielt, verriet die Nase des Mädchens unverkennbar, dass es sich um ein schwarzes Kind handelte. Das Mädchen erinnerte sie an jemanden, doch jahrelang konnte sie sich nicht darauf besinnen, wo sie es schon einmal gesehen hatte. Das Mädchen hatte den einen Arm leicht ausgestreckt und trug einen Armreif mit einer goldähnlichen Kette. Dass die Kette glänzte, zeigte Sharon an, dass sie womöglich aus Gold war; dass sie von einem mittellosen Jungen von der anderen Straßenseite stammte, zeigte ihr an, dass sie es womöglich nicht war.

Sie war enttäuscht, denn sie wollte nicht, dass Neil dachte, dass zwischen ihnen jemals etwas sein könnte, und ein solcher Gegenstand, mit so viel Liebe zum Detail gestaltet, von so verlockend ruhiger Schönheit, verriet ihr, dass er genau dies dachte. Allerdings wollte sie seine Gefühle nicht verletzen, indem sie das Geschenk zurückgab. Hinreißende Menschen sollte man nicht kränken. Einen ganzen Tag grübelte sie darüber nach, dann beschloss sie, ihm ein Buch zu schenken, und wählte eine kleine Taschenbuchausgabe von Ann Petrys *Die Straße*. In der Schule ging sie auf ihn zu, als er mit schief gelegtem Kopf vor seinem Spind stand, als müsse er entscheiden, was er für die letzte Unterrichtsstunde des Tages benötigte. Terence wollte sie nach Schulschluss abholen. Neil Bennington schien aufrichtig überrascht. »Und ich hab dir gar nichts geschenkt«, sagte er blinzelnd und errötend. »Das ist total peinlich.«

»Macht nichts«, sagte Sharon. »Es ist die Jahreszeit des Gebens. Wozu hat man Nachbarn?«

»Ich such was für dich aus, das versprech ich dir«, sagte er und biss sich auf die Lippe.

»Wenn du das tust, werd ich denken, dass du dich nur revanchieren willst, und damit verletzt du meine Gefühle.«

»Na schön«, sagte Neil. »Na schön. Aber ich werd's dir nie vergessen. Niemals.«

Mehr als drei Jahre nach diesem Tag, während ihrer Ausbildung zur Krankenschwester, würde sie an einer Party im Haus eines ihrer Dozenten an der Georgetown University teilnehmen. Ihr Mann würde an diesem Abend nicht bei ihr sein, doch so stand es nun einmal zwischen ihnen. Einen Großteil des Abends würde sie mit einem Glas Ingwerlimonade in einer Ecke verbringen; keine der angebotenen Speisen würde ihr zusagen. Sie wollte sich gerade verabschieden und gehen, als eine Weiße von etwa siebzig Jahren auf sie zukam.

»Ich bewundere schon seit einiger Zeit das wunderbare Ding, das Sie da tragen«, sagte die Weiße. »Selbst von der anderen Seite des Zimmers aus kann man erkennen, wie ungewöhnlich es ist.« Sie nahm die Figur näher in Augenschein. »Der Holzschnitzer muss über dieser Arbeit sein Augenlicht verloren haben. Sie haben einen erlesenen Geschmack.« Die Frau lächelte nicht Sharon, sondern das Weihnachtsgeschenk an, das sie erst vor kurzem aus einer Truhe im Keller ihrer Eltern hervorgekramt hatte.

»Es ist nichts Besonderes. Jemand hat es mir geschenkt. Es ist gar nichts Besonderes.«

»Es ist wertvoll«, sagte die Frau. »Ich kenne ein Geschäft in der F Street, das Ihnen fünfhundert Dollar dafür bieten würde ... Bitte. Darf ich?« Die Frau hob zögernd die Hand, Sharon nickte, und die Frau griff nach dem kleinen Mädchen unter der Haube, nahm es zwischen zwei Finger und sah dann Sharon voll in die Augen. »Falls der Schnitzer sein Augenlicht eingebüßt hat, wird er sich wohl gedacht haben, dass die Sache es wert war.« An diesem Abend würde Sharon zum ersten Mal die Initialen in einer Falte des Kleides, das das Mädchen trug, bemerken. Nein, sagte sie zu sich, ich würde es nicht verkaufen. Ich weiß ja nicht einmal, ob der Schnitzer noch lebt.

Eigentlich war es Amanda Bennington, die sich zuerst mit Terence Stagg anlegte. Der Vorfall führte dazu, dass letzten Endes die gesamte Nachbarschaft merkte, was für Leute die Benningtons in Wirklichkeit waren. An einem späten Samstagmorgen Mitte Januar war sie mit ihrem Bruder Derek vom Safeway zurückgekehrt. Sie parkten vor dem Haus der Staggs, Nr. 1407, auf der gegenüberliegenden Straßenseite. Derek trug die Einkaufstüten ins Haus, während Amanda im Auto aufzuräumen schien.

Sharon Palmer beobachtete die Szene von ihrem Schlafzimmer im Nachbarhaus der Staggs. Es war nicht offen ausgesprochen worden, doch man hätte durchaus sagen können, dass Terence Stagg und sie ein Paar waren. Die Nachbarn meinten alle, was für ein hübsches Paar die beiden abgaben. In der Vorwoche waren sie und Terence eines Abends im Cadillac seines Vaters vorgefahren, und sie hatte gesehen, wie Neil sie von seiner Veranda aus beobachtete. Sie hatte ihm zugewinkt, und er hatte zurückgewinkt. Zwar gingen sie nicht mehr so oft zusammen nach Hause wie früher, liehen sich aber immer noch gegenseitig Bücher. Als Terence Sharon zu ihrer Haustür brachte, war Derek aus dem Haus getreten und hatte sich neben Neil gestellt.

Als Terence an diesem Samstagmorgen sein Haus verließ, sah er, dass sich Amanda im Kofferraum von Dereks Ford zu schaffen machte, der an derselben Stelle geparkt war, an der sein Vater, Lane Stagg, immer seine Cadillacs geparkt hatte, lange bevor Terence wusste, was das Leben an Gutem für ihn bereithielt. Fast hätte man behaupten können, dass sein Vater der Besitzer dieses Stücks öffentlichen Raumes war. An diesem Morgen hatte Lane, bevor seine Familie aufgewacht war, das Haus verlassen, um eine Besorgung zu machen, und war gegen halb acht in seinem neuen gelbbraunen Cadillac, der nicht einmal fünftausend Kilometer auf dem Zähler hatte, leise davongeschnurrt.

»Hey, du«, sagte Terence zu Amanda und ging die Stufen zum Bürgersteig hinunter, zu aufgebracht, um, als sie sich in den Kofferraum beugte und darin herumhantierte, ihrem Hinterteil volle Aufmerksamkeit zu schenken. In Anatomie und Dermatologie sollte er während seines Medizinstudiums an der Howard University ausgezeichnete Noten bekommen, Genetik und Neurologie dagegen würden ihn fast seine Zukunft kosten. Amanda zog den Kopf aus dem Kofferraum und musterte, die Überbrückungskabel in der Hand, Terence von oben bis unten. »Hey! Ist dir klar, dass ihr auf dem Stellplatz meines Vaters parkt?« Er sah zu, wie Amanda die Kabel wieder in den Kofferraum warf und sich mit einem Papiertaschentuch, das sie aus der Gesäßtasche gezogen hatte, die Hände zu säubern versuchte, wies auf die Stelle, wo ihr Wagen stand, und wiederholte: »Hey, ist dir klar, dass ihr auf dem Stellplatz meines Vaters parkt?« Seit seinem ersten Semester an der Howard University hatte er aufgehört, Lane im Gespräch mit Dritten »Daddy« zu nennen.

»Selber Hey«, erwiderte Amanda. Worte eines acht- oder neunjährigen Kindes, die Terence nur noch mehr aufbrachten. »Mann, das ist ein freies Land«, sagte Amanda. »Wir haben das Recht zu parken, wo wir wollen.« Sie zog ein weiteres zerknäultes Papiertaschentuch aus der Gesäßtasche ihrer Jeans und versuchte, sich damit die Hände abzuwischen. Sie war dunkelhäutig und hübsch, und in einem anderen Universum hätte Terence das zu würdigen gewusst. »Und außerdem« – sie drehte sich um und zeigte, das Taschentuch in der Hand, auf die andere Straßenseite – »hat jemand den Platz meines Bruders in Beschlag genommen.« Die Forsythes in Nr. 1408, dem Nachbarhaus der Benningtons, hatten die Familie bereits satt und zeigten das, indem sie, sooft sie konnten, demonstrativ vor ihrem Haus parkten. Die Benningtons hatten sich noch nie darüber beschwert. An diesem Samstag hatten die Forsythes Besuch von außerhalb der Stadt, und der Trans Am ihrer Gäste stand genau an der Stelle, wo Derek sonst immer seinen Ford parke. Sie war mit Öl befleckt, das ständig aus seinem Wagen auslief. »Wir mussten Sachen ins Haus bringen, und es hätte keinen Sinn gehabt, weiter unten an der Ecke zu parken. Vielleicht ist der Trans Am ja schon weg, wenn dein Daddy zurückkommt.«

»Ist mir ganz egal«, sagte Terence. »Ihr müsst eure Kiste woanders abstellen.«

Ihre Mutter Grace hatte sich bemüht, ihr beizubringen, wie man seinen Zorn zügelt, doch Amanda wusste, dass es solche Tage gab und solche. »Zum Ersten«, sagte Amanda, »werd ich einen Scheißdreck tun, den Wagen umzuparken. Zum Zweiten ist es keine Kiste, sondern ein Klassiker. Zum Dritten verpisst du dich jetzt besser. Mann, das ist ein freies Land. Du bist kein Verkehrspolizist, verdammt noch mal.« Damit es möglichst laut knallte, schlug sie die Kofferraumhaube mit beiden Händen zu.

»Von Gesindel wie euch hätte ich nichts andres erwartet.«

Sie warf das Papiertaschentuch in seine Richtung, und er musste sich ducken, um ihm auszuweichen. »Wenn du mir damit kommst, das größte Gesindel hier seid ihr.« Sie hatte ihn schon mehrfach gesehen, und in einem anderen Universum hätte es ihr gefallen, wenn er die Straße überquert, an ihre Tür geklopft und sie ins Broadway in der 7th Street und hinterher zu einem Hamburger und einer Limonade eingeladen hätte. Auch Terences gut gekleidete Mutter Helen Stagg hatte sie schon des Öfteren gesehen, hatte die Frau genau studiert, wenn sie aus dem Haus trat und die 8th Street hinauf- und hinabblickte, als warte sie darauf, dass die Welt ihr erkläre, sie, die Welt, sei ihrer wieder würdig. Sie liebte ihre eigene Mutter, obwohl es ihr an Eleganz fehlte, mehr als jedes andere Menschenwesen, aber sie wusste, dass Grace niemals Helen Stagg sein würde. »Wenn ich Gesindel bin, dann bist du's schon lange.«

»Typisch«, sagte Terence. »Wirklich verdammt typisch.«

»Was ist los?« Derek kam über die Straße, die Schlüssel in der Hand.

»Derek, der Typ hier meint, wir müssen den Wagen umparken, weil der Platz seinem Vater gehört.«

»Niemandem hier gehört irgendein Parkplatz, Nachbar. Das ist ein freies Land, Nachbar«, sagte Derek und klimperte, den Arm an seinen Körper gepresst, mit seinen Schlüsseln.

»Ich bin nicht dein Nachbar.«

»Ach, so ist das?«, sagte Derek, drehte sich zweimal um die eigene Achse und hob die Arme, als wolle er sich ergeben. »So einer bist du also? Na schön.« Amanda war hinter dem Auto auf der Straße stehen geblieben, Derek hingegen auf dem Bürgersteig weitergegangen. »Na schön, du Gernegroß. Gehen wir uns einfach aus dem Weg, ich will keinen Ärger. Niemand will Ärger.« Er trat wieder auf den Rinnstein. »Ich kann nur sagen, wir haben das gleiche Recht, hier zu parken, wie dein Daddy und sein Cadillac mit der beschissenen Farbe.« Er sah zu Amanda. »Bist du so weit?«

»Ja, alles klar«, sagte sie.

»Gut, dann lass uns gehen«, und sie warteten zwei Autos ab, um die 8th Street zu überqueren.

»Ich hab gesagt, ihr sollt die verdammte Karre umparken«, sagte Terence. Er klopfte mit den Fingerknöcheln auf die Kofferraumhaube. »Leute wie ihr sollten lernen, sich die Ohren zu waschen.« Terence spuckte auf den Wagen.

Derek drehte sich um. »Lass den Scheißkerl in Ruhe, Derek«, sagte Amanda. »Er ist es nicht wert.«

Grace Bennington kam heraus und rief Derek zu, er solle ins Haus kommen. Neil stand neben ihr und hielt die Hand eines sieben- oder achtjährigen Mädchens. »Wisch die Scheiße ab«, sagte Derek und meinte die Spucke, ein Klümpchen, das auf dem schwarzen Lack der Kofferraumhaube langsam zum Kotflügel hinabrann. Der Wagen sprang zwar nicht immer an, aber Derek hielt ihn sauber.

Derek zählte von eins bis zehn, und Terence sagte: »Sag doch deiner übel riechenden Mutter, sie soll's abwischen.«

»Selbst du, selbst du armer Wicht«, sagte Derek ruhig, »solltest wissen, dass es gesetzlich verboten ist, so was zu sagen. Mann o Mann o Mann …«

Es bedurfte nur eines Fausthiebs gegen seinen Unterkiefer, und Terence ging zu Boden. Er hatte die Faust kommen sehen; da er jedoch in seinem Leben nicht in viele Kämpfe verwickelt gewesen war, brauchte er viel zu lange, bis er merkte, dass er es war, auf den die Faust zuflog. Grace und Amanda kreischten. Die Byrants von Nr. 1401 und die Prevosts von Nr. 1404 stürzten aus ihren Häusern, ebenso die Forsythes und ihre Gäste, die mit dem Trans Am gekommen waren. Sie alle verdauten noch ihr Frühstück. Von ihrem Schlafzimmerfenster aus hatte Sharon Palmer mit wachsender Besorgnis zugesehen. Sie hatte nicht alles mitanhören können, was die drei da sagten, doch halb verliebt, wie sie war, hatte sie die Art bewundert, wie Terence Derek die Stirn zu bieten schien. Als sie die Treppe hinabstieg und auf dem Gehweg anlangte, kümmerten sich Amanda und Grace gerade um Terence; kaum jedoch war dieser zu sich gekommen und hatte die Frauen erkannt, sagte er ihnen, sie sollten sich auf der Stelle verpissen. Neil hielt seine kleine Schwester an der Hand, damit sie nicht über die Straße zu ihrer Mutter lief, und Derek hatte bereits die Straße überquert und saß auf der beinlosen Couch, beobachtete die Gruppe um Terence, rauchte eine Zigarette und wartete auf das Eintreffen der Polizei.

Lane Stagg war verstört darüber, was seinem Sohn widerfahren war, verstörter, als wenn es sich lediglich um einen Faustkampf zwischen Männern gleichen Alters und gleicher gesellschaftlicher

Stellung gehandelt hätte und sein Terence nach Aufbietung aller seiner Kräfte einfach unterlegen wäre. Männer wie Derek Bennington, daran hatte Lane Stagg keinen Zweifel, hatten nie gelernt, fair zu kämpfen. Nachdem Terence aus dem Krankenhaus entlassen worden war, musste er anderthalb Tage das Bett hüten, doch sein Vater brauchte sich nicht erst von seinem Sohn sagen zu lassen, dass er angegriffen worden war, bevor er sich richtig hatte verteidigen können. Terence trug keinen dauerhaften Schaden davon, und er sollte sich erholen und als erster junger Mann aus der Nachbarschaft Arzt werden. »Sollen die weißen Knallköpfe«, sagte Lane Stagg nach dem zweiten Drink beim Festessen zum Studienabschluss seines Sohnes, »in ihren Immigrationsbroschüren ruhig schreiben, dass die Nachkommen von Sklaven nichts taugen und dass die arbeitsamen Einwanderer nur ins Land kommen sollen.«

An diesem Samstag traf die Polizei tatsächlich ein; da die Beamten aber nicht gern Formulare ausfüllten und kein Weißer verletzt worden war, wurde Derek nicht festgenommen. Im Falle des weißen Mannes aus Arlington, dem das Haus der Benningtons gehörte, sollte es sich anders verhalten.

An diesem Samstagabend, nach seinem Besuch im Krankenhaus, warf Lane, der gerade seinen zweiten Drink zu sich nahm, erneut die Frage auf, ob man das Haus, das die Benningtons von dem Weißen mieteten, nicht einfach kaufen solle. Er saß in seinem Wohnzimmer, seine Frau auf der Lehne seines Sessels und auf dem Sofa ihm gegenüber Hamilton Palmer, Arthur Atwell und Bill und Prudence Forsythe. Nachdem er das dritte Mal an seinem Drink genippt hatte, begann Lane Stagg wieder davon zu reden, dass die Wohngegend verkomme. Und Hamilton, der in den Staggs bereits die künftigen Schwiegereltern seiner Tochter sah, pflichtete ihm bei. Er selbst trank nichts. Bill Forsythe auch nicht. Zwei Wochen zuvor hatte Prudence ihn dabei ertappt, wie er aus ihrem Schlafzimmerfenster Amanda Bennington zuschaute, die in ihrem Vorgarten Spielzeug zusammensuchte. Prudence beobachtete ihn fünf Minuten lang, bevor sie nachprüfte, was seine Aufmerksamkeit fesselte. Bill hatte einen Drink in der Hand, und Amanda trug dieselben engen Bluejeans, die sie auch am Tag der Auseinandersetzung anhaben würde, und es war noch nicht einmal halb zwei. »Schöner Tag«, sagte Bill zu seiner Frau. Er glitt bereits in seligere Gefilde und war daher unfähig, sich etwas Originelleres auszudenken. »Ich hab die Nase voll von deinen Flausen«, schimpfte Prudence. »Ich hab die Nase gestrichen voll von dir und deinen Flausen.« »Liebling«, sagte Bill, »nicht so laut. Die Nachbarn, Liebling. Die Nachbarn.« Damit meinte er nicht etwa die Benningtons auf der einen Seite, sondern die Atwells auf der andern. Prudence nahm Bill das Getränk aus der Hand, und zwar so, dass die Eiswürfel nicht gegen den Rand des Glases klirrten.

Lane Stagg, noch immer schmerzerfüllt wegen seines Terence, war an diesem Abend ebenso wortgewandt, wie er es bei der letzten Zusammenkunft der Nachbarn Jahre später sein würde. Er führte aus, dass die guten Nachbarn der 8th Street mit den früheren Mietern im Haus der Benningtons einvernehmlich ausgekommen waren, obwohl sie denjenigen, die jetzt in seinem Wohnzimmer säßen, gesellschaftlich nicht das Wasser gereicht hätten. Dennoch müsse er zugeben, dass schon seit Jahren nicht mehr die richtige Art von Leuten in dem Haus gewohnt habe. »Was«, fragte er, »kümmert es den weißen Mann in Arlington, auf der anderen Seite des Flusses, wie es in unserem Wohnviertel aussieht?« Er war Kapitän des Debattierclubs in seiner Oberschule gewesen, als es dergleichen an Schulen noch gab. Jeder war der Meinung, dass er einen guten Anwalt abgegeben hätte. Doch für den Sohn eines Kohlen- und Eislieferanten waren die Aufstiegsmöglichkeiten begrenzt. Seine Frau, deren Eltern beide Anwälte waren, heiratete ihn trotzdem.

Es war keine lange Zusammenkunft, doch bevor sie endete, einigte man sich darauf, die nötigen Mittel aufzubringen, um dem weißen Mann, der in Arlington auf der anderen Seite des Potomac lebte, das Haus abzukaufen. Der weiße Mann und seine Familie waren die letzten Weißen gewesen, die in der Gegend gewohnt hatten. »Komm nach Arlington«, hatten seine früheren weißen Nachbarn immer gesagt, »aus *dieser* Wohngegend sind die Schwarzen alle verschwunden, sodass man sie kaum noch sieht.« Der weiße Mann und seine Frau hatten einen Sohn, der mitten in der Pubertät steckte und eine wachsende Vorliebe für Blondinen besaß, die in der 8th Street auch nicht mehr auf den Bäumen wuchsen.

So entschlossen sich die guten Nachbarn der 8th Street, die nötigen Mittel aufzubringen, das Haus zu kaufen und es an verträglichere Nachbarn zu vermieten. »Lasst uns darauf anstoßen«, sagte Lane und erhob sich. Ungefähr zu diesem Zeitpunkt kam Sharon Palmer aus dem ersten Stock, wo sie Terence getröstet hatte. Die Arznei hatte endlich gewirkt, und er war eingeschlafen. »Danke, liebe Sharon, danke, danke«, sagte Lane, stellte seinen Drink auf den Tisch neben seinem Sessel und umarmte sie. »Das war doch das Mindeste, was ich tun konnte«, sagte sie, »das Allermindeste.«

Nachdem alle gegangen waren und seine Frau sich zu Bett gelegt hatte, setzte sich Lane ans Bett seines Sohnes. Er hatte lange Zeit Freude an dem Haus gehabt, und der Gedanke, dass er es nicht mehr erleben würde, wie auch seine Enkel sich daran erfreuten, betrübte ihn, mehr noch als die Wirkung des Alkohols. Er liebte Washington, und wie er so dasaß und den schlafenden Terence sah, fürchtete er, die Stadt verlassen zu müssen. Er hatte Gutes über das Prince George County gehört, allerdings würde ihm diese Gegend, die an Gebiete grenzte, in denen es noch mehr weiße Hinterwäldler als in den Vororten von Maryland gab, keine Heimat sein, so wie D.C. Außerdem hatte er gehört, dass die Polizei dort aus brutalen Kerlen bestand, geradewegs aus der schlimmsten Stadt der Südstaaten, doch seit den Tagen seiner Kindheit, als er seinem Vater dabei geholfen hatte, in ganz Washington Kohlen und Eis auszuliefern, hatte er es sehr weit gebracht. Dreckiger Nigger-Kohlenmann und dreckiger Nigger-Kohlensohn hatten die Kinder sie genannt. Und das war in den farbigen Wohnvierteln der Haushaltshilfen, Schuhputzer, Hausmeister, Köche und Fahrstuhlführer gewesen. Von diesem Leben hatte er sich jedoch unendlich weit entfernt, selbst wenn er niemandes Anwalt war. Mit seinem guten Ruf als GS 15 im Arbeitsministerium und einer Frau weit oben im

Schulsystem von D.C., einem größeren Haus in Maryland und einem Sohn auf dem besten Weg, Arzt zu werden, würde die Polizei im Prince George County schon wissen, mit was für einem Mann sie es zu tun hatte.

Ein wichtiger Umstand kam den guten Nachbarn zur Hilfe – der weiße Mann und seine Frau auf der anderen Seite des Potomac, denen das Haus der Benningtons gehörte, trugen sich schon seit längerer Zeit mit dem Gedanken, nach Florida umzusiedeln. Ihrem Sohn, der an Grundbesitz in Washington kein Interesse hatte, war mittlerweile ein guter beruflicher Start gelungen – ihm gehörten zwei Gebrauchtwagenhandlungen, eine in Arlington und die andere in Alexandria. Er hatte eine reizende Frau und zwei Kinder in Great Falls, und in den beiden Städten, in denen er seine Gebrauchtwagen verkaufte, hatte er jeweils eine Geliebte. Von den drei blonden Frauen war nur eine blond zur Welt gekommen.

Lane Stagg, Hamilton Palmer, Arthur Atwell und Prudence Forsythe trafen sich mit dem weißen Mann in der nach Robert E. Lee benannten Hauptstraße von Arlington in einem Restaurant, in dem die Rassentrennung erst zwei Jahre vorher aufgehoben worden war. Sie boten ihm 31000 Dollar für das Haus der Benningtons. Der weiße Mann pfiff durch die Zähne, als er den Betrag hörte. Arthur Atwell schwieg wie gewöhnlich. Er befand sich im Vorruhestand und gab sich gern der Vorstellung hin, über mehr Geld zu verfügen, als er in Wirklichkeit besaß; Letzteres sollte seine Witwe Beatrice bei seinem Tod nicht lange nach diesem Treffen herausfinden. Der weiße Mann, Nicolas Riccocelli, pfiff neuerlich durch die Zähne, diesmal lauter, denn die Summe hörte sich gut an – tatsächlich hatte er keine Ahnung, wie viel das Haus wert war. Einige Augenblicke betrachtete er den billigen Druck einer holländischen Windmühle an der Wand neben dem Tisch und dachte darüber nach, wie viele Tage an einem Strand in Florida man sich mit 31000 Dollar würde leisten können. Mit dieser Summe und dazu dem Erlös aus dem Verkauf einer anderen

Liegenschaft und dem Geld, das er im Geschäft seines Sohnes angelegt hatte.

Riccocelli bat darum, ihm eine Woche Zeit zu geben, um das Angebot zu überdenken, doch schon vier Tage später rief er Lane Stagg an und akzeptierte die Offerte. Der weiße Mann hatte nie irgendwelchen Ärger mit den Benningtons gehabt, daher glaubte er, ihnen die förmliche Kündigung persönlich aussprechen zu müssen. Er kam an einem späten Samstagnachmittag Anfang Februar, und als Derek ihm sagte, seine Mutter sei nicht zu Hause, wollte Riccocelli wissen, ob sie lange fort sein würde.

»Wenn's was Wichtiges mitzuteilen gibt«, sagte Derek, »können Sie's auch mir sagen.« Und als der weiße Mann ihm mitteilte, dass sie vor Ablauf von zwei Monaten ausziehen müssten, drehte sich Derek mitten im Wohnzimmer um und sah Amanda und Neil an, die in der Tür zum Esszimmer standen. »Könnt ihr den Scheiß glauben?« Dann fragte er, zu Riccocelli gewandt: »Wieso denn? Haben wir nicht immer pünktlich unsre Miete gezahlt?«

»Ja, aber die neuen Eigentümer möchten einen neuen Anfang machen.«

»Wer denn?«, fragte Derek. »Sagen Sie ihnen, dass wir gute Mieter sind, und alles ist in Butter.«

»Ich fürchte«, entgegnete der weiße Mann, »das wird nicht gehen. Die neuen Eigentümer möchten eine völlig neue Richtung einschlagen.«

»Wer zum Teufel sind diese Leute? Von was für einer neuen Richtung reden Sie da?« Derek trat zwei Schritte auf den Mann zu.

»Nun … Nun …«, und Riccocelli schien unfähig, den Satz zu beenden, weil er geglaubt hatte, ihre Nachbarn hätten die Benningtons bereits in Kenntnis gesetzt. »Nun, Ihre Nachbarn.« Der Mann spürte, dass sich etwas zusammenbraute, und zog sich in Richtung der Haustür zurück. Wo, fragte er sich, steckte bloß die Mutter? Sie war ihm immer so vernünftig vorgekommen.

»Verpiss dich!«, rief Derek und packte den Mann am Mantelkragen. Riccocelli riss die Haustür auf, und Derek stieß ihn hinaus. »Du erbärmliche Drecksau!« Die Frau, die stets eine Sonnenbrille trug und zwischen zwei Kindern saß, begann zu weinen, und die beiden Kinder taten es ihr nach und fingen ebenfalls an zu weinen.

»Derek, lass ihn in Ruhe«, sagte Amanda. »Lass ihn in Ruhe.«

Draußen auf der Veranda hielt Derek den Weißen noch immer am Kragen fest. Er zerrte ihn die Treppe hinab. »Derek!«, schrie Amanda. »Bitte!«

»Tun Sie mir nichts, Mr Bennington.« Die Fahrt von Arlington war recht angenehm gewesen. Riccocelli war ein kleiner Mann, und seine Augen reichten gerade mal dreißig Zentimeter über das Armaturenbrett, aber er fuhr gern Auto. Während der Fahrt von Arlington war meistens leichter Schnee gefallen, und einige Male hatte er es blitzen sehen. Schneefall und Blitze, und dann der Donner. Wie konnte ein Tag so schnell missraten? In Florida würde er den Schnee vermissen, hatte er während der Fahrt über die Key Bridge gedacht. Jetzt, da die beiden Männer die Stufen zum Bürgersteig hinunterstolperten und -strauchelten, fiel ein leichter Regen, aber der Himmel blieb ruhig. »Sie dürfen mich nicht anpöbeln, Mr Bennington.« Riccocelli hatte hinter Dereks Ford geparkt, und Derek schubste und trug ihn halb zu seinem Wagen und presste ihn dagegen. »Wenn du dich noch mal herwagst, mach ich Hackfleisch aus dir.«

Nachdem der Mann weggefahren war, lief Derek die 8th Street zu beiden Seiten auf und ab und schrie den Nachbarn zu, herauszukommen und sich ihm zu stellen. »Seid keine Feiglinge!«, brüllte er. Als er sich etwa in der Mitte der gegenüberliegenden Seite befand, bog Grace um die Ecke, und sie, Amanda und Neil, die im Vorgarten stehen geblieben waren, gingen auf ihn zu. »Mann, wir haben Kleinkinder im Haus! Es ist Winter, Herrgott noch mal!« Sharon öffnete die Tür und trat auf die Veranda hinaus, die einzige Nachbarin, die dies tat. »Mann, wir haben unschuldige Kleinkinder im Haus! Was ist in dich gefahren?« Zwar konnten sie ihn beruhigen, doch bevor sie ihn über die Straße bringen konnten, traf die Polizei ein.

Nicht lange, nachdem die Benningtons Ende Februar ausgezogen waren, zwei Tage, bevor Derek aus dem Gefängnis von D.C.

entlassen wurde, starb Arthur Atwell an einem Herzinfarkt. Arthurs Witwe Beatrice stellte fest, dass Arthur ihr entgegen seinen Beteuerungen nicht viel Geld hinterlassen hatte, und musste sich aus dem Geschäft mit dem Haus der Benningtons zurückziehen. Sie zog nach Claridge Towers in der M Street, in ein Apartment mit einem Badezimmer, in dem sie sich verstecken konnte, wenn es donnerte und blitzte. Alle waren traurig, sie wegziehen zu sehen, war sie doch eine bessere Nachbarin gewesen als die meisten. Denjenigen, die sich weiterhin an dem Geschäft mit dem Haus der Benningtons beteiligten, gelang es, das Haus zu erwerben, doch nur selten fanden die guten Nachbarn die richtigen Mieter.

Sharon Palmer Staggs Wagen war seit zwei Tagen in Reparatur, als sie an einem Samstagabend im März ihre Schicht im Georgetown University Hospital beendete. Es war zu spät für einen Bus, und da sie glaubte, in der Wisconsin Avenue leichter ein Taxi herbeiwinken zu können, verließ sie das Krankenhausgelände in Richtung P Street. Noch war sie keine Krankenschwester, hatte aber eine Teilzeitstelle als Schwesternhelferin in dem Krankenhaus, wo sie an ihren freien Tagen häufig freiwillig arbeitete. An diesem Abend sah sie kurz vor der 36th Street eine kleine Gruppe junger Männer auf sich zukommen, die lauthals ein Lied grölten, zu verhunzt, als dass sie den Text verstanden hätte. Solche Grüppchen war sie gewohnt – Studenten der Georgetown University, viele von ihnen mit gefälschtem Ausweis, den sie dazu verwendeten, sich in den Bars entlang der Wisconsin Avenue und der M Street mit Alkohol einzudecken.

Sie war seit neun Monaten verheiratet. Terence Stagg studierte an der Howard University Medizin. Seine Großeltern mütterlicherseits, die Anwälte, waren bei einem Verkehrsunfall, den ein angetrunkener Fahrer, ebenfalls Anwalt, verursacht hatte, ums Leben gekommen und hatten ihrem einzigen Enkel mehr Geld hinterlassen, als gut für ihn war. Terence und seine Frau wohnten äußerst komfortabel in einem Viertel im oberen Nordwesten von

Washington, wo die Benningtons höchstens Bedienstete hätten sein können, aber niemals Bewohner.

Kurz bevor Sharon die 35th Street erreichte, blieb die Gruppe der jungen Männer unter einer Straßenlaterne stehen, und sie konnte erkennen, dass zwei von ihnen Weiße waren und der Dritte ein Schwarzer. Der Schwarze, der etwa zwei Meter von ihr entfernt stand, sagte zu den Weißen: »Was sehen meine entzückten Augen? Einen Leckerbissen!«, und die drei verteilten sich auf dem Bürgersteig und hinderten sie am Weitergehen. »Fantasien über Krankenschwestern und Badeschwämme hab ich schon immer gehabt«, sagte der Schwarze. Sie trug eine weiße Tracht, und für sie sagte das alles. Sie kamen bis auf einen Meter auf sie zu, und einer der Weißen streckte Sharon die Arme entgegen, während die anderen sie umstellten. Die Autotür, die sich hinter ihr öffnete und wieder schloss, hörte sie nicht.

Der Schwarze berührte ihre Wange, dann mit beiden Händen ihre Brüste, einer der weißen Studenten tat es ihm nach, und die jungen Männer bliesen ihr säuerlichen Bierdunst ins Gesicht. Sharon zuckte zurück, und die beiden sahen einander an und kicherten. Der dritte Student stieß einen »Rah-Rah«-Schrei aus, näherte sich ihr von hinten und schlug ihr zweimal auf den Po. Als der schwarze Student tief einatmete, um ihr einen weiteren Pesthauch ins Gesicht zu blasen, versetzte ihm jemand einen Schlag an die Schläfe, er prallte gegen ein Auto und verlor das Bewusstsein. »He! He«, sagte der weiße Student, der Sharons Brüste befummelt hatte, zu dem Boxer. »Was machst du mit unserm Rufus?« Der Boxer zog Sharon mit sich, sie sah ein Gesicht aus tiefster Vergangenheit, und als sie es erkannte, bekam sie weiche Knie. Ebenso gut hätte es sein Geist sein können, so lange hatte sie ihn nicht mehr gesehen. »Die ruinieren unsere besten Abende«, sagte Derek zu ihr.

Der weiße Student, der sie nicht berührt hatte, zückte ein Messer, dessen Klinge zehn Zentimeter lang war. Derek griff in seine eigene Hosentasche, doch noch ehe er die Hand aus der Tasche ziehen konnte, hatte der weiße Student ihn bereits durch seine

Lederjacke, durch sein Hemd hindurch in die linke Seite gestochen, in die Nähe seines Herzens, und Sharon schrie auf, als Derek zunächst wankte und sich dann wieder aufrichtete. Im Nu sprang sein Klappmesser auf, die Klinge drang durch das Jackett des Studenten in dessen Arm, und der Student rannte auf die P Street und weiter in Richtung Universität. »Ich wollte die Sache sauber halten«, sagte Derek. »Aber das weiße Gesindel lässt mich nicht.«

»He! He!«, sagte der zweite Student und wurde plötzlich nüchtern. »Wir haben es nicht so gemeint.« Er hob die Arme in die Höhe. »Siehst du, siehst du …«

»Ach, ihr Scheißkerle meint es immer so«, sagte Derek, indem er dem Mann sein Messer an die Wange hielt und ihm fünf Zentimeter von seinen Nasenlöchern entfernt mit einer schnellen Bewegung eine Wunde schnitt. Der Mann brach zusammen und hielt sich beide Hände vors Gesicht. Sein schwarzer Freund war noch immer bewusstlos, und der Mann mit der Armwunde brüllte im Davonlaufen, sie würden von Niggern umgebracht. Derek klappte sein Messer zu, steckte es wieder in die Tasche und zog Sharon die Straße entlang zu seinem Wagen.

In kürzester Zeit hatte er sie die P Street hinuntergefahren, dann, langsam, über die Wisconsin Avenue zu einer Stelle vor der P Street Bridge, wo er anhielt. Er schaltete das Licht ein und inspizierte seine Seite. »Mist!«, sagte er. »Schlimm, aber vielleicht nicht tödlich. Verdammt!«

»Lass dir von mir helfen«, sagte Sharon.

Er ließ den Wagen an, und nachdem er in den Außenspiegel geschaut hatte, fuhr er weiter die P Street entlang, auch jetzt wieder langsam. Zwei Streifenwagen rasten an ihnen vorbei, und sie sah ihm dabei zu, wie er ihnen im Rückspiegel nachblickte. »Tot oder lebendig, der schwarze Kerl ist unwichtig«, sagte er zu seinem Spiegelbild und reihte sich in den Verkehr um den Dupont Circle ein. »Aber die weißen Gecken sind Prinzchen, und die Welt wird dafür büßen müssen.« Er wurde Teil des Verkehrsstroms, der die Connecticut Avenue hinauffloss. »Und es ist in Georgetown passiert. Die werden's schon hinkriegen, dass jemand dafür büßt. Aber sie waren besoffen, und mit der Beschreibung wird es hapern. So richtig besoffen.« Er schien sich nicht bewusst zu sein, dass sie neben ihm saß. »Deshalb bin ich nie aufs College gegangen, Derek. Die Schwarzen müssen ihren gesunden Menschenverstand an der Garderobe abgeben. Die Universität hat eine Aufgabe: zu verbilden. Als ob solche Leute je die Tür aufstoßen würden.« Sie hatte Angst, er könnte ohnmächtig werden, und war froh, in dem fast dunklen Wageninneren nicht sehen zu können, wie das Blut von der linken zur rechten Seite rann. Zwei weitere Streifenwagen fuhren mit heulenden Sirenen an ihnen vorbei. »Die rufen den einzigen Streifenwagen, den sie im Südosten der Stadt haben, und den einzigen, den sie im Nordosten haben, und schaffen sie hierher, um das Dutzend zu verstärken, das sie hier in Georgetown haben. Nimm dich in Acht, Derek«, sagte er zu seinem Spiegelbild. »Nimm dich in Acht.«

»Derek«, unterbrach sie ihn. »Halt an und lass dir von mir helfen.«

Sie hatten Calvert durchquert, sie hatten Woodly durchquert, und zum ersten Mal, seit sie eingestiegen waren, blickte er sie an. »Ich hab gelogen«, sagte er. »Hab die Unwahrheit gesagt. Rot ist keine schlechte Farbe. Für dich allemal gut genug. Jede Farbe, die du trägst, ist 'ne gute Farbe, wusstest du das nicht? Du machst die Welt zu dem, was sie ist. Es war nie andersrum. Du voran, und die Welt folgt.« Sie näherten sich Porter. Zwei Häuserblocks von der University of the District of Columbia entfernt, unweit ihrer Eigentumswohnanlage, die einen der wenigen Portiers in Washington beschäftigte, hielt er an. »Den Rest des Heimwegs kannst du zu Fuß laufen«, sagte er. »Alles Schlimme, was dir zustoßen kann, ist schon passiert.«

Sie schob seine Jacke zur Seite und sah die Stelle, wo das Blut sein blaues Hemd dunkel verfärbt hatte, und als sie ihn berührte, floss das Blut über ihre Hand und begann herabzutropfen. »Komm mit und lass dir von mir helfen.« Und während sie dies sagte, fiel ihr die Anzahl der Jahre ein, die sie einander nicht gesehen hatten. Drei Tage später würde sie den Zeitpunkt auf die Woche genau bestimmen können. Sie entnahm ihrer Handtasche ein Stoff- und ein Papiertaschentuch und drückte sie behutsam auf die Wunde. »Es sieht schlimm aus, aber wir werden's in den Griff bekommen, denke ich. Aber du brauchst Hilfe.«

Er nahm ihre Hand und legte sie auf ihren Schoß. »Lass gut sein«, sagte er. »Du gehst jetzt besser nach Hause. Du gehst jetzt besser nach Hause zu dem Mann, mit dem du verheiratet bist.«

»Komm mit rein. Du hast mir geholfen, also lass dir von mir helfen.«

»Du solltest deinem Prachtstück von Ehemann sagen, dass man seine Frau beschützen muss, dass er nicht schlafen darf, während du dich durch den Dschungel eines weißen Wohnviertels kämpfst. Sag ihm, darum geht es in der Ehe.«

Sie nahm die blutdurchtränkten Tücher an sich und stopfte sie in ihre Handtasche. Sie wollte nicht nach Hause gehen. Wo er hinging, um zu genesen, da wollte auch sie hingehen. Sie ließ die Handtasche zuschnappen. Ihr Vater hatte sie zum Altar geführt und bei jedem Schritt über die Vereinigung der beiden Familien gestrahlt, die ihm die liebsten waren. Die Kirche war bis auf den letzten Platz gefüllt gewesen, und Terence hatte am Ende des Mittelgangs gewartet. Er hatte so gerade gestanden, wie er es nach einer durchzechten Nacht mit Freunden und zwei Stripperinnen, die ihm die halbe Nacht hindurch abwechselnd den Schwanz geleckt hatten, eben vermochte.

»Du gehst jetzt besser nach Hause.« »Bitte«, sagte sie. »Lass mich bleiben.« Er griff über sie hinweg und öffnete die Tür. »Und noch etwas«, sagte er. »Neil hat mir ewig in den Ohren gelegen, dass ich dir sagen soll, er war's nicht. Er hatte immer Angst, du könntest denken, er wär in dich verknallt, und er wollte immer, dass ich die Dinge richtigstelle. Jetzt sind sie endlich richtiggestellt.« Wie lange kann das Herz etwas mit sich herumtragen? Wie lange? Die Antwort war ein Flüstern.

Sie stieg aus und schloss die Tür, und er fuhr weiter die Connecticut Avenue hinauf. Die roten Rücklichter des Wagens leuchteten hell und lebendig und verschmolzen bald mit all den anderen

Lichtern der Nacht über Washington. Ihr BMW war in der Werkstatt. Der Mann hatte ihr versprochen, dass der Wagen vor Ende der Woche abholbereit wäre. Der Mercedes von Terence hatte noch nie einen schlechten Tag erlebt.

Kaum hatte sie die Tür zu ihrer Eigentumswohnung hinter sich verschlossen, hörte sie das Summen des neuen Kühlschranks. Dann sprang der Eiswürfelbereiter an, und wie um sie zu begrüßen, fielen Eiswürfel in den Behälter. Die Dunstabzugshaube über dem Herd war in Betrieb, und sie schaltete sie aus, ebenso das Licht über dem Herd. Die beiden Schalter lagen nebeneinander. Im Wohnzimmer bemerkte sie das Blut auf ihrer Tracht; falls auch der Pförtner es gesehen hatte, hatte er zumindest nichts gesagt. Im Halbdunkel wirkten die Flecken frisch, auf fast unheimliche Weise lebendig, als wäre das Blut erst in diesem Moment aus Dereks Wunde gequollen. Bluten. Blut'n. Sie selbst war heil davongekommen. An der Decke des Wohnzimmers drehte sich langsam der Ventilator aus prächtigem, goldbemaltem Holz, und lange dachte sie darüber nach, ob sie ihn ausschalten solle. Schließlich entschied sie, der kreiselnden Bewegung ein Ende zu machen. Ihre Familie war aus der 8th Street weggezogen, als sie auf dem College studierte. Auch die Forsythes, die Spoonhours, die Prevosts und all die Leute, die sie gekannt hatte, während sie zur Frau heranwuchs, waren weggezogen. Wir sind die Zukunft, hatte ihr Schwiegervater Lane Stagg bei der letzten Tischgesellschaft mit den guten Nachbarn im Sheraton Hotel verkündet. Wer wohnte jetzt noch dort? Schlechte Nachbarn, wie ihr Vater diejenigen genannt hatte, die nach ihnen gekommen waren. Schlechte Nachbarn. Bevor die Weißen zurückkehrten und in der neuen Welt ihre Flaggen aufpflanzten. Der Motor auf dem Aquarium brummte vor sich hin; das Licht über dem Aquarium brannte, und sie schaltete auch dieses aus. Die teuren tropischen Fische schwammen auch ohne Licht weiter. Die Stereoanlage, die sieben ihrer Gehaltsschecks verschlungen hatte, spielte zwar nicht, aber die Netzkontrollleuchte brannte, und sie drückte auf die Taste, um die ganze Musiktruhe in den Schlaf zu schicken. Sie legte einen Finger an die Glasscheibe des Aquariums, doch die Fische in ihrer Farbenpracht ignorierten ihn alle. Bei dem Festessen im Hotel hatte ihr Vater sich erhoben und den ersten Toast ausgebracht, seine Hand zitterte, und bei jedem fünften Wort brach seine Stimme. Nach ihm sprach Lane Stagg, wortgewandt wie eh und je.

Terence schlummerte friedlich. Ein Fuß schaute unter der Bettdecke hervor, vom Nachttisch schienen die dunkelroten Zahlen der exquisiten deutschen Uhr mit der besänftigenden Wirkung einer Nachtleuchte für Kinder auf ihn herab. Ihr Vater hasste derartige Uhren, digitale, an denen man die Zeit direkt ablesen konnte; er war der Ansicht, Kinder sollten die Uhr so lernen, wie er sie gelernt und wie er sie Sharon und ihrem Bruder beizubringen versucht hatte: anhand des großen und des kleinen Zeigers, die sich auf einem Ziffernblatt drehten. Vielleicht noch anhand eines Sekundenzeigers, doch der war nicht erforderlich, wenn man feststellen wollte, wie spät es war. Sie stand im Türrahmen und betrachtete Terence und die Uhr, und während der ganzen Zeit, die sie so dastand, rührte er sich nicht. Ein Einbrecher mochte eindringen, dachte sie, und er würde es nicht merken. Sie könnte ihn erstechen und seine Welt zerstören, und er würde es nicht merken. Sie könnte ihn ersticken. Das Ende der Welt könnte hereinbrechen, und selbst das würde er nicht merken. Die Versicherungsprämie, die sie für ihren Hausrat entrichten mussten – ohne ihre Auto- und ihre Lebensversicherungen, die getrennt zu zahlen waren –, kostete sie 273,57 Dollar im Monat. »Es ist das Geld wert«, hatte der weiße Versicherungskaufmann gemeint, als er den Vertrag aufsetzte, »denn Sie werden nachts besser schlafen, wenn Sie wissen, dass Sie geschützt sind.« Wissen. Wiss'n.

Im Badezimmer stieg sie aus ihren Kleidern, sie zog alles aus, was sie am Leibe trug, selbst ihre Unterwäsche, und stellte fest, dass das Blut bis auf ihre Haut durchgesickert war. Sie hob ihre Tracht in die Höhe. Sie starrte auf ihr Namensschild und hatte Mühe, sich mit dem Namen, der Tracht und der nackten Person, der sie gehörten, zu identifizieren. Bin ich wirklich die, für die man mich hält? Das Blut erinnerte sie an jemanden, der einen Namen hatte, doch der Name wollte ihr nicht einfallen. Bluten. Blut'n. Keiner von Dereks Verwandten hatte jemals die Endungen deutlich ausgesprochen; eine der ersten Lektionen, die sie selbst von früh an erhalten hatte, besagte, dass man die Endungen nicht verschlucken durfte. Korrekte Aussprache hat einen Sinn, hatte man ihr erklärt. Sie hebt dich von all denen ab, die es nicht besser wissen. Sharon duschte sich nicht. Eine andere Sharon zu einer anderen Zeit hätte es vielleicht beunruhigt, dass er wie aus dem Nichts aufgetaucht war, dass er ihr gefolgt sein könnte. Doch die Vorstellung, dass er da gewesen war, bei jedem Wetter, in der Dunkelheit, ohne ein Zeichen oder einen Mucks, schien ihr einen Maßstab an die Hand zu geben, mit dem sie ihr Leben messen konnte. Allerdings wusste sie nicht, wie. Als sie das Badezimmerlicht ausgeschaltet hatte, blieb sie lange im Dunkeln stehen. In ihrem Schlafzimmer beschloss sie, keine Unterwäsche anzuziehen, und stieg ins Bett, nackt, wie sie zur Welt gekommen war. Terence regte sich und zog den Fuß unter die Bettdecke, aber das war auch schon alles. Die äußerste rechte Ziffer der schönen deutschen Uhr sprang fast unmerklich um – von zwei auf drei.

Der Wandteppich

Wenn der Schlafwagenschaffner nicht gewesen wäre, dann wäre sie wohl hier alt geworden. Und dann wäre sie noch älter geworden, denn alle ihre Angehörigen hatten ein langes Leben. Es ließen sich triftige Gründe dafür anführen, dass Anne Perry Lucas Turner geheiratet hätte, denn obwohl sie Lucas nicht mehr mochte, nachdem dieser ihr gesagt hatte, so schön, wie sie sich einbilde, sei sie gar nicht, wurde sie schnell reifer und fand mit jedem Tag weniger Gefallen an Ned Murray, der ihr ständig versicherte, wie hübsch sie sei. Ned versprach ihr, sie zu heiraten und ihr den Mond, die Planeten und das Geschmeide der Sterne um den hübschen Hals zu hängen. (»Ich dreh dir den verdammten Hals um!«, sollte Ned zu der Frau sagen, die er binnen zwei Jahren heiraten würde. »Ich dreh ihn dir um bis zur Hölle und wieder zurück.«) »Ach, Ned«, hörte Annes Mutter sie eines späten Samstagmorgens sagen. Im Spiegel lächelte Anne ihr Gesicht an, ein Gesicht, dessen Vergangenheit nur wenige Tränen von Bedeutung gesehen hatte. Es war derselbe Spiegel, vor dem ihr Vater sich rasierte. »Ach, mein süßer Ned.« »Anne, Liebes, ich muss gestehen, es gibt so manche Frau auf der Welt, die sich von nichts und wieder nichts hat einwickeln lassen«, sagte ihre Mutter und rückte ihren Hut zurecht, ohne auch nur einen Blick in den Spiegel zu werfen. Sie öffnete die Hintertür, tat einen Schritt in den Hof hinaus, drehte sich um und blieb dann stehen, den einen Fuß noch in der Tür, den andern im Hof. Sie streckte die flache Hand mit dem Handteller nach oben aus und hob sie langsam in die Höhe, bis die Hand zu schweben schien. »Ich muss gestehen, Liebes, ›hübsch‹ wiegt gerade mal so viel.«

Also ja, wäre es der Schlafwagenschaffner nicht gewesen, so wäre Lucas Turner, zweiter Sohn von Maize und Ozell, Annes Ehemann geworden. Lucas wäre zurückgekehrt und hätte ihr Worte gesagt, die einer Entschuldigung so nahe gekommen wären, wie ein junger Mann seines Schlages sie hervorstammeln konnte. »Du bist schön, und ich hätt nicht sagen sollen, dass du's nicht bist. Aber manchmal machst du's mir so schwer …« Lucas' Vater Ozell war sein Leben lang taubstumm gewesen, sodass viele Menschen von vornherein annahmen, seine neun Kinder könnten nicht einmal ein »Hey« oder ein »Komm her« herausbringen. Lucas hätte einen guten Ehemann für Anne Perry abgegeben. Zwar hätte er ihr nicht jeden Tag gesagt, wie sehr er sie liebe oder wie schön sie sei, doch an den seltenen Tagen, da er es sich abringen konnte, hätte sie gewusst, dass er es aufrichtig meinte, und allein dass er es sagte, hätte sie emporgetragen, bis er es das nächste Mal sagte. Und Lucas hätte ihr nie wehgetan, so war er nicht erzogen worden. Von Ned konnte man das nicht behaupten. Und wäre Lucas, in einem Anfall von Wahnsinn, vom Pfad einer gesunden Erziehung abgewichen, so hätte sein Vater ihn dafür verdroschen, dass er seinesgleichen hatte in die Welt setzen können. Daraufhin hätte ihn Annes Vater in Stücke gerissen und seine Körperteile in alle Winde zerstreut.

Jawohl, wäre der Schlafwagenschaffner nicht gewesen, so wäre es Lucas Turner geworden. Er hatte große Hände, kräftige Hände, mit denen er wortlos die Äcker bestellt hätte, die sein Vater ihm hinterließ. Ihr eigener praktisch veranlagter Vater hätte ihnen womöglich weitere Äcker hinzugekauft, vielleicht sogar einen Teil jenes unheimlichen, aber fruchtbaren Landstrichs, der dem Weißen Hooper Andrews gehörte, einem großherzigen Mann, der eines kalten Morgens aufwachte und feststellte, dass ihm während einer Nacht tiefsten Schlafes alle seine tadellosen Zähne ausgefallen waren und in einem säuberlichen, unblutigen Häufchen auf seinem Kopfkissen lagen. In Mississippi, sagten die Leute, seien die Wege des Herrn rätselhafter als an jedem anderen Ort der Erde. Das Land von Lucas' Vater und das von Andrews erworbene Land hätten vielleicht ausgereicht, Anne und Lucas Turner ein einträgliches

Auskommen zu ermöglichen – ein bisschen hiervon, eine Menge davon, ein Auskommen durch den Anbau von Feldfrüchten, das gerade hinreichte, um den Abstand zum Ende der Sklaverei zu vergrößern. Auch die Kinder hätten dazu beigetragen. Wenn man bedachte, wo sie herkamen, hätten sie bestimmt nicht weniger als fünf Kinder gehabt. Der erste Junge wäre Roger genannt worden, nach Lucas' Großvater, der zur Eröffnung der Lustbarkeiten zur Feier des Unabhängigkeitstags gelyncht worden war. Kurz vor dem Picknick der Weißen und fünf Stunden vor dem Feuerwerk, das in jenem Jahr kostengünstig aus New Orleans eingeführt worden war.

Das erste Mädchen wäre vielleicht Maize genannt worden, nach Lucas' Mama, aber Anne hätte lieber Clemie, die Mutter ihres Vaters, geehrt, die ihr beigebracht hatte, wie man Wandteppiche bestickt, eine langwierige und mühsame Arbeit, bei der man etwas ungeheuer Großes schuf, schön genug, um es in einer Kirche oder in einem Palast aufzuhängen oder auch nur an der Wand eines Eigenheims, zum Ersatz für die Tapete aus Titelseiten von Zeitschriften und Zeitungen. »Häkeln kann jede«, hatte Clemie am Tag der ersten Unterrichtsstunde zu der zehnjährigen Anne und deren älterer Schwester gesagt und ein großes, dickes Tuch sowie Garnrollen auf dem Küchentisch ausgebreitet. Der blaue Fluss einer Rolle hatte es Anne ganz besonders angetan. Jenes Blau und die anderen Farben reichten jedoch nicht aus, um auch die Aufmerksamkeit ihrer Schwester zu fesseln, die sich schließlich ans Häkeln verlor. »Nun«, sagte Clemie an dem Tag, als die Schwester abtrünnig wurde, mit einem Seufzer zu Anne, »mit Häkeln kann man glücklich werden. Ich hab's auch mal gemacht. Ist gar nicht so schlecht. Aber ich und du, wir werden uns für etwas entscheiden, das noch in hundert Jahren Bestand haben wird. Vielleicht sogar in tausend. Meinst du, das wird dir gefallen? Meinst du, es wird dir auch nach so vielen Jahren noch gefallen?« Anne nickte zuversichtlich – ihre Hände ruhten auf der Tischkante. Einhundert, zweihundert, dreihundert, es kam nicht darauf an, solange sie nur immer wieder jenes Blau berühren durfte. Und das Grün, auch das Grün war schön, üppig und warm wie eine dicke Grasdecke nach einem schweren Arbeitstag. Und das Gelb so hypnotisierend hell, als hätte John Henry die Sonne vom Himmel geholt, in einer Teigschüssel verrührt und in einer Flut von Gold auf der vollen Länge des Tisches ausgebreitet.

Einige von Annes und Lucas' Kindern wären Bauern geworden und hätten andere Bauern geheiratet, aber es hätte auch welche gegeben, die nach St. Louis, nach Chicago oder nach Detroit gezogen wären. Und viele ihrer Enkel, die Landwirtschaft betrieben hätten, wären ihren Verwandten nach Norden gefolgt. Anne und Lucas wären alt geworden und hätten miterleben müssen, wie ihre Welt ausgedünnt wäre. Ein Haus, in dem eines ihrer Kinder oder Enkelkinder in den ersten Jahren seiner Ehe gelebt hätte, würde leer stehen oder von anderen Menschen bewohnt werden – anständige Leute vielleicht, aber nichtsdestoweniger keine Verwandten der Turners; und so würde Anne, wenn sie in ihrem Pferdewagen, später dann in ihrem Auto umherführen, Lucas bitten müssen, eine andere Strecke zu wählen, denn selbst wenn das verheiratete Kind in St. Louis wohlauf und glücklich wäre, würde es ihrem untröstlichen Herzen doch nicht helfen, eine holprige Landstraße in Mississippi entlangzufahren. In den Sommermonaten und in den Ferien würde ihre Welt sich wieder mit Kindern, Enkeln und Urenkeln bevölkern, die in großen Autos und mit Geschenken nach Hause kämen, nach der Art der Städter, die an Orten wohnten, wo es fast zum Alltag gehörte, dass man zu Weißen nein sagte. Zu Hause in Mississippi würden sich zumal die Enkelkinder vielleicht gar nicht zu benehmen wissen. »Es ist ein freies Land«, dieser Satz galt in Mississippi nicht. Ein Charakterzug, der sowohl Anne als auch Lucas auszeichnete, hätte einen halbwüchsigen Enkel mit einem kecken Hut im Chicago-Stil hervorgebracht, der seine zwei Monate langen Sommerferien schon nach drei Tagen hätte abbrechen müssen. Oder auf dem Grunde des Flusses geendet wäre, verankert mit dem siebzig Pfund schweren Gebläse einer Baumwollentkörnungsmaschine, das man ihm mit Stacheldraht an den Hals gebunden hätte.

Lucas wäre als Erster gestorben, denn so war seine Familie nun einmal beschaffen. Ein Herzinfarkt, wenn er vom Feld käme, um einen Schluck Wasser zu trinken. Und dann, viel später, wäre Anne an der Reihe gewesen, ein friedvoller Tod, spätnachts nach einer guten Mahlzeit, nachdem ihr ein Enkel oder Urenkel etwas aus einem Schulbuch oder aus der Bibel vorgelesen hätte und nach einem letzten Traum über Lucas, der auf die Felder hinausging, um niemals wiederzukehren. All ihre Verwandten würden zurückkommen, um sie zu beerdigen, aus Chicago, St. Louis, Washington, New York, aus dem benachbarten County. Um ihren unbescholtenen Namen bei einem Trauergottesdienst in der Everlasting Light Baptist Church zu preisen, wo schon die Trauergottesdienste für ihre Eltern abgehalten worden waren, wo auch die Trauergottesdienste für eines oder mehrere ihrer eigenen Kinder abgehalten worden wären, gestorben am Keuchhusten, gestorben beim Sturz in einen Brunnen oder einfach nur gestorben, weil sie ohne ausreichende Lebenskraft zur Welt gekommen wären. »Eifersüchtig sind wir heute Morgen auf Gott«, würde der Prediger den Trauergottesdienst für sie beginnen, »denn Er sitzt bei unsrer Anne, und wir können erst, neuneinhalb Minuten nachdem wir die zwölf Himmelstüren durchschritten haben, wieder bei ihr sitzen und mit ihr reden. Eifersüchtig sind wir heute Morgen auf Dich, jawohl, aber wir müssen Dir danken für all die Tage ihres langen Lebens, die wir mit ihr verbringen durften, o Herr. Wir sind dankbar für jede einzelne Minute, aber trotzdem, heute Morgen können wir nicht anders als eifersüchtig sein …« So wäre Anne Perry Turners Leben zu Ende gegangen. Und Gott hätte seinen Zeigefinger befeuchtet und die Seite umgeblättert. Asche zu Asche. Staub zu Mississippi-Staub.

Anne Perry hatte jedoch einen Cousin, einen Schlafwagenschaffner, und der kam zusammen mit seinem Freund George Carter, ebenfalls Schlafwagenschaffner, im Oktober zum Familientreffen in der Everlasting Light Baptist Church. Ein Jahr zuvor war Annes Cousin aufgebrochen, um in Chicago ein neues Leben zu beginnen, doch kurz vor St. Louis hatte ihm im Zug ein Mann in einem grauen Anzug und mit einer lila Krawatte, der winzige schwarz-weiße Lackschuhe trug, von Washington D. C. erzählt. »In Washington behandeln sie Farbige wie Könige und Königinnen, weil da der Präsident wohnt. Würden sie in einer Stadt, wo der Präsident jeden Abend seinen Hut an den Nagel hängt, seinen Hund streichelt und neben der Präsidentengattin schnarcht, Farbige etwa schlecht behandeln? Würden sie die etwa schlecht behandeln?« Annes Cousin brauchte zu lange, um zu antworten, und so legte ihm der Mann im grauen Anzug die Worte in den Mund: »Nein. Natürlich nicht. So was würden sie uns nicht antun.« Annes Cousin stieg in St. Louis aus und tauschte den Rest seiner Fahrkarte nach Chicago gegen eine Fahrkarte nach Washington ein, wo er keine Menschenseele kannte. Der Cousin stellte sich nicht einmal die Frage, weshalb – wenn D. C. wirklich das Gelobte Land war, »ein Ort, wovon«, wie der Mann mit der lila Krawatte gesagt hatte, »Männer, die in der Wüste starben, träumten« – weshalb also der Mann im Zug, wie er selbst zugegeben hatte, die Stadt tatsächlich noch nie gesehen, sondern vielmehr sein ganzes Leben in Gary, Indiana, verbracht hatte.

Annes Cousin und George Carter waren gute Freunde, sie wohnten im selben Stockwerk eines Hauses in der Corcoran Street, N. W., und obwohl George in Washington geboren und aufgewachsen war, besaß er gewöhnlich die Demut eines geduldigen Bauern, der sich sein ganzes Leben hinter einem Maultier abgeplagt hatte. Er hatte New York, Chicago und Philadelphia gesehen und wusste, dass sein D. C. ihm zwar genehm war, jedoch nicht hoch aufragte und den ganzen Himmel einnahm, wie andere Orte es taten. Am ersten Tag des Familientreffens im Everlasting Light stiegen Annes Cousin – der zum ersten Mal seit seiner Abreise zurückkehrte – und George aus dem Zug und wurden, nachdem sie in einem kleinen Laden in der Nähe des Bahnhofs sämtliche alkoholfreien Getränke aufgekauft hatten, die paar Kilometer zur Kirche mitgenommen. »Ich will nicht nur mit den Geschenken in meinem Koffer heimkommen«, sagte der Cousin zu George und erklärte ihm, bei derartigen Zusammenkünften bringe jeder etwas mit, was alle anderen sich teilen konnten. »In Washington nennen sie die Sodas«, prahlte der Cousin beim Familientreffen vor seiner

Großtante, »und wir trinken sie den lieben langen Tag.« Die Tante war blind und fast zahnlos, und sie nahm zwei langsame Schlückchen von der Orangenlimonade, die George ihr gereicht hatte. »Die schmeckt genauso wie die Limonade drüben im Laden des weißen Mannes«, sagte sie.

Der Cousin kam in seinem blauen Wollanzug, und George trug seinen braunen Wollanzug. Für Mississippi im Oktober waren die Anzüge zu warm, doch mochte ihnen auch den ganzen langen Tag der Schweiß übers Gesicht laufen, die jungen Männer heimsten Punkte für ihr gutes Aussehen ein. Die Jacketts hatten sie über den Arm gelegt oder über die Schulter geworfen, damit die Leute merkten, wie gut ihre Hosen und ihre Jacketts zusammenpassten. Der Cousin stellte George so ziemlich allen vor, die sich zum Familientreffen versammelt hatten; dieses wurde rechts von der Kirche abgehalten. Zur Linken lag der Friedhof, wo Annes Tote ruhten.

Gegen drei Uhr nachmittags kam der Cousin endlich dazu, George auch Anne vorzustellen, die aus vielerlei Gründen nicht beeindruckt war, unter anderem deswegen, weil sie Neddy dabeihatte und Lucas nicht allzu weit entfernt war. Die Bemerkung ihrer Mutter über das geringe Gewicht von »hübsch« lag einen Monat zurück, nicht lange genug, um Anne davon zu überzeugen, dass Neddy womöglich nicht der Richtige war. Es gab sogar jemanden namens Hayfield, der nur darauf wartete, auf der Bildfläche zu erscheinen. Und Washington, anders als St. Louis oder Chicago, lag ein ganzes Universum weit entfernt. Zu weit für eine junge Frau, die es noch immer gewohnt war, ihr eigenes Gesicht im Spiegel zu bewundern, ein Gesicht, bei dem man ins Träumen geraten konnte. George mit seinem ausgefallenen Wollanzug geriet ja schon ins Schwitzen, wenn er nur fragte: »Hallo, wie geht's?«, »Wie geht's denn allen so heut Nachmittag?«, nicht eben das Merkmal eines Mannes, der schwere Arbeit gewohnt war. Als Anne ihn mit einem hastigen Blick maß, dachte sie: Wenn er schon bei dem bisschen Arbeit schwitzt, wie viel Arbeit wird er je hinter einem Pflug bewerkstelligen? Viele Jahre später würde George in ein Tonbandgerät sprechen und dem Enkel, der nach ihm benannt war, erzählen, er habe wegrennen wollen, die ganze Strecke zurück bis zum Bahnhof, denn in ihren Augen habe er lesen können, wie begrenzt sein Leben bei der Bahn gewesen sei.

Als Anne ihm die Hand schüttelte und ihn in Picayune willkommen hieß, erblickte sie hinter seiner Schulter Ned, der gerade eine Bemerkung zu Clarice Tilman machte. An einer Stelle warf Clarice den Kopf zurück und lachte zum Himmel auf. »Ich hoffe, Sie werden sich bei uns wohlfühlen«, sagte Anne zerstreut und schüttelte ihm weiter die Hand. Clarice war kein leichtes Mädchen; sie war ein anständiges Mädchen aus einer anständigen Familie, dazu erzogen, Recht und Unrecht zu unterscheiden. In einer Hand hielt sie eine Limonade, und nachdem sie gelacht hatte, nahm sie einen tiefen Schluck aus ihrem Steinkrug. Anscheinend machte sie sich nichts daraus, dass Ned so lange warten musste, bis sie zu Ende getrunken hatte, ehe er wieder etwas sagen konnte, womit er sie zum Lachen brachte. Und er wartete. Anne warf einen raschen Blick in die Runde, um zu sehen, wo sich Lucas aufhielt, doch in der Menge stehender oder sitzender Gäste konnte sie ihn nirgends entdecken. Auch Hayfield war nicht zu sehen. Nachdem sie George ihre Hand entzogen hatte, sagte dieser: »Ein heißer Tag, aber ich werd ihn überleben.« Anne, die mit ihren Gedanken ganz woanders war, hörte ihn nicht. Sie hatte bereits bemerkt, wie perfekt der Tag war, wenn man in der Stimmung war, ihn zu genießen. Viele Jahre später würde sie in ein Tonbandgerät sprechen und ihrem Enkel das Kleid beschreiben, das Clarice trug, die Art, wie sie ihre freie Hand schlaff vor sich herabbaumeln ließ und mit der anderen den Steinkrug umfasste. »Gestern war vor hundert Jahren«, würde sie zu ihm sagen, »aber Aussehen, Muster und Farbe jenes Kleides hab ich noch genau vor Augen. Ich könnt's bis in die kleinsten Einzelheiten malen, als hätt ich's erst heut Morgen gesehen.«

George blieb das Wochenende über bei der Familie des Cousins. Am Dienstagmorgen wollten die jungen Männer den Zug nach Jackson nehmen, um ihre neuen Dienstpläne abzuholen. Am

Sonntagmorgen begleitete George die Familie in die Kirche und sah Anne wieder. Nach dem Gottesdienst winkte sie ihm zu, eine dunkle Erscheinung in einem langen blauen Kleid, dann entschwand sie mit einigen Freundinnen auf der Landstraße, Lucas einige Schritte voraus. »Ich hatte Angst«, würde George später seinem Enkel und dem Tonbandgerät erzählen, »Angst davor, dass Gott mir Zeichen gibt und ich nicht klug genug bin, sie richtig zu deuten.« Er trug denselben Wollanzug, das Wetter strafte ihn noch härter als am Vortag, und er war noch immer leicht gehemmt durch das, was er zu Beginn in Annes Augen gelesen hatte. »Ich hatte ihren Cousin, meinen Kumpel, aus dem Blick verloren und folgte ihr und dem Grüppchen die Straße entlang, in der Hoffnung, mich nicht zu verlaufen.«

Als sie sich zufällig umdrehte und sah, dass er allein für sich ging, kam sie zurück und wies ihn darauf hin, dass er, wenn er zum Haus ihres Cousins wollte, einen Umweg machte. Er entgegnete ihr, seiner Meinung nach werde die Straße früher oder später einen Knick machen, und er werde dort ankommen, wo man ihn erwarte. So seien vielleicht die Straßen in Washington D. C. beschaffen, sagte sie, aber ehe die Straßen in Mississippi einen Knick machten, sei man vielleicht schon in einem anderen Staat oder im Fluss gelandet. »Darf ich Sie ein Stück weit begleiten?«, fragte er sie ungefähr einen Kilometer von der Kirche entfernt und wrang abermals sein Taschentuch aus.

Sie zuckte die Achseln. »Tun Sie das nicht schon eine ganze Weile?« Er sah nicht so gut aus wie Neddy oder Lucas. Auch zu hellhäutig. Die Dunklen rührten das Herz an. Den Hellen, das hatte sie mit siebzehneinhalb entschieden, würde sie die Hand geben, aber nicht mehr.

»Ja«, sagte er, »aber ich tu's ohne Ihre Erlaubnis.«

An diesem Nachmittag setzte der Regen früh ein, und George blieb in ihrem Haus. Anders als andere Frauen, die er auf seinen Bahnstrecken kennengelernt hatte, zeigte sie überraschend wenig Interesse an Washington, und angestrengt kramte er in seinem Gedächtnis nach einem Detail, das ihn als Mann von Welt erscheinen lassen würde. Frauen mochten Männer von Welt. Sie saßen in Rohrstühlen auf der Veranda und unterhielten sich. Ihre Mutter nähte am anderen Ende der Veranda, drei ihrer Brüder saßen in der Mitte auf dem Boden und spielten Old Maid mit Karten, die ihr Vater in Jackson gekauft hatte. Der Regen ließ nicht nach. Einmal wandte sie ihr Gesicht ab, und es gelang ihr gerade noch, mit vier Fingern ein Gähnen zu verbergen, ehe sie ihn fragte, wo seine Familie herkam. Es war ihr nicht klar, dass Farbige tatsächlich in Washington geboren sein konnten. Und als er ihr nichts weiter zu sagen vermochte, als dass seine Eltern aus einem gottverlassenen Nest in North Carolina stammten, nahm ihr Gesicht einen traurigen Ausdruck an, geradeso als spräche sie mit einem Waisenkind. Diesen Gesichtsausdruck sah er, da sie es, anders als beim Gähnen, versäumt hatte, rechtzeitig ihr Gesicht zu verdecken. Waisen benötigen Hilfe und nicht so sehr Mitleid, hatte ihr Vater ihr beigebracht, vor allem muss man versuchen, ihnen das Gefühl einzuflößen, dass sie Menschen sind. Vergiss nicht, dass du selbst Mutter und Vater hast.

Vielleicht wusste ihr Vater ja, dass seine zweite Tochter für einen anderen Ort bestimmt war, weiter entfernt als einen Fußmarsch von ein, zwei Tagen, falls er sie besuchen wollte und alle anderen Verkehrsmittel versagten. Er blieb so lange fort, bis George früh am Abend gegangen war, und erschien nicht einmal zum Abendessen, etwas, das, solange die Kinder zurückdenken konnten, noch nie vorgefallen war. Alle anderen in Annes Haushalt waren fasziniert von der Tatsache, dass George in Washington wohnte, besonders ihre Mutter, die wissen wollte, ob er je dem Präsidenten begegnet sei und ob Farbige, wenn sich ihnen ein Weißer nahte, dort tatsächlich nicht in die Gosse ausweichen müssten.

Während der Mahlzeit schwieg Anne die meiste Zeit, und zu Recht vermutete George, dass er sie langweilte. Sie war sich bewusst, dass er sich große Mühe gab. Sie mochte es, wenn ein Mann Selbstsicherheit ausstrahlte. Vielleicht, dachte er, kurz bevor die Pfirsichpastete serviert wurde, vielleicht wäre es anders gekommen, wenn er aus Chicago oder New York stammte. Dann hätte er ihr etwas vorschwärmen können. Doch zwischen Nachspeise und

Kaffee gab er auf und versuchte nicht länger, sie zu beeindrucken. Annes Mutter stellte eine Tasse Kaffee vor ihn hin, und er bedankte sich. Während sein Kaffee abkühlte, wandte er sich zu Anne und fragte sie, weshalb sie es vorgezogen habe, einen Wandteppich zu besticken, was viele Monate oder gar Jahre in Anspruch nehmen werde, wo sie doch eine Häkelarbeit in wenigen Tagen oder Wochen abschließen könne. Auf dem Weg zum Küchentisch hatte er in einer Ecke des Wohnzimmers den zusammengefalteten Wandteppich liegen sehen, an dem sie gerade arbeitete, und sie danach gefragt. Sie hatte ihn drei Wochen zuvor begonnen. Eine Winterlandschaft, die fast ganz ihrer Fantasie entsprungen war, denn Schnee hatte es in ihrem Leben nur selten gegeben. Es sollte neun Jahre dauern, bis das Werk vollendet wäre. »Ich kenne Frauen, die stellen im Handumdrehen Häkelarbeiten her«, sagte er. »Mein Wandteppich ist kein Wettlauf, Mr Carter.« Sie hatte in ihrem Leben erst drei Wandteppiche fertiggestellt, den ersten mithilfe ihrer Großmutter. »Ich hoffe, dabei bleibt es auch«, meinte George. »Die Frauen, die ich meine, haben sich ihren Lebensunterhalt damit verdient.« »Nun«, sagte Anne, indem sie von ihrer Mutter zu ihrem Bruder blickte, der den Namen ihres Vaters trug, »ich tu's, weil ich nicht anders kann.« Kurz vor Sonnenuntergang kam ihr Cousin, um George abzuholen. Jemand, der es von einem Dritten gehört hatte, hatte ihm mitgeteilt, wo er zu finden sei. Es regnete noch immer, aber der Cousin hatte einige Kleidungsstücke mitgebracht, die George tragen konnte, um seinen Wollanzug zu schonen. Kleidung für die Arbeit auf den Feldern. Als er sich auf der Veranda zum Gehen wandte, überraschte er sich selbst und alle anderen damit, dass er Anne fragte, ob er sie morgen wiedersehen dürfe. Sie warf ihrer Mutter einen kurzen Blick zu, diese nickte, und da zuckte Anne zum fünften Mal an jenem Tag die Achseln und sagte zu ihm: »Warum nicht?« Er war zweiundzwanzig, und sie wurde in wenigen Monaten achtzehn. Es war das Jahr 1932.

Als um sieben ihr Vater zurückkam, traf er sie am Küchentisch an, vor sich den neuen Wandteppich. Sie untersuchte eine Spur im Schnee, die ein braunes Kaninchen auf dem Heimweg hinterlassen hatte. Nur ein Detail unter Dutzenden. So viel weißer Faden, so wenig Grau. Da sie bis dahin so gut wie keinen Schnee erlebt hatte, arbeitete sie nach Bildvorlagen aus Büchern, an die sie sich nur undeutlich erinnern konnte, und nach ihrer eigenen Vorstellung von einer verschneiten Welt. Ihr Vater blieb in der Türöffnung stehen, mit verschränkten Armen lehnte er gegen den Pfosten und schwieg. Als er endlich das Wort ergriff, schrak sie auf und sagte: »Ach, ich hab dich gar nicht dastehen sehen, Daddy«, und er erwiderte: »Das hab ich gemerkt.«

Er trat zu ihr und setzte sich an seinen Platz am Kopfende des Tisches. Den ganzen Tag des Familientreffens über war er George aus dem Weg gegangen. »Was soll das hier werden?«, fragte er und hob mit einer Hand eine Ecke des Tuches an. Dort hatte sie einige dünne Bleistiftstriche eingezeichnet, doch abgesehen von dem nach Hause hoppelnden Kaninchen war es eine große leere Fläche. Der Stoff verfing sich an den frischen Schwielen seiner Hand. Er ließ die Ecke fallen und beobachtete, wie das Tuch leicht nachschwang und schließlich zur Ruhe kam.

»Ich will alles dransetzen, dass mir die Winterlandschaft gelingt«, sagte sie. Im Wohnzimmer hörten sie ihre Mutter und ihre fünf jüngeren Brüder über jede belanglose Kleinigkeit lachen und schwatzen, denn noch wussten diese nicht, dass die Welt sich soeben von Grund auf verändert hatte. Seine älteste Tochter, die häkelnde, hatte einen Chatsworth geheiratet und sich mit ihm an einem Ort niedergelassen, der von seinem jetzigen Sitzplatz aus nur eine kurze Fahrt mit dem Pferdewagen entfernt war. Fünfzehn Minuten, falls er sich einen Ford ausleihen konnte und die Straßen nicht überschwemmt waren. Nicht mehr als vier Stunden, falls er zu Fuß gehen musste. Länger als einen Tag, falls er auf allen Vieren kroch.

Er erhob sich, um zu gehen. »Dafür wirst du wohl 'ne Weile brauchen, du hast ja noch nicht viel Schnee gesehen.« Er meinte, sich erinnern zu können, dass sie mit sieben einmal einen Schneesturm erlebt hatte, doch der Schnee, an den er dachte, war in der Kindheit seiner Mutter gefallen, nicht in Annes.

»Ich stell ihn mir einfach vor.«

»Ich wünsch dir noch 'nen schönen Abend«, sagte der Vater und ging zu Tür.

»Ich dir auch.« Mit dem linken Zeigefinger fuhr Anne die hellgraue Spur des Kaninchens entlang. Sie kam zu dem Kaninchen und ließ ihren Finger darüber hinweghüpfen. Sechs Zentimeter weiter soll sein Zuhause sein, entschied sie. Die Fährte, die das Tier hinterlassen hatte, war zwanzig Zentimeter lang. Ihr Blick wanderte zurück zum Anfang der Spur, und zum ersten Mal wurde ihr klar, dass das Bild unvollständig wäre ohne einen herabstoßenden Habicht, einen Greifvogel, der den sonnenlosen Himmel stärker als alles andere beherrschte. Einen Habicht, dessen gespreizte Krallen glänzten, sodass der Räuber in all seiner mörderischen Schönheit und Herrlichkeit abgebildet wäre. Ihr rechter Zeigefinger bewegte sich zum oberen Saum des Wandteppichs, und als sie wusste, wo sie den Habicht anbringen würde, schaute sie kurz zum Fenster hinaus in den Hof, nach Osten hin und weiter, und dann rief sie: »Daddy?«

»Was gibt's?« Ihr Vater blieb einen Schritt außerhalb der Küche stehen.

»Soll ich dir was zu essen machen?«

»Nein, Kindchen«, sagte er, ohne sich umzudrehen, »hab heut schon genug gegessen.«

Der Regen ließ nicht nach, und der Zug, der den Cousin und George nach Jackson bringen sollte, konnte nicht bis nach Picayune durchkommen. In dieser Woche sah ihn Anne jeden Tag, spätnachmittags und abends saßen die beiden auf der Veranda. Am Dienstag kannte er von selbst den Weg zu ihrem Haus, und am Donnerstag, anders als an den vorhergehenden Tagen, freute sich ein winziger Teil von ihr darauf, ihn in den geborgten Feldarbeitskleidern zu sehen, wenn er von links zielstrebig die Straße entlanggelaufen kam und über den Hund und seine Spielgefährten, die beiden Enten, hinwegtrat, die vor dem Eingang zu ihrem Haus im Schlamm lagen. Sie stand nicht, die Arme um den Pfosten geschlungen, auf der Veranda, wie sie es vor vielen Monaten getan hatte, ehe Lucas Turner ihr sagte, so schön, wie sie sich einbilde, sei sie gar nicht. Vor allem aber gab ihr das Zusammensein mit George nachmittags und abends etwas zu tun. »Das Herz kann grausam sein, das Herz kann böse sein, das Herz kann Freude schenken«, sollte Anne Jahre später zu ihrem Enkel und dem Tonbandgerät sagen, »aber immer ist es ein Instrument, das wir nicht verstehen können.« Neddy war bereits zu Clarice übergelaufen. An jenem Mittwoch hatte Lucas Turners Mutter ihn gefragt, weshalb er nicht mehr Zeit mit Anne verbringe, und er sagte ihr, was sein Herz ihm bereits an jenem Morgen gesagt hatte, als er um vier Uhr aufwachte: »Es funkt nicht mehr zwischen uns.«

Am Freitag schwächte sich der Regen zu Niesel ab, und am Samstag wachte George mehrere Kilometer von Anne entfernt in seinem Gästebett auf und wusste, dass sein Zug kommen würde. All das Metall, all die Bewegung, die Kraft von einer Million Maultieren, nur um ihn aufzulesen und fortzubringen. Noch bevor er aufstand, fragte er sich, ob er als Bauer glücklich sein würde, denn am Vorabend hatte er mit ihrer Familie zu Abend gegessen und die ganze Zeit gespürt, wie die Augen ihres Vaters ihn durchbohrten. Einen Mann, der Anne entführen wollte, hatten diese Augen nicht eben gütig angeblickt. Vielleicht könnte er ja als Bauer mit ihr zusammenleben, denn inzwischen, nach weniger als einer Woche in Mississippi, wusste er, dass er imstande war, sie so innig zu lieben. Sein Großvater war Bauer gewesen, also lag ihm die Landwirtschaft vielleicht im Blut, etwas Ungenutztes, das nur darauf wartete, dass die Erde es wachrüttelte. Konnte das Blut, das den Ackerbau in North Carolina erlaubt hatte, ihm gestatten, ein Leben in Mississippi zu beginnen, mit einer Frau, die in diesem Augenblick nichts darauf gab, ob er kam oder ging? Doch als er sich zitternd die Arbeitskleidung anzog und dann aus dem Fenster aufs Land hinausblickte, das zu atmen schien, noch als es sich in der Ferne verlor, wusste er, wie stark sein Heimweh nach Washington sein würde, wo er an jeder Ecke jemanden kannte. Er betrachtete seinen Freund, Annes schlafenden Cousin, und wusste, dass ein so mächtiges Heimweh ihn in Mississippi das Leben kosten könnte.

Am Mittwoch sollte ihr Zug einfahren, und am Dienstag sagte er Anne, er werde wiederkommen, sobald es ihm möglich sei. »Ich werde schreiben«, fügte er hinzu. Nach dieser kurzen Zeit war sie schon nicht mehr die junge Frau, die vor dem Spiegel gestanden und mit sich selbst geredet hatte, aber auch noch nicht die Frau, die sehr viel für ihn empfand. »Ich werde mit einem Brief von Ihnen nicht rechnen, solange ich ihn nicht in den Händen halte«, sagte sie. Das kränkte ihn einigermaßen, weil sie ihm damit sagte, dass sie auch zu einem Leben ohne ihn in der Lage wäre, und bislang hatte er es nur mit Frauen zu tun gehabt, die sich wie Kletten an ihn hängten. Er wollte, dass sie in Erwartung des Briefes jeden Tag auf der Veranda stünde und jedes Mal, wenn er nicht eintraf, ein kleines bisschen stürbe. »Ich werde schreiben, darauf können Sie sich verlassen«, sagte er. Sie gab zurück: »Ich werde Ihnen antworten. Sobald ich Ihren Brief in den Händen halte. Aber nicht vorher.« Sie saßen wieder auf der Veranda, und wie um zu unterstreichen, was sie gesagt hatte, hob sie die Hände in die Höhe und betrachtete sie. Er wollte gleich alle beide ergreifen, doch sie nahm nur seine eine Hand und schüttelte sie. Sie waren wie zwei Fremde, die sich in der Großstadt auf der Straße begegnen, und die Welt strömt an ihnen vorbei. Als genügend Zeit verstrichen war, entzog sie ihm ihre Hand. Sie befanden sich allein auf der Veranda. Selbstverständlich hatten sie sich noch nicht geküsst, küssen würden sie sich erst drei Wochen vor ihrer Hochzeit, mehr als ein Jahr später. 1933. Dazwischen sollten fünf weitere Besuche erfolgen, darunter einer, der einen ganzen Monat dauerte, nämlich als er sich von der Eisenbahn freinahm, um ihrem Vater auf den Feldern zur Hand zu gehen. Zwei Tage vor Ablauf des Monats telegrafierte ihm die Bahnverwaltung: »Nicht vergessen: Im September hat der Kalender nur 30 Tage.«

Ende Oktober, als George und der Cousin sich eine Woche Urlaub nehmen konnten, wurde Hochzeit gehalten. Es war eine große Festlichkeit, und sie fand rechts von der Everlasting Light Baptist Church statt. Nach der Ernte, nach dem Familientreffen. Neddy und Clarice, zum Heiraten verdammt, standen zusammen auf den Stufen, die zum Seitenportal der Kirche führten. Lucas hielt sich in Jackson auf. In der Menge, die der Trauung beiwohnte, saß eine junge Frau namens Mona und dachte an Lucas, der, obwohl er zusammen mit seinem Vater in einer Anwaltskanzlei drei Straßenzüge vom Kapitol entfernt saß, im selben Augenblick an sie dachte. »Kann sein, dass unsere Kinder nicht hören oder sprechen können«, hatte Lucas ihr Anfang des Monats mitgeteilt. »Wenn das deine einzige Sorge ist«, hatte Mona erwidert. »In meiner Familie sind alle verrückt. So verrückt, dass sie dir die Gurgel durchschneiden, wenn du die Brötchen anbrennen lässt. Kannst du gut kochen, Lucas?« Das Erste, was Anne und George als Neuvermählte taten, war, dass sie zur anderen Seite der Kirche liefen und ein paar Sekunden an den Gräbern von Annes Angehörigen verharrten. Schließlich gelangten sie zu der Stelle, wo ihre Großmutter Clemie ruhte. Die Wandteppichlehrerin. In den folgenden paar Tagen, während sie auf den ersten Zug für ihre lange Reise nach Washington warteten, schlief George im Erdgeschoss, und sie schlief im ersten Stock, in dem Bett, in dem sie gelegen hatte, seit sie sieben Jahre alt war. Die Ringe an Annes und Georges Fingern galten in den Augen ihres Vaters nichts, und in den Augen ihrer Mutter auch nicht. Erst als sie anderthalb Jahre später mit ihrem ersten Kind im Arm zurückkehrte, richteten ihre Eltern eine neue Schlafstatt ein, ein gemeinsames Bett für sie und ihren Mann.

In der Aufregung ihres neuen Lebens war sie mit dem Wandteppich nicht recht vorangekommen, und als sie ihre Sachen für Washington packte, vergaß sie ihn, da er in einer Ecke des Hauses lag, die sie nicht mehr oft aufsuchte. In den ersten Washingtoner Ehejahren stellte sie zwei andere Wandteppiche fertig, darunter eine Dorfszene der schneebedeckten Corcoran Street, in der Kinder Schlitten fuhren und mit Schneebällen warfen, und ihre Mutter und ihr Vater standen dabei und sahen zu, obwohl sie Washington im Winter nie erleben sollten. Die Schneelandschaft in Mississippi mit dem herabstoßenden Habicht landete auf einem Regal in einem Wandschrank im zweiten Stock, bis ihr Vater ihn eines Tages sechs Jahre nach ihrer Heirat zufällig wiederfand. Er schickte ihn ihr mit der Post zu und bemerkte in einem Brief, den sein jüngster Sohn für ihn schreiben musste: »Den hast du vor langer Zeit vergessen.« Damals war sie in Washington bereits zu einer anderen geworden und hatte von Mississippi kaum genug in sich bewahrt, um die Schneelandschaft vollenden zu können. Drei weitere Jahre brauchte sie dafür, aber am Ende hatte das Bild keinerlei Ähnlichkeit mit der Welt, die sie sich ursprünglich in Picayune ausgemalt hatte. Sie trennte die Fäden heraus, bis das braune Kaninchen verschwunden war, aber der Habicht blieb erhalten, noch immer beherrschend, noch immer herrlich. Doch nun stieß er nicht mehr herab, um das Leben eines anderen Tieres zu beenden, sondern segelte einfach nur vorüber. Ein Tourist. Keine ihrer Töchter oder Enkeltöchter würde je Wandteppichstickerin werden.

Kurz bevor der Zug mit dem jungverheirateten Paar Mississippi verließ, hielt er an einem Flecken, der so winzig war, dass niemand sich die Mühe gemacht hatte, ihm einen Namen zu geben. Der Zug war voll besetzt, und im ersten Waggon, der den meisten Rauch und Ruß der Lokomotive abbekam, saßen nur Farbige. Auf der Fahrt nach Washington musste George, der Schlafwagenschaffner, fast die ganze Zeit über arbeiten. Anne, die sich daran gewöhnte, Mrs Carter zu sein, lernte in ihrem Waggon viele ihrer Mitreisenden kennen. Außer ihr und George war auf dieser ersten Etappe der Reise niemand nach Washington unterwegs; die anderen zukünftigen Washingtoner würden erst im Laufe der Fahrt zusteigen – weiter nördlich in Mississippi und dann weiter im Osten, vor allem in St. Louis.

In jenem gottverlassenen Flecken in Mississippi stiegen drei Farbige aus, und eine schwangere Negerin und ein Weißer stiegen zu. Sie waren miteinander verheiratet, auch wenn dies keiner der Reisenden wusste. In deren Herzen rührte sich augenblicks Verachtung gegenüber dem Weißen und eine Du-armes-ausgenutztes-Ding-Haltung gegenüber der Frau, die im siebten oder achten Monat schwanger war. Sie warteten darauf, dass der Weiße das Abteil verließ, vielleicht um zu einem der Waggons für Weiße zu gehen oder, was wahrscheinlicher war, um gleich wieder auszusteigen. Schließlich hatte er sein Vergnügen gehabt. Stattdessen folgte er der Frau zu einem Sitzplatz zwei Reihen weiter, Anne schräg gegenüber. Im Gepäcknetz verstaute er zwei Koffer. Als die Frau sich hingesetzt hatte, half er ihr, das Schultertuch abzulegen, und faltete es zu einem Kissen für ihren Kopf, dann kniete er nieder, löste die Haken ihrer Schuhe und begann, ihr die bestrumpften Füße zu massieren. Die Neger konnten sehen, dass die beiden nicht einmal dreißig waren. Die Lokomotive schnaubte rechts und links von ihnen, tat einen Ruck und rollte an. Kaum hatte Anne fünfmal gezwinkert, war der Zug schon in Fahrt. Der Sitzplatz der Negerin in Begleitung des weißen Mannes befand sich Anne gegenüber. Sie sah, dass die Frau noch immer den Kopf zurückgelegt und die Augen geschlossen hatte, während der Mann ihr die Füße knetete. Mit Ausnahme der kleinsten Kinder schwiegen die Neger, die um das Paar herum standen oder saßen, und schauten einander an. Vielleicht war der Weiße ja gar kein richtiger Weißer. Aus seiner Manteltasche holte er ein Paar gelber Pantoffeln und streifte sie über die Füße der Frau. Dann erhob er sich, lüftete seinen Hut und nickte nahezu jedem der Negerköpfe im Waggon zu, ehe er seinen Mantel auszog. Er nahm den Fensterplatz neben der Frau ein und verschwand aus Annes Blickfeld. Die Negerin lehnte den Kopf noch immer zurück, doch schon bald schlug sie die Augen auf und lächelte dem älteren Paar zu, das ihr und dem Weißen gegenübersaß, dann blickte sie lächelnd den Weißen an. Die älteste Person im Waggon – die Frau, die der Negerin und dem Weißen gegenübersaß – fragte sie mit einer Stimme, die alle hörten: »Haben Sie's weit?« Die schwangere Frau nickte und lächelte abermals. »Ja, Ma'am.« Sie waren sicher, dass es ein Weißer war, als zwanzig Minuten später der Schaffner kam und mit lauter Stimme, einer Stimme, die Weiße einander vorbehielten, wenn sie merkten, dass einer von ihnen in Gegenwart von Negern einen Fehler beging, fragte: »Sind Sie sicher, dass Sie hier sitzen wollen?« »Ganz sicher«, antwortete der Weiße. Viele Erwachsene in dem Waggon würden eines Tages den ersten Menschen auf dem

Mond erleben, und ein Großteil von ihnen würde niemals glauben, dass sich die Landung wirklich zugetragen hatte. Die Szene mit dem Weißen und der Negerin war jedoch bei weitem unglaublicher; doch diejenigen, die sie für wahr hielten, taten es deshalb, weil die Szene im Zug ungefiltert zu ihnen gedrungen war, ohne den Einsatz einer Kamera, die die Raumfahrtbehörde nur verwendete, um ihre Sinne zu täuschen.

Lange nachdem sie St. Louis hinter sich gelassen hatten, blieb die Reisegesellschaft in dem Waggon mehr oder weniger dieselbe, und die meisten Fahrgäste einschließlich der schwangeren Frau und des weißen Mannes fuhren bis Washington durch. Die Neger begannen, ihn »Mr Feet« zu nennen, und er nahm keinen Anstoß daran. Von ihrem arbeitenden Ehemann sah Anne nach wie vor wenig, aber sie war zufrieden und lenkte sich damit ab, nähere Bekanntschaft mit ihren Mitreisenden zu machen. Am Ende waren sie ihr fast so vertraut wie die Menschen um Picayune. »Meine Leute aus Picayune«, dachte sie einmal, als sie ein Stück Süßkartoffelkuchen von einem fünf Sitzplätze entfernten Mann verzehrt hatte, »meine Leute aus Picayune, die nicht einmal Picayune gesehen haben.« Die Fahrgäste teilten ihren Proviant miteinander und tauschten Geschichten über ihre Heimat aus, über Orte im Süden, die den Grundstein ihres Lebens im Norden bilden würden. Keiner von ihnen konnte wissen, dass der Zusammenhalt, der im Süden entstanden und gepflegt worden war, in weniger als zwei Generationen nur noch Erinnerung sein würde. Die eine Geschichte über die Zugfahrt, die Anne ihrem Enkel und seinem Tonbandgerät erzählte, handelte von einem Mädchen, das, kurz nachdem sie Missouri hinter sich gelassen hatten, zusammen mit seinen Eltern zugestiegen war. Das ein Jahr alte honigfarbene Kind, erzählte sie, sei in seiner Windel den Gang auf und ab gerannt, als wäre es im Zug zu Hause, und sei an fast jedem Sitzplatz stehen geblieben, es habe den Leuten die Hände auf den Schenkel oder aufs Knie gelegt und lallend auf sie eingeredet. »Die Leute haben mit ihr gesprochen, als hätte jede ihrer Silben einen Sinn gehabt. Und genauso hat sie auch geantwortet. Sie war mein Kind, sie war das Kind von der Frau gegenüber. Sie war das Kind von dem Mann weiter hinten, dem Mann, der zu ihrem Gerenne die Fiedel spielte. Ich hab mich stets gefragt, was wohl aus ihr geworden ist. Wir konnten mit ihr reden oder sie aufheben, wenn sie hingefallen war, und wir wussten, wo immer wir hinfuhren, würde alles gut werden.« All die Menschen in dem Waggon hätten gesagt, zwei Generationen sei eine lange Zeit. War es auch, und doch wieder nicht.

Irgendwo in Tennessee, nach einem etwas geruhsameren Nachmittag, fiel ihr der Wandteppich mit der Schneelandschaft ein, und sie sehnte sich danach, an ihm weiterzuarbeiten, damit ihre rastlosen Hände etwas zu tun hätten. Sie hatte ihren Mann seit vielen, vielen Stunden nicht gesehen, und da sie es, erfüllt von dem Frieden und der Freude, die die Fahrt im Eisenbahnwagen ihr bereitet hatte, nicht besser wusste, wagte sie sich aus ihrem eigenen Abteil hinaus zu dem Waggon, in dem die Weißen saßen, in der Hoffnung, George auf einen Augenblick zu sehen. Um ihn wissen zu lassen, dass sie an ihn dachte. Zwar wusste sie, dass sie sich niemals auf einen anderen als den ihr zustehenden Platz setzen durfte, aber sie fand nichts dabei, ihren Mann zu suchen und ihm einen kleinen Gruß zuzurufen. Im dritten Waggon mit weißen Speisegästen sah sie George von hinten. Er stand vor dem Schaffner, demselben Mann, der gefragt hatte, ob sich der Weiße aus Mississippi nicht lieber zu ihnen gesellen wolle. George hielt den Kopf weder gesenkt, noch hatte er ihn erhoben. Der Schaffner sprach recht laut mit ihrem Mann. Jedenfalls laut genug, um die umsitzenden Speisegäste bei der Verdauung zu stören. Seine Worte klangen barsch. Der Schaffner war größer als George, und als er Anne erblickte, deutete er mit gerecktem Kinn an, dass sich George um mehr als nur eine Angelegenheit zu kümmern habe.

Als George sich langsam umwandte und seine Frau sah, riss er die Augen auf. Er war bereits vor all den Weißen beschämt worden, und nun stand zu allem Überfluss seine Frau vor ihm. Er eilte zu Anne, packte sie schmerzhaft an der Schulter und zerrte sie zurück zum vordersten Waggon. Er drückte sie auf ihren Sitz und schrie: »Wenn ich dich auf einen Platz setze, dann will ich, dass du da sitzen bleibst!«

»So warte doch, George –«

»Ich will, dass du da bleibst, wenn ich dich auf einen Platz setze!« Er ging wieder zurück zu seiner Arbeit.

Im Abteil herrschte Stille, und alle fühlten mit ihr, weil sie zur Familie gehörte. War das eine Art, unsere Anne zu behandeln?

Der Vorfall war so erniedrigend, dass Anne zunächst nur weinen wollte. Dann aber begann sie, ganz die Tochter ihres Vaters, sich abzukapseln, sodass alles um sie herum verschwand und sie innerlich die Rückreise nach Mississippi antrat. Viele Stunden lang hielt sie sich abseits, hörte und sah nichts von dem, was um sie herum vorging, obwohl sie die Augen geöffnet hatte. George kam nicht zu ihr zurück, und das erleichterte die Sache. Einige Leute versuchten, sie anzusprechen, aber sie reagierte nicht. Sie sah das närrische Mädchen vor sich, das närrische Dinge zum Spiegel sagte. Jenes närrische Mädchen hatte sich in die Ehe vernarrt, und auf dem Weg zu ihrem neuen Zuhause war ihr der Kopf gewaschen worden, noch ehe die Ehe vollzogen war.

Gegen Abend, als das Leben im Waggon seinen Fortgang nahm, hatte sie das Gefühl, dass niemand auch nur das Geringste mit ihr gemein hatte. Kurz vor neun Uhr wusste sie mit äußerster Klarheit, dass ihre Ehe in Scherben lag und niemals hätte geschlossen werden dürfen. Das bisschen, das davon in diesem Augenblick noch übrig blieb, war zum Untergang verurteilt, bevor sie noch in Washington anlangten. Es war besser, dies schon jetzt zu wissen, bevor sie richtig Mann und Frau geworden waren, besser, einen so schwerwiegenden Irrtum mit neunzehn begangen und aus dem Weg geschafft zu haben, als sich in Trübsal damit fortzuschleppen, bis sie fünfundzwanzig, dreißig, fünfunddreißig wäre. Sie hatte es bei anderen Frauen erlebt, aber ihr würde es erspart bleiben: *Gott weiß, ich konnte nicht anders. Jesus, warum hast Du Dich von mir abgewandt? Warum hast Du mich mit meinen vierzig Jahren vorzeitig altern lassen, und das mit diesem Mann an meiner Seite?* In Georges Stimme hatte etwas mitgeschwungen, das sie ihm nicht verzeihen konnte. Das Herz wollte ihr brechen, aber das lag in der Natur des menschlichen Herzens, sagte sie sich, als im Waggon Nachtruhe einkehrte. Ebenso lag es in seiner Natur, wieder zu verheilen, so lange es auch dauern mochte, sechs Monate, ein Jahr, zwei Jahre. Vier Tage vor ihrer Abreise hatte Annes Vater sich mit dem Bahnhofsvorsteher von Picayune beraten und ihr dann 50 Dollar gegeben. An einem Tag, als George nicht im Haus war, hatte ihre Mutter das Geld in den Saum ihres Kleides eingenäht. »Das wird dich nach Hause bringen, wo immer du sein wirst, solange du nicht bei den Engeln wohnst«, hatte ihre Mutter gesagt, den Faden abgebissen und die Tat mit einem festen Knoten bekräftigt.

So beschloss sie, beim nächsten Halt, wo immer sie gerade wären, eine Fahrkarte nach Picayune, Mississippi, zu lösen. Nichts, was George vorbrächte, würde sie umstimmen können. Das ist das Gewicht von »hübsch«. Ich fahre nach Hause, und dieser eine Gedanke besänftigte ihr Herz. Das ist das Gewicht von »Ich fahre nach Hause«.

Als der Abend verging, sah sie ihr Leben nach dem nächsten Halt vor sich: Wenn der Zug sie in Picayune abgesetzt hätte, läge die etwa zehn Kilometer lange Strecke zum Haus ihrer Eltern, ihrem Zuhause, vor ihr. Sie wusste, wenn schlechtes Wetter herrschte, hätte sie keine Schwierigkeiten, eine Mitfahrgelegenheit in einem Einspänner, einem Fuhrwerk oder einem Auto zu finden. Ob Weiße oder Schwarze, sie kannten ihren Vater, einen guten Mann, einen nüchternen Mann, niemand würde seiner Tochter eine Bitte abschlagen, und sie würde unbehelligt zu Hause ankommen. Aber sie ahnte, dass Gott ihr bei ihrer Rückkehr perfektes Wetter bescheren würde, sodass sie ihren Koffer und ihre Truhe im Bahnhof aufgeben würde, um sie später abzuholen, und dann würde sie die paar Kilometer zu Fuß gehen. Außerdem würde sie an einem gebrochenen Herzen leiden und das Gefühl haben, ein Fußmarsch werde ihr guttun.

Ihr Zug bog in eine Kurve und schwankte, und die Fahrgäste schwankten mit ihm.

In Picayune würde sie gleich hinterm Bahnhof ihre neuen Schuhe ausziehen. Den größten Teil ihres Lebens in Picayune hatte sie barfuß verbracht, und barfuß würde sie zurückkehren. Picayune war ein kleiner Ort, und der Gang durch das Städtchen würde weniger als dreißig Minuten in Anspruch nehmen, je nachdem, wem sie unterwegs begegnete. Der gefleckte Hund, der immer vor Moss' Gemischtwarenhandlung herumlungerte, würde sie wie immer bis zum Stadtrand begleiten. Dann würde er kehrtmachen, vor lauter Angst, die bekannte Welt zu verlassen.

Es wäre Vormittag, und wenn sie die Hauptstraße entlangliefe, würde sie allen, Weißen wie Schwarzen, Guten Morgen sagen. Und jedermann würde ihren Gruß erwidern. Die Jungverheiratete sei aber früh zurückgekehrt, würden sie tuscheln. Was mochte vorgefallen sein? Was hat er unserer armen Anne angetan? Da hatte er ein anständiges Mädchen gefunden, nur um sie seiner Dummheit zu opfern. Sie würde den Kopf nicht hängen lassen, denn so war ihre Familie nicht beschaffen. Wenn der Hund fort wäre, würde sie außerhalb der Stadt einen Kilometer lang keiner Menschenseele mehr begegnen, es sei denn, es wäre zufällig jemand auf der Straße. Nach einem Kilometer käme das Gehöft der Petersons, einer weißen Familie mit neun Kindern. Das drittälteste Mädchen hatte sie gut gekannt. Wenn man sie dort vorbeigehen sähe, würde man ihr vielleicht etwas zu trinken anbieten. Das drittälteste Mädchen war inzwischen tot, gestorben, als sie ihr erstes Kind zur Welt brachte, doch die Familie würde sich daran erinnern, dass Anne eine Freundin gewesen war. »Setz dich ein Weilchen her und nimm einen Schluck, Anne. Geh aus der Sonne. Ruh dich hier aus, Kind. Die zu Hause können warten.« Und wenn ihr Herz es erlaubte, würde sie genau das tun.

Durch den Zug wehte dünner Rauch, und die Erwachsenen hielten den Atem an; die Kinder, die es nicht besser wussten, atmeteten weiter.

Wenn vor Picayune niemand auf der Straße wäre, würde sie erst etwa zwei Kilometer nach den Petersons wieder Leuten begegnen. Hinter deren Gehöft würde die Straße einen Knick von fast neunzig Grad machen. Seit Jahren hieß die Straße bei den Leuten Elbow Road. »Ich treff dich am Knick in der Elbow Road.« »Gott segne sie. Ihr Kind hat sie mitten auf der Elbow Road gekriegt.« Gleich hinter der Straße lag Patches' Creek, die Badestelle für Neger. Einige ihrer schönsten Erinnerungen galten den Sonntagen nach dem Kirchgang, wenn sich die Familie mit zwei Picknickkörben auf den Pferdewagen ihres Vaters zwängte und zum Patches' Creek fuhr. Die Neger nannten solche Sonntage gern »Urlaub«. »Machst du Urlaub?« »Er ist gleich nach seinem Urlaub gestorben. Ohne jede Vorwarnung. Dabei war er im Urlaub noch so fröhlich.« »Das Flittchen hatte vielleicht Nerven. Vor aller Augen so viel Schande über sich und ihre Familie zu bringen. Hat mir richtig den Urlaub verdorben.« Patches' Creek befand sich auf einem Grundstück, das einer Frau namens Deborah Kerrshaw gehörte, die sich für die reichste Negerin in Mississippi hielt. Bis zu ihrem Tod wusste sie nicht, dass es fünf Bestattungsunternehmer und den Gründer einer Versicherungsgesellschaft gab, die alle reicher waren als sie. Sie verlangte nichts dafür, dass man in ihrem Wasserlauf badete.

Hinter dem Bach wand sich die Straße fast weitere vier Kilometer, zu beiden Seiten nur Ackerland. Jetzt, wo die Feldfrüchte abgeerntet waren, wäre es einsam dort, denn das nächstgelegene Haus war fast unsichtbar, und die Kühe, Maultiere und Pferde, die sich auf den Weiden sonnten, blieben für sich und kamen nur dann an den Zaun getrottet, wenn sie den Betreffenden kannten. Das nächstgelegene Haus war nur zu erreichen, indem man von der Landstraße abbog und sich fast einen Kilometer von ihr entfernte. Aber die Landstraße benutzten die Leute die ganze Zeit. Dem vierjährigen Neddy war sie zum ersten Mal auf dieser Straße begegnet, als er mit zwei weißen Jungen Fangen spielte. Einer von ihnen war der Nachkomme eines der Männer, die Lucas Turners Großvater gelyncht hatten. Auf dieser Straße hatte Lucas zum zweiten Mal ihre Hand in seine genommen. Und sie hatte noch mehr gezittert als beim ersten Mal. Wenn sie der Hunger überkäme und sie bei den Petersons nichts gegessen hätte und auch nicht in Kerrshaws Haus eingekehrt wäre, würde sie von der Straße abbiegen und an der Tür eines Negers anklopfen müssen. Die Erde, ihr Boden und ihre Bäume würden ihr nichts bieten können, da sie sich für den Winter rüsteten. Aber in jedem der Häuser wäre sie willkommen.

Die Zugbeleuchtung wurde abgedunkelt, und die Erwachsenen drückten die Kinder fester an sich, als der Rauch aus dem Waggon abzog.

Dann, hinter den Feldern, kurz vor der Everlasting Light Baptist Church, würde die Straße wieder schnurgerade verlaufen. Wenn sie gegessen hätte, würde sie auf den Friedhof gehen, und sei es nur, um ihrer Großmutter zu erzählen, was vorgefallen war. Ruh dich hier aus. Der Aufenthalt zwischen den Gräbern mochte ihr verraten, dass es vielleicht doch noch ein Leben mit Hayfield gab. Etwas Land. Kinder. Man könnte ihm beibringen, bessere Witze zu erzählen. Sie wüsste besser Bescheid und würde sich mehr Zeit lassen, bevor sie ein zweites Mal heiratete. Ganz gleich, wie sehr er sie bedrängte. »Wir haben Zeit«, würde sie sagen. Und wenn er ein richtiger Mann war, würde er warten. Und falls nicht, falls sie keinen anderen Sterblichen mehr ehelichte, dann … Dann sei's drum. Etwa in der Mitte des Friedhofs hatte sie eine Tante, die nie geheiratet hatte. Im Alter von zweiundachtzig hatte die schmächtig gebaute Tante, um eine Wette mit ihrem erwachsenen Neffen zu gewinnen, den sie von Kindesbeinen an großgezogen hatte, neunundsiebzig Liegestütze gemacht, vier mehr, als sie benötigte, um die Wette zu gewinnen. Dann hatte sie sich aufgerichtet, sich den Schmutz von den Händen gewischt und darauf gewartet, dass ihr Neffe ihr die Dollars hinzählte, die er ihr schuldete. »Mir fehlt ein Vierteldollar, Tantchen.« »Ist mir schnurz. Bis morgen früh will ich mein Geld, oder du kannst dir ein andres Zuhause suchen, das nicht Picayune heißt.« Das arme Ding, sagten einige über ihre Tante. Hat nie geheiratet. Das arme Ding. Aber Anne, die sich in ihrem Zugabteil ihre Reiseroute zurechtlegte, erkannte, dass es im Leben schlimmere Dinge gab, als nie einen Mann in sich verspürt zu haben.

Sie wusste, dass der Aufenthalt auf dem Friedhof sie irgendwie stärken würde. Und wenn sie auf dem letzten Abschnitt ihres

Heimwegs Leuten begegnete, wäre es gut. Und wenn nicht, würde sie trotzdem hingelangen. Die Gruppe Pecanobäume, die die kurze Auffahrt zu ihrem Elternhaus ankündigte, würde sie vor den Blicken eines jeden, der auf der Veranda säße, fast ganz verbergen, bis sie am Ende der Auffahrt stünde. Sich dem Haus von dieser Seite zu nähern war anders, als sich ihm von der anderen Seite zu nähern, wie es George getan hatte, wenn er vom Haus ihres Cousins gekommen war. Wer von der anderen Seite kam, wurde sofort gesehen.

Ihr Zug begann heftig zu rucken. Sie wusste, wenn sie den letzten Pecanobaum passiert hätte, wäre die erste Person, die auf der Veranda wartete, ihr Vater. Sie spürte, dass jede Sekunde ihres Lebens sie einer toten Ehe zugeführt hatte und einem Vater, der zu ihr heraustreten würde, ohne dass sie auch nur einen Schritt in sein Haus tun musste, dorthin, wo sie das Leben zuallererst kennengelernt hatte. Der Hund und seine Spielgefährten, die Enten, würden sich gar nicht erst aufrappeln, denn ihre Ankunft wäre nichts Neues. Mit dreiundzwanzig ausgreifenden Schritten stünde ihr Vater vor ihr, die letzten beiden davon über den Hund und die Enten hinweg. Es wäre gegen drei Uhr nachmittags. Eigentlich war er kein Mann, der körperliche Berührungen mochte, doch wenn sie es wünschte, würde sie – ermattet von ihrem längsten Heimweg – weinen und ihm in die Arme fallen können, und ihr Ehering läge im Koffer auf dem Bahnhof. Aber nein, mit den Tränen würde sie warten. Bis sie ihre Mutter sähe. Er würde an den Bäumen vorbeischauen und sie fragen: »Wo hast du deine Sachen gelassen?« »Am Bahnhof.« Jetzt würde ihre Mutter aus dem Haus treten. Auf sie zugerannt kommen. Ihr Vater würde fragen: »Brauchst du von deinen Sachen was, das nicht bis morgen warten kann?« »Nein, ich kann warten, Daddy.« »Dann also morgen. Ich werde morgen Billy losschicken, sie zu holen.« Dann wäre sie zu Hause.

Nachdem sie den Kopf gegen die Fensterscheibe gelehnt hatte und gegen Mitternacht eingeschlafen war, hielt der Zug lange nicht an. Kurz nachdem er aus dem nächsten Bahnhof abgefahren war, wurde sie von einem sanften Schütteln ihrer Schulter geweckt.

Sie kam in einem Waggon voll schlafender Menschen zu sich. Neben ihr saß George. Im Zug war es fast ganz dunkel. »Was willst du von mir, George?« In ihrer Stimme lag keine Erschöpfung, lediglich Entschlossenheit. »Sagen, dass es mir leidtut.« »Ich will jetzt nur schlafen. Ich fahre zurück nach Hause. Ich habe ein Zuhause, das mich aufnimmt.« »Ich weiß, Anne. So viel weiß ich über dich.« »Dann lass mich in Ruhe.« »Nimm meine Entschuldigung an. Mehr kann ich nicht sagen.« »Ich nehme deine Entschuldigung an. Jetzt lass mich schlafen.« Er schwieg, und sie lehnte den Kopf wieder gegen die Fensterscheibe. Sie hatte ihre Entscheidung getroffen, und jetzt war alles leicht. Doch als sie sich dem Haus des Schlafes näherte, richtete sie sich auf und sagte: »Deine nächste Frau auf deinem Weg solltest du nicht wie ein Kind behandeln, George. Nimm einen kleinen Rat von mir an und tu dich mit einer netten Frau zusammen, George. Versuch's. Es wird nicht schwer sein. Aber ich, ich bin nicht dein Kind. Ich habe nur einen Vater, und der wartet in Mississippi auf mich.« »Ich weiß, Anne. Ich weiß. Ich besorg dir eine Fahrkarte für die Heimfahrt.« »Ich hab mein eignes Geld mitgebracht, George.« Er hatte noch ein paar Sprüche auf Lager gehabt, aber ihr letzter Satz ließ ihn verstummen, da er von so großer Endgültigkeit war. *Ich hab mein eignes Geld mitgebracht.* Ich werde die Tage zählen, bis ich etwas Ruhe finde, dachte er. Sie schlief wieder ein, und er saß da und lauschte der Stille ihres Schlafes. Er war versucht, wieder an seine Arbeit zu gehen, obwohl er bis zum Morgen freihatte, aber von ihren Worten war er wie gelähmt. Anne hatte geglaubt, bis Washington sei es noch weit. Sie hatte nicht gemerkt, dass sie Virginia bereits zur Hälfte durchfahren hatten. George blieb an ihrer Seite. Er wusste nicht, was er sonst tun sollte. Ein anderer Mann, jemand mit einer lebendigen Ehe und einer Frau, die ihn noch liebte, wäre dageblieben, und sei es nur, um seine Frau aus einem Albtraum zu wecken, eine kleine Beteuerung seiner Treue, da sie den Grundstein ihres gemeinsamen Lebens legten. Aber das war eine süße Pflicht, die ihm nicht länger zukam. Etwa zwei Stunden vor dem Morgengrauen schlief George, der einen Tag und fünf Stunden ununterbrochen auf den

Beinen gewesen war, ein. Gleich darauf begann er, mit den Zähnen zu knirschen oder, wie Annes Mutter es nannte, zu mahlen. Mehr als eine Stunde vor dem Morgengrauen wachte Anne auf und merkte, dass er den Kopf an ihre Schulter geschmiegt hatte. Wenn er wach war, hatte er vieles unter Kontrolle, doch der Schlaf machte ihn hilflos. Sie stieß ihn von sich, sodass er wieder auf seinen Platz sank. Er mahlte von neuem mit den Zähnen und begann, im Schlaf zu reden. *»Mach ich«,* sagte er fast im Flüsterton, *»vor dem Schlafengehen miste ich alle Ställe aus, Master. Nur nicht das Ding da. Nicht wieder das Ding da. Ich mach's. Ich hab doch gesagt, ich mach alles.«*

Jetzt drangen auch die Geräusche der anderen Schläfer an ihr Ohr, es gab unter ihnen viele, die ebenfalls im Schlaf redeten. Männer und Frauen drückten ganze Gedanken aus. Ein, zwei Schreie. Eine Bitte. Selbst der Weiße redete im Schlaf, nicht jedoch die Negerin, seine Frau. Sie, wie all die Kinder im Waggon, träumte schweigend, während die anderen sprachen. Sangen. Predigten. Warum, fragte sich Anne, waren die vergangenen Nächte im Stillen verlaufen? Warum ausgerechnet jetzt, da die Reise für viele zu Ende ging?

George begann, leise mit sich zu ringen, ein Mann zu Beginn einer Tätigkeit, die viel länger dauern würde, als er dem Mann in seinem Albtraum versprach. Anne drehte sich zu ihm und lauschte. *»Ich mach ihn blitz und mach ihn blank, Master«,* stöhnte er. Sie fröstelte, als sie ihm und den anderen im Waggon lauschte. *»Mach die Äuglein zu, wart neben dem Maultier, Kind, und der Engel wird, wie verheißen, zu uns niedersteigen«,* flüsterte der Mann, der Anne gegenübersaß. Sie fröstelte erneut, so wie sie es als kleines Mädchen getan hatte, wenn ihr ältester Bruder ihr und ihren Geschwistern tief im nächtlichen Wald Gespenstergeschichten erzählte. *»Du hast's getan, und du weißt, dass du's getan hast«,* zischelte eine Frau weit hinter ihr. *»Warum quälst du mich mit diesen Lügen?«* Auf gewisse Weise war es so, als führe sie in einem Zug mit sprechenden Toten. Wie viele Male hatte ihr ältester Bruder sie aufheben und fröstelnd und weinend aus dem nächtlichen Wald tragen müssen? »Bitte sagt's nicht Mama«, sagte er immer und meinte, dass er seine Geschwister mit Gepenstergeschichten erschreckt hatte. Doch sie und ihre Geschwister waren immer aus freien Stücken ins Dunkel des Waldes getreten. »Sagt's nicht Papa.« *»Master, bitte …«,* flüsterte George. Sie nahm seinen Kopf und bettete ihn in ihren Schoß. Dann schloss sie die Augen, konnte aber nicht wieder einschlafen. Damit war es vorbei. Wenig mehr als eine halbe Stunde vor dem Morgengrauen streckte sie den Arm aus und berührte mit allen Fingern ihrer Hand die Fensterscheibe, und der gesamte Zug schien sein Rütteln und Schütteln einzustellen. »So ist's recht«, sagte sie, als könne der Zug sie hören, als habe er ihr einen letzten Wunsch erfüllt. »So ist's recht …« Um zu dem Punkt in Virginia zu gelangen, an dem sie sich jetzt befand, hatte sie drei verschiedene Züge benötigt. Sie fragte sich, wie viele sie benötigen würde, um nach Hause zurückzukehren, um in einem Leben ohne George anzukommen.

Anne war kein morbider Mensch, aber mit einem Mal ging ihr durch den Sinn, dass sie, wo immer der Tod sie auch ereilen würde, nicht in Mississippi sterben würde. Wenige Sekunden nach diesem Gedanken fuhr der Zug in Washington ein, wo sie ihr Leben mehr als achtundsechzig Jahre später beenden sollte, als Mutter von sieben lebenden und zwei toten Kindern, Großmutter von einundzwanzig lebenden und drei toten Enkeln, Urgroßmutter von zwölf Urenkeln, Ururgroßmutter von Zwillingen. George hörte auf, mit den Zähnen zu knirschen, und Anne strich ihm mit dem Handrücken über die Wange. Der Zug bremste ab. »Mama, ich bin weit weg von zu Hause«, flüsterte Anne in all die Dunkelheit und Verwirrung. »Papa, ich bin weit weg von zu Hause.«

Danksagung

Bei HarperCollins bin ich einmal mehr meiner Lektorin Dawn L. Davis (Mutter von Bijah) zu Dank verpflichtet sowie Rockelle Henderson and Jane Beir.

Außerdem Lil Coyne, Shirley Grossman, Marcia Shia und Aslaug Johansen.

Meinem Agenten Eric Simonoff (Vater von Henry und Lucy).

Cressida Leyshon, Deborah Treisman und David Remnick von *The New Yorker.*

Besonders dankbar für ihre Unterstützung und Ermunterung bin ich der Lannan Foundation und der John D. and Catherine T. MacArthur Foundation.